WILLIAM PEIRCE RANDEL

Autor de numerosos libros, entre los que destacan *Edward Eggleston* (1963), *Centennial. American Life in 1876* (1969), *The American Revolution: Mirror of the People* (1973) o *The Evolution of American Taste* (1978).

William Peirce Randel

El Ku Klux Klan

UN SIGLO DE INFAMIA

DISEÑO DE CUBIERTA: PABLO NANCLARES

TÍTULO ORIGINAL: *THE KU KLUX KLAN. A CENTURY OF INFAMY*
VERSIÓN REVISADA DE LA TRADUCCIÓN DE JAIME PIÑEIRO

LOS LIBROS DE LA CATARATA, 2021
FUENCARRAL, 70
28004 MADRID
TEL. 91 532 20 77
WWW.CATARATA.ORG

EL KU KLUX KLAN.
UN SIGLO DE INFAMIA

ISBN: 978-84-1352-255-5
DEPÓSITO LEGAL: M-16.855-2021
IBIC: NHT/JBFA

IMPRESO EN ARTES GRÁFICAS COYVE

ESTE LIBRO HA SIDO EDITADO PARA SER DISTRIBUIDO. LA INTENCIÓN DE LOS EDITORES ES QUE SEA UTILIZADO LO MÁS AMPLIAMENTE POSIBLE, QUE SEAN ADQUIRIDOS ORIGINALES PARA PERMITIR LA EDICIÓN DE OTROS NUEVOS Y QUE, DE REPRODUCIR PARTES, SE HAGA CONSTAR EL TÍTULO Y LA AUTORÍA.

A todas las víctimas del racismo.

ÍNDICE

PREFACIO 9

PRÓLOGO 15

CAPÍTULO 1. EL NACIMIENTO DEL KLAN 19

CAPÍTULO 2. SUPREMACÍA BLANCA 30

CAPÍTULO 3. EL KLAN DESTITUYE A UN GOBERNADOR 49

CAPÍTULO 4. CAROLINA DEL SUR: UN TEMPERAMENTO SIN LEY 63

CAPÍTULO 5. LA SENDA DE LOS OPORTUNISTAS 77

CAPÍTULO 6. EL KLAN Y EL MAESTRO DE ESCUELA NORTEÑO 88

CAPÍTULO 7. ESCENAS DE GEORGIA 102

CAPÍTULO 8. FRICCIÓN EN FLORIDA 116

CAPÍTULO 9. LA OFICINA DE LIBERTOS 133

CAPÍTULO 10. LA BATALLA DE LOS LIBROS 145

CAPÍTULO 11. RESURGIMIENTO DEL KLAN 167

CAPÍTULO 12. UN KLAN PARA CADA ÉPOCA 198

CAPÍTULO 13. PRONÓSTICO: UNA AGITACIÓN CONSTANTE 225

NOTAS BIBLIOGRÁFICAS 237

EPÍLOGO. EL KU KLUX KLAN ENTRE 1963 Y 2021, por César de Vicente Hernando 263

PREFACIO

¿Cómo somos en realidad los estadounidenses? Nos enorgullecemos de ser tolerantes, civilizados, amantes de la ley, y, sin embargo, existen considerables evidencias de que somos un pueblo violento. Por supuesto, no todos odiamos con tal pasión como para llegar a desafiar a la ley y atacar a nuestros vecinos, o animar a otros para que así lo hagan. Pero cuando nos horrorizamos ante algún crimen de intolerancia, ¿nos detenemos a considerar que la culpa, en parte, pueda ser nuestra? Simplemente con solo hacer menos de lo que está en nuestras manos para implementar nuestras nociones civilizadas de la tolerancia y el respeto hacia la ley podemos crear una atmósfera permisiva en la cual la intolerancia se convierta en violencia.

El Ku Klux Klan jamás habría podido florecer en Estados Unidos de no haber sido por el apoyo de un gran número de personas que nunca habrían adoptado por sí mismas los métodos del Klan. En cada etapa del primer siglo de su historia, el Klan ha sido instrumento activo para llevar a cabo lo que mucha gente creía, profundamente, con sinceridad. En otras palabras, siempre existió un "espíritu de Klan" entre muchas más personas que aquellas que actuaban en el propio Klan. En diferentes épocas este espíritu se dirigió contra varios grupos; un buen punto de partida sería citar, por ejemplo, la dura persecución puritana hacia los cuáqueros en el siglo XVII, por no mencionar su erradicación de los indígenas. Durante la Reconstrucción, el Klan dirigió su campaña de violencia contra libertos y republicanos. Durante los años veinte, se opuso activamente a católicos, judíos, mormones y extranjeros, así como a los negros. El plan de hostilidad activa del Klan es tan mutable como irracional; ningún grupo de población es permanentemente inmune a sus ataques.

Si revisamos someramente la historia de Estados Unidos, llegaremos a la inevitable conclusión de que el espíritu de Klan es una constante en nuestro comportamiento nacional. A veces permanece estático, calmado, pero no está muerto, sino simplemente latente entre erupción y erupción. Cuando el Klan permanece relativamente inactivo durante algún tiempo, es fácil, y hasta agradable, olvidar la violencia que engendró en otras ocasiones; incluso en sus momentos de mayor actividad, mucha gente de buena voluntad posiblemente descartará semejante comportamiento como una aberración. Suponemos que los encargados de hacer cumplir las leyes aplastarán el estallido y que leyes mucho más severas impedirán un futuro reavivamiento. No nos gusta reconocer la realidad del espíritu de Klan, pasado y presente, en el carácter nacional; socava nuestros más amados mitos sobre nosotros mismos y sobre nuestro país.

Los hombres que se unen al Klan y defienden sus prácticas lo hacen basándose en profundas convicciones personales. Los primeros líderes del Klan moderno —Ed Clarke, el Coronel Simmons, Hiram Evans— eran individuos evidentemente cínicos; pero si para tales hombres el Klan no existía más que como un instrumento para hacer fortuna, los miembros ordinarios eran hombres corrientes, fáciles de persuadir de que América se encuentra en grave peligro de subversión. Admitiendo que algunos miembros del Klan sean "personalidades autoritarias" o sádicas, en su mayoría obran impulsados por un genuino sentido del deber patriótico, aunque mal dirigido. Siempre han aceptado los programas de odio confeccionados para ellos por sus cínicos jefes como medios para salvar al país. No actuar ante la problemática amenaza que suponen, según se pretende, minorías identificables, podría parecer cobardía o incluso traición a los más altos ideales de la nación.

El Klan original pasó rápidamente de ser un club puramente social a convertirse en un grupo terrorista activo. Todo obedecía a la convicción de que los esfuerzos federales por conceder a los libertos los derechos de ciudadanía estadounidense no eran más que una violación de la Constitución y de la Providencia divina. Constituían mayoría el número de sureños que, aun cuando rechazaban la violencia del Klan, argüían que estaba justificada por los crímenes de mayor calado cometidos por las autoridades federales. El Klan solamente hacía lo que deseaba la mayoría regional: conservar la forma de vida americana tal como los sureños blancos la definían. Los ciudadanos de otros lugares del país daban una definición diferente, pero su compromiso en la lucha era más débil y mucho menos duradero. Cuando el apoyo popular decayó en el Norte, el impulso federal perdió su ímpetu y finalmente se desplomó.

Una importante lección de la Reconstrucción es la que demuestra que una determinada minoría, convencida de la justicia y rectitud de su causa, puede derrotar a un esfuerzo apoyado por la mayoría nacional si esta mayoría se cansa de luchar. El Klan moderno, no menos que el antiguo, proporciona un escape a la resistencia llevada a cabo por tal determinada mayoría. Cuando alcanzó su pleno auge en el año 1924, con sus cinco millones de miembros, el Klan no era mucho más peligroso que antes o después, porque la mayor parte de estos cinco millones de miembros eran incapaces de llevar a cabo un comportamiento sádico. El inflexible núcleo directivo que no dimitió después de los escándalos del año 1924 constituía una dedicada élite, indiferente a la abrumadora desaprobación pública, puesto que se consideraban a sí mismos como mejores jueces de crimen y castigo que las autoridades constitucionales. Estaban tan seguros de la verdad de su causa y de la necesidad de actuar al margen de la ley como lo estaban los antiguos miembros del Klan durante la Reconstrucción. Y aunque carecían del atractivo con el que algunas esposas e hijas de miembros del Klan, e incluso algunos novelistas e historiadores, envolvieron a la antigua organización, era indudable que disfrutaban del apoyo de una parte considerable de la población: gente que lamentaba su violencia pero que la aceptaba como necesaria para la conservación del estilo de vida americano tal y como ellos lo concebían.

La principal acusación hacia el Klan, ahora y siempre, tiene que ver con la violencia que ejerce contra los individuos. Si hubiese refrenado su acción, como Henry W. Grady propuso una vez, el Klan habría ocupado su puesto entre los demás grupos organizados que conforman el conjunto de la opinión pública. Recientemente, algunos líderes del fracturado Klan (ya que dejó de ser organización nacional en 1940) han hecho experimentos con la propaganda, logrando un gran éxito. Pero el Klan figura en la Lista de Organizaciones Subversivas del Fiscal General porque recurre siempre a la violencia y no limita sus actividades a la diseminación de "literatura". Aun cuando los modernos dirigentes, deliberadamente, decidiesen suprimir la violencia y limitarse a la propaganda literaria, la provocación muy probablemente conduciría a nuevas erupciones de violencia que los mismos dirigentes, como, por ejemplo, Bedford Forrest en 1869, no pudieron impedir. Los sucesos de meses recientes hacen que esto constituya prácticamente una seguridad o certeza. En los primeros años de desarrollo del moderno Klan, los católicos, judíos y extranjeros figuraban antes que los negros en la lista de las minorías odiadas. Pero ante la decisión tomada por las autoridades federales de extender los derechos civiles, los negros volvieron a alcanzar el primer puesto de la lista. Parecería razonable decir que el principio fundamental del Klan hacia otros grupos siempre ha sido el de mantener el control en manos de los protestantes anglosajones, la mayoría de los habitantes de la nación durante la Reconstrucción, y minoría desde 1880 (aunque sus miembros no percibieran del todo su condición minoritaria). La América que se desarrolló mediante la acción de esa mayoría convertida luego en minoría ha dado lugar a un país diferente, mucho más próximo al término usado por Walt Whitman de "una nación de muchas naciones", resultante en una rica diversidad, una de sus grandes distinciones y fuente principal de su robustez. Pero a muchos estadounidenses no les agrada el cambio, y harían todo cuanto estuviese en su mano para detenerlo y restaurar esa América del pasado. La esperanza es inútil, cierto, pero una campaña de resistencia concertada, con o sin la violencia que caracteriza al Klan, puede servir para retardar la evolución.

El Klan fue defendido durante la Reconstrucción —y en el siglo XX— por el hecho de hacer más bien que mal. El "mayor" bien que hizo y está buscando hacer ahora es conservar una forma de vida muy amada pero que va quedándose anticuada, y mantener un cuadro de privilegios a favor de una minoría menguante. Mientras el Klan crea firmemente que está trabajando para el bien, y mientras un considerable número de ciudadanos toleren o aplaudan sus actividades, el Klan continuará siendo una institución americana de pleno derecho.

* * *

Uno de los temas que trataremos en este libro es que la historia de la Reconstrucción todavía se enseña en las escuelas de la nación bajo una forma que justifica la supremacía blanca y al Klan como su agente más efectivo. A pesar de los numerosos libros y artículos académicos escritos por la generación actual de historiadores, la mayoría de nuestros libros de historia escolares mantienen la interpretación establecida a principios de siglo por autores claramente parciales respecto a la tradición del Sur: interpretación y tradición hostiles a las esperanzas de los negros en cuanto se refiere a sus deseos de conseguir la igualdad. Esta interpretación tradicional condena todo el programa federal que trata de extender los derechos civiles a los antiguos esclavos, y aplaude la redención de los estados del Sur que se esfuerzan en desembarazarse de un defectuoso Gobierno que dicen está en manos de *carpetbaggers*, *scalawags*[1] y negros, en impía alianza. Los autores de libros de texto, al igual que los editores de prensa sureños durante la Reconstrucción, lamentan la violencia del Klan, pero la perdonan como un mal menor o necesario que producirá un fin deseable. Todos los esfuerzos que se llevan a cabo en nuestros días —esfuerzos en verdad intensos— para ampliar y extender los derechos civiles serán obstaculizados e incluso fracasarán mientras los niños que asisten a las escuelas aprendan año tras año las mismas viejas historias.

Parece, pues, claro que lo primero que tendrían que hacer aquellos que ansían que la violencia del Klan desaparezca de la faz de la tierra, en vez de promulgar nuevas leyes federales, sería exigir más bien una cuidadosa revisión de aquellos capítulos de la historia que tratan sobre la Reconstrucción, cuyas páginas aún se estudian en los libros de texto de nuestras escuelas.

Tal revisión apenas es el propósito de este libro, pero el autor del mismo se sentirá muy satisfecho si los lectores se toman la molestia de examinar los libros de texto que usan sus hijos. Varios capítulos tratan de relacionar al Klan con sucesos y desarrollos contemporáneos, y especialmente con los diversos

---

1. Nombre despectivo (bribón, canalla) aplicado a los republicanos del Sur tras la guerra de Secesión (N. de T.).

grupos con los cuales entró en contacto: la Oficina de Libertos, los profesores norteños en el Sur, los *carpetbaggers* y los *scalawags*, y los negros libertos que se hallaban en el centro de la lucha aun cuando algunos historiadores lo hayan negado. El Klan moderno, diferente como lo es en muchos aspectos del original, generalmente es descrito como una institución que mantiene —y a su vez es mantenida por ellos— los mitos populares del viejo Klan. Por lo común, esta descripción se debe a la pluma de novelistas e historiadores que simpatizan con el grupo. Debe añadirse que este libro no trata de ser una detallada historia del Klan en su primer siglo de existencia, ya que tal trabajo implicaría la publicación de muchos volúmenes.

Un prefacio es el lugar tradicional para expresar agradecimiento a amigos y colegas que han cedido libros y panfletos, ofrecieron sugerencias y han leído borradores de muchos de los capítulos que forman la presente obra. Si no se les cita aquí, ellos saben muy bien por qué. Pero también sabrán que les estoy profundamente agradecido por su ayuda y estímulo. La mayoría de ellos viven en una ciudad cuyo gobierno hasta ahora se ha negado sistemáticamente a establecer una comisión birracial y donde una "carta al director", una carta de protesta, levanta enorme polvareda, que luego se traduce en múltiples llamadas telefónicas. Las bibliotecas son menos vulnerables a esta forma de recriminación. Entre aquellas que me han sido muy útiles, citaré la de la Universidad del Estado de Florida (Tallahassee), la Universidad de Florida (Gainesville), la Universidad del Estado de Luisiana (Baton Rouge), la Universidad de Duke (Durham, Carolina del Norte), el Departamento de Archivos Históricos (Raleigh), la Universidad de Carolina del Norte (Chapel Hill), la Universidad de Fisk (Nashville, Tennessee), la Universidad de Virginia (Charlottesville), la Universidad de Kansas (Lawrence), la Biblioteca del Estado de Virginia (Richmond), la Sociedad Histórica del Estado de Wisconsin (Madison), la Biblioteca Hayes Memorial (Fremont, Ohio), la Sociedad Histórica del Condado de Búfalo y Erie (Búfalo, Nueva York) y la Biblioteca del Congreso (Washington D. C.).

Finalmente, y desde aquí, también deseo expresar la ineludible deuda que tengo con mi esposa.

W. P. R.
Tallahassee

PRÓLOGO

El 6 de abril de 1865, el Congreso Confederado nombró a Robert E. Lee comandante en jefe del Ejército confederado, con el tiempo justo para que recibiese al día siguiente un mensaje del general Grant pidiéndole que se rindiera. Dos días más tarde, en una formal ceremonia celebrada en la Appomattox Court House, en la Virginia rural, Lee se rindió con los 27.805 hombres que estaban bajo su mando. El general Joseph Johnston, que lideraba a 31.243 hombres en Carolina del Norte, firmó una rendición por separado el 18 de abril en Durham Station. Estos dos ejércitos, el de Lee y el de Johnston, comprendían el conjunto de lo que restaba de las fuerzas armadas confederadas y, una vez quedaron fuera de acción, los Estados Confederados de América dejaron de existir como nación independiente y efectiva. Algunas acciones de guerrillas prolongaron la lucha en zonas aisladas del Sur, pero, prácticamente, la Guerra Civil había terminado, casi exactamente cuatro años después de haberse efectuado los primeros disparos en Fort Sumter, en el puerto de Charleston.

El licenciamiento de tropas fue un acto celebrado sin la menor ceremonia. Los soldados sureños, cansados de la guerra, simplemente se retiraron a sus casas, solos o en grupos, la mayoría de ellos a pie, con dos cosas que agradecer: que aún estaban vivos y que les habían permitido conservar sus armas. El Gobierno federal quizá no habría sido tan generoso de no haberse rendido Lee, aunque, en realidad, el general no podía hacer otra cosa. Sus líneas de suministro habían sido totalmente quebradas, y ya no podía alimentar a sus tropas. Este desplome en los transportes y medios de abastecimiento solamente era un símbolo, sin embargo, del hecho, más importante, de que la Confederación carecía ya de la riqueza, mano de obra y capacidad bélica para continuar resistiendo por más tiempo.

El deber de un soldado consiste en luchar, y no en analizar las razones de la lucha. Pero si la mayoría de los confederados anhelaban la llegada del día en que podrían descansar en sus hogares y recordar los tiempos de gloria —los días de

Bull Run, Ball's Bluff, Antietam, Fredericksburg, Chancellorsville o Chattanooga—, los que se habían quedado en casa, siempre mucho más militantes sobre ciertos principios que los propios soldados, bien se encargaban de recordarles batallas aún no libradas. La presencia de embudos ennegrecidos causados por las explosiones de las granadas de la artillería, secciones enteras de ciudades arrasadas por los incendios y raíles de ferrocarril retorcidos hasta adoptar increíbles formas era una cruda evidencia de la devastación reinante allí donde los hombres habían luchado o por donde habían desfilado; las largas listas de muertos eran una prueba aún más terrible del alto precio de la guerra. Pero como preocupación inmediata, en una región eminentemente agrícola, lo más destacable era el hecho de que los campos habían quedado sin trabajar, dado que los estados separatistas habían perdido la partida más valiosa de su haber: la mano de obra que representaban los esclavos. Cuatro millones de negros ya eran libres; así lo había logrado Lincoln mediante un decreto, la proclamación de Emancipación, que había hecho pública el 1 de enero de 1863 y que la victoria de la Unión acababa de rubricar.

Los blancos del Sur podían ignorar la proclamación y toda la nueva legislación del Congreso mientras pudiesen mantener su posición militar frente a los Estados Unidos. Pero con la llegada de la paz se vieron obligados a formar parte de la nación que habían tratado de abandonar, y ahora se encontraban a merced del Gobierno federal. Era de vital importancia saber qué hombres controlaba aquel Gobierno; y durante los ocho meses que siguieron a la rendición de 1865 se hizo patente que, una vez muerto Lincoln, el control se hallaba en manos del ala radical del Partido Republicano. Hombres como Charles Sumner y Thaddeus Stevens adoptaron una posición extrema acerca de los negros, insistiendo en que estos eran ahora auténticos ciudadanos, y que, por lo tanto, era preciso concederles todos los derechos que los blancos en el Sur hacía mucho tiempo estaban acostumbrados a considerar como exclusivamente suyos. Aquellos tercos y a la vez valientes radicales nunca habían comprendido lo que los blancos del Sur aceptaban como verdad incontrovertible: que por naturaleza, los negros eran seres inferiores y que, por lo tanto, no podían optar a la igualdad.

El principio sureño jamás fue tan rudamente pisoteado como durante los meses que siguieron a la terminación de la guerra, cuando el Congreso rechazó los estatutos o condiciones que requerían los estados del Sur para volver al seno de la Unión. En el Congreso, los radicales estaban indignados por las cláusulas que restringían la libertad de los negros; si estos estatutos hubiesen sido aceptados, los negros disfrutarían de un estado civil casi idéntico al de esclavitud. Se exigieron nuevos estatutos en los que se adoptara una posición más favorable para la libertad de los negros y, cuando fueron de nuevo enviados al Congreso, este los aprobó. A finales de 1865, los estados del Sur eran de nuevo miembros de la Unión, pero los gobiernos de estos estados eran francamente hostiles a los blancos del Sur. Los republicanos del Norte y los blancos sureños no podían sentirse satisfechos; y los republicanos, por el momento, eran los que tenían las riendas del asunto.

El Sur tuvo muchas más razones para rebelarse en el año 1865 que en 1861, pero tal rebeldía o sedición no estalló. Muy pronto quedó demostrado que la resistencia abierta y desesperada era inútil; los republicanos radicales eran demasiado fuertes. Si los blancos sureños habían de lograr de nuevo el control de sus propios estados y restaurar algo parecido a la vida que habían conocido y amado, era preciso hallar otros medios de resistencia. No se les podía permitir a los negros votar, tener empleos oficiales o hacer cualquier otra cosa que fuera privilegio de la raza blanca, de la raza superior. El único camino del deshonor era rendirse; si la única vía posible era la subversión hacia la autoridad constituida, el hecho quedaría plenamente justificado por el indignante desprecio de los radicales hacia los principios sureños.

Entonces, las circunstancias prácticamente forzaron a los veteranos confederados a emprender un movimiento de resistencia secreto para acosar a los republicanos, ya fuesen estos blancos o negros, y seguir manteniendo así la presión hasta que los radicales del Congreso perdieran el control o se cansaran de seguir manteniendo al Sur en la vía correcta.

Esta resistencia secreta es la que hoy conocemos con el nombre original de Ku Klux Klan.

CAPÍTULO 1
EL NACIMIENTO DEL KLAN

Pulaski es una cabeza de partido (con una población de 6.616 habitantes en 1960) del sur de Tennessee, a unas ocho millas al sur de Nashville, y no muy lejos de la frontera estatal de Alabama, situada en una región que un escritor de la localidad en cierta ocasión denominó "el hoyuelo del Universo". Incrustada en el muro de uno de los edificios del centro de la ciudad, hay una placa que indica el principal renombre de la misma:

> EL KU KLUX KLAN ORGANIZÓ EN ESTA CIUDAD
> EL DESPACHO LEGAL DEL JUEZ THOMAS M. JONES
> 24 DE DICIEMBRE DE 1865
> NOMBRES DE LOS ORGANIZADORES ORIGINALES:
> Calvin E. Jones
> Frank O. McCord
> Richard R. Reed
> John B. Kennedy
> John C. Lester
> James R. Crowe

Esta placa fue descubierta en mayo de 1917 por la viuda del capitán Kennedy, el último de los seis fundadores en fallecer.

Hay placas parecidas a esta en otras ciudades, en las paredes de los colegios mayores, que conservan cuidadosamente el recuerdo de los "seis inmortales" (o cinco, o siete) que fundaron alguna de las hermandades estudiantiles. El propósito original del Klan diferiría muy poco del de otros grupos universitarios: un puñado de muchachos muy amigos entre sí, que buscaban dar a su amistad alguna forma permanente con cierta pincelada de misterio y exclusivismo. Los acontecimientos muy pronto hicieron desvanecer la similitud, ya que el Klan no estaba sujeto a ninguno de los controles (las normas universitarias y la vigilancia de la facultad) que han mantenido a las hermandades relativamente inofensivas. Pero, en los inicios, aquel día antes de las Navidades de 1865, los seis jóvenes de Pulaski parecían no tener más motivos que los de orden puramente social.

Casi todos, si no todos, habían vestido el uniforme confederado unos pocos meses antes. A toda guerra le sigue una evidente desorganización social y económica, y los soldados que regresaban a casa eran los que recibían la peor parte de todo aquello. Resulta fácil creer que en una ciudad rural como Pulaski, el aburrimiento, tras cuatro años de heroicidades llevadas a cabo en favor de una causa perdida, fuese enorme para los jóvenes Lester, Kennedy, Crowe, Reed, Jones y McCord. No había prácticamente ni dinero ni trabajo: la moneda confederada había sido totalmente devaluada tras la derrota, y la mano de obra que desde tiempo inmemorial había trabajado en la región, ya no lo hacía a causa de la emancipación. Así, formar un club era la única alternativa posible para evitar el tedio.

Poco más se hizo en aquel "día de los fundadores" que ponerse de acuerdo para organizarse y dividirse en dos comisiones: una elegiría un nombre conveniente y la otra prestaría atención a detalles tales como normas, títulos y actividades. John Kennedy había asistido brevemente al Centre College de Kentucky, donde debió fijarse en algunos detalles de la estructura de las hermandades. Recordaba de sus estudios de griego la palabra *kuklos*, que significaba "banda" o "círculo". Uno de los informes sobre la fundación cita la presencia de un visitante de Georgia que propuso la palabra "Clocletz", el nombre de un imaginario jefe indio al que temían mucho los negros, pero esto ha de considerarse como inverosímil (y, por supuesto, muy poco clásico). James Crowe sugirió dividir *kuklos* en dos y cambiar la letra final por una "x", convirtiéndolo en *ku klux*. Y luego, John Lester, observando el hecho de que todos ellos eran de origen escocés, propuso que se añadiera la palabra "clan", escrita como "k", para darle más consistencia; después pronunció el nombre lentamente: *ku klux klan*.

***

Durante la mayor parte del siglo XIX, *sir* Walter Scott fue un autor predilecto en el Sur, aunque quizá no tanto como se haya podido suponer. No cabe la menor duda de que a él se debe gran parte de esa aura que siempre se le ha atribuido al Sur de romanticismo caballeresco, de honor, de orgullo… y de resistencia a lo que se concebía como tiranía del exterior. El Ku Klux Klan jamás se basó en los lazos de sangre de los clanes escoceses, pero tampoco había sido el Sur un país independiente sujeto a una sumisión forzosa por un vecino más fuerte, aunque algunos sureños vean tal paralelismo en la derrota de la Confederación. Las novelas de Scott han ayudado mucho a inculcar en las mentalidades sureñas ilusiones sobre un idílico pasado, y conceptos extraños de superioridad personal y regional; ilusiones que la derrota militar, lejos de disipar, ayudó a fomentar firmemente. La Troya derrotada siempre ha sido exaltada sobre los vencedores griegos, y la sangre troyana se ha tornado así de un rojo mucho más puro; las causas perdidas siempre evocan este tipo de magia.

Así como la propia Confederación, al final de la contienda, estimuló sentimientos nostálgicos en los tiempos que siguieron, el Klan, con las mismas gentes y por las mismas razones, tuvo la habilidad de crear y fijar en todas las mentes una noción de nobleza esencial. Susan Lawrence Davis compartía este pensamiento: su libro *Authentic History: Ku Klux Klan, 1865-1877*, publicado en 1924, rebosa adoración hacia el grupo. La dedicatoria no deja la menor duda sobre sus puntos de vista:

A mi madre, Sarah Ann (McClellan) Davis, y a las demás mujeres del Sur que diseñaron e hicieron con sus propias manos los atavíos para los hombres del Ku Klux Klan y los arreos para sus caballos. Asimismo dedico esta historia al Ku Klux Klan, 1865-1877, tanto a sus vivos como a sus muertos.

Al informar sobre las primeras horas del Klan, Davis habla con un respeto casi palpable sobre el momento en que John Lester dio nombre a la organización, cuando "por primera vez dichas palabras brotaron de una lengua humana".

En el mismo año en que apareció el libro de Davis, William B. Romine y su mujer, de Pulaski, publicaron un panfleto de 30 páginas donde daban una versión ligeramente diferente de la fundación. Estaban de acuerdo con Davis en alabar a las mujeres que habían confeccionado los atavíos, pero daban más detalles acerca de esto:

Como el objetivo primordial del Klan era la pureza y conservación del hogar y la protección de mujeres y niños, especialmente las viudas y huérfanos de los soldados confederados blancos, se eligió el emblema de la pureza para las túnicas. Y para las guarniciones o cenefas se escogió un color rojo fuerte, emblema de la sangre que los hombres del Klan estaban dispuestos a derramar en defensa de los desamparados. Era muy probable que se hallara presente cierto pensamiento sentimental al adoptar el color, ya que el blanco y el rojo eran los colores confederados. Dicho sea en honor de las mujeres del Sur que diseñaron e hicieron con sus propias manos más de cuatrocientas mil de estas túnicas del Klan, tanto para jinetes como para caballos, que no dijeron una sola palabra a nadie acerca de ello, y que no revelaron un solo secreto.

La siguiente reunión se celebró pocos días después de la primera, no en el despacho del juez, sino en una casa cuyos propietarios se encontraban de viaje; estos propietarios habían encargado al capitán Kennedy que cuidara del lugar. Davis los cita como el coronel Thomas Martin y su esposa, pero un informe de Romine sitúa esta segunda reunión en la mansión Spofford, que en 1924 albergaba un club de caballeros de Pulaski. Durante el curso de la noche, James Crowe tuvo la brillante idea de que las vestiduras debían añadir misterio, y no tuvieron el menor inconveniente en opinar que no estarían abusando de la hospitalidad de los dueños si saqueaban los armarios de la casa apoderándose de sábanas y fundas de almohada. Después de todo, tal y como Davis observa en su libro, "en aquellos días las mascaradas eran una de las formas más populares de entretenimiento". Y, al parecer, hubo igual opinión con respecto a apoderarse de unos cuantos caballos que dormitaban tranquilamente en un establo cercano. Después de usar más sábanas de la señora Martin (o Spofford) para disfrazar a los animales, los seis primeros miembros del Klan montaron en ellos y recorrieron lentamente y en silencio las calles de Pulaski, divirtiendo a los transeúntes con gestos cómicos.

Pero lo que podríamos llamar la guinda de aquella broma iba a ser puesto de manifiesto a la mañana siguiente, al escuchar los comentarios de los amigos y parientes que habían presenciado aquel extraño desfile. Uno de los inesperados resultados, del cual informaron varios testigos, fue que los supersticiosos negros no se habían divertido, ni muchísimo menos, con el espectáculo; muy al contrario, ya que habían tomado a los jinetes por fantasmas de los muertos confederados. Lo que se había ideado como una broma para matar el tedio tomó repentinamente una nueva dimensión: si los negros holgazanes podían asustarse tan fácilmente, quizá ello sirviese para hacerles volver al trabajo y así podría establecerse una situación parecida a la de antes de la guerra: el sistema de plantaciones que mantenía a los negros sometidos en los campos para que produjesen los considerables ingresos a los que estaban acostumbrados los hombres blancos (el informe de Romine antes citado también dice que tal desfile procesional tuvo lugar mucho después, cuando se tomó la decisión de atemorizar a los negros para que regresaran al trabajo).

La novedad por sí misma podría haber sido suficiente para atraer solicitudes de ingreso en el club, pero la posibilidad de intimidar a los libertos sin duda aceleró el desarrollo del Klan de Pulaski. Despertar a un negro en plena noche para pedirle un cubo de agua y fingir beberla toda sin un respiro era un divertimento con un propósito serio; no se precisaba más que un simple aparato oculto por la túnica del Klan, un dispositivo compuesto por una tubería de goma y una bolsa. Después, haciendo sonar los labios con delectación, el encapuchado diría: "Es el primer trago que bebo desde que me mataron en Shiloh". Otra buena diversión era la de obligar a un negro a que les estrechara la mano, para sacar por debajo de la túnica la de un esqueleto o una hecha de madera. Existía un tercer truco que recuerda al jinete sin cabeza de Irving: una cabeza falsa, normalmente hecha con una calabaza a la que se le colocaba una máscara, que podía quitarse y ofrecérsele a un negro para que "la sujetase un momento". Los exesclavos, en su mayoría carentes de la educación más elemental, eran muy susceptibles a estas maniobras terroríficas y a los innumerables refinamientos del mismo tipo que inventaban en todo el Sur los miembros del Klan.

Una de las primeras decisiones tomadas en Pulaski parece haber sido generalmente seguida por el Klan en todas partes: no debían buscar reclutar nuevos miembros. Pero esto apenas constituía una necesidad, ya que los sureños, al tener noticia del Klan, generalmente se mostraban dispuestos a pertenecer a él. Cualquiera de sus miembros, al enterarse de que a un amigo le interesaba, podía pensar fácilmente en mil formas diferentes de decirle cuándo y a dónde ir en busca de una más amplia información. Algunas veces, uno de los miembros "sondeaba" a un amigo insinuándole que a él también le gustaría llegar a formar parte del Klan; si el amigo estaba de acuerdo con él, entonces convenían en acudir juntos a la reunión. En marzo de 1866, el Klan de Pulaski tenía un "escondrijo" propio: la casa del doctor Ben Carter, muy dañada por los ciclones y situada en la cima de una colina a las afueras de la ciudad.

El presunto miembro, solo o en compañía de su amigo, que secretamente ya pertenecía al Klan, se aproximaba al escondrijo después de oscurecer, donde un guardián (llamado "lictor") les daba el alto soplando un silbato para llamar a un mensajero ("halcón de la noche"). Con los ojos vendados, el solicitante era introducido en el escondrijo, donde el "gran turco" le hacía una serie de preguntas. Si sus respuestas no eran satisfactorias, se le volvía a sacar al exterior y allí se le despedía. Si eran correctas, se daba la orden de colocar sobre sus hombros la "túnica real", la "corona real" sobre su cabeza y ceñir a su cintura el "sagrado cinturón para la espada". Luego se le hacía repetir frase por frase el juramento del Klan. Además de los votos habituales de jamás revelar los signos, símbolos, santo y seña o secretos de la orden, el juramento le obligaba a no revelar que era miembro del Klan, así como a abstenerse de consumir cualquier clase de bebida alcohólica mientras fuese miembro activo de la hermandad. Cuando el juramento estaba hecho, se le quitaba la venda de los ojos, y el nuevo miembro veía en el altar (un espejo) que su túnica era la piel de un asno, su corona un viejo sombrero al que se habían añadido unas orejas de burro, y su cinturón la vulgar cincha de una silla de montar. En este momento la seriedad daba paso a divertidas payasadas, que duraban un rato.

A los solicitantes considerados demasiado jóvenes se les sacaba del escondrijo y se les sentaba sobre el tronco de un árbol; antes o después, el muchacho se quitaba la venda que cubría sus ojos y se retiraba a su casa con gesto mustio. Si se trataba de un "indeseable", entonces se le arrojaba colina abajo metido en un barril. Era preciso evitar a toda costa el desenmascaramiento, ya fuese por miembros del Klan o por muchachos jóvenes. El riesgo de tal posibilidad se hizo serio mucho más tarde, cuando el Klan chocó directamente contra los agentes federales, y cuando actos aislados de violencia aquí y allá comenzaron a dañar la imagen pública de los miembros del Klan. El secretismo original adoptado por los fundadores de Pulaski sentó un precedente que siguieron fácilmente otros *dens* (refugios, escondrijos), y que en verdad valía la pena mantener.

Los seis fundadores no eran suficientes para proporcionar un buen complemento de funcionarios o jefes de *den*. Al principio no había "gran escriba". El jefe del *den* original, Frank McCord, recibió el apelativo de "gran cíclope"; su primer teniente, conocido como "gran mago", fue el capitán Kennedy. Crowe fue elegido como "gran turco", una especie de maestro de ceremonias, y Calvin Jones y el capitán Lester recibieron los nombramientos de "halcones de la noche", o mensajeros, mientras que Richard Reed era el primer "lictor" o guardián. Se inventaron nuevos títulos para los nuevos miembros, que más tarde se llamaron *ghouls*.

Los títulos tenían poco en común más allá de aquel aire extraño y misterioso. El único que parecía fuera de lugar era el de lictor. En la antigua Roma, el lictor era el que ayudaba al magistrado, llevaba ante él los *fasces* y ejecutaba sus sentencias contra los convictos. Por coincidencia, el Klan eligió para este funcionario un título relacionado con el símbolo de autoridad adoptado en el siglo XX por los fascistas de Mussolini.

Muy pocos miembros del Klan a nivel local han llegado a ser tan conocidos como los fundadores de Pulaski. El aura que rodea a todos los padres fundadores excluye siempre el anonimato. Como grupo, y a juzgar por las pruebas biográficas, parecen haber sido hombres de buen carácter y bien cualificados para los puestos que más tarde ocuparon en la vida pública. Cuando los hombres de otras ciudades buscaban formar *dens*, los de Pulaski asumían la responsabilidad de aprobar sus solicitudes, pero, con la rápida extensión del Klan, esta práctica muy pronto quedó convertida solamente en una formalidad y finalmente fue abandonada.

El *den* de Pulaski puso sumo cuidado en supervisar minuciosamente a los primeros solicitantes. Estos se hallaban en la cercana ciudad de Athens, Alabama, donde los maestros de escuela norteños estaban demoliendo todos los cimientos de la tradición del Sur al tratar a los estudiantes negros como a seres humanos. El coronel Lawrence R. Davis, de Athens, pidió consejo a su viejo amigo el capitán Lester. La evidente respuesta fue la inmediata formación de un *den*. Ningún propósito tan práctico como este había guiado o impulsado la creación del *den* de Pulaski; es significativo que con la organización del primer nuevo "capítulo" de normas —que suponía medidas activas para conservar las viejas relaciones raciales— apareciese al fin un motivo claramente definido. Los pulaskianos, si entonces deseaban preservar sus propósitos originales, es decir, si anhelaban continuar formando un grupo estrictamente social, podrían haber rehusado también dar su aprobación. Pero es más razonable suponer que aceptaban al Klan como medio práctico de intimidar a los negros, y que no sentían el menor escrúpulo en animar a otros grupos a que hiciesen lo propio. El gran cíclope de Pulaski, Frank McCord, se unió al capitán Lester para tomar el juramento a los nuevos 15 miembros de Athens. Se había elegido un buen lugar, La

Cueva, un anfiteatro natural situado en la profundidad de los bosques, a unas tres millas de la ciudad. Tras las ceremonias, se discutió la cuestión de mantener la supremacía de la raza blanca, momento en que se decidió que este sería el principal propósito del Ku Klux Klan.

Una semana más tarde, y también en La Cueva, un gran número de habitantes de Athens se unieron al *den* n° 2. Hubo entonces muy poco tiempo para bromas y payasadas tras dicha ceremonia, como había ocurrido en Pulaski, ya que el actual propósito era más oscuro. Estaban enfurecidos, tal y como informa la señorita Davis, hija del coronel, por el valiente intento de los maestros de escuela norteños de "asociarse abiertamente con los negros, ofendiendo así a las gentes del Sur en sus intentos de legislar contra tal estado de cosas vergonzoso".

Quizá, y al enfrentarse con semejante crisis, el *den* de Pulaski no se conformó más con sus silenciosos desfiles nocturnos, ni con las bromas pesadas que aterrorizaban a los negros. En Athens, el negro que había sido visto cabalgando en compañía de la valiente maestra de escuela blanca, fue raptado y llevado a La Cueva. El hombre fue lo suficientemente perspicaz como para explicar a los miembros del Klan que solamente obedecía las órdenes de la mujer blanca. Añadió que si se le perdonaba la vida juraría no volver a montar nunca más a caballo en compañía de una mujer blanca; y prometió decir a sus amigos que abandonasen toda esperanza de igualdad social con los blancos. El Klan le despidió aplicándole un ligero castigo: fue sumergido en un manantial de agua helada que había en el fondo del anfiteatro y luego le enviaron a casa, empapado y temblando de frío.

Incluso bajo la rígida supervisión de los hombres del *den* de Pulaski, los habitantes de Athens añadieron una nueva dimensión de castigo físico. A medida que el Klan fue expandiéndose, se hizo prácticamente imposible que los miembros de Pulaski supervisaran los procedimientos a seguir, siendo así que la autonomía de cada nuevo *den* condujo a una gran variedad de posiciones y prácticas. Los delitos peores que el de cabalgar en compañía de una mujer blanca parecían merecer, sin duda, un castigo más severo. Al cabo de un año había cientos de grupos locales con el mismo nombre, los mismos títulos y rituales, y el mismo propósito, exhibiendo una enorme gama de comportamientos, que iban desde las meras payasadas hasta la más atrevida desobediencia de la ley y el orden establecidos.

Los miembros partidarios de la prudencia, naturalmente, se sentían profundamente disgustados por los actos de violencia que estallaban en muchos lugares, ya que los excesos cometidos por cualquier *den* se reflejaban en todo el Ku Klux Klan. Pudo decirse que entonces hubo falsos Klanes que cometieron un sinnúmero de tropelías, pero al carecer de una autoridad central que extendiera su control a todos los demás, ¿quién podía asegurar que este o aquel Klan fuese verdadero o falso? El anonimato complicaba el problema: mientras los Klanes ocultasen su identidad, ¿qué prueba podría ofrecerse de que los miembros "auténticos" no cometiesen alguna grave atrocidad?

Por tales razones, los *dens* más responsables, tanto en Pulaski como en otros lugares, decidieron celebrar una gran reunión a principios de 1867 en Nashville, Tennessee. La leyenda local, que en ausencia de una prueba más concreta, es con lo único que contamos, fija la época de tal reunión en el mes de abril, y el lugar como la sala número 10 de la recientemente construida Maxwell House. Por coincidencia, el Congreso acababa de promulgar la Ley de Reconstrucción, aun en contra de la fuerte oposición del presidente Johnson, dividiendo el Sur en cinco distritos militares, y dando a los generales que los comandaban una gran autoridad, incluso sobre el poder judicial. Si los republicanos radicales se hubiesen propuesto deliberadamente enfurecer a los blancos del Sur y estimular su resistencia, no podrían haber elegido un método mejor. En cualquier caso, los hombres del Klan, reunidos en Nashville, sintieron una particular urgencia en proyectar medidas de contraataque eficaces.

El general George W. Gordon, que en aquellos días ejercía la abogacía en Pulaski, aceptó el encargo de redactar una "disposición", una declaración formal de principios básicos. Es sorprendentemente breve, ya que solamente tiene un preámbulo y tres secciones más: "Reconocemos nuestras relaciones con el Gobierno de los Estados Unidos y, por lo tanto, con las Leyes constitucionales y la Unión de los Estados". Así dice el preámbulo. La primera sección especifica los objetivos: protección de los débiles y de los inocentes; alivio de los oprimidos y de los heridos; y ayuda a los desamparados, especialmente a las viudas y huérfanos de los soldados confederados. Las otras dos secciones obligan al Klan a apoyar y defender la Constitución, para así prestar ayuda a la ejecución de todas las leyes constitucionales y proteger al pueblo de una invasión, de una ocupación ilegal, y de juicios legales llevados a cabo por otros que no fueran sus iguales "de conformidad con las leyes de la región".

Los efectos de estas declaraciones, aun cuando puedan parecer inocuas y altisonantes, quedarán puestos de relieve en las siguientes páginas; sea suficiente decir que aquí la palabra "invasión" abarcaba las actividades de los gobiernos militares y las de los agentes de la Oficina de Libertos (establecida por el Gobierno para ayudar a los antiguos esclavos), que la palabra "iguales" significaba blancos del Sur, y que los antiguos esclavos no figuraban entre los débiles, los heridos, los oprimidos o los desamparados, ni se encontraban en cualquier otro grupo que aspirase a la protección.

La convención también adoptó una declaración independiente y mucho más larga, definiendo al Klan como "una institución de Caballerosidad, Humanismo, Piedad y Patriotismo", describiendo su estructura general, dando títulos a los territorios más grandes y a sus miembros, y prescribiendo los procedimientos de los *dens* con cierto detalle. Las diez preguntas que había que hacer a cada solicitante que aspirara a ser miembro del Klan nos dicen mucho más acerca de sus razones que lo que posiblemente se haya pretendido. Las respuestas esperadas afirmaban una fuerte oposición a los radicales que dominaban en el Congreso, al gran Ejército de la República, a la igualdad del negro con el blanco, y a la Liga de la Unión, sociedad no gubernamental que el Klan consideraba principal instrumento para promover tal igualdad. Además, al nuevo miembro se le exigía adherirse firmemente al principio de "un gobierno de hombres blancos" y buscar la restauración de la antigua soberanía de los estados. La pregunta final era: "¿Crees en los inalienables derechos de autoprotección del pueblo contra el ejercicio de un poder arbitrario y no autorizado?". Los delegados reunidos puede que fueran los mejores miembros del Klan, y que hasta se sintieran incómodos por los excesos que estaban teniendo lugar, como sinceros en sus esperanzas de moderación, pero esta pregunta y la esperada respuesta implicaban el derecho a resistir al mandato federal; pues, en opinión del Klan, opinión que ha sobrevivido al Klan original, la aplicación de la fuerza federal contra la tradición y práctica regionales ha parecido siempre a muchos sureños arbitraria y no autorizada por la Constitución; es más, incluso una violación de tal documento. En otras palabras, no hay hipocresía en jurar fidelidad a la Constitución y a la Unión, y luego desafiar al Gobierno federal y a ciertas leyes de este. Fundamentalmente, es cuestión de cómo uno interprete la Constitución, y de acuerdo con el clásico punto de vista del Sur, fue el Norte el que violó este espíritu, y el Sur el que estaba tratando de levantarlo.

Una vez hecha la totalidad de preguntas y contestadas estas satisfactoriamente, por la noche, y contra un espectacular fondo de antorchas encendidas, al nuevo recluta se le leía otro documento. Según este, el Klan se había fundado

> para regenerar nuestro infortunado país y aliviar a la Raza Blanca de la humillante condición en que se ha visto últimamente reducida en esta República. Nuestro principal y fundamental objetivo es mantener la supremacía de la raza blanca en esta República. La historia y la fisiología nos enseñan que pertenecemos a una raza cuya naturaleza ha sido dotada con evidente superioridad sobre todas las demás razas, y que el Supremo Hacedor, al elevarnos así por encima de las comunes normas de la creación humana, ha intentado entregarnos un dominio sobre las otras razas que ninguna ley humana puede derogar.

Cuanto más se aproxima una raza al negro africano, "más fatalmente el sello de inferioridad se imprime sobre sus hijos y les condena irrevocablemente a una degradación e imperfección eternas".

América fue fundada por la raza blanca y para la raza blanca, continuaba el documento, y todo esfuerzo por transferir el control a la raza negra era una evidente violación de la Constitución y de la voluntad divina. Ningún hombre blanco podía someterse a tales disposiciones "sin sentir humillación y vergüenza". La igualdad social debe, por lo tanto, ser rechazada por tratarse de un paso hacia la igualdad política y al matrimonio interracial y "la producción de una descendencia bastarda y degenerada... Debemos mantener la pureza de la sangre blanca si con ello mantenemos al mismo tiempo la superioridad natural con que Dios la ha ennoblecido". Los derechos de los negros debían ser reconocidos y protegidos con firmeza y liberalidad, pero los blancos debían conservar el privilegio de determinar cuáles eran esos derechos de los negros, ya que preguntar a estos últimos qué clase de derechos consideraban justos para sí mismos sería tanto como admitir aquella igualdad política que el Klan había jurado impedir.

* * *

La primera estructura del Klan era relativamente simple: cada *estado* era designado como un *reino* gobernado por un *gran dragón*; cada *distrito congresal* era un *dominio* gobernado por un *gran titán*; y cada *condado*, una *provincia* gobernada por un *gran gigante*. Toda la zona donde el Klan tenía miembros se denominaba *Imperio invisible*. Robert E. Lee, al declinar una invitación para asumir el mando supremo, se dice que escribió a la convención comunicando a los delegados que su aprobación debía ser "invisible", palabra que probablemente inspiró o sugirió el nombre que le fue dado al Imperio. Se hizo luego una segunda elección, que recayó sobre Nathan Bedford Forrest, quien aceptó tal honor en Nashville, y actuó como el único gran mago en la historia del Klan original. No debe asombrar a nadie saber que muchos de los principales jefes del Klan, como, por ejemplo, los grandes dragones, titanes y gigantes, fueran también antiguos oficiales de alta graduación del Ejército confederado. Pero su conexión con el Klan no se supo hasta mucho más tarde, ya que, al aceptar la amnistía al final de la guerra, habían jurado obedecer todas las leyes federales y no oponerse jamás al Gobierno federal.

Con *dens* surgiendo en todas partes del Sur, con una organización nacional bien lograda, con principios enunciados y procedimientos sistematizados, el Klan estaba preparado para, indudablemente, convertirse en un imperio invisible, como un gobierno secreto que se oponía en todo momento a los esfuerzos del Gobierno federal, que el Klan consideraba arbitrario y violador de la Constitución. Al cabo de poco más de dos años, el general Forrest, oficialmente, suprimió y desbandó al Klan, de acuerdo con ciertos rumores de procedencia no muy clara, como consecuencia de una conversación que sostuvo con el presidente Grant. Parece mucho más razonable suponer que la disolución oficial de la organización se produjo solo de cara a la galería, para proporcionar a la organización una mayor invisibilidad. El Klan era demasiado útil como agente de la resistencia blanca del Sur para que los *dens* locales obedeciesen la orden de Forrest si esta fuese sincera, y la mayoría de los incidentes violentos tuvieron lugar después de haber sido dada la orden. Abandonar entonces al Klan hubiese sido tanto como abandonar el principio de la supremacía blanca, cosa que poquísimos hijos leales del Sur concebían.

CAPÍTULO 2
SUPREMACÍA BLANCA

> Nuestro objetivo principal y fundamental es EL MANTENI-MIENTO DE LA SUPREMACÍA DE LA RAZA BLANCA en esta república.

De las actas de la reunión celebrada en Maxwell House, en Nashville, en abril de 1867, surgió la "disposición" del Ku Klux Klan, junto con diez preguntas que habían de ser contestadas afirmativamente por todo aquel que solicitase hacerse miembro, más la lectura de un documento que contenía la frase citada al principio de este capítulo, con mayúsculas y todo. En otros pronunciamientos del Klan original, y en declaraciones formales del moderno, se reivindica con firmeza el mismo objetivo, con muy ligeras variaciones en su formulación. Normalmente, es seguido de una o dos frases, en las que se atribuye la superioridad del hombre blanco y la inferioridad del negro a la voluntad divina. El Supremo Hacedor, según la Convención de Nashville, "ha decidido entregarnos sobre las otras razas un dominio que ninguna ley humana puede derogar".

La dedicación del Klan al principio de la supremacía blanca es suficientemente clara, pero no lo es tanto el hecho de que el Klan no inventase tal supuesta supremacía blanca. Si algo inventó fue un método de llevar a cabo ilegalmente lo que la mayoría de los blancos del Sur deseaban hacer desesperadamente durante los tiempos difíciles que se sucedieron después de la Guerra Civil, sin poder hallar la forma mediante medidas legales. El Klan no podría haber sido una fuerza tan efectiva sin el abrumador apoyo de los blancos sureños o sin el manto de secretismo bajo el cual operaba, indudablemente con muy poco temor de ser descubierto. Algunos de los "mejores miembros" de la sociedad del Sur rechazaban lo peor de la violencia del Klan, pero su sentido de afrenta, de ultraje, les impedía denunciar individualmente a los miembros del mismo y perseguirlos como criminales. La opinión pública *pudo* haber suprimido al Klan, pero tampoco lo hizo. El Klan, aun cuando sus métodos fuesen algo desagradable de contemplar, estaba haciendo lo que la gente deseaba: preservar la supremacía blanca.

No era poco corriente que los sureños de "la mejor clase", tales como, por ejemplo, el director John Leland, del Colegio Femenino de Laurens, Carolina del Sur, deplorase la violencia del Klan y luego censurase públicamente, con acres palabras, las acciones federales. Por muy perverso que fuera el Klan, para los leales sureños no lo era tanto como los vengativos radicales del Congreso y sus agentes en el Sur, quienes humillaban a los blancos locales posicionando sobre ellos a una raza que, evidentemente, era inferior. Este razonamiento se encuentra a menudo expresado tan consistente e inequívocamente que es imposible dudar de la sinceridad de los indignados sureños. Los libros que algunas veces escribían daban voz a los puntos de vista regionales firmemente proclamados, puntos de vista que hemos de comprender si tratamos de dar al Klan su debida atención.

Los estadounidenses pueden enorgullecerse de la velocidad con que los grupos minoritarios han cubierto las tres etapas del proceso de asimilación. Cada grupo de nuestra población, con una descollante excepción, se encontró con la hostilidad inicial por parte de los habitantes más antiguos, sobrevivieron a esta hostilidad hasta pisar el terreno de la tolerancia, y luego pasaron a la etapa final de plena aceptación. Si concentrásemos nuestra atención en esa hostilidad inicial, tendríamos que admitir muchísimos defectos en nuestra propia imagen de pueblo hospitalario, generoso y tolerante. Los puritanos odiaban a los cuáqueros; odio que se tradujo en una dura legislación promulgada durante el siglo XVII, y que solamente es uno de los tantos ejemplos de conflicto entre grupos de población que a menudo se han dado en nuestra historia. Pero tales grupos han logrado una plena aceptación hace ya tanto tiempo que sus miembros han podido olvidar las antiguas dificultades.

Gran parte de la hostilidad original surgió por las diferencias existentes entre los grupos antiguos y los nuevos; diferencias que con el tiempo o fueron desapareciendo o se convirtieron en facetas familiares de la diversidad nacional. Massachusetts hace ya muchos años que abandonó su persecución contra los cuáqueros, porque las diferencias religiosas que separaban a puritanos y cuáqueros llegaron a ser muy poco importantes, o no lo suficientemente importantes como para dar lugar a una persecución física. Los primeros inmigrantes alemanes e irlandeses que llegaron en cantidades considerables hace poco más de un siglo se tropezaron con una violenta discriminación, pero sus descendientes están hoy tan asimilados que, incluso, han llegado a convertirse en dos de nuestros más recientes presidentes, Eisenhower y Kennedy; y es de tener en cuenta que el segundo, como católico, representaba a un grupo religioso que tuvo que soportar la hostilidad más extrema. Estos ejemplos podrían multiplicarse fácilmente; colectivamente constituyen un récord de asimilación más que notable, tanto que la existencia de una sola excepción resulta una anomalía difícil de comprender.

Los negros no constituyen un reciente añadido a la población estadounidense, con rasgos o cualidades poco familiares que puedan producir recelos o aprensión en los habitantes más antiguos. Viven en América desde hace tanto tiempo como cualquier grupo blanco y, en realidad, desde hace bastante más tiempo que la mayoría de los blancos. Difieren de los demás grupos en que fueron llevados a América por la fuerza, y han estado mucho tiempo sujetos a la esclavitud. Pero ya hace cien años que gozan de libertad y nunca se han opuesto a ser asimilados. Lo que en realidad desean es lograr la plena aceptación que han alcanzado las demás minorías. Esta es la única civilización que ellos conocen o quieren reconocer como suya. Muchos otros grupos de color —asiáticos, indios, nativos americanos— han gozado de esa general aceptación a la que antes he aludido; el rechazo continuado de los negros no puede ser debido solamente al color de su piel.

Una posible explicación es que los seres humanos, llevados por un profundo impulso psicológico a sentirse superiores, siempre reciben bien la presencia de un grupo al que puedan considerar como inferior. En Europa, donde los países son pequeños y se hallan muy cerca unos de otros, esta necesidad se satisface mediante vecinos que hablan diferentes idiomas y que tienen costumbres también diferentes; los Estados Unidos son demasiado grandes para eso, y solamente en pequeñas regiones fronterizas se les proporciona a los americanos vecindad "inferior" a la que despreciar: los mexicanos en el suroeste, y los francocanadienses en la norteña Nueva Inglaterra. Los nativos americanos están bien distribuidos, pero en su inmensa mayoría se encuentran segregados en reservas; además, su número es demasiado pequeño. Los negros, casi una décima parte de la población general, se hallan mucho más extendidos por toda la nación, aunque con diversa densidad, y en ninguna parte están separados físicamente de los blancos, excepto en el sentido más local; forman, pues, un grupo ideal para que los blancos se sientan superiores.

En ciertas partes del país donde fueron muy numerosos, los negros estuvieron privados durante tanto tiempo de los privilegios de los que disfrutaban los blancos, que, por la época de la Guerra Civil, eran evidentemente inferiores, en educación, realización, estado social y oportunidades. A pesar de notables excepciones, la mayoría de ellos siguen teniendo menos ventaja en esos mismos terrenos. Y, por tanto, es condenadamente sencillo para los blancos suponer que la inferioridad del negro es culpa suya, resultado de una incapacidad innata. También resulta muy fácil para los blancos aceptar su ventaja sobre los negros como un factor normal e ineludible dada la "forma en que son las cosas". Incluso los blancos que muestran disposición favorable hacia los negros ayudan a mantener esa diferencia simplemente no dando el paso final hacia el proceso de asimilación, o, lo que es lo mismo, la aceptación de los negros como tales. La tolerancia es evidentemente mejor que la hostilidad, pero no deja de ser una virtud neutral, por llamarla de alguna manera. La tolerancia permite al blanco de mentalidad abierta disfrutar de las mismas ventajas sobre el negro que las que gozan los más furibundos segregacionistas.

Otra explicación posible es que se ha fomentado la imagen adversa del negro durante mucho más tiempo y mucho más deliberadamente que la imagen de otras minorías raciales. Los que poseían esclavos no eran diferentes de otros americanos blancos, al menos no más imperfectos por naturaleza, ni carecían de menor dignidad humana. Pero el hecho de poseer esclavos les hizo buscar la justificación de la esclavitud; algunas veces citando pasajes de la Biblia y, mucho más a menudo, reuniendo pruebas para demostrar que los negros eran esencialmente inferiores. Si necesitaban precedentes, podían haber señalado la exposición razonada de los puritanos en relación con los indios: una serie de reducidos pero difíciles enfrentamientos endurecieron los corazones de los puritanos y dieron lugar, a finales del siglo XVII, a la teoría de que los indios eran salvajes sin alma y susceptibles de ser exterminados. Los dueños de esclavos del Sur querían a sus esclavos vivos y no muertos, pero su extremo punto de vista se hallaba muy cercano a la conclusión puritana: los negros no eran realmente seres humanos, sino miembros de un orden biológico inferior. Menos extrema, pero sí más ampliamente extendida, era la opinión de que sí eran seres humanos, de acuerdo, pero claramente inferiores a los blancos en la escala humana. Hoy día se siguen reuniendo y publicando pruebas para apoyar tales puntos de vista, y lo que demuestran no es la inferioridad del negro, sino la persistencia en el deseo de justificar la supremacía blanca.

El hecho de necesitar la presencia de un grupo inferior ante el cual sentirse superior va a menudo acompañado por la noción de que la raza o nación propias están especialmente favorecidas por Dios. Desde el momento en que cada raza o nación posee algo distintivo, siempre es posible demostrar, a propia satisfacción de uno, que la raza o la nación propia disfruta del favor divino; incluso las grandes adversidades pueden y han sido interpretadas como señal de este especial interés: "Dios castiga a los que ama".

Pero el éxito proporciona un mayor apoyo a la autoimagen de superioridad que a la de adversidad. En la historia de Estados Unidos puede que sea preciso fijar su punto más alto de arrogancia nacional en los años anteriores y posteriores al comienzo de este siglo, cuando Albert Beveridge, senador de Indiana desde 1899 hasta 1911, clamaba elocuentemente lo que tantos ciudadanos deseaban escuchar. El 27 de abril de 1898, hablando en Boston durante una reunión celebrada en memoria del general Grant, dijo que este "tenía la vista del profeta que contemplaba, como parte del infinito plan del Todopoderoso, la desaparición de civilizaciones envilecidas y razas decadentes, para dar paso a la más alta civilización de hombres más nobles y viriles". El 16 de septiembre del mismo año, en Indianápolis, los vítores y los aplausos rubricaron otro discurso de Beveridge: "La oposición nos dice que no debemos gobernar a un pueblo sin su consentimiento. Y yo respondo que, como norma de libertad, todos los gobiernos obtienen su autoridad del beneplácito de los gobernados, pero que tal norma ha de ser aplicada solamente a aquellos pueblos que sean capaces de un autogobierno". Más tarde, tras ser elegido para formar parte del Senado de Estados Unidos, Beveridge pronunció su primera intervención ante los demás senadores, elogiando a los pueblos "nórdicos": "Dios no ha estado preparando a los pueblos teutónicos y de habla inglesa durante mil años para que fuesen objeto de su propia contemplación y admiración. ¡No! Nos ha hecho los maestros organizadores del mundo para que establezcamos un sistema allí donde reina el caos [...] Ha hecho que podamos administrar el gobierno entre pueblos salvajes y personas seniles".

Aunque esto suene parecido al anuncio hecho por el Klan reunido en Nashville en 1867, en el sentido de que el Supremo Hacedor "ha intentado proporcionarnos un dominio sobre las razas inferiores que ninguna ley humana puede derogar", no significa que Beveridge fuera miembro del Klan; en su lugar, sugiere que el Klan no era el único grupo que clamaba una exclusiva aprobación divina. Esto es fácil de creer en una sociedad que anima y estimula a cada uno de sus miembros, especialmente en la infancia temprana, a asumir un interés personal y directo por parte de Dios. Está casi inyectado en la médula de nuestros huesos, y es una de las cosas que todo niño debería olvidar de tener que ajustarse razonablemente a una sociedad tan diversa en sus orígenes como la nuestra. Cuanto más cosmopolita sea el ambiente del niño es de presumir que antes se ha de enfrentar con la probabilidad —que, por supuesto, puede rechazar— de que *su* familia, *su* iglesia y la clase de persona que *él* es no sean interés exclusivo de Dios. Puede que haya individuos en todos los grupos que se asusten ante este descubrimiento, especialmente si el divino favor supuesto por un grupo se ha convertido en ideología regional deliberadamente fomentada, e incluso reflejada, en las leyes locales. Por otro lado, para los no creyentes, el dogma racista puede existir sin una base religiosa, o incluso puede convertirse en un sustituto de esta última. Citando a la antropóloga Ruth Benedict:

El racismo es el dogma que establece la condena de un grupo étnico por inferioridad congénita, mientras que otro grupo queda destinado a la superioridad también congénita. Es el dogma que proclama que la esperanza de la civilización depende de la eliminación de ciertas razas, mientras otras se conservan puras. Es el dogma que propugna que una raza es la que ha proporcionado el progreso a la civilización a través de la Historia humana, y que esa misma raza es también la única que puede asegurar el futuro progreso, y que el racismo es esencialmente una pretenciosa forma de decir que "yo" pertenezco al Mejor Pueblo. Pues tal convicción es la fórmula más satisfactoria que se haya descubierto jamás, ya que ni mi propia indignidad o desmerecimiento, ni las acusaciones de los demás pueden desalojarme de mi posición. Evita todas las preguntas embarazosas acerca de mi conducta en la vida, y asimismo evita todas las molestas reclamaciones de los grupos "inferiores" acerca de sus propios logros y normas éticas.

Hace más de un siglo, John Stuart Mill dijo: "De todas las formas vulgares de escapar a la consideración del efecto de las influencias morales y sociales en la mente humana, la más vulgar es la de atribuir las diversidades de conducta y carácter a diferencias naturales inherentes". A lo cual, Jacques Barzun añade: "Es un error vulgar, no solamente porque prospera y se extiende entre las gentes, a menudo sin enterarse de lo que significa, sino porque siempre va cargado de odio e hipocresía; es también un error vulgar porque niega la diversidad individual, rechaza la relación de causa y efecto, desprecia el intelecto y, finalmente, excluye a la mente del universo de las cosas creadas".

Es dudoso si el senador Beveridge era consciente de estar despreciando al intelecto o a los estadounidenses que no eran de ascendencia anglosajona o teutónica. Aunque los anglosajones, es decir, las gentes que descendían de las primitivas inmigraciones inglesas, se convirtieron en minoría estadística allá por 1870, habían sido mayoría durante tanto tiempo y se hallaban tan poderosamente atrincherados en la riqueza y el poder que era muy fácil para ellos pensar de sí mismos, en 1900 y durante muchos años más tarde, que seguían siendo mayoría, aunque, en realidad, ya no lo eran. Los mitos son cosas que se adhieren tercamente, por supuesto, y el mito más extendido entonces y ahora es el de que los verdaderos americanos son blancos, protestantes, anglosajones, y que llevan viviendo mucho tiempo en el país; los grupos que llevan consigo un guion, como, por ejemplo, los "polaco-americanos", o sin el guion, como "los finlandeses de Míchigan", por muy satisfactoria que haya sido su asimilación, nunca llegaron a alcanzar de todo el ideal.

En un momento de fervor imperialista, cuando el grueso de la población se hacía eco del notorio desprecio de Rudyard Kipling hacia la frase "razas inferiores al margen de la ley", y se pudo respaldar la noción de que los Estados Unidos tenían el derecho de conquistar a otros pueblos como lo habían hecho durante algún tiempo las razas robustas de Europa, en ese momento el pueblo estadounidense quedó al descubierto como víctima de un mito racial. El éxito era la prueba del favor divino, y se acercaba ya la hora de llevar a cabo el infinito plan del Todopoderoso para la desaparición de civilizaciones degeneradas y razas decadentes. El hecho de que algunos de sus ciudadanos fuesen recientes trasvases de tales civilizaciones degeneradas y que otros perteneciesen a razas en decadencia apenas importaba, por la simple razón de que estos no eran "verdaderos" americanos. Y así, sea como fuese, el mito continuó.

Al sentido general americano de superioridad anglosajona se añadió en el Sur un particular compromiso respecto a la supremacía blanca y a la inferioridad negra. Los blancos sureños, la más homogénea de nuestras regiones, siempre han pertenecido a una abrumadora mayoría anglosajona; y los negros siempre han constituido una notable minoría. En los primeros años del siglo XIX, el sentido de culpabilidad por poseer a otros seres humanos persistía aun cuando la esclavitud era muchísimo más provechosa de lo que había sido antes; pero el aumento en los beneficios reducía la esperanza expresada por la generación de Jefferson, al declarar que la institución desaparecería muy pronto. Sin el consuelo de esa seguridad, tal y como Oscar Handlin dice en *Race and Nationality in American life*: "Los sureños no podían soportar reconocer que dentro de su sociedad se albergaba un indestructible mal. La única alternativa era negar que la esclavitud fuese un mal".

Pero la simple negación significaba poco. Se hizo muy importante, especialmente cuando los abolicionistas norteños lanzaron su ataque, construir una teoría positiva, una teoría que mostrase a la esclavitud como un bien real; para el propio esclavo, para la economía del Sur y, a la larga, para toda la nación. Las pruebas eran numerosas: las fábricas del Norte necesitaban el algodón que solamente se podía cosechar mediante el trabajo del negro; sin esclavitud, el Sur se convertiría en un desierto y en una terrible carga para el resto de la nación; y, por otra parte, la esclavitud proporcionaba a los negros el beneficio de la civilización. Los pocos negros del Sur fueron rechazados como inútiles; y en las Indias Occidentales y Canadá, donde la esclavitud ya había sido abolida, tanto los negros como la economía habían degenerado; esto era lo que decían los teorizantes sudistas.

Algunas veces, los defensores de la esclavitud llegaron demasiado lejos en su fervor, como ocurrió al describir a los libertos del Norte como universalmente depravados, criminales e inestables. Los dueños de esclavos creyeron conveniente inventar estadísticas para demostrar que las prisiones del Norte, los manicomios y los asilos estaban abarrotados de negros. Pero los residentes de lugares donde se hallaban emplazadas tales instituciones no dejaron de reconocer la falsedad de tales aserciones. Otra equivocación cometida en la estrategia empleada por el Sur fue la de describir a los abolicionistas del Norte como hombres despreciables, individuos viles; descripción que, naturalmente, ofendió a todos los norteños, que mostraban un gran respeto hacia determinados enemigos de la esclavitud: Samuel Sewall, por su panfleto fechado en 1700 y titulado *La venta de José*; John Woolman, el cuáquero que publicó dos ensayos en 1754 y 1762, ambos titulados: *Algunas consideraciones sobre el mantenimiento de los negros*; Crèvecoeur, el inmigrado francés que dedicó nueve partes de sus *Cartas de un granjero americano* (1782) a los males de la esclavitud; y Benjamin Franklin, cuyo último acto público fue firmar un memorial dirigido al Congreso urgiendo a este la abolición de la esclavitud, y quien en el mismo mes de su fallecimiento escribió un ensayo brillante y muy irónico, titulado *Sobre el comercio de esclavos*. Los norteños podían desaprobar fuertemente a sus vecinos abolicionistas, pero no podían aceptar la palabra "vil" o "despreciable" como un adjetivo adecuado para describir a Whittier, Lowell y Emerson. Además, si el oponerse a la esclavitud convertía a un hombre en vil, ¿qué sería de las reputaciones de sudistas tales como Washington, Jefferson, Patrick Henry, Madison y Monroe?

Por supuesto, no todos los abolicionistas eran hombres eminentes. En el prefacio de su libro *Theodore Weld, Crusader for Freedom*, Benjamin P. Thomas dice:

Hay toda suerte de hombres alistados en las filas del abolicionismo: hombres pacíficos y energúmenos; tipos de mente estrecha e individuos de amplio pensamiento; resistentes pasivos y otros a los que gusta la acción directa; individuos amantes de la Ley y el orden y algunos exhibicionistas; aparte, claro está, de muchos de humilde condición. La excentricidad prevalecía entre ellos, pero cierto es que su común y emblemática cualidad era la carencia total de egoísmo al consagrarse a un alto ideal. Seguro que eran peligrosos; peligrosos para todas las instituciones y conceptos que negaban a una porción de la Humanidad sus derechos naturales.

Eminentes o no, los abolicionistas podían ser considerados viles solamente en el contexto de una absoluta creencia de que la esclavitud era orden divina, y que oponerse a ella significaba caer en la herejía.

Sin embargo, esta creencia existió y estaba apoyada por pasajes bíblicos, ya que la Biblia había sido escrita en una época en la que todas las sociedades sometían a esclavitud a muchos seres humanos. Para los supremacistas, tal sanción divina de la esclavitud era tan fácil de aceptar como cualquier otra parte de la posición clásica sudista. John Leland, en su libro *A View from South Carolina*, se refiere a la abolición como herejía cometida "en el santuario de Dios", como si nada pudiese ser más sorprendente que la existencia de clérigos norteños que ignorasen las sanciones bíblicas de la esclavitud y la demostrable inferioridad del negro. La religión verdadera y la supremacía blanca, para muchos sudistas, no solamente eran compatibles, sino virtualmente idénticas. Un blanco de Misisipi, al comparecer en el juicio por el asesinato de un líder negro en 1964, dijo esto ante el tribunal que le juzgaba: "Creo en la segregación lo mismo que creo en Dios".

Los teóricos sudistas no pasaban por alto ninguna línea de razonamiento, todas ellas familiares para los investigadores del racismo. Se reunieron innumerables pruebas para demostrar la inferioridad de los negros. No solamente se les suponía más ignorantes que a los blancos, sino que también se decía que eran incapaces de asimilar la educación más rudimentaria. Nunca habían creado clase alguna de cultura; desde luego no en comparación con los logros obtenidos en este campo por la raza anglosajona. Incluso carecían (según los blancos) de las más elementales nociones de virtud; un hombre calculaba que serían precisas muchas generaciones para inculcar al negro el sentido moral del hombre blanco. Y tampoco la raza negra poseía el ingenio anglosajón para el autogobierno; algo que ni siquiera otros hombres blancos poseían. Pruebas aún más evidentes de tal inferioridad se hallaban en el propio aspecto físico del negro: la nariz ancha y aplastada se consideraba indicio de una mente perezosa, y la piel oscura un defecto en color que hacía juego con peores defectos de carácter. La misma docilidad de muchos esclavos, o mejor dicho, de la inmensa mayoría de ellos, se consideraba como una falta de espíritu que convertía en superior al hombre blanco. En la escala humana, los anglosajones se hallaban en la cima. Los africanos en el extremo opuesto.

La inferioridad del negro llegó a establecerse tan firmemente en la teoría sudista que no se pensaba que fuera posible la existencia de un negro superior. Un negro libre era una ofensa a la decencia del Sur, puesto que seres inferiores como los negros no merecían ser libres como los blancos. Pero un negro que era libre y visiblemente superior era una cosa particularmente indignante, ya que era la prueba viva de una imposibilidad. En uno de los más memorables pasajes de *Huckleberry Finn*, Mark Twain captó toda la esencia de esta indignación. Así habla el gandul padre de Huck:

¡Oh, sí, este es un maravilloso Gobierno, maravilloso! Escucha, escucha esto. Había un negro libre de Ohio, un mulato cuya piel era tan clara como la de un hombre blanco. Tenía la camisa más blanca que hayas podido ver en tu vida y uno de los sombreros más bonitos que se hayan fabricado, y no había hombre en toda la ciudad que vistiera tan bien como él; y tenía un reloj de oro con cadena, y un bastón con empuñadura de plata; era el tipo más inteligente de todo el estado. ¿Y qué crees tú? Decían que era profesor en un colegio y que sabía hablar todos los idiomas, y que lo sabía todo. Y eso aún no era lo peor. Decían que podía *votar* cuando estaba en su región. Bien; eso no lo acabo de entender, y me pregunto: ¿adónde irá a parar el país si continúa de esta forma? Recuerdo que aquellos eran días de elecciones y yo habría ido a votar si no hubiese estado demasiado borracho para hacerlo, pero cuando me dijeron que había un estado en este país en el cual dejaban votar a aquel negro, reflexioné [...] y digo ahora que nunca volveré a votar. Lo dije entonces y todo el mundo me oyó; por mí ya puede pudrirse el país: nunca votaré mientras viva. Pero ver a aquel negro andar por ahí tan tranquilo... bueno, si no le hubiese empujado yo para que me dejara paso, él no lo habría hecho nunca, y pregunté a la gente: "¿Por qué no se subasta a este negro?". ¿Y sabes lo que me contestaron? Bueno, dijeron que no podía ser vendido hasta que llevara viviendo en el estado seis meses, y que ese tiempo aún no había transcurrido. Bien, ahí tienes una muestra de lo que está ocurriendo [...] Y llaman a esto Gobierno, un Gobierno que no puede vender a un negro libre hasta que haya vivido en el Estado seis meses. Aquí tenemos un Gobierno que así se llama a sí mismo, que cree que es un Gobierno maravilloso, y sin embargo tiene que mantener las manos quietas durante seis largos meses antes de colocarlas sobre un asqueroso, ladrón, infernal, negro de camisa blanca, y...

En este momento, Pap tropezó contra un obstáculo y su monólogo siguió por otros cauces igualmente llenos de colorido.

Sin duda, Twain exageraba las cosas para lograr un buen efecto literario, pero la supremacía blanca tal y como el Klan luchaba por sostenerla, y tal y como creían en ella los blancos sudistas, era total: el más despreciable blanco era innatamente superior al mejor negro. Donde hoy día aún existe la segregación se sigue razonando de la misma manera, aunque su lógica no sea tan sostenible como lo era en los días de la esclavitud. Existen hoy demasiados negros que se han graduado, e incluso doctorado, en las universidades, y que desarrollan con éxito toda clase de actividades en todos los campos para que haya hombres razonables que continúen asiéndose a tal tipo de lógica; pero el supremacista blanco no se guía por la razón. En lugar de esto se deja arrastrar por una teoría cuidadosamente elaborada desde hace más de un siglo para justificar la esclavitud.

Algunos dueños de esclavos, en el terreno puramente religioso, nunca pudieron aceptar la noción de la inferioridad del negro como resultado de la degeneración racial. Si todos los hijos de Dios son uno en Dios, ni aun atribuyendo la raza negra a Caín podría vencerse la duda. La doctrina cristiana de hermandad humana, reforzada por un dogma básico democrático, no podía dejarse de lado en el camino de una conciencia clara. Pero alguien ofreció una explicación que suprimió tal dificultad. Se dijo entonces que los negros pertenecían a una línea totalmente distinta de aquella de la que provenía la raza blanca y que culminaba en los nobles anglosajones; los blancos y los negros eran dos especies biológicamente diferentes. Una vez se aceptara esto, todos los *hombres* serían libres e iguales, hermanos en Cristo, y de una sola sangre. Este argumento era otro medio de llegar una vez más a la definición de que los negros no eran seres humanos.

Este punto de vista halló limitada aceptación entre los devotos, pero ejerció especial atractivo entre los blancos menos formados. Nunca llegó a ocupar un lugar en las declaraciones oficiales del Klan, que en general eran muy elaboradas y estaban escritas por hombres cultos; pero en sus prácticas más violentas el Klan demostraba menos respeto por la vida del negro que por el bienestar de un caballo o un perro. Con el endurecimiento del racismo en toda la nación, puesto de manifiesto en el renacido Klan después de 1915, la noción de que los negros no eran seres humanos en absoluto pareció aumentar prodigiosamente. Un ejemplo extremo, que hace que la diatriba del padre de Huckleberry Finn parezca moderada, tuvo lugar en el año 1963, muy poco después de que una bomba matara a cuatro niños negros en una iglesia de Birmingham. En un mitin del Klan celebrado fuera de los límites de la ciudad de St. Augustine, Florida, un agitador del Klan que no pertenecía a aquel estado habló como sigue:

Amigos míos, quiero compartir con vosotros durante breves momentos algo de la historia, de la gloriosa historia del Klan. El Klan nació como consecuencia de un derramamiento de sangre; nació de una auténtica necesidad de proteger al nombre blanco del Sur contra los explotadores, oportunistas y politicastros... contra los oportunistas judíos. Sabéis, desde luego, que tales oportunistas eran judíos, que vinieron aquí, se aliaron con los negros y trataron de arrebatar a los blancos todo cuanto poseían. Pero muy pronto comprendieron que el hombre blanco no consentiría tal cosa. Y el hombre blanco se organizó. Se organizó en klanes. Se alzó para defender su honor y sus intereses. Y yo os diré que hasta el día de hoy, los judíos, los negros y todo el resto de la gente de color no temen a nada en absoluto excepto al Klan...

Ahora bien, algunos de vosotros diréis: "Pero Jesús era judío...". Y eso mismo os demostrará cuánto os han engañado esos imbéciles predicadores que deberían estar recogiendo algodón en los campos en lugar de hablar desde un púlpito. Jesús no era judío; Jesús era un hombre blanco. Hablo en nombre de Dios y mejor será que escuchéis lo que tengo que decir...

No hace mucho tiempo, un hombre del FBI —ya sabéis lo que es eso, la Oficina Federal de Investigación— vino a hablar conmigo... Me dijo: "Ahora no dirán ustedes que no abogan por la violencia, ¿verdad?", y yo le respondí: "Al diablo con lo que usted diga. Los negros han declarado la guerra contra los planes del Señor y contra la familia de Dios, el hombre blanco". Y luego me preguntaron: "¿Sabe usted quién bombardeó la iglesia de Birmingham?", y yo dije: "No, y si lo supiera tampoco se lo diría".

Pero, amigos míos, os diré aquí y en esta noche que si encontraran a esos hombres deberían colgar condecoraciones en sus solapas. Alguien dijo: "¿No es una vergüenza que hayan muerto esos niños?". Bien, pues esas gentes no saben lo que dicen. En primer lugar no eran niños: tenían catorce o quince años de edad, la suficiente para contraer una enfermedad venérea, y me sorprendería mucho que no padecieran ya alguna. En segundo lugar no eran niños, y repetiré esta palabra, porque los niños son seres pequeños, pequeños seres humanos, y eso implica pertenecer a la raza blanca. Hay monos pequeños. Hay perros y gatos pequeños, simios, borricos y mofetas pequeñas, y también negros pequeños. No son más que eso, pequeños negros. Y en tercer lugar, no es una vergüenza que hayan muerto.

¿Por qué? Porque cuando yo salgo a matar serpientes de cascabel no establezco diferencias entre las pequeñas y las grandes; porque sé que por naturaleza todas las serpientes de cascabel son mis enemigas y que me envenenarán si tienen la oportunidad. Así pues, las mato todas, y si esta noche hay cuatro negros menos, entonces diré: "¡Bien por aquellos que hayan puesto esa bomba! Todos nos sentiremos mucho mejor".

Tal vehemencia y virulencia pueden simplemente demostrar lo bajo que ha caído el Klan moderno; sin embargo, no es más que una lógica extensión de una teoría deliberadamente desarrollada para justificar la esclavitud antes de la Guerra Civil y de las restricciones impuestas a los libertos en las primeras constituciones de posguerra. Es evidente que la esclavitud no era la única vía para conseguir la supremacía blanca. Los más cultos defensores modernos de la supremacía blanca —incluyendo algunos gobernadores, jueces del Tribunal Supremo y de tribunales estatales, así como diputados del Congreso— no descienden a excluir a los negros de la familia humana, ni tampoco se unen a una escasa mayoría que desea la restauración de la esclavitud. Pero sí apoyan la discriminación a las leyes locales y estatales y atacan los esfuerzos federales que intentan destruir tal legislación. Con conocimiento de causa o no, son hombres que emplean argumentos ya pasados de moda, habituales durante la Reconstrucción, para justificar la limitada libertad de los negros y apoyar así al Klan en su resistencia activa. Parafraseando a Orwell en *Rebelión en la granja*, para esta gente todos los estadounidenses son libres e iguales, pero algunos son más libres y más iguales que otros. La clave evidente para el observador objetivo es la referencia a los ataques federales a los "ciudadanos del Sur", como si todos esos ciudadanos fueran blancos; los negros simplemente no eran tenidos en cuenta.

Cuando el Congreso rechazó las primeras Constituciones de posguerra y forzó la creación de nuevos documentos más en la línea con su propósito nacional hacia los libertos, y cuando más tarde se promulgaron leyes que castigaban la resistencia blanca en el Sur dentro del programa federal, el choque fue inevitable. La cuestión era en qué medida iban a ser libres los libertos; y esta cuestión aún hoy en día divide a toda la nación. Los bandos del Sur lucharon con cuantas armas tenían a mano, y cuando fracasaron las medidas legales, el Klan acudió en su defensa con la tremenda ventaja de ser capaz de ignorar la legalidad.

En compañía de los funcionarios del Gobierno federal, muchísimos otros norteños se trasladaron al Sur después de la guerra, principalmente de dos clases: hombres de negocios y maestros de escuela. Los hombres de negocios, a pesar de la casi universal denuncia sudista contra los norteños, no fueron importunados por el Klan. Todo cuanto aquellos comerciantes hacían era ganar dinero para sus socios sudistas y norteños. Pero los profesores, que rara vez ganaban más de quinientos dólares al año, fondos que procedían tanto de su iglesia como de sus patrocinadores del Norte, estaban socavando la estructura de la teoría sudista en un punto vulnerable: la idea de que los negros no eran capaces de obtener más que una educación rudimentaria. La explicación habitual de que el Klan estaba organizado para oponerse al odiado programa federal se quiebra en este punto: el segundo *den*, formado en Athens, Alabama, y muchos otros *dens* respondieron no a la actividad de la Oficina de Libertos, sino al comportamiento de jóvenes e idealistas maestros norteños que aceptaban a los negros como iguales y, de ese modo, echaban por los suelos los ideales de los blancos del Sur. Los profesores, a diferencia de los agentes de la Oficina, que contaban con el apoyo de las tropas, eran particularmente vulnerables.

Los defensores del Klan siempre han alegado que la tendencia hacia una mayor violencia obligó a abandonar el Klan a sus mejores miembros, dejando la organización en manos de hombres menos responsables, canallas o jóvenes imprudentes que carecían de cualquier reputación que pudieran poner en peligro. Sin embargo, aún pervive la sospecha de que el Klan ofreció un método alternativo de resistencia a los mismos ciudadanos ilustres que previamente habían conocido las dificultades de la resistencia legal. El secretismo necesario para alcanzar el éxito hace difícil, si no imposible, determinar si, o en qué medida, los miembros del Klan pertenecían entonces a la plebe o a la nobleza del Sur; no hay duda de que la proporción variaba de un lugar a otro. Pero de una u otra forma, y aunque se diese tal diferencia, el Klan siempre ha tenido, y tiene, sus férreos defensores, ya fueran estos apologistas contemporáneos, románticos literatos del Sur o historiadores de aquel periodo tras el cual el senador Beveridge condujo a la nación a su peor borrachera imperialista. En general, tanto Beveridge como sus ideas han sido siempre repudiados, pero los escritos de este grupo de historiadores han hecho una gran labor a la hora de convencer a la nación de la justicia de la teoría del Sur y, como corolario, como resultado lógico, la justicia de aquello que el Klan estaba luchando por mantener.

De entre los numerosos eruditos que podrían ser señalados como responsables de prestar apoyo a la interpretación sudista de la historia, hay cinco de ellos que merecen especial mención. Puede que sea o no significativo el que los cinco, o bien naciesen en el Sur, o se educaran en Alemania, o ambas cosas a la vez. El más antiguo, John W. Burgess (1844-1931), era nativo de Tennessee; sus padres poseían esclavos. Educado en Alemania, quedó tan impresionado por los métodos germanos de erudición y enseñanza que siguió el mismo camino en su recién inaugurado Departamento de Ciencias Políticas en Columbia; y no ha de asombrar que considerase a los pueblos teutónicos y anglosajones como lo mejor que el mundo había conocido. James Ford Rhodes (1848-1927), el segundo de más edad del grupo, había nacido en Cleveland, hijo de un próspero magnate del carbón. Después de estudiar en Nueva York, Chicago, París y Berlín, el joven Rhodes pasó algún tiempo en el Sur, en Georgia, Carolina del Norte, y Tennessee, en íntima relación con los negocios de su padre. Más tarde se unió a su cuñado Mark Hanna para crear un imperio del carbón y del hierro, y pudo retirarse a la edad de treinta y siete años para dedicar el resto de su vida a escribir historia. Próximo en edad figuraba Woodrow Wilson (1856-1922) y, tras este, William A. Dunning (1857-1922), nacido en Nueva Jersey y educado en Alemania. Influenció notablemente a varias generaciones de estudiantes de Columbia. El más joven de los cinco era Walter L. Fleming (1874-1932), nacido en Alabama, graduado por Auburn y Columbia, y profesor primero en el estado de Luisiana y más tarde en Vanderbilt.

Estos cinco intelectuales asumieron la inferioridad del negro, aunque no todos ellos la expresaron con tanta vehemencia como lo hizo Burgess al condenar al Congreso por su tremenda equivocación de conceder el voto a los negros. Rhodes, por ejemplo, en el sexto volumen de su monumental *History of the United States*, refiere a los libertos como "tres millones y medio de personas que pertenecen a una de las más inferiores razas de la Humanidad"; y más adelante, en larga disertación donde cita a Louis Agassiz sobre la originaria inferioridad del negro, observa en una nota al pie: "Se me ha informado de que este es el punto de vista general de todos los etnólogos". Los eruditos honestamente convencidos de la inferioridad de la raza negra hubiesen sido muy poco honrados si hubiesen interpretado la historia de la Reconstrucción de forma diferente a como lo hicieron; pero su misma eminencia confirmaba la "clásica" interpretación del Sur que puede aceptarse solamente si se demuestra que los negros son inferiores, suposición totalmente rechazada por la ciencia de nuestro tiempo.

Puede parecer razonable que los hombres nacidos antes de que fuese abolida la esclavitud aceptasen la inferioridad de los negros; pero Fleming, el más joven de los cinco, nacido nueve años después del final de la Guerra Civil, fue tan lejos como los demás en aprobar el Klan. En *The sequel to Appomattox*, publicado en 1921 como el volumen 32 de la serie *Chronicles of America* de Yale, dice lo siguiente (pp. 258-259):

El trabajo de las órdenes secretas tuvo éxito. Como cuerpos de vigilantes, los klanes y los concilios regulaban la conducta de los malos negros, castigaban a los criminales que no eran sancionados por el Estado, cuidaban de las actividades de los predicadores y profesores del Norte, dispersaban las reuniones hostiles de negros, y eliminaban de la comunidad a lo peor de los funcionarios reconstruccionistas. Pacificaban a los negros y les liberaban en cierta medida de la influencia de los malos líderes. Los incendios de casas, molinos, talleres y desmotadoras de algodón cesó pronto; la propiedad se hizo más segura; la gente podía dormir con tranquilidad durante la noche; las mujeres y los niños salían de sus casas para pasear con tranquilidad; los agentes incendiarios que habían trabajado entre los negros abandonaron el país; los agitadores políticos y religiosos se hicieron mucho más moderados; los "malos negros" dejaron de serlo; el trabajo se convirtió en algo mucho menos desorganizado; los explotadores y oportunistas cesaron de oprimir a las comunidades sudistas. Fue la auténtica derrota de una revolución. La sociedad volvió a ocupar su lugar en los antiguos cauces históricos de los que la guerra y la Reconstrucción la habían desencajado.

Desde el punto de vista de estos jóvenes eruditos de tendencias "revisionistas", el adjetivo "blanco" debe insertarse antes de las palabras "gente" y "mujeres y niños" en este pasaje especialmente revelador. Pero la frase más sorprendente es la última, ya que no pretende ocultar en absoluto la satisfacción del autor ante el hecho de que el Klan devolviese a la sociedad "a sus viejos cauces históricos".

De los cinco intelectuales nombrados anteriormente, el más prestigioso fue Woodrow Wilson, en virtud de su elección como vigésimo octavo presidente de los Estados Unidos. Su tesis doctoral, defendida en la Johns Hopkins en 1886, versaba sobre el Gobierno congresal. Después de breves periodos dedicados a la enseñanza en Bryn Mawr y Wesleyan, se trasladó a Princeton en el año 1890 como profesor de jurisprudencia y economía política. En 1901 publicó su extensa e impresionante *A History of the American People*; esta obra le ayudó enormemente a convertirse en director de Princeton al año siguiente.

Como virginiano y demócrata acérrimo, Wilson no se mostraba muy entusiasta del Partido Republicano del año 1860; lo denominaba "hijo de la esclavitud", aludiendo a su falta de tradición de liderazgo en tiempos normales, y midiendo su debilidad por la facilidad con que los radicales lo habían capturado durante la Reconstrucción. El latrocinio y el soborno político que primaba entre los radicales y entre los funcionarios del gabinete de Grant era razón suficiente para desacreditar al partido, su programa y su filosofía; por extensión, arrojaba una nube de sospecha general sobre todos los norteños que vivían en el Sur durante aquel periodo. Ningún conservador virginiano, con o sin doctorado de Princeton, podía aceptar los puntos de vista y doctrinas radicales sin sentir tremenda repugnancia por todo cuanto estos hicieran.

Wilson siguió la clásica línea sudista de razonamiento cuando hablaba de los esclavos. A medida que los ejércitos se aproximaban, un número de esclavos que constantemente se incrementaba desertaban de sus amos, firmemente convencidos de que el Gobierno federal primero los liberaría y después cuidaría de ellos. "Tienen la fe sencilla —escribía Wilson—, la simplicidad, las esperanzas y la inexperiencia de los niños". Wilson parece no haber considerado la posibilidad de que no se tratase tanto de que los esclavos abandonasen a sus amos como de que estos renunciaban a ellos y a sus plantaciones a causa del empeoramiento de las condiciones económicas y del avance de los ejércitos de la Unión. Ni tampoco mencionó la debatida cuestión de si aquellos trabajadores *eran* realmente esclavos, puesto que, al menos en teoría, la proclamación de Emancipación les había liberado. En lugar de pensar en tal cosa, dijo:

Como siempre, el ocio engendró deseos de lograr riqueza sin trabajo, y los vagos se convirtieron en ladrones y molestos mendigos. Las tareas cotidianas y el trabajo del campo quedaban sin hacerse; los holgazanes se volvieron insolentes, peligrosos; la gente pasaba las noches sumida en la angustia por temor a una revuelta o incendios.

"Con el fin de la guerra —continuaba diciendo Wilson— la legislatura sudista tomó medidas que ya eran familiares a los legisladores ingleses desde los tiempos más remotos [...] la mayor parte [de su legislación] caminaba en paralelo a ciertos estatutos sobre el trabajo y el vagabundeo que aún pueden encontrarse en los libros de leyes de varios de los estados del Norte". Pero Wilson también olvidaba mencionar una diferencia crucial: que estas conocidas leyes se aplicaban solamente a los negros. Sin embargo, los sudistas blancos se sintieron frustrados por la Oficina de Libertos, a la que Wilson describió como compuesta por hombres "aficionados a valerse con gran maestría de su arbitrario poder, y que se alegraban de tener ocasión de usarlo para humillar a los blancos del Sur con los que se relacionaban". Wilson admitía que algunos agentes de la Oficina eran hombres honrados, pero luego añadía que los líderes radicales de Washington animaban a sus empleados a ser corruptos y vengativos, ya que tal comportamiento serviría a su propio propósito de mantener a los sudistas blancos empobrecidos y humillados. La Oficina, respaldada como estaba por el poder federal, derogaba las leyes sudistas a su capricho, según Wilson, y "prácticamente promulgaba las leyes mediante las cuales gobernar al negro y determinar su relación con su amo".

Así debió de pensar Wilson con toda sinceridad; y su forma de pensamiento persistió durante sesenta años desde que escribiese aquello. En 1939, un historiador del Ku Klux Klan, Stanley Horn, habló de la fricción en Misisipi y en otros lugares como "intensificada por las perniciosas actividades de la Oficina de Libertos y Ligas Leales" (este último no es más que uno de los nombres que se le daban, principalmente en el Sur, a la Liga de la Unión). Ya es hora de que examinemos las pruebas y dejemos a un lado tales aserciones partidistas, como si hubiesen demostrado ser ciertas, de una vez por todas.

Woodrow Wilson al menos admitió que las relaciones de raza desempeñaron un papel de importancia en la Reconstrucción. Algunos historiadores ignoraban virtualmente al negro, en su insistencia de que la Guerra Civil y sus consecuencias eran esencialmente una lucha entre el industrialismo del Norte y el agrarismo sudista; se trata de una frase de la interpretación económica de la historia que asociamos con el nombre de Charles A. Beard. Pero como uno de los revisionistas, Bernard Weisberger ha observado recientemente: "La Reconstrucción enfrenta a los historiadores americanos con cosas que ellos prefieren ignorar, al igual que otros americanos: poder bruto y manipulación, conflictos de clase y antagonismo de raza". Suponer en voz alta que la Guerra Civil y la Reconstrucción tuviesen algo que ver con el estatus del negro conllevaba el riesgo, durante muchos años y en muchos lugares, de ser calificado de ingenuo. Sin embargo, dejar a un lado el tema de la esclavitud y la cuestión de en qué medida los libertos iban a ser libres es tanto como aprobar silenciosamente la casi universal convicción del siglo XIX de que el negro era un ser inferior. Los historiadores que eligieron ignorar la lucha sobre los negros y la moralidad de un grupo que mantenía su ventaja histórica sobre otro grupo con razón pueden ser acusados de conceder aprobación académica a la perpetuidad de la discriminación racial.

Ignorar el problema de los esclavos y libertos, dicho en otras palabras, es hacer el juego a los supremacistas blancos de hoy día, quienes, sepan algo o no de historia, se hacen todavía eco de la principal premisa del Ku Klux Klan: que los anglosajones son por naturaleza mejores ciudadanos y dignos de mejores privilegios que los hombres de casta inferior, carentes de genio para el autogobierno. Los llamados "Códigos Negros" definían claramente la diferencia de privilegios que los legisladores del Sur, después de la guerra, creyeron necesaria y justificada; y también revelan lo extremadamente difícil que era para cualquier negro del Sur, libre o esclavo, no ser visto como un individuo inferior, tal y como especificaba la teoría sudista. La noción de la supremacía blanca estaba tan grabada en el pensamiento sudista que produjo una legislación que evidentemente violaba las leyes federales. Luego, cuando los gobernadores militares suspendieron esta legislación racial por ser claramente anticonstitucional, los blancos del Sur acusaron en gran número a los gobernadores y al Gobierno federal de insultar el honor del Sur y de tratar de humillar deliberadamente al pueblo sudista.

La suspensión de las nuevas constituciones del estado solamente podía ser efectiva mientras el Sur se hallara bajo un gobierno militar. El Ku Klux Klan, operando al margen de la ley, podía despreciar esta suspensión y sistemáticamente llevar a la práctica el espíritu de dichas constituciones. Tan pronto como desapareció el Gobierno militar, resultó fácil para los blancos sudistas volver a aplicar las prácticas restrictivas, si no sujetándose a una legislación específica y estatal —la mayoría de las leyes de Jim Crow datan de 1890—, al menos sí mediante la práctica ordinaria. La Reconstrucción puede haber sido, como muchos historiadores insisten, una continuación de la titánica lucha entre la industria y la agricultura; pero las raíces de esta lucha, como observaron la mayoría de los blancos y negros que tomaron parte en ella, estaban íntimamente relacionadas con la cuestión de en qué medida sería libre el liberto.

Los "Códigos Negros" o, con más precisión, las normas de discriminación que simbolizaban, se situaban en el centro de la lucha. Por una parte estaban los oficiales militares, la Oficina de Libertos, la Liga de la Unión, los misioneros y sociedades benéficas cuya silenciosa labor con los libertos ha gozado de escaso reconocimiento histórico, y todos los demás grupos e individuos que se preocupaban activamente de mejorar la suerte de los negros recién liberados. Por otra parte, y trabajando no menos activamente para mantener la diferencia racial, estaba el Ku Klux Klan. Los amigos del negro tenían la ventaja de disponer del apoyo del poder federal y de la opinión pública fuera del Sur, pero el Klan aún tenía una mayor ventaja: operaciones llevadas a cabo en el mayor secreto, habilidad para ignorar toda clase de legislación o procedimientos legales, y el apoyo de la gran mayoría de los blancos del Sur. Al igual que se pudo haber predicho la derrota de la Confederación desde el principio de la Guerra Civil si se hubieran sopesado todos los factores respecto al potencial de guerra que poseían ambos bandos, también hubiese sido posible predecir en 1865 que la paz la ganaría el Klan, o el Sur valiéndose del Klan como instrumento principal. Los perdedores serían los negros del Sur, los representantes norteños que se vieron obligados a retirarse del campo de batalla y la tendencia nacional hacia la democracia ideal.

El Klan del siglo XX amplió su margen de hostilidad, incluyendo junto a los negros a otros grupos enemigos de la verdadera religión y el verdadero patriotismo, como por ejemplo los judíos, los católicos y los inmigrantes recién llegados. Revivió la insistencia del antiguo Klan de que los *verdaderos* estadounidenses eran blancos, protestantes y originarios del lugar. La diferencia consistía en que era nacional en vez de regional, aunque debe admitirse que incluso el antiguo Klan contaba con cierto apoyo en el Norte. Todos los sectores de la nación, a lo largo de nuestra historia, han tenido parte de culpa en lo que se refiere al estatus de los negros en América; el Ku Klux Klan no ha sido ni es el único villano en ese oscuro drama de las relaciones raciales.

Tanto el Klan, a su manera, como los agentes del Norte, a la suya propia, trataron durante la Reconstrucción de resolver lo que desde hace tanto tiempo se ha dado en llamar "el problema negro". No cabe la menor duda de que ha sido y es un problema para los negros, pero sería mejor denominarlo "el problema blanco", puesto que ha sido creado y mantenido por los blancos. Los negros no pidieron que se les llevara a América desde África; fue el hombre blanco quien los transportó como una carga más a bordo sin pedir su consentimiento, y fueron también los hombres blancos quienes los vendieron al mejor precio como si se tratara de otro artículo de importación más. Una vez los negros estuvieron en América, los blancos definieron su estatus; y fueron asimismo los hombres blancos, y no los negros, quienes decidieron que cualquier persona que tuviese un bisabuelo negro era legalmente un negro y que debía sujetarse a las mismas restricciones que padecían los negros africanos sin mezcla de sangre. Dichas mezclas de sangre, por otra parte, se debieron principalmente a la agresividad blanca, a no ser que se suponga que las mujeres negras, en gran número, se dedicaron a conceder sus favores a sus amos blancos. Los hombres blancos —a pesar de que sus bisnietos prefieran no creerlo— no vieron nada inmoral en poseer concubinas esclavas o, como consecuencia, en desheredar a su descendencia mulata, cuando la ley, creada también por los blancos, prohibía el reconocimiento de tal descendencia. Algunos portavoces sudistas incluso alegan que este concubinato era bueno, puesto que así se evitaba, o se mantenía al mínimo, la prostitución en el Sur. La atribución de las mezclas raciales a los soldados de la Unión durante la Guerra Civil es, por cierto, un clarísimo ejemplo de transferencia de culpas.

Bajo la esclavitud, los hombres blancos no veían ninguna ventaja en educar a los esclavos más allá del nivel más rudimentario; y esta actitud hizo que se extendiera la oposición del Klan a las escuelas fundadas por la Oficina de Libertos y por la filantropía norteña durante la Reconstrucción. Los blancos sudistas estaban firmemente convencidos de que los negros eran incapaces de asimilar cualquier tipo de enseñanza; pero aun cuando fuesen aptos para recibir educación, el adquirir conocimientos avanzados únicamente les haría sentirse insatisfechos con su mísero destino en las labores agrícolas, y entonces sería mucho más difícil mantenerlos en su lugar, un lugar determinado por los hombres blancos. Un negro libre era una anomalía en un sistema económico que se basaba en el trabajo de los esclavos, siendo así que las normas por las que tenían que regirse aquellos negros libres no les otorgaban mucha más libertad que la que disfrutaban los esclavos. Después de la guerra y la emancipación, los blancos sudistas decidieron que tenían que extender las mismas restricciones a todos los negros, e incluso alegaban que estas restricciones eran por el propio bien de los negros. Es difícil desarraigar las viejas costumbres. Una de las principales fuentes de resentimiento contra los "invasores" del Norte fue la declaración de estos últimos al decir que los negros eran personas igual que los demás y a las que había que tratar con las mismas consideraciones que se debían a otros seres humanos. Pero los supremacistas hacía mucho tiempo que habían aprendido otra lección.

Los supremacistas blancos todavía saben lo que quieren y lo que no. Han cambiado sus tácticas, pero no su firme creencia de que los blancos son superiores a los negros de manera innata y que, por lo tanto, merecen mayores privilegios y derechos. En el centenario del Klan, el principio por el que este siempre había luchado estaba de nuevo en peligro. El Klan moderno, compuesto por parches y remiendos, parece incapaz de servir, como el antiguo, de instrumento destacado de resistencia regional, principalmente porque hay muy pocos sudistas que estén dispuestos a soportar los actos extremos de violencia y terrorismo que proporcionaron la victoria al antiguo Klan. Pero es el viejo Klan, y no el nuevo, el que inspira una continuada resistencia y la esperanza, por muy débil que sea, de una segunda victoria que destroce de tal forma al Gobierno federal que tengan que transcurrir otros 70 años para que pueda reagrupar de nuevo sus fuerzas.

CAPÍTULO 3
EL KLAN DESTITUYE A UN GOBERNADOR

Cuando consideramos la acritud engendrada por las muchas pugnas gubernativas y los muchos canallas e incompetentes elegidos, es asombroso comprobar cuan pocos gobernadores han sido suspendidos en sus cargos mediante impugnación. William Woods Holden, de Carolina del Norte, fue el primero en ser destituido en 1871. No era incompetente ni, excepto ante los ojos de sus enemigos, un canalla. Su destitución, en una época de inflamada tensión partidista, puede ser atribuida a la determinación del Klan de redimir al estado mediante la supremacía blanca, una determinación tan desesperada que cualesquiera fuesen las acusaciones formuladas contra él, el veredicto tendría que ser de culpabilidad. En el juicio celebrado ante el Senado estatal, se impidió a sus abogados que presentaran testimonios acerca de la violencia del Klan que había precipitado sus acciones. Su condena es un evidente ejemplo del éxito del Klan a la hora de evadir su propio castigo y hacer pagar a sus enemigos. Hasta el año 1935 no llegó a confirmarse como hecho cierto la culpabilidad del Klan por la que clamaba Holden.

Nacido en 1818 en el condado de Orange, a los diez años de edad Holden entró como aprendiz en una imprenta, y a los veinticinco era el propietario y editor del *North Carolina Standard*, que se publicaba en Raleigh, la capital del estado. Previamente del partido centralista, y por lo tanto liberal-unionista, fue denunciado como oportunista en el momento en que se hizo cargo del *Standard*. Este fue solamente el primero de varios cambios de postura que fomentaron la impresión duradera de que ponía la conveniencia por encima de un principio fijo. Hizo del *Standard* el principal órgano democrático del estado y, durante un cuarto de siglo, uno de los más poderosos periódicos de Carolina del Norte. En 1850, después de dieciséis años de control liberal, los demócratas se hicieron finalmente con la gobernación. Debido al papel que había desempeñado Holden, este fue recompensado con un contrato estatal para sus talleres de imprenta. En sus editoriales predicaba la más avanzada de las doctrinas secesionistas.

Pero cuando perdió las elecciones a la gobernación en 1858, comenzó a enfriarse su ardor por la línea que seguían los viejos demócratas. Elegido como delegado para la Convención separatista, votó con la mayoría en favor de la secesión, pero al cabo de tres años ya era una personalidad dominante en el movimiento de paz y se opuso abiertamente tanto a Jefferson Davis como al gobernador Zebulon Vance.

Durante la guerra, esta conducta fue favorablemente considerada en Washington. Al final de la contienda, el presidente Johnson depuso a Vance y propuso a Holden como gobernador provisional, el primero que era nombrado en el Sur. Fue un cargo de corta duración y estuvo limitado a formar una asamblea de hombres leales para esbozar una nueva Constitución estatal. Pero el documento que resultó al final era tan hostil al espíritu de la libertad e igualdad del negro que, durante 1866 y 1867, Holden viajó a menudo a Washington para tratar de revocarlo, cosa que logró en 1868. Cuando se hallaba en casa, trabajaba intensamente como presidente de la Liga de la Unión del estado, que demostró ser un excelente escalón hacia la gobernación, a la que llegó con la candidatura republicana en 1868. Sus detractores insistieron siempre en que había ganado las elecciones solamente con la ayuda de los 80.000 miembros de la Liga de la Unión y con los miembros, menos numerosos, de otras sociedades secretas republicanas, tales como los Cuerdas Rojas y los Héroes de América.

Una figura de autoridad como la de Bedford Forrest atribuyó la formación del Ku Klux Klan a la "insolencia" de la Liga de la Unión. Merezca o no este reconocimiento, la verdad es que fue uno de los principales objetivos del Klan. Se había organizado durante la guerra de la mano de dos prominentes norteños: Henry W. Bellows, pastor de la Primera Iglesia Unitarista de Nueva York; y Stephen Colwell, un rico fabricante de hierro de Filadelfia y director de ferrocarriles. Era a la vez presidente de la Comisión de Sociedades de Ayuda a los Libertos. Originalmente, el propósito de la Liga fue recabar ayuda y apoyo popular para los esfuerzos de guerra del Gobierno, pero, cuando llegó la paz, sus energías se redirigieron a estimular el interés general por los principios republicanos. Era lógico que la Liga extendiera sus operaciones hacia el Sur, donde acababa de crearse un nuevo y vasto electorado que necesitaba urgentemente ser instruido sobre los derechos y deberes de la ciudadanía. Cada estado sudista fue organizado como un Consejo, con jerarquías en su divisiones regionales y locales. Si se trataba de probar la validez de la aserción de Forrest, entre las pruebas se contaban la similitud de los rituales que realizaban tanto el Klan como la Liga, y el hecho de que ambas estaban activamente implicadas en influir en las elecciones. Su diferencia más clara se basaba en que la Liga nunca trató de ocultar su existencia. Los negros se unían en gran número, atraídos por el ritualismo y halagados por la invitación de formar parte de un club de hombres blancos.

La Liga y el Klan apelaron a diferentes lealtades y también a diferentes estados emocionales. El Klan despertaba una atávica ilegalidad; el desafío a la autoridad externa que asociamos con los clanes de Escocia en su larga resistencia frente al poder inglés. Orgullo racial y una intensa devoción a la tradición regional: estos eran los factores más obvios para el desarrollo y popularidad del Klan.

Los negros no compartían ninguno de estos rasgos, pero no por ello eran menos fuertes sus propios ideales. La vida de club, como el poseer armas, eran cosas que siempre se les habían negado por su condición de esclavos; con la emancipación, su esencial gregarismo condujo a la formación de un gran número de sociedades secretas. Además, era muy difícil que olvidaran que los blancos sudistas habían luchado por el derecho a mantenerles esclavizados, mientras que los blancos del Norte les habían liberado; y el profundo sentimiento de gratitud hacia la Unión halló una buena válvula de escape en la Liga y sus ceremonias. En el salón de reuniones, y sobre una especie de altar, se disponía una Biblia y varias copias de la Declaración de Independencia y de la Constitución de Estados Unidos. La oración de apertura rogaba la protección divina para todas las "personas leales" contra "los enemigos extranjeros y traidores internos". Los candidatos a la admisión, tras colocar cada uno de ellos una mano sobre la Biblia, repetían el juramento que les obligaba a apoyar la Declaración y la Constitución para mantener la libertad, para proteger la educación, practicar la amistad y la caridad, votar por hombres que tuviesen estos mismos ideales y respeto hacia la Liga y, por supuesto, no divulgar jamás los secretos de esta última. La ceremonia final incluía el intercambio de las señales secretas de la orden, principalmente las cuatro "L", es decir: Libertad, Lincoln, Lealtad y Liga (las últimas nos proporcionan el nombre tan a menudo usado por la organización: Liga Leal).

Los sudistas creyentes en la supremacía blanca se alarmaron cuando, en 1867, la Liga derogó sus antiguas normas de prohibición de uso de armas y comenzó a formar compañías militares, hacer frecuentes desfiles y maniobras, y a situar guardias armados durante la celebración de los mítines; una necesidad práctica si tales reuniones habían de estar preparadas para los repentinos ataques del Klan. El derecho a usar armas, debe recordarse, fue uno de los privilegios de la raza superior, y su extensión a la raza inferior se consideró como un insidioso esfuerzo para igualar a toda la humanidad, e incluso para elevar a los negros a una posición dominante. Las gentes dadas a esta forma de pensamiento cayeron en el hábito de atribuir a la Liga cada nuevo crimen que se cometía, excepto los perpetrados por el propio Klan durante el periodo de la Reconstrucción. Pero el Klan y la gente que lo apoyaba y obtenía algún beneficio de sus actividades eran capaces de llegar hasta la falta de lógica más extrema. La mayoría de las víctimas del Klan no eran delincuentes, a pesar del piadoso alegato del

Klan de que si existía era para castigar el crimen. El Klan también se erigía como guardián de la moralidad, pero muy pocos de sus actos se relacionaban con acciones inmorales. Los tribunales se encontraban con grandes dificultades para juzgar y condenar delitos en aquellos condados donde el Klan operaba intensamente para desbancar al Gobierno. Y los tribunales establecidos por la Oficina de Libertos no se mostraban indulgentes en acusar a los negros, si estos lo merecían, aun cuando en la mente de muchos sudistas blancos existiese la firme convicción de que estos tribunales eran más que indulgentes con el negro; esta supuesta indulgencia fue usada como una de las justificaciones del Klan para recurrir a la violencia.

Fuese o no cierto que portar armas en las maniobras y desfiles de la Liga de la Unión hubiese inflado el ego de los negros hasta el punto de llegar a la insolencia, lo cierto es que tales armas muy rara vez se usaron contra los blancos. La certeza de que recibirían un rápido y terrible castigo si lo hacían era un evidente factor disuasorio. Pero, bajo el punto de vista de los conservadores blancos, el hecho de incendiar un granero o un cobertizo era un delito tan terrible como la violencia o el asesinato, y merecía la pena capital… en el caso de que fuese un negro el autor de tal incendio. El gobernador Holden, sin embargo, tenía la mala costumbre de perdonar a los negros que él suponía que habían sido juzgados y condenados injustamente. Una forma de evitar el perdón consistía en eliminar a los acusados. Dos negros a los que se acusaba de incendiar tres graneros en el condado de Orange en una misma noche en 1869 fueron ahorcados por el Klan antes de que pudiesen ser detenidos. Dos vidas por tres graneros parecía ser una ecuación razonable.

La capacidad del Klan para el engaño era prácticamente ilimitada. Editores de prensa y políticos que más tarde se probó que eran miembros del Klan llegaron a ridiculizar la idea de que existiese tal Klan. El 24 de febrero de 1870, el *Greensboro Patriot* declaró que "este vocerío sobre el Ku Klux Klan no es más que una patraña". Dos noches más tarde, en el vecino condado de Alamance, el Klan ahorcaba a un líder negro. Lo que el público en general probablemente no podía captar era lo elaborado del engaño y las muchas facetas que este tenía: ampliar y exagerar los delitos de los negros a la vez que se negaba la existencia del Klan cargando la culpa de los crímenes de este sobre sus víctimas o sobre los republicanos por animar a los negros a la violencia, denunciando la igualdad como "erróneamente infundada en la Declaración de Independencia", y declarando no los derechos humanos, sino "la posesión y protección de la propiedad" como "el principal concomitante de la civilización". Luego, cuando ya no fue posible seguir negando la existencia del Klan, los mismos editores, tercamente, arguyeron que el Klan debía continuar operando mientras la Liga de la Unión cometiese terribles crímenes, y glorificaron al Klan como organismo que hacía cumplir la ley, castigando a los descarriados, haciendo que disminuyera el índice de delincuencia, y protegiendo la propiedad, a las mujeres blancas y la pureza racial.

Si este magnífico modelo de engaño hubiese sido solamente un dispositivo temporal dedicado a propósitos específicamente políticos, es seguro que ya hubiese ocupado su lugar junto a otras curiosidades de la historia. Pero su mismo éxito en aquella época y su utilidad posterior en mantener la supremacía blanca en Carolina del Norte le dio aspecto de aparente verdad. En una época tan reciente como 1939, un historiador del Klan escribió que el gobernador Holden "sometió al Estado a tres años de mal gobierno y opresión, hasta ser destituido en 1871". Esto, por supuesto, era lo que los miembros del Klan deseaban que creyesen los votantes en 1870. Y es un considerable tributo a la eficacia de su propaganda, en la que aún cree muchísima gente.

Sin embargo, no resulta difícil ver por qué en tiempos recientes hay autores que han aceptado la interpretación conservadora. Junto con las historias generales del Sur publicadas a principios de este siglo, el más completo y detenido estudio de la situación durante la Reconstrucción confiere autoridad a esa interpretación. Así, no fue ningún editor sudista, sino la propia Universidad de Columbia, la que publicó en 1914, como LVIII volumen de sus "Studies in History, Economics and Public Law", la disertación de J. G. de Roulhac Hamilton: *Reconstruction in North Carolina*. Tras doctorarse con esa obra, Hamilton se convirtió en profesor asociado de Historia en la Universidad de Carolina del Norte. En el capítulo 12, titulado "El movimiento del Klan", declaraba que el Sur

se convirtió en un verdadero infierno a través de un Gobierno que se aproximaba mucho a la anarquía. Surgido en mitad de este contexto, el Ku Klux Klan elevó al Sur por encima de la humillación mediante la aplicación de la fuerza ilegal que derrocó la Reconstrucción, y finalmente restauró el poder político poniéndolo en manos de la raza blanca. En el proceso se concedió protección a los oprimidos, pero [...] al final, cayó bajo el control de espíritus temerarios que lo usaron para venganzas personales en lugar del castigo público.

Sin embargo, por aquella época, el propósito del Klan ya se había cumplido en gran parte; las mujeres podían salir a la calle "sin sentir un terror mortal"; la propiedad nuevamente estaba asegurada, "y la supremacía de la raza blanca y de las instituciones anglosajonas también quedaba a salvo".

Partiendo de tal premisa, es difícil esperar que Hamilton describiese al gobernador Holden como un gran ciudadano. La premisa sugiere una pugna mortal por el dominio entre los defensores y oponentes de la supremacía blanca; los defensores, héroes que luchaban por la justicia, y los oponentes, villanos que buscaban destruir todo cuando era justo. La premisa también pone en ecuación la igualdad del negro con la dominación del negro, como si cualquier reducción de la antigua ventaja de los blancos sobre los negros significase sometimiento para los blancos. La momentánea mayoría de negros en ciertas legislaturas estatales se ha convertido en una lección horrorosa para los supremacistas blancos, que parecen asumir que si los negros llegan algún día a tener el control en sus manos, impondrían a los blancos las mismas restricciones que en otros tiempos ellos les impusieron. Pero ni siquiera en las horas más oscuras de la Reconstrucción, cuando la supremacía blanca se vio seriamente amenazada, los negros llegaron a ocupar un solo puesto de importancia en el Sur. Nunca un negro resultó elegido gobernador de un estado, y los líderes negros jamás fueron independientes de sus colegas blancos. Nunca fue una cuestión de control blanco contra negro o viceversa, sino más bien una cuestión de cuál de los dos grupos blancos quedaría de amo. En Carolina del Norte, además, se trataba de una lucha entre grupos nativos de blancos, ya que el estado contaba con muy pocos norteños en el reparto de los papeles del drama de su Reconstrucción.

***

Tan pronto como Holden fue elegido, dimitió de la presidencia de la Liga, explicando que un gobernador no podía continuar ocupando tal cargo partidista. También anunció que dimitía de su puesto de editor en el *Standard*. Muchos miembros de la Liga o bien no se enteraron de estos actos o prefirieron no creer en ellos, ya que continuaron considerando a Holden como su presidente, y al *Standard* como su portavoz. Algunos demócratas también dudaron de la buena fe de tales dimisiones.

Uno de los primeros actos oficiales de Holden como gobernador consistió en publicar, el 12 de octubre de 1868, una proclama condenando la subversión de la autoridad civil y advirtiendo de que no se toleraría la intimidación de los negros. Sin embargo, la intimidación continuó, principalmente en forma de latigazos. En 1869, la legislatura, con su mayoría republicana, promulgó una ley según la cual cubrirse con máscaras y disfraces constituía un delito de felonía. Esta ley no tuvo mayor efecto en el Klan que la Proclamación. En enero de 1870 fue promulgada otra ley más efectiva, autorizando al gobernador para declarar el estado de insurrección en cualquier condado donde las autoridades civiles fuesen incapaces de proteger a sus ciudadanos. El Klan suponía que estaba haciendo eso precisamente; pero los ciudadanos a los que protegía eran de clase distinta a la que Holden y los legisladores tenían en mente. La ley también autorizaba el uso de fuerzas militares para reducir las situaciones de insurrección. Holden muy pronto estableció una milicia estatal, pero sus enemigos, que nunca perdían la menor oportunidad de desacreditarle, insistieron en que sus iniciales, N. C. S. M., no significaban "Milicia Estatal de Carolina del Norte" (por sus siglas en inglés), sino más bien "Negro, Carpetbag, Scalawag Milita".

Esta legislación de 1870 fue conocida como "Ley de Shoffner" debido al hombre que la presentó: T. M. Shoffner, del condado de Alamance, situado en la parte central y norte del estado, a medio camino entre Durham y Greensboro. Como era de esperar, los vecinos de Shoffner pertenecientes al Klan, incluyendo al *sheriff* y a todos sus agentes, juraron asesinarle. Tal y como informó un hombre: "Esta noche van a suprimir el mandamiento de *habeas corpus* de Shoffner". El golpe maestro que proyectaban consistía en enviar el cuerpo de Shoffner al gobernador. Pero el proyecto fracasó porque uno de los miembros del Klan antepuso la amistad al solemne juramento del grupo y ocultó a la víctima hasta que pudo sacarla del estado. Shoffner, a continuación, se fue a vivir a Indiana.

Fracasado su intento de liquidar a Shoffner, el Klan encontró a otra posible víctima: Wyatt Outlaw, jefe negro de la Liga de la Unión en el condado de Alamance. En la noche del 26 de febrero de 1870 forzaron la entrada de su casa y le sacaron de esta llevándole luego hasta la plaza donde se hallaba la "casa de justicia", donde se eligió un árbol y se le ahorcó rápidamente. Cuando a la mañana siguiente se descubrió el cadáver, sobre su pecho había una nota que decía: "¡Atención a los culpables, tanto blancos como negros!". El Klan hizo correr el rumor, que al menos la gente de Alamance no se creyó, de que Outlaw había disparado contra una columna del Klan que cruzaba Graham a caballo. Por qué tal acto justificaba el asesinarle solamente podía ser comprendido por los que poseían mentalidad de Klan. El verdadero delito de Outlaw había sido sumar Alamance a las filas republicanas durante las elecciones de 1868, a través del voto de los negros. Una violenta secuela de aquel ahorcamiento fue la eliminación de un hombre medio idiota llamado Puryear, que tuvo la desgracia de contemplar el hecho, cometido a medianoche, y hablar sobre ello al día siguiente. Desapareció de repente, y algunas semanas más tarde se le encontró en un estanque con una pesada roca atada al cuello.

Caswell, situado al norte de Alamance, y muy cerca de Virginia, era el otro único condado de Carolina del Norte donde las fuerzas republicanas aumentaban. Estos dos condados, como consecuencia directa, fueron escenario de uno de los peores episodios de violencia del Klan en todo el estado. En Caswell, entre el 1 de abril y mediados de mayo de 1870, el Klan flageló mortalmente a 21 hombres, tanto blancos como negros, y asesinó a otros dos. Uno de los fallecidos era un negro llamado Robin Jacobs. El otro era un hombre blanco que respondía al nombre de John Walter Stephens, senador del estado y líder republicano. En el momento de su muerte servía como uno de los detectives de Holden, tratando de reunir pruebas de las actividades del Klan.

El profesor Hamilton prestó su autoridad a la leyenda, que carece por completo de base, de que Stephens entregaba cerillas a los miembros de la Unión diciéndoles que una sola de ellas podía incendiar todo un granero. En realidad,

Stephens tenía una inusual efectividad para conseguir evitar que los negros recurriesen a la violencia. Tenía tanta fe en ellos y en su propia habilidad para controlarlos que realmente habría apostado su vida por el buen comportamiento de aquellos hombres. Sin embargo, tras una serie de advertencias, decidió contratar un seguro de vida adicional y armarse con tres pistolas.

El seguro de vida sirvió de algo, pero no las pistolas. Stephens fue desarmado y asesinado en los juzgados de Caswell. En aquellos momentos el hombre no tuvo la suerte de disponer, como en el caso de Shoffner, de un amigo en el Klan que le salvara del peligro.

A continuación se detuvo a varios ciudadanos prominentes, pero ninguno de ellos fue acusado. Ningún testigo dio un paso al frente para declarar lo que hubiese visto u oído. Holden envió a todos los rincones del estado, con considerable éxito, a hombres de gran carácter que hablaron tranquilamente con los líderes locales, y así se formó enseguida una opinión pública en contra de la violencia. Solamente en Alamance y Caswell fracasó totalmente este plan; allí, los principales jurados no imputaron a nadie y la indignación aumentó. En junio de 1870, cuando la ola de violencia que envolvía al estado llegó a sumar trece asesinatos y veintidós flagelaciones de las que se tuviera noticia, Holden decidió hacer uso de la Ley Shoffner: declaró a estos dos condados, Alamance y Caswell, en estado de insurrección y ordenó al coronel George W. Kirk que reclutase a un regimiento e hiciese las detenciones que fueran necesarias.

Kirk, que también vivía en Washington en aquella época, había sido uno de los hombres que el presidente Johnson había considerado para el nombramiento de gobernador provisional en 1865, antes de que eligiese a Holden. Natural de Tennessee, Kirk había comandado un regimiento de la Unión durante la guerra y se había ganado el odio de muchos habitantes de Carolina del Norte. Holden distribuyó 500 octavillas llamando a filas al viejo batallón de Kirk (el 3º Regimiento de Voluntarios de Carolina del Norte) "para ayudar a que se cumpliesen las leyes y a acabar con los desleales asesinos nocturnos [...] Los terribles asesinatos y otras atrocidades cometidas por el rebelde K. K. K. y la "nobleza sudista" sobre hombres de cabello blanco y mujeres indefensas exigen que todos los hombres honrados se reúnan y acudan en defensa de Su Estado".

Aparentemente, Kirk solo usó las octavillas para anunciar sus intenciones a los habitantes de Carolina del Norte; la mayor parte de sus fuerzas las reclutó en la parte oriental de Tennessee. Algunos republicanos se unieron a las protestas de los horrorizados demócratas contra el nombramiento de Kirk, pero hubo muchos más republicanos que lo aplaudieron. El doctor J. J. Mott, alto funcionario del Ferrocarril Occidental de Carolina del Norte, dijo a Holden que Kirk era el mejor hombre que podía haber nombrado: "Y juro por Dios —escribió— que prefiero ver al Estado inundado de sangre de un extremo a otro antes de que nuestro pueblo sufra de nuevo el trato que ha padecido durante los últimos seis meses". La prensa demócrata, como era de esperar, desacreditaba a Kirk refiriéndose a él como "forajido" y a Holden como un "sinvergüenza". Era una época de lenguaje categórico y de sentimientos aún más intensos; y Holden creyó que había llegado el momento de que un hombre fuerte actuase con energía.

Kirk condujo a sus hombres hasta Company Shops (en la actualidad Burlington), que después le sirvió como base de operaciones. El 15 de julio de 1870 arrestó a tres hombres prominentes de Graham, y se negó a ponerlos en libertad bajo fianza a pesar del mandamiento de *habeas corpus* publicado por el primer magistrado del estado, Richmond M. Pearson. La Ley Shoffner, evidentemente, no autorizaba negarse a admitir un mandamiento de *habeas corpus*. Pero Holden, en una carta dirigida a Pearson, defendió esta negativa apoyándose en que, como gobernador, era su deber y derecho emplear cualquier medio que tuviera a mano o que él creyese necesario para sofocar la rebelión civil: "Me satisface mucho —escribió— que el interés público exija que estos militares detenidos no sean entregados al poder civil". El 23 de julio, después de una serie de ataques y contraataques legales, Pearson entregó al gobernador una larga declaración que terminaba con estas palabras: "Me eximo de mis obligaciones. Se ha agotado el poder de la Judicatura, y desde ahora la responsabilidad debe recaer sobre el Ejecutivo".

Mientras tanto, Kirk se había movido hacia Yanceyville, cabeza de partido del condado de Caswell, donde detuvo a varios hombres por el asesinato de Stephens. Esto ocurría el 18 de julio, dos semanas antes de las elecciones estatales. Los enemigos de Holden estaban indignados; sostenían que las detenciones estaban inspiradas políticamente para desacreditar a los demócratas y mantener en el poder a los republicanos, y que, además, eran parte de una gran estrategia que implicaba la declaración del estado de insurrección, la formación de un regimiento de castigo y el nombramiento del coronel Kirk para dirigirlo. No se les ocurrió decir que el Klan había escenificado deliberadamente la violencia en aquellos momentos porque se acercaban las elecciones, esperando que Holden, hombre que jamás rehuía la pelea, reaccionase de aquella misma forma. Y así, el gobernador prestó más ayuda a los demócratas que a los republicanos por un simple efecto de bumerán. Las elecciones celebradas el 4 de agosto constituyeron una aplastante victoria de los demócratas, que eligieron a cinco de los siete miembros del Congreso, por parte del estado, y obtuvieron grandes mayorías en ambas cámaras y en la legislatura estatal.

El 5 de agosto, mientras aún confiaba en la victoria republicana, Holden detuvo a su archienemigo, Josiah Turner, editor del *Raleigh Sentinel*. Turner, ardiente portavoz de los demócratas conservadores, se hubiese opuesto a Holden en cualquier caso, pero albergaba contra él un resentimiento de cariz personal. Holden, como gobernador provisional en 1865, se había opuesto al perdón de

Turner y había juzgado la oposición periodística de este a la Unión durante la Guerra Civil como un acto de traición imperdonable aun cuando la guerra había terminado. La extrema violencia de las palabras de Turner hubiese sido difícil de encajar aun por aquellos gobernadores con más manga ancha, y Holden tenía fama de ser bastante estrecho en tal sentido. Consideremos, por ejemplo, el breve editorial de Turner publicado en el *Sentinel* el 2 de agosto:

MIENTE COMO UN LADRÓN
El gobernador nos ha estado mintiendo durante doce meses; su licencioso órgano de prensa nos llama Ku Klux. Si lo somos, ¿por qué no nos detiene ese canalla? Le retamos a que nos detenga.

Al día siguiente, la primera columna de Turner comenzaba con una carta:

AL GOBERNADOR HOLDEN
Gobernador Holden:
Dice usted que a su debido tiempo se hará cargo de mí. Usted, cobarde imbécil, hágalo ahora. Me ha retado a que me resista a usted; yo le desafío a que me detenga […] Sus ignorantes jacobinos han sido incitados […] por las falsas acusaciones que ha hecho contra mí diciendo que soy el Rey del Ku Klux. Es usted un villano; venga y deténgame personalmente […].
Suyo, con desprecio y rebeldía; con *habeas corpus* o sin él.

Esto era mucho más de lo que Holden estaba dispuesto a soportar. A pesar del consejo de no hacerlo, dio la orden a Kirk, quien a continuación detuvo a Turner y le encerró en la misma sala donde fuera asesinado Stephens. La indignación demócrata aumentó hasta lo inenarrable.

Al día siguiente, Holden se sorprendió al enterarse de que un juez federal llamado Brooks, actuando con dudosa autoridad, había dictado un mandamiento de *habeas corpus* para poner en libertad a todos los detenidos de Kirk. Una apelación urgente a Washington produjo la desconcertante respuesta de que el presidente Grant, por supuesto un furibundo partidario de la política de Holden, había rechazado intervenir en el asunto ante el consejo del secretario de Guerra Belknap. El *Standard* lamentaba la derrota de los republicanos en Carolina del Norte y culpaba de ello "no a los demócratas, los liberales o los conservadores, sino a los Guardianes Constitucionales de la Unión, o la Hermandad Blanca, y al Imperio invisible. Porque sus armas no han sido los argumentos o la elocuencia, sino la flagelación, el cuchillo y la soga" (los Guardianes de la Unión y la Hermandad Blanca eran grupos del Klan que se mantenían íntimamente asociados con el Imperio invisible, hasta tal extremo que los tres grupos reconocían la autoridad de un solo hombre en Chapel Hill; los diferentes nombres eran realmente un truco para que aquellos miembros del Ku Klux Klan pudiesen jurar sin cometer perjurio. Todas las autoridades, aprobasen la existencia del Klan o se opusieran a él, trataron siempre a los tres grupos colectivamente como al Klan en Carolina del Norte).

El 10 de noviembre, Holden declaró finalizada la insurrección en los condados de Alamance y Caswell; poco más podía hacer, ya que todos los detenidos habían quedado en libertad como resultado de maniobras legales que él no podía impedir. Once días más tarde comenzó la nueva legislatura, y entre sus primeros actos, la Cámara de Representantes votó la destitución de Holden en virtud de ocho cargos presentados contra él. El juicio, celebrado por el Senado estatal, duró desde el 2 de febrero hasta el 23 de marzo de 1871; Holden fue declarado culpable de seis de los cargos y quedó automáticamente suspendido de todas sus funciones. Disponía de abogados muy capaces, que basaron su defensa en la legalidad de declarar el estado de insurrección en aquellos condados donde la justicia quedaba totalmente inhabilitada por la violencia y la conspiración; pero la naturaleza partidista del juicio queda demostrada por la negativa del Senado a admitir como prueba la violencia del Klan, que, en realidad, era el punto más fuerte de la defensa. El fiscal alegó que Holden no había podido probar la existencia de una conspiración y, por supuesto, citó el hecho concreto e innegable de que Holden había rechazado aceptar un mandamiento judicial de *habeas corpus*. También se le consideró responsable del trato inhumano sufrido por los detenidos de Kirk, trato que, según ellos, abarcaba todo un abanico de métodos de tortura, entre los que se contaba colgarles del cuello para arrancarles confesiones (era difícil esperar que la gente que dudaba de la existencia del Klan creyese que estas atrocidades eran pura invención del mismo). Holden tenía un temperamento excesivamente luchador como para evitar la suspensión de su cargo presentando la dimisión, como hizo más tarde otro gobernador de Carolina del Norte, cuando él, a su vez, también fue denunciado, ya que el juicio de Holden hizo proliferar tales denuncias en los años siguientes. Debió estar claro para Holden que la condena era una conclusión ideada de antemano, desde el momento en que la legislatura se negó a conceder escaños a varios miembros republicanos elegidos legalmente, ganándose así los dos tercios de mayoría demócrata necesarios para dictar una condena. El veredicto incluía la prohibición de desempeñar cualquier cargo oficial, pero Holden acabó como director de la Oficina de Correos de Raleigh, puesto para el que fue nombrado por el propio Grant, permaneciendo en él desde 1873 hasta 1881.

Tanto el coronel Kirk como su segundo al mando, un natural de Nueva Jersey llamado Bergen, fueron encarcelados. Kirk, con la ayuda de algún dinero procedente de Holden, se las arregló para salir del estado; más tarde se unió a las fuerzas de policía que custodiaban los edificios del Gobierno en Washington. Bergen permaneció más tiempo en la cárcel, acusado de malos tratos por parte de sus prisioneros del Klan. Más tarde declaró con amargura que la recompensa recibida por los servicios prestados a Holden había sido de seis semanas de sueldo y 94 días de cárcel.

Es probable que el estado hubiese sido partidario de los demócratas en 1870 incluso sin haber mediado el comportamiento provocativo de Holden. Solamente fueron registrados unos 4.000 votos demócratas más que en las elecciones anteriores. Pero es preciso tener en cuenta también que votaron 12.000 republicanos menos. El Klan había realizado un excelente trabajo al intimidar a los negros. No está claro que la legislatura demócrata hubiera destituido a Holden bajo cualquier circunstancia; un gobernador débil no habría planteado problemas insuperables para una legislatura dominada por el partido contrario. Pero la misma fuerza de Holden hizo que sus oponentes pusiesen en marcha una campaña particularmente enérgica, hábilmente pensada para que todas las culpas recayesen sobre él. Holden estaba seguro de que el Klan era culpable de cometer actos de violencia al oponérsele, específicamente con el asesinato de Stephens, pero no se le concedió la oportunidad de demostrarlo. La votación para condenarlo siguió una línea claramente política. Y, en efecto, Holden pagó el más alto precio político por no ser capaz de probar la culpabilidad de los culpables.

Los demócratas se habían sentido profundamente indignados ante las detenciones de ciudadanos prominentes efectuadas por Kirk obedeciendo órdenes de Holden: "Los ciudadanos buenos, honrados y conservadores", como un editor los denominaba, no podían haber hecho cosas tan horribles. Sugerir que aquellos prominentes ciudadanos fuesen miembros del Klan —si es que podía concebirse que el propio Klan estuviera implicado en el asunto— era una burda ofensa. De haber algunos ciudadanos notables que hubiesen pertenecido al Klan, por lo general se creía que habían abandonado la organización mucho antes de 1870, como protesta contra las olas de violencia provocadas por esta. Pero el 12 de diciembre de 1872 un criado negro llamado Patsie Barton repitió, bajo juramento, un detallado relato sobre el asesinato de Stephens, tal y como él lo había escuchado de labios de Frank Wiley, antiguo *sheriff* del condado de Caswell, cuando este se lo contaba a un amigo. Además de Wiley, allí figuraban los nombres de un destacado terrateniente, otro dueño de una plantación graduado por la Universidad de Carolina del Norte, un candidato demócrata, un respetado fabricante de carruajes, un antiguo capitán confederado y un miembro de una familia de buena posición.

Sin embargo, la declaración de Barton fue considerada como un simple relato "escuchado de oídas", y sin nadie que la corroborase habría tenido muy poco peso ante un tribunal. Además, se suponía que los negros no distinguían bien entre los hechos reales y la ficción. Pero cuando cierto capitán, John G. Lea, murió en 1935, se abrió una declaración jurada que había escrito en 1919 y que había permanecido sellada en los archivos de la Comisión Histórica de Carolina del Norte. Sus nueve páginas escritas a máquina son demasiado extensas para reproducirlas aquí en su totalidad, pero de forma condensada ofrecen tanto el informe fidedigno de un participante destacado como una panorámica del trabajo intelectual de uno de los líderes del Klan.

La primera página, que lleva las firmas de Lea y de un testigo que confirma la presencia física de este, nos informa de que el capitán escribió esta "historia real" a petición de la Comisión Histórica. Poco después de la rendición del general Lee en Appomattox, en abril de 1865, comienza la narración:

Un holgazán llamado Albion Tourgée, de Nueva York, y del ejército de Sherman, vino al condado de Caswell y organizó una Liga de la Unión. Tourgée nombró jueces de paz a W. A. Stephens ("Stevens" en la declaración) y a Jim Jones. Los dos se dedicaron activamente a provocar a los negros en contra de los blancos. Jones puso en libertad a un negro acusado de robar un cerdo, propiedad de un tal capitán Mitchell, acto de tan flagrante partidismo que obligó a Lea a organizar un Ku Klux Klan. Elegido organizador para todo el condado, muy pronto estableció *dens* en todas las ciudades y pueblos. Una de sus primeras órdenes fue la de flagelar a Jim Jones y después expulsarle del país.

Stephens estaba acusado de actividades mucho peores: el incendio de un hotel en Yanceyville, de unos almacenes de ladrillos y de dos secaderos de tabaco. En realidad, se acusó de estos delitos a dos negros, pero ambos manifestaron que Stephens les había ordenado provocar aquellos incendios. A continuación, el Klan concedió a Stephens "un juicio justo ante un jurado compuesto por doce hombres", que le declararon culpable y lo sentenciaron a muerte. Por supuesto, fue juzgado *in absentia*.

Muy pronto, el Klan tuvo la oportunidad de aplicar la sentencia, cuando los demócratas de la región se reunieron en la "casa de justicia" de Yanceyville para preparar la lista de candidatos para las próximas elecciones. "Yo había ordenado a todos los miembros del Ku Klux Klan del condado que se reunieran aquel día en Yanceyville con sus uniformes bajo las sillas de montar", dice Lea en su declaración jurada. El ex-*sheriff* Wiley

reconoció a Stephens y le arrastró escaleras abajo, y el capitán Mitchell, James Denny y Joe Fowler entraron en la sala mientras que Wiley salía de ella. Mitchell procedió a desarmarle (tenía ocultas en su cuerpo tres pistolas), pero vaciló a la hora de matarle. Wiley se acercó apresuradamente a Lea para pedirle que actuase: "Debes hacer algo... Si no lo haces quedaré al descubierto". Inmediatamente me lancé hacia la sala en compañía de ocho o diez hombres [...] Stephens me pidió que no les permitiera que le mataran. El capitán Mitchell se acercó a él con una soga en la mano, se la ciñó al cuello y apoyó un pie sobre su pecho, y en aquel momento una media docena de hombres se lanzaron sobre Stephens [...] Entonces fue apuñalado en el cuello y en el pecho por Tom Oliver. El cuchillo quedó a sus pies y la soga ceñida alrededor de su cuello. Todos salimos de allí, cerramos las puertas con llave y arrojamos esta al arroyo de County Line. Debo añadir que, por lo general, se creía que Stephens había asesinado a su madre cuando ella vivía con él.

La parte más extensa de la declaración de Lea se relaciona con la siguiente "guerra Kirk-Holden", como los historiadores la han denominado, y con el éxito del Klan en eludir las sospechas de la gente, así como el de expulsar de la región a los líderes de la Liga de la Unión. Cuando Lea, el capitán Mitchell y el ex-*sheriff* Wiley fueron juzgados ante los fiscales del Tribunal Supremo del estado, Lea se jactó de que "no pudieron demostrar que existiera un Ku Klux Klan en el condado de Caswell".

Tampoco el gobernador Holden pudo demostrar en su juicio lo que el líder del Klan del condado de Caswell admitiría sin el menor cargo de conciencia medio siglo más tarde.

En relación con esto debe destacarse un hecho que muestra el valor de elegir una legislatura apoyada por la mayoría. En diciembre de 1872, un gran jurado federal acusó a 63 miembros del Klan del condado de Alamance de cometer varios delitos, entre los que se incluían 18 asesinatos y la muerte de un negro de la Liga de la Unión que respondía al extraño nombre de Wyatt Outlaw. Como sucedió en el caso de Stephens en Caswell, muchos de los acusados pertenecían a las mejores familias del condado. Temiendo los posibles resultados, e incapaces de invalidar las acusaciones, los demócratas de la región hicieron que la legislatura derogase retroactivamente la ley bajo la cual habían sido hechas las acusaciones. Y pensándolo bien, pareció una buena idea hacer que el gran jurado no volviese a actuar en el futuro bajo tales condiciones; así, la legislatura promulgó una nueva ley, mediante la cual se concedía amplia amnistía y perdón por delitos cometidos en nombre de cualquier organización secreta. Los miembros de las organizaciones secretas negras, sin embargo, quedaban específicamente excluidos de esta ley.

CAPÍTULO 4
CAROLINA DEL SUR: UN TEMPERAMENTO SIN LEY

Al igual que en otros estados sudistas, la primera Convención constitucional de posguerra en Carolina del Sur produjo un documento tan contrario al sentimiento mayoritario del Norte que el Congreso lo rechazó e insistió sobre la celebración de una segunda Convención, una que se mostrara más favorable respecto a la idea de convertir en ciudadanos a los esclavos recientemente liberados. Mientras se reunía esta segunda Convención, los conservadores blancos del estado celebraron una Convención privada y dictaron una desafiante declaración:

Resulta evidente para todos —afirmaban— que el negro es totalmente incapaz de ejercer las más altas funciones de un ciudadano [...] Protestamos contra esta subversión del orden social según la cual una raza depravada e ignorante es colocada por encima de los virtuosos, los cultos y los refinados [...] Los blancos de Carolina del Sur —continuaba la declaración— nunca aceptaron la supremacía o igualdad negra.

Una declaración de tal intensidad llevaba implícita la amenaza de una resistencia activa al plan radical de la Reconstrucción, tal y como se reflejaba en la nueva Constitución. El Ku Klux Klan, sin embargo, no se materializó como el instrumento de esta resistencia hasta 1867, cuando R. J. Brunson fue enviado a la región para organizar *dens* en el estado. Miembro del *den* de Pulaski original y, por consiguiente, hombre de gran prestigio, Brunson cosechó un gran éxito. Permaneció en la región durante dos meses tomando como base para sus operaciones Rock Hill, cerca de la frontera de Carolina del Norte. Cuando partió de allí ya se habían establecido *dens* en toda la parte occidental de Carolina del Sur, y Rock Hill era un lugar prominente dentro de las actividades del Klan. En las zonas más bajas del estado, particularmente en las regiones costeras, donde los negros vivían en mayor número con respecto a los blancos, aunque sujetos a una férrea disciplina, el Klan no realizó una gran labor, ya que no resultaba necesaria. Era precisamente en los condados de la parte alta del estado donde los hombres blancos consideraban a los negros como potenciales competidores en el mercado del trabajo, lo que ofrecía un suelo fértil donde el Klan podía prosperar.

La actividad del Klan en Carolina del Sur tuvo dos etapas. La primera se dio a finales de 1868, en previsible reacción contra una nueva Constitución, revisada y adoptada aquel mismo año, que establecía disposiciones más firmes para asegurar el derecho al voto de los negros. Los condados de York, Laurens, Anderson, Edgefield y Abbeville sufrieron numerosos incidentes provocados por el Klan, en su mayor parte en forma de advertencias a los negros para que se abstuviesen de votar. La segunda etapa, mucho más violenta, tuvo lugar tras las elecciones celebradas a finales de 1870, cuando el éxito de los candidatos republicanos demostró que los negros, en gran número, no habían sido lo suficientemente intimidados para alejarse de las urnas electorales. York y Laurens ganaron de nuevo notoriedad junto a los condados de Unión y Spartanburg. El director del Colegio Femenino de Spartanburg, A. W. Cummings, llevó la cuenta de los incidentes acaecidos solamente en aquel condado: desde el día de las elecciones, en octubre de 1870, hasta el 15 de julio de 1871, el número de potenciales víctimas a manos del Klan, bajo agresiones de toda clase, ascendía a 227 personas. La acción más fuerte se dirigió contra los miembros de la milicia estatal: cuatro de ellos, todos negros, fueron asesinados. Cummings estimaba que, de los 2.300 blancos electores del condado, 1.800 pertenecían al Klan.

La acción más ampliamente publicitada del Klan en Carolina del Sur tuvo lugar en la Casa de Justicia de Unión, en diciembre de 1870. Un vendedor ambulante de *whisky* llamado Matthew Stevens, a su vez veterano confederado, vendió algunas bebidas a un grupo de milicianos negros que acababan de detenerle en la carretera. Envalentonados por los efectos del alcohol, insistieron en que les vendiese más cantidad, hasta que Stevens, alarmado por la situación, trató de escabullirse. Tuvo lugar una pequeña escaramuza y Stevens resultó muerto. Poco después, varios milicianos fueron detenidos y encerrados en la cárcel del condado de Unión. Un juez llamado Thomas, que pertenecía a otro distrito judicial, y que probablemente era radical, envió al *sheriff* una orden de *habeas corpus* encargándole que trasladara a los detenidos a Columbia al día siguiente, para evitar que fuesen víctimas de un probable episodio de violencia. El *sheriff* ignoró la orden. Dos noches después, un grupo de hombres disfrazados con las conocidas túnicas del Klan sacaron a dos de los negros de la cárcel y los ahorcaron. Al cabo de cuatro o cinco días, un grupo de miembros del Klan, que se estimaba en unos 400 o 500 hombres, sacaron de su encierro a siete negros más y también los ahorcaron.

El número de víctimas habría bastado para convertir este hecho en una notoria exhibición de violencia por parte del Klan, pero un cartel fijado en el tablón de anuncios de la puerta de la Sala de Justicia lo revistió de aún más importancia. Como el Klan estaba comprometido a actuar en total secretismo, muchos de los actos de violencia —quizá la mayoría— se le pueden atribuir solo mediante simples conjeturas, pero en esta ocasión el Klan se identificó a sí mismo de forma clara y precisa. El cartel rezaba lo siguiente:

AL PÚBLICO EN GENERAL
K. K. K.
CON MOTIVO DE UN *HABEAS CORPUS*
Una vez más nos hemos visto obligados hacer uso de la fuerza. La Justicia se mostró débil y tuvo que apoyarse en nosotros. Recibimos información fidedigna de que un "dudoso Thomas" [...] había ordenado que se trasladara a los detenidos desde Unión hasta la ciudad de Columbia, [...] esto, por supuesto, estaba ya premeditado, de lo contrario, nadie se atrevería a hacer semejante cosa. Nos atenemos a lo inevitable e inexorable, y estamos seguros de que esto es lo mejor. "Que tu mano derecha no sepa lo que hace tu izquierda", ese es nuestro lema. Queremos paz, pero eso no será posible hasta que la Justicia se restaure. Queremos y anhelamos Justicia.

Es muy posible que el *sheriff* de Unión no hubiese podido trasladar a sus detenidos aunque lo hubiera intentado, ya que era de dominio público que si aquellos hombres eran llevados a Columbia no tardarían en quedar en libertad mediante el simple pago de una fianza. Y, en una ironía muy común durante la Reconstrucción, a continuación se detuvo a otros dos milicianos negros, se les juzgó y se les ejecutó como si fuesen los auténticos culpables.

Actos de violencia tales como los linchamientos en masa en numerosos puntos del Sur impulsaron al Congreso a promulgar unos decretos que fueron popularmente conocidos con el nombre de "Leyes Ku Klux" de 1871. Diseñadas para que los funcionarios encargados de hacer cumplir las leyes federales pudieran actuar con más eficacia contra el Imperio invisible, suponían un verdadero anatema para las esperanzas de los sudistas por preservar la supremacía blanca, que consideraban al Klan como uno de los mejores instrumentos para lograrlo. Pero para Amos Tappan Akerman, originario de Georgia y fiscal general de los Estados Unidos en 1871, las "Leyes Ku Klux Klan" eran un auténtico regalo de Dios. Por aquel entonces, Akerman escribió dos cartas, que en la actualidad se conservan en la Biblioteca de la Universidad de Virginia, y en las que aparecen ampliamente expresados los puntos de vista del principal responsable de mantener la ley y el orden en la nación. La primera carta, fechada a 9 de noviembre de 1871, está dirigida a B. D. Silliman, de Brooklyn, Nueva York:

Las informaciones diarias revelan cada vez más la extensión y ferocidad de los grupos ilegales en esa parte del país. Hoy me enteré de que en un solo condado de Carolina del Sur hubo hasta doscientas cincuenta personas que confesaron sus relaciones con el Ku Klux Klan. Un juez de uno de los tribunales estatales, y que se muestra favorablemente dispuesto hacia sus convecinos del Ku Klux Klan, me escribe protestando contra la acción del Gobierno de los Estados Unidos y, descaradamente, añade que unos mil quinientos o dos mil de sus convecinos han escapado a la acción de la justicia. Desde luego, nadie huye si no es culpable, y si ese número de personas lo ha hecho, además de los que estaban en prisión y los puestos en libertad tras haber confesado, queda de manifiesto que la ley local es incapaz de lidiar con los delincuentes. Evidentemente, me parece que es incluso demasiado para los Estados Unidos dedicarse de lleno a condenar gente a través de los tribunales de justicia. Suponiendo que tengamos de cinco a diez mil casos pendientes (y no me cabe la menor duda de que cualquiera de estas dos cifras puede ser exacta), poseemos solo la fuerza judicial suficiente para juzgar a una pequeña fracción de ese número. Realmente, estos grupos alcanzan el estado de guerra y no pueden ser aplastados eficazmente mediante otra teoría. Pero ya estoy siendo demasiado locuaz acerca del Ku Klux Klan y debo, pues, detenerme.

La segunda carta de Akerman, del 22 de noviembre, está dirigida a William M. Thomas, de Chester, Carolina del Sur:

Una de las peores características de la ilegalidad en el Sur es la agudeza con que se enmascara y actúa, algunas veces con pleno éxito, para imponerse incluso sobre los hombres inteligentes de su inmediata vecindad. Al parecer, tú has sido ya objeto de sus dispositivos en cierta medida; pero a menos que me engañe a mí mismo terriblemente, pronto sabrás, si no lo sabes ya, cuan poderosa, depravada y salvaje es la organización que el Gobierno de Estados Unidos trata de suprimir. En última instancia, estoy seguro de que estas medidas proporcionarán la paz y la prosperidad al Sur. La actual medicina es un tanto amarga, pero necesaria para vencer a la enfermedad. Si se permitiese avanzar más a este mal, la sociedad se convertiría en algo insoportable durante muchos años del futuro. Si ese temperamento sin ley que ahora prevalece es reforzado mediante su ejercicio, llegará el momento en que no se limitará a su actual dirección política, sino que perturbará a toda la sociedad y dañará a los buenos ciudadanos para lograr otros propósitos.

Cinco meses después, a finales de marzo de 1872, el brazo ejecutivo del Gobierno federal cayó sobre Carolina del Sur, donde se llevaron a cabo unas 500 detenciones en determinado número de comunidades. Uno de los detenidos fue John Leland, director del Colegio Femenino de Laurens, quien más tarde describió la experiencia en un libro de amarga redacción. Por medio de sus palabras podemos darnos cuenta de lo que sucedió en Laurens y, con pequeñas diferencias, en otras cabezas de partido de la región. El día elegido fue un sábado, cuando la gente se levantaba de la cama más tarde de lo habitual y era probable que estuvieran en casa. Dos columnas federales, infantería por el este y caballería por el oeste, se unieron en la ciudad, y de manera sistemática dieron caza a aquellos cuyos nombres figuraban en los mandamientos judiciales, reteniéndolos luego bajo custodia. Las acusaciones eran casi todas iguales: "conspiración y asesinato". La situación era lo suficientemente seria, en opinión de los oficiales que dirigían las operaciones, como para justificar la suspensión del *habeas corpus*, autorizada en las "Leyes Ku Klux Klan". Para el director Leland y el resto de detenidos, esto significaba que no podrían salir en libertad bajo fianza; era, en efecto, la revocación de uno de nuestros más amados derechos civiles.

Muchos de los detenidos eran ciudadanos prominentes: abogados, clérigos, médicos, líderes industriales y otros a los que se suponía formadores de la opinión pública. El hecho de haber sido detenidos bajo las "Leyes Ku Klux Klan" sugería su pertenencia activa al mismo, cosa que muchos negaron indignados, aun cuando ninguno de ellos lo hizo con más energía que Leland. Todos los hombres fueron trasladados a Columbia, la capital del estado, para su encarcelamiento a la espera de la celebración del juicio. 55 fueron sentenciados a varios periodos de prisión: cinco de los cuales se declararon culpables, mientras que 50 fueron juzgados y condenados.

Es muy probable que el director Leland fuese inocente de cualquier acción criminal directa, tal y como insistió cuando, en 1879, publicó *A View from South Carolina*. Mientras estaba en la prisión de Columbia recordó que uno de sus colegas de clase, en Williams, era entonces el juez Fields, del Tribunal Supremo, y le escribió una larga carta detallando las circunstancias tal y como él las veía. Fields cooperó amistosamente. Casi enseguida llegó una orden del Tribunal liberando no solo a Leland, sino a todo el contingente de detenidos de Laurens. Pero en lugar de experimentar una lógica gratitud, Leland rumió aquel insulto a su prestigio y vertió todo su veneno, contenido durante siete años, en las páginas de su libro, haciendo de este una de las más duras acusaciones en contra del "mal gobierno" federal durante la Reconstrucción.

Leland había sido acusado como supuesto conspirador para derrocar el control radical de Laurens durante las elecciones de octubre de 1870. Es difícil reconstruir con seguridad lo que sucedió en aquella época. El líder radical local, Joe Crews, había creído conveniente hacer una exhibición de fuerza con los milicianos negros acuartelados en las afueras de la ciudad, a fin de desalentar una posible violencia antirradical, aunque los conservadores blancos consideraron la acción bajo un punto de vista diferente: descarada insolencia, pensaron, y también un dispositivo para disimular los medios que Crews intentaba poner en marcha para ganar las elecciones. Durante el día, alguien, accidentalmente, disparó una pistola o un revólver en la plazoleta, frente a lo que pomposamente se denominaba Palacio de Justicia, y a continuación estalló una pequeña revuelta en la que finalmente nadie resultó herido. No supuso una situación grave ni peligrosa en absoluto, pero pronto llegó a ser conocida como la "rebelión de Laurens". A la mañana siguiente se hallaron cuatro muertos en las afueras de la ciudad: tres negros y un agente federal. No había pistas que condujeran al paradero de los asesinos, quienes, según dijo Leland, probablemente eran rufianes de otro condado.

"Y justamente aquí —escribió Leland—, el que firma estas páginas puede asegurar, sin temor a equivocarse o a una feliz contradicción, que nunca existió una organización del Ku Klux Klan en el condado de Laurens antes, ni durante ni desde la revuelta del año 1870". Leland pensaba que era innegable que tales cónclaves existieran en otros condados del estado, y que algunas veces fueran culpables de "flagrantes actos ilegales y desafueros". Pero añadía que nadie rechazaba más toda aquella violencia que los mejores miembros de la comunidad. Más adelante, insistió diciendo que el Klan, dondequiera que existiera, era necesario como defensa frente a la tiranía y contra los incalificables actos de crueldad cometidos por la Oficina de Libertos y por la Liga de la Unión. Uno de los ejemplos que daba, sin duda alguna debió ser instantáneamente reconocido como cruel y tiránico por todos los justos caballeros del Sur: un grupo de negros que se hallaba de pie junto a la cuneta de la carretera habían hecho ciertas observaciones de mal gusto acerca de unas mujeres que en aquel momento pasaban montadas en carruaje, en un tono lo suficientemente alto como para que llegaran a los oídos de ellas.

Si el Klan de algunas zonas de la región —y era corriente insistir en que existía solamente en "algunas partes"— había llegado a ser entusiasta y fervoroso en exceso era, en opinión de Leland, porque, una vez retirados sus mejores miembros, había quedado en manos de "espíritus inquietos, sin escrúpulos hacia las leyes, espíritus que se podían encontrar en todas las comunidades". Aun así, Leland pensaba que el Klan había sido indebidamente acusado, exagerándose y multiplicando sus actos.

La "rebelión de Laurens" ocupa solamente una pequeña parte del libro de Leland. La extensa sección primera es una capaz revisión de la clásica interpretación sudista de la historia. El hecho de que tal hombre —graduado en una universidad de Nueva Inglaterra, en posesión de su doctorado y director de una institución de educación superior— se suscribiese a esta interpretación, debe ser prueba convincente de que no se trataba de una retórica irresponsable. Leland fue un poco más lejos que la mayoría de los teóricos del Sur en un aspecto: el fanatismo abolicionista, escribía, había barrido de su puesto a un presidente regional en 1860, no dejando a Carolina del Sur más alternativa honorable que la de anhelar el separatismo. Leland se mostraba particularmente dolido acerca del uso de los vocablos "rebelión" e "insurrección" aplicados por los norteños a este acto de salida que él consideraba enteramente justificado.

En los siguientes capítulos de su obra, Leland presentaba las condiciones de posguerra en Carolina del Sur al igual que habían sido expresadas por los hombres que compartían sus puntos de vista, sin duda honradamente. A los soldados confederados que regresaban a casa tras la rendición de Lee se les narraba el insolente comportamiento de las tropas de Sherman, que habían robado, incendiado y arruinado deliberadamente hermosas alfombras y mobiliario, o que disparaban por diversión contra los animales domésticos. Columbia y Charleston habían sido incendiadas, si no por las fuerzas federales, al menos sí porque estas estaban situadas geográficamente allí. Las plantaciones cuyos dueños se habían visto obligados a huir habían sido tomadas por sus antiguos esclavos, y la Oficina de Libertos les animaba a que se quedaran con ellas. La Oficina, en opinión de Leland, era "una simple máquina estafadora en manos de tahúres" que se enriquecían mediante métodos del todo inconfesables. Los agentes federales obligaban a la gente a aceptar sus decisiones a punta de bayoneta, con las que iban armados los regimientos de negros de Massachusetts, que habían sido formados junto al escuadrón de negros de Sea Island, la raza más baja en condición e inteligencia. Los hombres libres, con el más mínimo sentido de lo que era el honor, no podían cooperar con los corruptos de la Oficina ni con los comandantes militares, especialmente después de que el Congreso rechazara la Constitución original de posguerra y, en diciembre de 1865, restaurara el estado de "territorio conquistado". Por lo tanto, en sarcástica opinión de Leland, el comandante general era el gobernador, la legislatura era un órgano más de los cuarteles generales del Ejército; los tribunales civiles eran los militares; y la Oficina de Libertos, el gobierno municipal.

* * *

Los hombres como Leland no podían ver otra cosa que no fuese pura venganza y un deseo de humillar en aquel rechazo por parte del Congreso de la primera Constitución de posguerra. El temor a una gran insurrección negra había impulsado a los delegados a imponer a los libertos una serie de controles tan estrictos que la esclavitud no se antojaba peor. Permitir que Carolina del Sur frustrase así las intenciones del Gobierno federal hubiera significado la anulación de la victoria de la Unión; algo que no podían aceptar los radicales del Senado de los Estados Unidos, ni tampoco la gran mayoría de ciudadanos no sudistas. Sin embargo, cabe preguntarse si el temor a una auténtica insurrección era la verdadera razón de la existencia de una legislación represiva.

Durante la larga investigación congresal sobre el Ku Klux Klan, llevada a cabo en 1871, testigo tras testigo dieron fe de la docilidad de los antiguos esclavos. El primero de ellos fue el brillante James L. Orr, que había sido gobernador de Carolina del Sur desde 1865 hasta 1867. Manifestó ante la Comisión del

Congreso que era "muy sorprendente que el negro no hubiera llegado a ser más insolente, más exigente y más dominante de lo que es", considerando su esclavitud reciente y su súbita liberación; los hombres blancos, forzados a esa misma esclavitud y más tarde liberados tan repentinamente, no se habrían comportado tan bien. La única explicación que Orr podía ofrecer era el poder moral del blanco sobre el negro, un poder que se había desarrollado y ejercido a lo largo de dos siglos. En cuanto a la insurrección, señalaba que los esclavos jamás habían dispuesto de armas, mientras que el hombre blanco, desde los dieciséis años de edad hasta los sesenta, estaba familiarizado con toda clase de ellas, y que, por lo menos, poseía una.

Orr era un político de éxito notable. Había sido legislador estatal durante cuatro años, y miembro del Congreso durante diez, desde 1849 hasta 1859. Estaba tan bien considerado que, en 1857, fue nombrado presidente de la Cámara. Comprendía los motivos del Norte mejor que muchos sudistas y era lo suficientemente agudo como para darse cuenta de cuándo era necesario acomodarse a las exigencias del Norte. Se oponía vigorosamente al sentimiento separatista, pese a haber sido uno de los firmantes de los estatutos de secesión. Fue miembro del Senado confederado hasta la caída de Richmond y, asimismo, ocupó el cargo de primer gobernador electo de Carolina del Sur. Pero sus esfuerzos por suavizar el Código Negro y su buena voluntad para cooperar con los oficiales del Ejército federal se consideraron como un compromiso y perdió la confianza de los demócratas del estado. Cuando acabó su mandato como gobernador, se unió al partido radical y fue elegido juez de circuito en su condado de Anderson natal.

Sin duda, era típico de Orr desaprobar o lamentar el temor a una insurrección de los negros. En él había una clase diferente de temor: si se les concedía el voto y se les permitía aspirar a cargos oficiales, dominarían el Gobierno en todos aquellos lugares donde su número fuera superior al de hombres blancos. Casi como si desearan probar esta posibilidad, la gran mayoría de los blancos de Carolina del Sur boicotearon las elecciones que se iban a celebrar bajo la revisada Constitución apadrinada por los radicales. De 46.882 blancos registrados como votantes en 1868, 42.354 se negaron a participar; de 80.550 negros registrados como electores solamente renunciaron al voto 14.132. Algunos condados que contaban con verdaderas mayorías de electores blancos enviaron negros a la legislatura. La habitual aserción sudista de que grandes cantidades de blancos quedaban privados de sus derechos políticos o "políticamente incapacitados" a causa de sus actividades durante la guerra no explica las legislaturas "negra y color canela" tan a menudo citadas por los historiadores para demostrar los horrendos resultados de la interferencia federal; el boicot blanco a las elecciones de Carolina del Sur fue deliberado, y la elección de una mayoría negra para la legislatura fue la lógica consecuencia de tal boicot.

Orr, como político maduro y práctico, vio lo que había sucedido con mucha más claridad que el presidente Leland, quien echó toda la culpa a los radicales. En opinión de Leland, los radicales podían ganar y mantener el control del estado negando el voto a cuantos blancos fuera posible, a la vez que se estimulaba a todos los negros a votar... y a favor de los republicanos: "De aquí que estos sujetos sin vergüenza y de poco o ningún corazón, pero sí hambrientos y celosos partidistas, conocidos como oportunistas y explotadores, fueran los instrumentos que necesitaban [los radicales] para su cruel trabajo de sembrar la enemistad, las sospechas, la desconfianza e, incluso, el odio mortal entre las dos razas".

El segundo paso, bajo la lógica de Leland, fue sugerir que el plan de contraataque del Klan frente a comportamiento tan vil estaba enteramente justificado. Puede ser significativo que Leland, en 1868, hubiera sido candidato al cargo de superintendente de Educación del estado, cuya elección perdió ante un radical de Nueva Inglaterra, J. K. Jillson; los mismos comicios donde el jefe estatal de la Oficina de Libertos, Robert K. Scott, de Ohio, salió elegido gobernador. Jillson desempeñó su cargo durante nueve años y realizó una gran labor en el campo de la enseñanza, particularmente al conseguir la aceptación general de la noción de escuelas para todos los niños. Pero Leland le consideraba un despreciable oportunista. Leland probablemente se irritó en exceso debido a la ominosa nota que figuraba en la primera declaración pública hecha por Jillson tras haber sido elegido: "La educación de todos los niños de todas las clases y razas es indispensable para lograr un más alto grado de bienestar en la comunidad". Peligroso pensamiento era este.

A diferencia de los creadores de la Constitución, que expresaron su temor a un alzamiento negro en 1865, Leland insistía en que la amistad racial prevaleció durante y después de la guerra, hasta que los radicales estimularon malévolamente a los negros para que odiasen a los blancos sudistas. El juez Orr fue aún más lejos al declarar que los negros nunca dejaron de ser dóciles y tratables. Leland atribuye la corrupción de las nuevas legislaturas a la ignorancia y crueldad de los negros; pero Orr insistía en que la corrupción era igualmente evidente entre los miembros blancos, y apuntaba que por cada hombre que aceptaba un soborno tenía que haber otro que lo ofrecía. Leland y Orr también diferían en cuanto a las clases de corrupción de las que tenían prueba. Leland expresaba su horror por las plumas de oro de 10 dólares que se regalaba a cada legislador o asambleísta, y por los tinteros reglamentarios, que costaban 25 dólares cada uno, así como por los enormes costes de impresión y demás suministros (un total anual de alrededor de 300.000 dólares). El más experimentado Orr medía la corrupción en términos de millones de dólares de deuda estatal para proteger los bonos de ferrocarriles. Ambas formas de corrupción se emplearon *ad nauseam*, junto a la amalgama de fotografías de las legislaturas "negra y color canela" para acusar a la Reconstrucción radical de Carolina del Sur. Pero la corrupción en la capital del estado no era nada en comparación con la que se daba en la North Boss Tweed, en el Credit Mobilier, en el Whiskey Ring y en la venta de grandes cargamentos de armas efectuada por el secretario de Guerra de Grant; y es que fue una época de gran inmoralidad pública en muchos lugares del país, no solamente en Carolina del Sur. Además, censurar la supuesta incompetencia que correspondía al estado por el voto de los negros a la legislatura no ha podido ser defendido hasta 1932, cuando Francis B. Simkins y Robert H. Woody, en su *South Carolina during Reconstruction*, mostraron cuan superiores eran los miembros negros sobre los blancos, algo que los hombres como Leland no admitían como posible.

El gobernador Scott, poco después de haberse hecho cargo de su puesto en 1869, creó un cuerpo de alguaciles para mantener el orden y ayudar a que se cumpliera la voluntad de la legislatura estatal y la del Gobierno federal. Leland, naturalmente, juzgó su propósito de forma distinta, es decir, como instrumento para cobrar multas y cuotas con destino a los bolsillos de los explotadores. Puede que entonces no supiera que el Congreso no había destinado fondos a la Oficina de Libertos, y que, por lo tanto, este organismo tenía que sostenerse únicamente a base de estas multas y sanciones. Su opinión del típico líder radical es probable que se debiera a Joe Crews, de Laurens, el único que tuvo ocasión de observar. Una opinión que no obedece más que a otra acostumbrada línea de "razonamiento": "Joe Crews es radical. Joe Crews es un hombre vil y depravado. Por lo tanto, todos los radicales son viles y depravados".

Crews no era tan mala persona como Leland pensaba; pero el juez Orr coincidía bastante con esta opinión de Leland. Durante las preguntas que se le hicieron desde la Comisión del Congreso, en las sesiones celebradas sobre el Klan, Orr señaló a Crews como conspicuo ejemplo de los corruptos y vengativos radicales en su peor faceta. Había fracasado en los negocios a fuerza de pura incompetencia y miraba con inquina a la gente que tenía éxito en tal campo; ahora, con un poco de autoridad en sus manos, aprovechaba la oportunidad para desquitarse. Estaba muy extendida la creencia de que instaba a los negros a que se apoderasen de las cosechas y las incendiaran, ahora que ellos tenían el poder. El juez Orr, después de manifestar que no conocía personalmente ningún caso de un hombre blanco que incitara a los negros a rebelarse contra los blancos, citó a Crews como sola excepción, y repitió lo que ya se había convertido en familiar anécdota: que en una reunión de negros, Crews mencionó el precio que tenía una caja de cerillas: solamente 5 centavos. Leland, que había permanecido sentado tras la mesa de su despacho durante la revuelta de Laurens, pero que informó de los hechos como si los hubiese presenciado, definió a Crews como un hombre que había hecho votar a los negros en una y otra urna repetidas veces, y que, una vez las urnas quedaron selladas, ignoró las papeletas y anotó los resultados que a él más le convinieron sobre una página "arrancada de un grasiento libro de notas".

El juez Orr (negando al igual que Leland la existencia del Klan en su propio condado, pero admitiendo que sí existía en el de Leland) convino en que la mayor parte de las actividades del Klan eran obra de "jóvenes temerarios" de poca significación social en la localidad: "Creo que los mejores miembros de la comunidad son asimismo responsables de estos actos, ya que no emplean su influencia tan moralmente como deberían, al no recurrir a aquellos medios necesarios para hacer respetar las leyes. Creo que ahí está el mal de todo cuanto ocurre". Así pues, culpables de inacción, el fracaso de las personalidades locales más influyentes a la hora de procurar que todo el mundo cumpliese la ley podría haber influido sobre la clase de personas que resultaron detenidas en Laurens aquella mañana de primavera de 1872. Pero Leland parece no haber sentido jamás ninguna responsabilidad en este aspecto.

Hay un momento en el libro de Leland en que este destaca, entre los malos actos del presidente Grant, su "desprecio por los tradicionales derechos de la gran raza anglosajona". Estas palabras hubiesen sido bien acogidas por los anglos y sajones de la Inglaterra del siglo XII, forzados a usar collares de hierro para indicar su baja condición; alguien olvidó decir entonces a los conquistadores normandos que los anglosajones eran una gran raza, con derechos tradicionales. Y alguien olvidó incluir entre las lecturas infantiles que disfrutan los niños estadounidenses en sus escuelas la obra de Daniel Defoe *The True-Born Englishman*, donde se burla de la pureza racial de las grandes migraciones de Inglaterra en el siglo XVII.

Resultaría, quizá, ridículo criticar o censurar la pertinencia de la supuesta superioridad anglosajona relacionándola con el éxito del Ku Klux Klan. Si en 1870 se había enseñado a un blanco de Carolina del Sur, desde su más temprana infancia, lo mismo que le había sido enseñado a su padre y a su abuelo, es decir, que "la gran raza anglosajona" tenía derechos tradicionales sobre los hombres de otras razas a los que se suponía inferiores, ¿qué habría podido ocurrir para hacerle pensar de otra forma? La derrota militar apenas podía alterar esta forma de pensamiento; si acaso, podría confirmar el principio tan a menudo citado por los más férreos defensores del concepto de "pueblo elegido", los antiguos israelitas, en el sentido de que Dios castiga a los que ama. La única otra raza que el sudista típico había visto en su vida y en gran número era la negra, y la inferioridad de este grupo era evidente en educación, en nivel económico, en experiencia política, en dotes sociales... porque era propio de la esclavitud conservar esta inferioridad. Si la premisa de la supremacía blanca está firmemente establecida en toda una gran región, si es compartida por todos los blancos que asisten juntos a la escuela y a la iglesia, y que se relacionan social y económicamente día tras día, cualquier cambio externo en tal premisa ciertamente hará que aparezca el resentimiento. Y cualquier esfuerzo directo para quebrar o destruir la premisa forzando la extensión de los privilegios familiares a un grupo generalmente inferior es casi seguro que será causa inmediata de una pronta y enérgica acción en contra.

La supremacía blanca era simplemente algo que los blancos del Sur "conocían"; era algo con lo que no se podía bromear ni ser cambiado por agentes de un poder externo, en este caso el Gobierno federal. La resistencia al Gobierno federal fue, por lo tanto, defender el principio tan amado por los blancos sudistas; y resistir en tal caso no significaba traición para el Sur. No es extraño que la "mejor gente" apoyara las actividades ilegales del Klan y lo estimularan a seguir adelante no condenándolo ni llevando ante los tribunales a sus líderes. Tampoco tiene nada de extraño el que la "mejor gente", junto con el resto de los blancos del Sur, fuese incapaz de ver excusa alguna en los agentes federales o en los maestros enviados al Sur por las iglesias del Norte; ayudar a los negros a suprimir aquellos "derechos tradicionales" era una terrible afrenta al principio sudista, algo que ningún blanco del Sur que tuviera sangre en las venas podía soportar, y por ello resistían, si era posible, por medios legales, o ilegales cuando habían fracasado los primeros. Y el principal medio ilegal era el Klan.

El director Leland no escribió nada que no hubiese sido ya puesto sobre el tapete por la fallida Convención de 1865; tanto él como la Convención estaban expresando los puntos de vista de la mayoría de blancos de Carolina del Sur. No era esta una opinión contemporánea estrecha en tal época de inflamadas pasiones. En 1902, el escritor político John W. Burgess, en su obra *Reconstruction and the Constitution*, acusó al Congreso de haber cometido un "gran error político, e incluso pecado, en la creación de este nuevo electorado [...] El alegato de que no hay nada en el color de la piel, desde el punto de vista de ética política, no es más que un sofisma. Una piel negra significa ser miembro de una raza que jamás tuvo éxito en someter la pasión a la razón, y que, por lo tanto, nunca ha creado civilización de alguna clase".

Puede uno preguntarse si Burgess pensaba que la violencia del Klan y la silenciosa aprobación con que era acogida por los "mejores miembros" de la sociedad del Sur ilustraban el sometimiento de la pasión a la razón.

Tres años después, en 1905, el reverendo James H. McNeilly leyó un documento durante una reunión de la Asociación de Pastores Presbiterianos de América; publicado luego con el título: *Religion and Slavery: A Vindication of the Southern Churches*. Después de alabar la actitud tradicional de los presbiterianos del Sur por no entrometerse en el estado civil y político de los negros, McNeilly culpaba a los bienintencionados forasteros de sembrar "las semillas de la desconfianza y rivalidad entre razas". Los negros, observaba, estaban perfectamente enterados de su inferioridad innata, a la vez que su inmoralidad alcanzaba un grado casi imposible de soportar. Si se hubiese dejado solo al Sur, probablemente hubiera resuelto sus problemas hasta llegar al punto de que "las dos razas, blanca y negra, hubiesen vivido en perfecta armonía: el hombre blanco ocupando la posición dominante y el negro voluntariamente sometido". Por supuesto, era fácil llegar a esta conclusión tras los acontecimientos; pero McNeilly tenía razón, ya que después de que el Gobierno federal abandonase su campaña, el Sur "solucionó" su problema ocupando los blancos dicha posición de dominio y quedando los negros sometidos, aunque no voluntariamente.

El juez Orr, en su declaración ante el Congreso, mostró abiertamente sus dudas acerca de la eficacia de los medios federales para controlar al Klan o a cualquier otro grupo, organizado o sin organizar, que se tomase la justicia por su mano. Enviar tropas a una comunidad donde habían tenido lugar diversos disturbios era una buena medida para llevar allí la paz o para reducir la violencia; pero el Klan podía trasladar sus actividades a cualquier parte. Además, las tropas estaban formadas por gente de fuera, soldados que no estaban familiarizados con las costumbres y leyes de aquella tierra; los hombres de la región, que conocían palmo a palmo cada camino y sendero, podían evitar ser capturados con suma facilidad, aun cuando los persiguieran los más resueltos soldados. A la pregunta de: "¿Conoce usted algún caso en el que se haya aplicado la ley en contra de los miembros del Klan?", Orr replicó: "No, señor; el problema está en averiguar quiénes son esos miembros. Si la gente lo sabe, temen dar esa información". Más tarde, y en el transcurso de su declaración, se le preguntó si creía que los grupos organizados debían ser tratados como enemigos públicos. Orr contestó que sí lo creía, pero que siempre quedaba el problema de la identificación: "Es una enfermedad que tendrá que curarse por sí sola —añadió—. Lo cierto es que de vez en cuando siento mucha inquietud acerca de sus tendencias hacia la violencia y su actitud de constante desquite".

Con el paso de los años, cuando la posibilidad de recibir un castigo se hizo muy remota, los miembros del Klan que no habían sido identificados en 1870 admitieron que habían "cabalgado con el Klan". Allá por 1890, después de que el Tribunal Supremo dictase una sentencia de "separados, pero iguales" (en el célebre caso de Plessy y Ferguson), se reflejó cierta aquiescencia federal en todo aquello por lo que el Klan había luchado por preservar, y así, el viejo Klan, o mejor dicho, los miembros del antiguo Klan se convirtieron en objeto de veneración, y el solemne voto de perpetuo silencio perdió su fuerza de cohesión. Se supo entonces que en muchos condados del Sur, durante la Reconstrucción, todos los funcionarios que no eran radicales habían sido miembros del Klan. Excepto en aquellos lugares donde los radicales eran lo suficientemente fuertes como para elegir *sheriff*, juez de condado y actuario del tribunal, el cumplimiento de las leyes en contra del Klan era una cosa que había quedado totalmente al margen.

En el libro *Desobediencia civil*, Henry Thoreau señala tres posibles caminos abiertos a los hombres contrarios a su Gobierno: someterse sin protestar, someterse protestando y haciendo todo lo posible para cambiar la ley o enderezar el curso del Gobierno, o recurrir a la desobediencia inmediata. Él eligió el tercero y procedió a "inventar" la resistencia pasiva.

El Klan, posiblemente desconociendo a Thoreau, excepto quizá como notable abolicionista, no eligió ninguno de estos tres caminos, a menos que sus actos se consideren como una variación del tercero, con una acción "activa" sustituyendo a la "pasiva". Pero ya fuera una variación o un cuarto camino lo que el Klan eligió, lo cierto es que fue el sendero que recorrió John Brown en Harpers Ferry y muchos otros rebeldes, famosos o infames, contra lo que ellos consideraban intolerable injusticia. La lista de tales rebeldes activos, en este país, debería ser encabezada por el nombre de Thomas Jefferson.

Todo correcto hasta aquí. Los creyentes en la supremacía blanca (hoy más bien llamados "racistas") no dudan en citar a tales notables modelos. Pero la mayoría de los estadounidenses ven una gran diferencia entre la honorable rebelión, entre el alzamiento directo, sincero, como, por ejemplo, una guerra revolucionaria o la secesión del Sur, y la violencia clandestina del tipo practicado por el Klan: cubrirse con túnicas y máscaras después del anochecer para dar caza a un maestro de escuela norteño, a un agente de la Oficina de Libertos o a un pobre negro al que "advertir", "flagelar" o colgar del árbol más próximo. La mayoría de los ciudadanos aplican una palabra a esta cuarta alternativa: criminal. Sin embargo, el Klan hizo uso de esta alternativa con completo éxito, demostrando su eficacia contra los agentes de una política federal considerada intolerable por la mayoría de los sudistas blancos, y confirmando la resistencia ilegal como instrumento para agradar al sentimiento local. Los sucesos de Carolina del Sur demostraron cuan ventajoso podía ser recurrir a la acción criminal, entonces o en cualquier momento del futuro. Esta puede ser la parte central y permanente del legado del Klan a América.

CAPÍTULO 5
LA SENDA DE LOS OPORTUNISTAS

El *Shorter Oxford Dictionary* define la palabra *scallywag* o *scallawag* como "un individuo despreciable, un hombre que no sirve para nada, un bribón, un canalla o desvergonzado". En el lenguaje más corriente, el término se traduce como "individuo que no quiere trabajar o que es un aventurero o explotador"; también se usó para denominar al ganado enfermo o de baja calidad. En cualquier caso, tal palabra tenía una resonancia peyorativa que la hizo, en boca de los conservadores blancos del Sur, perfectamente adecuada para referirse a un hijo nativo que apoyara a los odiados republicanos en su programa de Reconstrucción. La palabra se alteró hasta convertirse en *scalawag*, pero no por ello varió su significado general. Es una subestimación clásica decir que la senda del oportunista era dura.

Los *scalawag* tuvieron distinta suerte. En Misisipi, el más prominente era sin duda James Lusk Alcorn, quien en 1869 se convirtió en el primer gobernador elegido bajo la Constitución de la Reconstrucción. Rico terrateniente, Alcorn había sido centralista-unionista antes de la Guerra Civil, cosa completamente natural, puesto que los centralistas eran los miembros mejor educados y más ricos del estado. Cuando, tras la guerra, se dieron cuenta de que no podrían volver a poseer su antiguo poder, algunos de ellos se unieron a los demócratas, pero muchísimos más se volvieron hacia el Partido Republicano por meros intereses comerciales. Como gobernador, Alcorn pronto descubrió que políticamente se hallaba en medio y que, por lo tanto, no podía ganar. Aunque era un neófito del Partido Republicano, se alejaba de la mayoría de sus miembros por ser incapaces de aceptar a los negros como a iguales en el aspecto social; pero su defensa del derecho a voto para los libertos trajo como consecuencia una violenta denuncia por parte de los demócratas, quienes lo declararon enemigo abierto de su raza y peor traidor que Benedict Arnold[2]. Derrotado en las

---

2. Considerado el "gran traidor" de la Revolución de las Trece Colonias (N. de T.).

elecciones para una segunda legislatura, Alcorn se retiró a su plantación del Delta, y allí soñó con la restauración de un partido centralista. Su sucesor, Adelbert Ames, siendo natural de Maine, no podía ser considerado traidor a su región; solamente era un aventurero, calificativo que no estaba tan abajo como el de *scalawag* o explotador en la escala de valores de los blancos sudistas.

No todos los *scalawag* pudieron retirarse a disfrutar de sus riquezas; para algunos no hubo salida posible. Uno de los desafortunados fue el juez Chisolm, del condado de Kemper, la víctima número uno de Misisipi, cuya historia se relatará aquí brevemente. Tanto el gobernador Alcorn como el juez Chisolm, a su manera y en su propio nivel, buscaban dar a los libertos algo mejor que lo que la mayoría de los blancos sudistas opinaban que merecían.

En 1860 había 773 negros libres y 436.621 esclavos en Misisipi, pero los primeros gozaban de poca más libertad que los últimos: necesitaban un permiso por escrito para trasladarse de un condado a otro, no podían poseer armas de fuego, y no podían declarar como testigos ante los tribunales de justicia, excepto en aquellos casos en que el sumario y juicio se relacionase solamente con negros o mulatos. Al igual que los esclavos, no podían reunirse en grupos compuestos por más de cinco personas para enseñar o aprender a leer y escribir, severo factor disuasorio para la educación. Podían ser flagelados si se les declaraba culpables de delitos menores, aun cuando los blancos jamás sentían el látigo en sus espaldas por cometer delitos mucho peores. No podían votar, poseer tierras, hacer el servicio militar, formar parte de jurados ni figurar como parte interesada en contratos comerciales; y, por supuesto, no podían contraer matrimonio con hombres o mujeres de piel blanca. Cuando, más tarde, los blancos hablaron de restaurar la gran tradición sudista, gran parte de ella fue esta discriminación histórica y legalizada entre ellos y los negros, ya fuesen libres o esclavos.

Si los blancos de Misisipi consideraban adecuado controlar estrictamente a los pocos negros libres que había antes de la guerra, ¡qué importante sería para ellos hacer lo mismo después, cuando todos los negros fueran libres! La Convención reunida para diseñar una nueva Constitución a últimos de la primavera de 1865, tras sostener largo debate, adoptó la siguiente resolución con respecto a la esclavitud:

Habiendo sido destruida la institución de la esclavitud en el estado de Misisipi, no volverá a existir en este estado ni la servidumbre voluntaria ni la esclavitud, a no ser aquellos castigos que deban ser aplicados a causa de delitos corrientes; y la legislatura, en su próxima sesión y, por lo tanto, en la medida que lo pueda exigir el bienestar público, procederá legalmente a la protección y seguridad de la persona y propiedades de todos los libertos del estado, siendo así que les defenderá como al mismo estado contra los males que puedan surgir de su súbita emancipación.

Todo esto suena muy bien, como pasa con casi todas las resoluciones. En octubre se celebraron nuevas elecciones, y la nueva legislatura se puso de acuerdo dos semanas más tarde. Los miembros de la misma, en su mayor parte, no habían sufrido a manos de los negros durante la guerra, sino que los consideraban dóciles, tratables, obedientes al mando aunque inclinados a la ganduleríay a vagar de acá para allá, y muy poco fiables en lo concerniente a contratos. Esto fue lo que dijo el Comité sobre Leyes, añadiendo que los legisladores debían negar a los libertos ciertos privilegios, por el bien de ellos mismos. Por entonces era mínimo el temor a una insurrección de los negros; preocupación mucho más inmediata eran las cosechas que los negros, como esclavos, habían plantado, cultivado y que ahora ya estaban preparadas para ser recogidas por los mismos negros... como libertos. Como el bienestar económico del estado dependía de que los negros continuaran con su trabajo, la única mano de obra competente para realizarlo, debió parecer razonable no dejar el éxito a la casualidad o a la voluntad del negro para que este trabajara sin coacción. Se discutió acaloradamente en esta asamblea, y debemos suponer que fue seriamente creído por los representantes y sus comitentes blancos que allí no se implicaba ninguna cuestión de libertad, y que el único propósito de las leyes promulgadas era impedir la ociosidad, que podría perjudicar gravemente la economía del estado.

Unas cuantas características de las leyes adoptadas en esta sesión mejoraron la situación de todos los negros de Misisipi. Por ejemplo, las parejas que cohabitaban como marido y mujer debían, a partir de aquel momento, considerarse como casadas, y por ello su descendencia sería legítima. Ahora podían ser testigos competentes en casos civiles que involucraran a blancos y negros, y en casos criminales, si el delito había sido cometido contra la propiedad o persona de un negro. Pero estas pocas concesiones quedaban contrarrestadas por las restricciones impuestas sobre la residencia, movimiento físico y trabajo. A principios de enero de 1866, cada negro debía poseer un hogar legal o empleo, que debía demostrar mediante una licencia del alcalde de la ciudad o de un miembro del cuerpo de policía, o a través de un contrato de trabajo escrito. Si el contrato tenía una duración de más de un mes, entonces debía constar de duplicado y estar firmado por testigos. Un negro que abandonara su puesto antes de la fecha de expiración del contrato perdía legalmente la paga de todo su periodo de trabajo; además, si violaba de esta forma su contrato, era deber de todo funcionario civil y privilegio de cualquier ciudadano particular detenerle y devolverle a su patrono. Por este servicio, la persona que apresaba a un negro en tales circunstancias tenía derecho a cobrar 5 dólares, más 10 centavos por milla recorrida, suma que más tarde se descontaría del salario del negro. Era posible la apelación a un juez de paz y luego al tribunal del condado, pero no más arriba. Por otra parte, cualquier persona que fuese declarada culpable de intentar persuadir a un negro para que violara su contrato podía ser multada y enviada a la cárcel.

También son interesantes las normas dictadas para los aprendices. Dos veces al año, en enero y en julio, los funcionarios civiles tenían que informar al tribunal testamentario correspondiente sobre todos aquellos negros menores de dieciocho años cuyos padres no los pudiesen mantener. Entonces el tribunal tenía el deber de ordenar al actuario que entregara a dicho menor a una persona adecuada, quien tenía a su vez que prometer al estado que le proporcionaría manutención, ropas y asistencia médica, aparte de enseñarle a leer y escribir. El benefactor podía castigar al negro menor, aunque no de forma cruel o inhumana. Había, asimismo, normas muy detalladas en lo concerniente a los que huían. En general, el sistema de aprendices o meritorios fue copiado de ciertas leyes vigentes en los estados del Norte, aun cuando existía la diferencia de que en Misisipi solamente se aplicaban a los jóvenes negros.

Una vez el negro alcanzaba la edad de dieciocho años tenía que lidiar con las normas dictadas sobre el vagabundeo, condición que se definía no solamente como total carencia de medios de vida, sino también como conducta desordenada y lasciva, aparte de ser considerada un medio de asociarse con los blancos en términos de igualdad. Un negro, en tales condiciones, declarado culpable e incapaz de pagar los 50 dólares de multa, tras haber cumplido sus diez días de cárcel estaba obligado a trabajar para quien ofreciera un mínimo de tiempo de trabajo para él, satisfaciendo así el pago de la multa.

Jesse Thomas Wallace, cuyo *A History of the Negroes of Mississippi from 1865 to 1890* le valió un doctorado en Columbia en el año 1928, concluía que "estas leyes proveían que todas las leyes penales y criminales del Código de Misisipi de 1857, que castigaban delitos y mal comportamiento de los esclavos, libertos y mulatos, volviesen a tener vigencia contra los negros, excepto en cuanto se referían al procedimiento de los tribunales cambiado por la ley". En otras palabras, los libertos, después de 1865, quedaron sujetos a normas no menos estrictas que las que se aplicaban a los negros de cualquier condición antes de la guerra. Admitiendo sinceridad por parte de los legisladores, es fácil imaginar su indignación cuando el Departamento de Guerra inmediatamente decretó que serían reconocidas todas aquellas provisiones solamente en el caso de que fuesen aplicadas por igual a blancos y a negros. Dado que la razón fundamental de este revivido "Código Negro" era lograr que los negros siguieran trabajando y no discriminarlos como raza, la exigencia de que tales normas se aplicaran por igual a blancos y negros debió parecer desconcertante, por no decir otra cosa. Los legisladores rápidamente identificaron a la Oficina de Libertos como la principal fuerza que buscaba anular sus intenciones, y así se creó el escenario de una lucha que solamente podía terminar con la derrota de una u otra parte.

Una circular de la Oficina de Libertos, con fecha de 8 de agosto de 1865, fue particularmente ofensiva; establecía que allí donde los tribunales locales no aceptasen el testimonio de los negros, en casos donde estos fuesen parte interesada, volverían a ser juzgados por tribunales nombrados por la misma Oficina. Por supuesto, jamás se habían conocido en Misisipi tales tribunales. Derribaban por los suelos todas las tradiciones del adecuado procedimiento judicial, tal y como los naturales de Misisipi lo concebían, y constituían un insulto a los jueces, abogados y actuarios de los tribunales locales, quienes tenían sus propias nociones en lo referente al decoro legal. La Oficina molestó a los blancos sureños de otras formas, incluyendo el empleo de soldados negros para dar más vigor a sus órdenes y a las del Departamento de Guerra. Estas tropas no eran "todas" negras, pero unos cuantos soldados de color dentro de un regimiento constituían un verdadero insulto. Era ridículamente simple para los naturales de Misisipi, tanto blancos como negros, aunque por razones totalmente diferentes, creer que las tropas federales se hallaban acuarteladas en el estado deliberadamente para humillar a los blancos locales.

Como el propio interés de los blancos de Misisipi se oponía en todos los puntos al propósito del Gobierno federal y sus organismos, la colisión se hizo inevitable. Los editores de prensa de todo el estado, en su mayoría demócratas, usaron todo procedimiento conocido —e inventado— para atacar a los molestos "benefactores". Existía en Pontotoc un periódico republicano, *Equal Rights*. Su editor era el coronel W. R. Flournoy, quien antes de la guerra había sido el propietario de esclavos más rico del nordeste de Misisipi. Vernon L. Wharton, en *The Negro in Mississippi, 1865-1890*, lo describe como "esencialmente humanitarista", al que impulsaban "convicciones profundamente cristianas", pero la opinión general que prevaleció durante la Reconstrucción es la repetida por James W. Garner en *Reconstruction in Mississippi* (1901), donde escribió que Flournoy "disfrutaba la distinción de ser el más extremo y detestable radical de todo el estado". Era, pues, de esperar que, antes o después, el Klan le atacaría, pero en la noche de la incursión, Flournoy escapó a través de una ventana. Hubo disparos, y uno de los atacantes cayó gravemente herido. Un testigo le quitó al hombre la máscara para que pudiese respirar con más facilidad y lo llevó hasta la cárcel de la localidad, donde el herido dio un nombre falso, el de un hermano suyo que había muerto en Shiloh, y admitió que el propósito del ataque era asesinar a Flournoy.

Algunos de los editores de prensa demócratas negaron tercamente la presencia del Klan en el estado, mientras otros defendían sus actividades, por muy violentas que estas fueran. El *Clarion* de Jackson hizo ambas cosas, aunque en momentos diferentes. El 13 de diciembre de 1870 dudó en su editorial de que en el estado existieran miembros de tal organización, mientras que el 21 de marzo de 1877 explicaba la formación del Klan como resultado natural del "instinto de conservación". Algunos editores culpaban de la actividad del Klan a algunos de sus miembros que habían cruzado la frontera del estado. Como los peores episodios violentos tenían lugar en los condados fronterizos con Alabama, esto puede haber sido cierto en gran parte. Sin embargo, la declaración también refleja una tendencia común a culpar a forasteros de cualquier violencia cometida por el Klan.

La conocida como "masacre de Chisolm" es una excelente ilustración de dos cosas: de la violencia prácticamente endémica que existía en los condados orientales de Misisipi, y los métodos usados por el Klan y defendidos por la prensa demócrata. William Wallace Chisolm había nacido en Georgia en 1830, pero a la edad de dieciséis años se había ido a vivir a Misisipi en compañía de sus padres. En 1858 entró a formar parte de la vida pública al ser elegido magistrado (el equivalente a juez de paz) por su municipio. Dos años más tarde fue elegido juez del Tribunal Testamentario (de ahí el nombre que generalmente se le daba, juez Chisolm), donde desempeñó su cargo hasta 1867. Sus enemigos aseguraron más tarde que debía su larga permanencia en el cargo al voto de los negros, que, como líder radical del condado de Kemper, él controlaba. No hay duda de que logró para sí todos los votos de los negros que se emitieron, pero antes de 1865, cuando los negros no votaban, parece haber sido bien considerado por los electores blancos, aun cuando sabían que era miembro de la Unión.

El *sheriff*, más conocido como Gully, era un individuo perteneciente a una numerosa familia que supo colocar bien a todos sus miembros. Mientras John W. Gully fue *sheriff*, nombró a 14 parientes suyos como ayudantes, pero con el advenimiento del Gobierno militar después de la guerra, los Gully cayeron del poder. En 1869, el hermano del juez Chisolm, John, fue elegido *sheriff*; el mismo Chisolm se convirtió en su primer ayudante y en recaudador de impuestos. En tiempos anteriores, como juez, podría haber logrado alcanzar un acuerdo con los Gully, tal y como sus enemigos más tarde declararon; la única alternativa podría haber sido la guerra abierta. Pero ahora no tenía necesidad de trabajar con ellos.

Si el resentimiento de los Gully por estar "fuera" después de tanto tiempo de estar "dentro" condujo a una exhibición de fuerza, Chisolm debió creer que las tropas federales le proporcionarían todo el apoyo que pudiera necesitar. Sin embargo, la enemistad de los Gully solo constituyó una pequeña parte de la oposición que se desarrolló contra Chisolm. Si ya era muy duro para los demócratas tragarse el hecho de que fuese un radical, lo que ya resultaba francamente imperdonable era que además fuese un magnífico recaudador de impuestos.

* * *

Los impuestos que recaudaba Chisolm iban destinados principalmente al mantenimiento de las escuelas. A principios de 1803, el Congreso había autorizado la creación de escuelas públicas en toda la zona sur de Tennessee, y asimismo había estipulado que cada decimosexta sección (una milla cuadrada) de tierra debía reservarse para la construcción de escuelas. En Misisipi, sin embargo, no sucedió nada; no llegó a crearse ninguna escuela pública hasta 1865, momento en el cual las decimosextas secciones no pudieron ser localizadas. Para los blancos que tenían dinero había escuelas privadas. El resto de la población blanca se las arreglaba felizmente sin educación. ¿Por qué, súbitamente, cuando el estado se hallaba tan próximo a la ruina, el Gobierno federal insistía en establecer un sistema de educación pública? El plan pronto fue considerado como un insulto más inventado por los vengativos radicales de Washington para humillar a los ciudadanos derrotados.

No se pretende estudiar aquí la correlación entre la falta de escuelas y la violencia habida durante la Reconstrucción. William Faulkner ha dicho todo cuanto hay que decir sobre los actos violentos en el Misisipi rural —y la mayor parte del estado es rural—. Lo que importa es que, en 1865, los terratenientes se enfrentaron por primera vez con el deber de sufragar la construcción de escuelas públicas, tanto para niños negros como para los blancos. La proporción de propiedad imponible en manos de negros era insignificante; los "Códigos Negros" de antes de la guerra se habían cuidado de esto. Lo cual significaba que los blancos habían de llevar la carga de todos los impuestos para el sostenimiento de las escuelas. Por esta razón, ningún recaudador de impuestos, fuera cual fuese su tendencia política, podía ser popular y eficiente a la vez.

Hay numerosas formas de expresar desagrado. El condado de Kemper, situado en la línea fronteriza de Alabama, a medio camino del Norte y del Sur, lo expresó con mucha mayor violencia que la mayoría de los demás condados de Misisipi. En un periodo de dos años, desde 1869 a 1871, murieron asesinados 35 negros, mientras que los latigazos tenían lugar casi todas las noches. Los hombres blancos morían menos a menudo, o quizá sería mejor decir que morían solamente cuando el Klan lo consideraba imperativo.

En una ocasión se enviaron tropas federales al condado de Kemper con el fin de restaurar el orden. Detuvieron a un hombre llamado Ball, pero este escapó a Texas. Regresó algo más tarde, pero mostró tanto cuidado en evitar a todos sus antiguos camaradas del Klan que estos decidieron que el hombre estaba planeando algo en contra de ellos, y le mataron. Inmediatamente fueron detenidos dos negros, a los que se acusó de la muerte de Ball. Uno huyó de la cárcel y abandonó el condado; el otro fue juzgado y salió absuelto. No todos los negros acusados por asesinatos cometidos por el Klan tenían tanta suerte.

El 26 de mayo de 1871 los miembros del Klan entraron en la plantación del exgobernador R. G. Powers buscando a un negro llamado Matt Duncan. El capataz blanco les ordenó que abandonaran el lugar, y en la pequeña refriega que siguió, un joven miembro del Klan llamado George Evans murió a consecuencia de uno de los disparos. Fue enterrado en secreto por su padre, quien atribuyó su muerte a haber comido demasiadas ostras y sardinas. El delito cometido por Matt Duncan consistía en haber informado sobre la muerte de un niño negro que había sido descuartizado y luego arrojado a un pantano. Uno no puede evitar preguntarse si las viudas e hijas de los miembros del Klan, al honrar la memoria de sus esposos y padres, tuvieron alguna vez la menor idea sobre los más horribles delitos cometidos por el grupo.

Los tristes registros de la violencia del Klan en el condado de Kemper tuvieron su punto más álgido en la eliminación del juez Chisolm en 1877. El hombre se las había arreglado para sobrevivir políticamente; en 1873 fue elegido *sheriff* por un periodo de dos años, y en 1876 fue candidato republicano al Congreso. Los miembros del Klan le importunaban constantemente en los mítines del partido, e intensificaron su campaña de odio dándole una serenata durante las dos noches anteriores a las elecciones. En la noche del 3 de noviembre se disparó un misterioso cañón, rompiendo varias ventanas de su casa. Y, a continuación, los miembros del Klan estuvieron hasta las dos de la madrugada gritando indecencias al pie de las ventanas destrozadas. A la noche siguiente, la manifestación fue aún más ruidosa. Una banda de música comenzó a interpretar delante de su casa "The Bonnie Blue Flag", el "himno nacional confederado", y "Dixie", la canción del Klan que aún hoy día es para los negros símbolo de la suprema arrogancia de los blancos. Chisolm resultó derrotado en las elecciones, como aquel mismo año lo fueron todos los republicanos en Misisipi; pero un gran jurado federal procesó a 30 miembros del Klan por violar las leyes de observancia obligatoria que garantizaban a los candidatos libertad de campaña política. La prensa del estado, ignorando altivamente la interferencia del Klan en la campaña política de Chisolm, vilipendió el proceso como "el acto más inhumano de tiranía y opresión jamás perpetrado sobre un pueblo libre".

El procesamiento no condujo a nada, ya que cuando se reunió el tribunal en la siguiente sesión, en marzo de 1877, se descubrió que todos los informes y documentación habían sido robados. Y así se perdieron 40 procesos civiles y 85 criminales. El juez Chisolm y su hija Cornelia habían pasado el invierno en Washington, de donde regresaron a casa el 29 de marzo. Aquel mismo día apareció muerto junto a la casa de Chisolm el antiguo *sheriff*, John Gully.

Aproximadamente un mes más tarde, se dictó una orden judicial donde se acusaba a Chisolm y a otros cinco hombres más del asesinato del ex-*sheriff*. La ejecución del asesinato fue atribuida a Ben Rush, quien más tarde demostró que se encontraba en Arkansas en el momento de la muerte de Gully. Chisolm, con la conciencia tranquila, fue hasta la cárcel del condado de Dekalb, donde el *sheriff* consideradamente había cargado los rifles y revólveres de los guardias solamente con pólvora. Uno de los acusados, John Gilmer, nunca llegó hasta la prisión, ya que, a pesar de la fuerte escolta que los acompañaba, en el camino recibió una bala en la cabeza que lo mató en el acto. Dos negros, citados en el sumario como testigos de la muerte de Gully, fueron llevados a los bosques y allí se les apaleó salvajemente para tener la seguridad de que "cerrarían la boca".

La estrategia estaba dando resultados magníficos; únicamente salió mal para uno de los 200 miembros del Klan que se habían reunido ante la cárcel con el objeto de tomarse la justicia por su mano; Chisolm se las arregló para disparar y matarle cuando la masa humana se lanzó contra la puerta de su celda. Johnny Chisolm, de trece años de edad, recibió un balazo en un brazo mientras trataba de ayudar a su padre y, poco después, el muchacho también murió. Cornelia resultó varias veces herida, al igual que el juez. La señora Chisolm, hasta aquel momento ilesa, pudo llevarse a su marido a casa haciendo creer a los hombres del Klan que el juez había muerto. Cuando el Klan se enteró de que aún vivía, sitiaron la casa. Unos cuantos amigos y parientes tuvieron el suficiente valor para continuar a su lado. Los médicos llegaron a su casa dando un rodeo. Por fin, el gobernador también acudió a la casa y dijo a la señora Chisolm: "No tengo poder para hacer nada. Dudo mucho que un jurado del condado (Kemper) condene en ningún momento a esa multitud" (y el hombre tenía razón). Chisolm murió el 13 de mayo y Cornelia dos días después. Fueron enterrados por sus parientes junto a Johnny, frente a dos iglesias de la localidad, pero no hubo ningún sacerdote lo suficientemente valiente como para oficiar un funeral.

En el primer aniversario de la muerte del juez Chisolm se celebró un oficio religioso en su memoria en la Iglesia Metropolitana de Washington, donde el obispo Haven, de Atlanta, pronunció un sermón. Y en el condado de Clinton, al norte de Pensilvania, un tal J. C. Sigmond donó un terreno en el cementerio de Cedar Hill para que allí se alzara un monumento a Chisolm, monumento que aún hoy día es una de las curiosidades de la región. Pero lo que mantuvo vivo el recuerdo del incidente fue un libro, *The Chisolm Massacre*, publicado en 1878. Su autor, James M. Wells, era agente de Rentas Internas y amigo íntimo de la familia Chisolm; también había estado entre los miembros del leal grupo que mantuvo a raya a los hombres del Klan mientras el juez y su hija agonizaban. Wells concluía amargamente que "la gente del Sur se gobiernan más por la pasión y los prejuicios que por la razón o la ley".

Si estaba en lo cierto o no, es cosa que depende, naturalmente, de la particular predisposición del lector. A los naturales de Misisipi no les gustó mucho el libro; al año siguiente, James Lynch, de West Point, no lejos de Dekalb, publicó la respuesta: *Kemper County Vindicated*. No hizo el menor esfuerzo por demostrar la culpabilidad de Chisolm en el asesinato de Gully, pero sí atribuía la muerte de Chisolm al propio Chisolm, por ser un notorio radical. Uno supone que aquello, para Lynch, era el peor de los crímenes. Los editores demócratas del estado, que desde hacía tiempo se mostraban abiertamente hostiles hacia Chisolm, arreciaron en su campaña de vilipendio tras su muerte. Uno de los puntos sobre los que hacían más hincapié era en que tanto Johnny como Cornelia habían muerto accidentalmente; ni ellos ni la señora Chisolm tenían derecho a estar en la cárcel para ayudar al juez. La misma prensa no vio razón alguna para poner en entredicho el derecho de los hombres del Klan a estar allí también, o el derecho a sitiar la casa de Chisolm antes de las elecciones y después de la trágica escena de la cárcel.

En un punto de su airado libro, Wells hace la siguiente observación: "Si se acusa a un negro de un delito cometido contra otro hombre de su propia raza, su castigo, después de haber sido interpretada la ley extremadamente, será rapidísimo, [...] es suficiente la voluntad de un solo hombre blanco para que se efectúe la detención y se castigue a un negro en cualquier momento". Para los verdaderos creyentes en la supremacía blanca, tal observación debió resultar un enigma: ¿por qué alguien opinaría que un miembro de una raza conocida como inferior debía tener los mismos derechos ante un tribunal que un hombre blanco? El hecho de que hubiera hombres blancos —forasteros, por supuesto— que pensaran que la justicia no debía distinguir colores, y que podían permitirse el lujo de invadir el Sur con sus doctrinas, e imponerlas a pesar de la larga tradición regional, era cosa ciertamente sorprendente; era irritante, y tal irritación se empleó para justificar los métodos ilegales del Klan en la oposición. Pero mucho peor era el caso de aquel juez Chisolm, nacido en el Sur, y que se ponía al lado de los intrusos en sus esfuerzos por educar a los negros y ganar para ellos igualdad ante la ley.

Sin duda, la gente cree que todo es cuestión de condicionamiento. El hecho, por ejemplo, de que los miembros de la congregación de una hermandad en una universidad blanca llamen al Departamento de Incendios a las dos de la madrugada y roben las hachas del camión de bomberos mientras estos tratan de localizar el inexistente incendio, es una gamberrada a la que se restará importancia y se dirá que ha sido motivada por el sentido del humor de los chicos. Que los estudiantes de otras universidades de la misma ciudad del Sur, pero de una a la que solamente asisten negros, protesten por la segregación en los cines y teatros de la localidad, será motivo suficiente para que vayan a parar a la cárcel en masa y sean multados con 48.000 dólares en un juicio donde, si se alega en defensa el "sentido del humor" de los muchachos, sus palabras arrancarán entre el público una tremenda repulsa.

Si en 1960 todavía prevalecía en el Sur el doble rasero de la justicia, ¡cuánto más justificable debió parecer durante la Reconstrucción, cuando la esclavitud pertenecía a un pasado próximo, cuando aún no habían cesado las tensiones de la Guerra Civil! Desde el punto de vista norteño, según un libro publicado, Chisolm fue un mártir de la causa de la democracia. Desde el punto de vista del Sur, según otro libro, fue un traidor a su región y a los sagrados ideales de la supremacía blanca, resultando así culpable de su propia muerte.

En el condado de Kemper, como en todo el Sur, fueron derrotados todos los esfuerzos federales por eliminar el doble rasero en la justicia, en gran parte gracias a la acción del Klan, al que apoyaba la abrumadora adhesión regional a la supremacía blanca. La reciente renovación de los esfuerzos federales, tras unas décadas de inactividad —y aparente adhesión—, se ha tropezado con la misma creencia firmemente arraigada en los sudistas, la misma de hace muchísimos años, aunque hoy día tales creencias se hallen cubiertas por una capa de "santidad" y de "propiedad privada", evidente fraude cuando se aplica solamente a los negros. Hoy día es menos obvia la "inferioridad" negra que en 1860 y 1870; hay ya muchos negros que han vencido todos los obstáculos para subir a la cumbre en toda clase de ocupaciones como para que aún se siga pensando en una inferioridad que justifique diferencias en derechos civiles. El Klan "tuvo" éxito en hacer de la supremacía blanca una especie de ley no escrita, aun cuando su cumplimiento, al que a duras penas se enfrentó el Gobierno federal, violase claramente las leyes nacionales. Los miembros del Klan moderno, sin embargo, no alegan ser simplemente defensores de la supremacía blanca: dicen ser patriotas que luchan contra la infiltración comunista en el Gobierno federal. El viejo Klan, con todos sus defectos, al menos tenía redaños para admitir que la supremacía blanca era su razón de existir.

CAPÍTULO 6
EL KLAN Y EL MAESTRO DE ESCUELA NORTEÑO

En 1839, un grupo de esclavos a bordo del buque negrero Amistad se las arregló para matar al capitán. La importación de esclavos había sido declarada ilegal por el Congreso en 1808, y esta circunstancia sin duda influyó en la decisión del Tribunal Supremo cuando puso en libertad a los esclavos del Amistad después de que los tribunales inferiores los hubieran hallado culpables de asesinato. Otra influencia que obró sobre el tribunal fue la llamada "Comisión de Amistad", formada por prominentes ciudadanos que se prestaron voluntariamente a ayudar a la defensa. Siete años más tarde, esta comisión se convirtió en el núcleo de la Asociación Misionera Americana (AMA), que aunque cumplía objetivos tanto en el país como en el extranjero, dirigió toda su atención hacia los negros del Sur. En 1886, la AMA tenía en el Sur 353 maestros y disponía de un presupuesto anual de 400.000 dólares. Dos años después disponía de 532 maestros ya en funciones. Fundó varias instituciones educativas para negros, entre las que figuraban la Universidad de Fisk (Nashville, Tennessee), el Instituto Hampton (Virginia) y la Universidad de Atlanta (Georgia). Principalmente manejada por los congregacionalistas, la asociación también recibía ayuda de los Baptistas Independientes y de la Iglesia Holandesa Reformada.

La AMA era el mayor grupo religioso que apadrinaba la educación de los exesclavos y sus hijos. Otros grupos fueron la Sociedad de Ayuda a los Libertos de la Iglesia Episcopal Metodista, la Asociación de Amigos de Filadelfia para Socorro de los Libertos Negros, y la Sociedad de Misiones (Baptista), que fundó la Universidad Shaw en Raleigh, Carolina del Norte, y el Colegio Benedict en Columbia, Carolina del Sur.

También se fundaron sociedades de ayuda sin filiación religiosa. La Sociedad de Ayuda a Libertos de Nueva Inglaterra, primera de los varios grupos regionales que luego llevarían prácticamente el mismo nombre, envió 72 maestros al Sur en 1865, y 70 más en 1868. Esta asociación calculaba que mantener a un solo maestro costaba anualmente unos 500 dólares. En 1862, tanto Nueva

York como Filadelfia establecieron una Sociedad de Ayuda a los Libertos Nacionales. Todas estas sociedades se unieron en mayo de 1866 para formar la Comisión de la Unión para Libertos Americanos, que en aquel mismo año pudo alardear de dirigir 359 escuelas extendidas por todo el Sur excepto Texas. La Comisión recibió considerable ayuda del extranjero, especialmente de Inglaterra, Francia, Alemania y Suiza.

La Oficina de Libertos estaba francamente agradecida por todas estas contribuciones. El informe del secretario de Guerra, emitido en 1868, registraba un total de 2.295 maestros que trabajaban en escuelas para negros en el Sur: 990 de estos maestros eran negros locales, y algunos de los restantes blancos eran sudistas. De un total de 1.831 escuelas, 1.325 estaban sostenidas en parte o totalmente por los mismos libertos, quienes poseían 518 edificios, muchos de ellos iglesias, que eran empleadas como locales docentes. Del total de dinero invertido, la parte federal ascendía a poco más de un millón de dólares, mientras que la iglesia del Norte y grupos seculares contribuían con unos 700.000 dólares, aparte de los 360.000 que proporcionaban los mismos libertos. Es evidente que la principal fuente tanto de dinero como de personal de enseñanza era privada, y que el Gobierno se limitaba a proporcionar ayuda financiera para proyectos ya iniciados y principalmente promovidos por organismos no gubernamentales, contradiciendo así la acusación que algunas veces hacían los sudistas de que los maestros eran agentes de los radicales que controlaban el Gobierno federal.

Si el coste estimado de mantener a un maestro en el campo de la enseñanza ascendía a unos 500 dólares anuales, la esperanza de una recompensa monetaria no era el motivo dominante que impulsaba a aquellos hombres y mujeres a prestar sus servicios voluntariamente. Los principales motivos eran la piedad y el humanitarismo en proporciones variables. Los maestros enviados al Sur por grupos religiosos eran animados a que añadiesen instrucción religiosa a la educacional; mientras que la Comisión de la Unión para Libertos dijo a los maestros que evitasen la religión en las clases. Esta era una de las controversias que dividían a las sociedades norteñas; la otra era si debía llevarse a cabo la integración en las escuelas. Sin embargo, hubo menos confusión en lo que se refería a introducir propaganda política en el currículum.

El típico día de clase daba comienzo con oraciones, lectura de las escrituras sagradas y una canción, "John Brown's Body", quizá "Battle Hymn of the Republic" o "Marching Through Georgia". Algunas veces se incluía un catecismo como el que sigue, y que se daba en beneficio de los visitantes del Norte en cualquier misa de masas celebrada en Richmond:

—¿Estás contento de ser libre?
—Sí, desde luego.

—¿Quién te concedió la libertad?
—Dios.
—¿Por medio de quién?
—De Abraham Lincoln.
—¿Ha muerto el señor Lincoln?
—Sí.
—¿Quién es tu presidente?
—Johnson.
—¿Quieres que estos amigos que están aquí hoy vayan al Norte y te envíen más maestros?
—¡Sí, desde luego!

Particularmente, los jóvenes negros gustaban de cantar "Somos libres":

¡Libres! ¡Somos libres!
Con un fogoso grito de alegría
todos los niños gritamos fuerte:
¡Somos libres! ¡Somos libres!
¡Oh!, que vuele el tiempo
porque hoy, ¡somos libres!

Sin embargo, mucho más eficaces que las canciones o el catecismo eran las discusiones que se sostenían libremente en las aulas sobre política, con el maestro haciendo hincapié en que eran los norteños, y en particular los republicanos, los que se preocupaban más por el bienestar de los libertos. Toda esta desviación del currículum académico de las tres reglas, la ortografía y la geografía, como era natural, irritaba a los blancos del Sur, en parte porque en su mayoría eran demócratas, pero quizá más porque temían los resultados de la instrucción sobre la igualdad social.

Normalmente, los maestros norteños se iban a sus casas una vez había terminado su periodo de destino, pero había otros que se quedaban en el Sur para el resto de sus vidas. Unos pocos de ellos se unieron a los gobiernos estatales de Reconstrucción, y en su mayoría trabajaban en los departamentos de instrucción pública. Uno de ellos, Justus K. Jillson, de Massachusetts, fue elegido superintendente de Instrucción Pública en Carolina del Sur en 1868. Su elección le convirtió inmediatamente en un "notorio radical", como el director Leland, del Colegio Femenino de Laurens, lo describió en su agrio libro (a propósito, es necesario hacer constar que Leland había sido el derrotado oponente demócrata de Jillson en las elecciones).

Muy pocos de los maestros norteños tenían verdadero contacto con los gobiernos radicales estatales, pero según el pensamiento blanco sudista, la forma que tenían de poner en ejecución su idealismo les identificaba con los radicales. Sin casi ninguna excepción, los maestros estaban considerados como "radicales y propagandistas de la igualdad social", según manifestó un agente de la Oficina de Libertos en Albany, Georgia, en 1868. Como máximo, se les toleraba, pero la tolerancia a menudo cedía el paso a la oposición abierta, e incluso, en el caso de los maestros varones, a la violencia. Al igual que los agentes de la Oficina de Libertos, eran víctimas preferentes de las operaciones del Klan; pero, a diferencia de los mencionados agentes, que dependían de la protección de las tropas federales (ya que la Oficina dependía del Departamento de Guerra), los maestros eran especialmente vulnerables.

Se precisaba un considerable valor para ser maestro del Norte en la Reconstrucción del Sur. Un simple paseo por las calles del pueblo podía acabar en algo desagradable. Las damas sureñas demostraban su desprecio al maestro alzando la cabeza orgullosamente y mirando hacia otro lado, y los niños blancos le insultaban obscenamente. Una maestra de Lexington, Virginia, informó de que a menudo era recibida en la pensión donde vivía por grupos de estudiantes blancos que la insultaban llamándola "maldita perra yanqui, profesora de negros". La maestra, sin embargo, era mucho más afortunada que la mayoría de sus colegas, ya que gran parte de ellos no podían encontrar a nadie dispuesto a darles alojamiento o a enviarles comida. Hasta el punto de que muchos de ellos, al no poder hallar pensión en hoteles para blancos o en casas particulares, vivían con las familias de sus alumnos; cuanto más pequeña era la comunidad, mayor era el ostracismo, cosa que ayuda a explicar por qué las más prósperas escuelas de negros se hallaban en lugares tales como Charleston y Memphis.

Un decidido profesor llegó a establecer su hogar en una cabaña abandonada por unos esclavos. Como explicó a los investigadores congresales: "Para cualquier familia, recibirme en su casa sería tanto como ser ridiculizados por la comunidad". Los blancos sudistas, que no tenían el menor inconveniente en recibir a parias como pensionistas o alquilarles simplemente una habitación, estaban seguros de que este gesto siempre sería una ofensa dura de encajar para los maestros del Norte. E incluso aquellos propietarios que alquilaban casas a los maestros siempre exigían por el alquiler cantidades exorbitantes. Un maestro que no lograse encontrar un lugar donde comer y dormir no podía quedarse en la región, justo lo que muchos blancos sudistas deseaban.

Los pocos blancos del Sur que estaban de acuerdo con la educación de los negros la admitían solamente en niveles elementales y en escuelas segregadas. El popular novelista y escritor J. T. Trowbridge, durante el curso de un largo viaje por el Sur poco después de la Guerra Civil, visitó numerosas escuelas de negros: "No vi interés alguno por parte de los blancos hacia ellos. Los ciudadanos que no se oponían a la educación de los negros simplemente guardaban silencio. Nadie decía: '¡Esto es la libertad! ¡Eso es lo que los yanquis están haciendo por ellos!'". El trabajo plagado de sacrificios de los maestros del Norte y la indiferencia u hostilidad de los blancos de la localidad hizo recordar a Trowbridge la estereotipada afirmación de que "las gentes del Sur son los mejores amigos de los negros".

Trowbridge, quizá sin habérselo propuesto, proporcionó una posible razón de por qué los blancos del Sur no visitaban las escuelas de los negros. El novelista no pudo dejar de advertir que los alumnos eran un visible recordatorio de lo que él llamó "blanqueamiento" de la raza. En una escuela de Vicksburg, con 89 alumnos, solamente tres eran de pura estirpe africana. En otra escuela de Misisipi había 46 negros y 23 mestizos; en una tercera, 30 negros y siete mestizos. "Cuanto más joven es la generación —concluía Trowbridge—, más claro es el color de la piel; curioso hecho mediante el cual uno percibe lo rápido que la raza estaba siendo 'blanqueada' por medio del 'peculiar sistema de la esclavitud'". La pureza racial que el Klan alegaba preservar era posible, en los tiempos de la esclavitud, solamente renunciando a los resultados naturales del concubinato.

Cuando se observa en retrospectiva, resulta curioso que los blancos del Sur rara vez se hayan detenido a considerar, si es que alguna vez lo hicieron, el hecho de que los maestros del Norte pudieran escribir a sus familias. Quizá, en su irreprimible resentimiento hacia los miembros de su propia raza que no compartían su creencia de que los negros debían "estar en su lugar", no concibieron que los maestros procedían de familias que podían considerarse socialmente respetables. Las cartas que enviaban a sus casas con informes sobre el "barbarismo del Sur" que ponían los pelos de punta, barbarismo observado personalmente, con toda seguridad ayudaron mucho a neutralizar la bien cuidada autoimagen sudista de una caballerosidad culta. Por supuesto, los soldados confederados habían descubierto que los hombres "del otro bando" no eran los ogros descritos en la propaganda, pero aquellas personas que se quedaban en casa, especialmente las mujeres, al parecer no podían alejar de su mente la idea de que todos los norteños eran tipos viles y "vulgares".

Siempre fue práctica común en el Sur establecer la posición de uno citando amistades con prominentes familias; y los maestros del Norte no podían hacer tal cosa. El hecho de que sus familias fuesen respetabilísimas en sus estados de origen nada significaba en una sociedad que era a la vez aristocrática y provinciana. Además, la mayoría de los maestros estaban mucho mejor educados que los habitantes del Sur que les despreciaban, pero ni siquiera el haberse graduado en un colegio o universidad era tan importante como tener lazos con una antigua familia del Sur. El solemne alegato del Klan en el sentido de que era una orden caballeresca sonaba vacío para las madres y padres que, con tristeza o indignación, leían las cartas de sus jóvenes hijos idealistas.

La cristiandad, o más bien su forma institucionalizada, en América, parece ser tan susceptible como cualquier otra institución humana a los conceptos y prejuicios locales. Los clérigos metodistas del Sur, como Ralph E. Morrow informa en *Metodismo norteño y Reconstrucción* (1956), rehuían a los metodistas del Norte como si fuesen falsarios o cuatreros. El obispo metodista Thomas Bowman, en otra época presidente de la Universidad DePauw, dijo en 1875: "Mi esposa no ha tenido privilegio de hablar con una mujer blanca [sureña] en el espacio de dos años". Y un sudista observó, refiriéndose a los metodistas del Norte que vivían en el Sur: "El infierno no servirá para nada si todos esos canallas no van a él de cabeza".

Los maestros del Norte figuraban entre los más idealistas de su generación, e invariablemente eran gente religiosa, con la costumbre de acudir los domingos a la iglesia. Pero el grupo regional de "cristianos" consideraba tal actitud como una severa prueba de valor. Cualquier visita inicial a una casa podía ser seguida inmediatamente por una seca nota en la que se comunicaba que la visita había sido mal acogida. Aparentemente, los hombres se mostraban menos hostiles que sus esposas, quienes, como declaró un maestro del Norte desde Wilmington, Carolina del Norte, les saludaban no con la sonrisa y el apretón de manos tradicional con que se recibía a todo forastero, sino con "un gesto despreciativo en los labios, recogiéndose la larga falda por temor a contaminarse, y alzando la mano para tocar con un dedo la cinta negra del sombrero, para mandarse un mensaje unas a otras: 'Han llegado los maestros de los negros'".

Charles Wallace Howard, un pastor presbiteriano que editaba el periódico agrícola *The Plantation*, y era vicepresidente de la sociedad agrícola del estado, no cabe duda de que hablaba en nombre de muchos de sus paisanos de Georgia cuando declaró ante la Comisión del Congreso que investigaba las actividades del Klan:

Hay una condición socialmente diferente en la estima de las mujeres norteñas y sudistas en el Sur [...] Nuestras mujeres no se muestran inclinadas a mirar favorablemente a las damas del Norte que llegan allí, en cuanto se refiere, naturalmente, a sus relaciones sociales [...] Las ignoran o las dejan solas. Pero no las molestan. No sé nada acerca de las maestras del Norte que han ido al Sur para educar a los negros. Nunca he hablado con ellas. Están rigurosamente excluidas de la sociedad.

Para Albion Tourgée, quizá el oponente número uno del Klan, la rigurosa exclusión de la sociedad de las maestras del Norte no solo era incomprensible, sino odiosa. Al igual que su protagonista, Comfort Servosse, en *A Fool's Errand*, el autor conocía a muchas jóvenes que habían ido al Sur para dar clases en las escuelas de negros, y declaraba

que nunca había conocido un número parecido de damas, más cumplidas, más puras y devotas que las mujeres que el Sur desprecia. Por lo común eran hijas de familias acomodadas que, inspiradas por un espíritu auténticamente misionero, se decidían a conceder un año o dos de sus jóvenes vidas al trabajo de iluminar a una raza cuya historia había despertado en ellas viva simpatía. En su propio estado gozaban de una situación social generalmente buena, y en muchos casos hasta notable. Las hijas de granjeros, comerciantes, profesores de universidad y sacerdotes eminentes figuraban en sus filas.

Para ser justos, el Klan, según Tourgée observó, jamás las había molestado. La mayoría de los maestros del Norte, tanto hombres como mujeres, eran jóvenes, y muchos de ellos estudiantes o recién graduados. En una lista de aproximadamente 1.000 nombres de maestros y maestras cuyo origen se ha podido identificar, 25 procedían del Colegio Oberlin, una institución de Ohio famosa en el Sur por haber sido la primera en admitir en sus aulas a mujeres y a negros. Sin embargo, aparte de Oberlin, la lista muestra que los maestros eran prácticamente de todas partes: de Míchigan y Massachusetts; de Ohio y Nuevo Hampshire; Wisconsin e Indiana; Quebec y Oregón; lllinois y Nuevo Brunswick; Iowa y Nebraska; Delaware y England; Nueva Jersey y Connecticut; Maryland y Pensilvania; Hawái y Nueva Escocia; Maine y Minnesota; Rhode Island y el distrito de Columbia; Vermont, Virginia y Nueva York. Procedían asimismo de grandes ciudades: Boston y Chicago; Nueva York y Baltimore; Toronto y Cincinnati; Portland y Hartford; Cleveland y Pittsburg; y también de pequeñas ciudades como Montpelier, Angola, Fall River, Fort Wayne, Carbondale, Tarrytown, Yarmouth, Nashua, Keokuk y Corning; de ciudades universitarias como Ann Arbor, Hillsdale y Kalamazoo en Míchigan; Granville y Oberlin en Ohio; Brunswick, Maine, Rockford, lllinois, Beloit, Wisconsin, y de cientos de pueblos: Four Corners, Ohio; Piano, Illinois; Jericho Center, Vermont; Amo, Indiana; Hickory, Iowa; Goodale's Junction, Maine. Había apellidos como Abbot, Aldrich, Baker, Booth, Clark, Crane, Day, Foster, Hamilton, Howard, Hosmer, Lane, Mitchell, Palmer, Pierce, Stevenson, Warren, Wilson, Withington y Wright. Había solamente unos pocos nombres de origen no inglés, como un O'Riordan, un Peduzzi, un Rosencran, un Warfel, y en la "Z" un Zachos, dos Zeli y un Zoll. La gran mayoría procedía del grupo dominante en la sociedad estadounidense, la clase media, protestante y de origen inglés, exactamente la misma que dominaba en la sociedad del Sur. Alrededor de 1870 había nuevos grupos en el Norte, colectivamente superiores en número a los anglosajones, que no disfrutaban de posición económica lo suficientemente desahogada como para enviar a sus hijos a la universidad o ayudarles a costearse el viaje para enseñar en el Sur. Posiblemente el mayor motivo de resentimiento entre los sudistas era el hecho de que los visitantes "pertenecían" a su propia clase social, si es que alguna vez se molestaban en averiguarlo.

Algunos de los maestros, así como ciertos clérigos del Norte, hicieron frente a la hostilidad con auténtica resignación cristiana; otros lucharon abiertamente; unos pocos abandonaron la empresa y se fueron a casa. Ralph Morrow habla de una maestra enviada a Virginia que "tristemente regresó a su casa tras haber sido abucheada, silbada y maltratada durante varios meses". Otras maestras temían siempre lo peor, pero resistían valientemente. Una de ellas, también en Virginia, informó: "Los hombres se mostraban brutos y hacían chistes soeces a mi costa [...] incluso de boca de los niños blancos escuché: 'No es más que una maldita maestra de negros'".

Si bien las maestras no fueron molestadas en absoluto por el Klan, lo que dejaba su persecución, como así fue, en manos de la población en general y especialmente de las "damas auxiliares", los maestros no tuvieron tanta suerte. En la parte de los incidentes promovidos por el Klan, la única prueba era suministrada por las víctimas... si vivían. Las pruebas de corroboración casi nunca se daban. Pero incluso la relativamente pequeña proporción de incidentes en los periódicos forman de por sí un sustancioso número de documentos, que aún existen, y que demuestran fidedignamente la actividad del Klan en tal sentido. Algunas veces incluso se daban nombres, aunque esto era contrario al tan amado secretismo del Klan.

Las advertencias solían revelar tanta incultura que cualquier maestro se sentía inclinado a considerarlas con una sonrisa. Un maestro de Georgia recibió este mensaje:

Eres una maldita aberración, un títere y un canalla. Si vemos otra vez tu nombre en los periódicos, quemaremos tu maldita casa encima de tu cabeza cortada y de tus entrañas.

Los del K. K. K. andan detrás de ti, y te irás al infierno dentro de cuatro días si no cambias de conducta. Ten cuidado de no seguir el mismo camino de G. W. A. alguna noche.

Tuyo en el infierno.

Las iniciales "G. W. A." pertenecían a G. W. Ashmore, un prominente radical de Georgia que recientemente había sido asesinado en Jonesboro.

Otro maestro empleado por la AMA recibió en 1868 un saludo del Klan mucho más culto y lleno de colorido:

Primer cuarto, 8ª Luna Sangrienta: ¡El próximo cuarto de luna está a punto de acabarse! ¡Vete de aquí, maldito maestro de negros, antes de que sea demasiado tarde! El castigo te espera, y es un castigo que implica tales horrores que ningún hombre puede soportar y a los que nunca podrá sobrevivir. La cúspide de la luna muestra toda su ira, y cuando sus cuernos completen la mixtura mortal esta caerá implacablemente sobre tu impía cabeza. ¡Ten cuidado! Cuando duerme el Gato Negro, nosotros, los que estamos muertos y sin embargo vivimos, te vigilamos. ¡Loco! ¡Maldito hipócrita! ¡El ojo penetrante del Gran Cíclope te contempla! Huye de la ira que caerá sobre ti.

Ku Klux Klan

La curiosa frase "nosotros, los que estamos muertos" sugiere la treta, tan frecuentemente empleada con éxito con los negros, de pretender ser fantasmas de soldados confederados caídos en combate.

Una carta del Klan enviada a un hombre llamado Schneider, quien daba clases en una escuela para negros del condado de Warren, Misisipi, explica con considerable detalle cómo operaba el Klan:

Cuartel General del K. K. K., 3 de marzo, 1871.

Señor S:

Como es costumbre en nuestra orden no atacar nunca a nadie sin decirle antes las causas de llegar a hacerlo así y de advertirle noblemente por anticipado, deseamos decir que, habiendo sido presentado su caso a la orden en su última reunión, se le ha declarado a usted culpable de delitos de menor cuantía por unánime voto.

Acusación 1ª: Asociación con negros en preferencia a la raza blanca, contrariamente a tal y como Dios lo ha ordenado. Culpable.

Acusación 2ª: Haber influido en el cese de uno de nuestros ciudadanos, como juez de paz del condado, y haber colocado en su puesto a un negro oportunista. Culpable.

Había aún otra acusación, pero al haber disentido los miembros del Klan en la votación, se declara al acusado: inocente.

Es norma establecida por la orden no conceder nunca más de tres días de plazo a aquella persona o personas que hayan de abandonar el país, pero teniendo en cuenta la situación de usted, hemos decidido ampliar este plazo a cinco días; a la expiración de dicho periodo de tiempo, tomaremos medidas contra usted si aún permanece en la región. Esperando que considere usted los hechos razonablemente y parta de aquí, ya que nos desagrada siempre tener que emplear medios duros con los explotadores y oportunistas al objeto de purificar nuestro estado,

Suyo, etc.,

Un ofendido y escarnecido habitante de Misisipi y jefe del Ku Klux Klan.

Cartas de este tipo existen a cientos en los archivos de la Sociedad Misionera Americana y otros grupos que apadrinaban entonces la educación de los libertos. Su mismo número, por supuesto, desanimó a los eruditos de realizar la formidable tarea de catalogarlas y analizarlas metódicamente. Hasta que esto se haga, la afirmación de que fue en Misisipi donde se dio la más extensa persecución de los maestros del Norte no es más que una conjetura razonable.

Y tal conjetura es razonable porque era precisamente Misisipi el estado que arrojaba peor balance educativo de todo el Sur. No fue hasta el año 1919 cuando la legislatura estatal dictó leyes sobre la educación pública, siendo así el último estado de la Unión en tomar tales medidas: 116 años después de que el Congreso hubiese reservado una decimosexta sección de la tierra del estado para la construcción de escuelas. Los blancos de Misisipi nunca pagaron impuestos para sostener las escuelas hasta que el Gobierno radical y los funcionarios del condado les obligaron a hacerlo en 1860. La habitual oposición del Sur a la educación de los negros aumentó por lo tanto en Misisipi al tener que abonar impuestos que jamás habían existido en toda la región. La cuestión de las escuelas fue un problema que duró más tiempo que en otros estados, y asimismo en Misisipi llegó a ser objeto de discusión política; pero fueron los maestros los que se convirtieron en las principales víctimas del resentimiento general.

En Louisville, cabeza de partido del condado de Winston, unos 36 jinetes enmascarados visitaron al maestro blanco, un tal señor Fox, y le prohibieron seguir adelante con su contrato. También buscaron a Peter Cooper, maestro negro de la escuela local, pero al no hallarle en casa quemaron toda su ropa y su baúl y le robaron 24 dólares en efectivo. Al cabo de unos cuantos meses, el Klan había conseguido cerrar 11 escuelas en aquel condado, incendiando los edificios e intimidando a los maestros. Al parecer, a los miembros del Klan no se les ocurrió pensar que el incendio de los edificios solamente traería como consecuencia un aumento en el coste de la educación; debieron creer que podían impedir totalmente que las escuelas funcionaran y así desembarazarse poco a poco de los impuestos que tanto odiaban.

En el condado de Lowndes, un predicador congregacionista negro, que también daba clases en las escuelas, no tardó mucho tiempo en ser "kukluxklaneado"; tras recibir un aviso mediante la presencia de 100 hombres disfrazados, el predicador abandonó su escuela. Pero el Klan no estaba satisfecho: una segunda visita nocturna tuvo la finalidad de hacerle renunciar también a sus predicaciones. Le dijeron que ya había suficientes predicadores en toda la región, y que uno menos carecía de importancia. El hombre se negó y, por alguna extraña razón, no volvió a ser importunado.

Una famosa acción del Klan en Misisipi, ampliamente informada y discutida en toda la región, fue la flagelación del coronel A. P. Huggins, superintendente de Escuelas en el condado de Munroe. Cuando realizaba un viaje de inspección en marzo de 1870, se detuvo a pasar la noche en la casa de un amigo suyo llamado Ross, prominente demócrata. Aproximadamente a las diez en punto de la noche, despertó como consecuencia de una llamada en la puerta. Abrió y vio que ante él se hallaba una multitud de hombres ataviados con túnicas blancas. Declinó la invitación a salir al exterior, y Ross ignoró la petición de sacarle de la casa por la fuerza. Entonces, los hombres del Klan amenazaron con incendiar el edificio, y Huggins, para evitar que su amigo sufriera tal pérdida, obedeció. A continuación, el encapuchado líder del grupo le anunció el decreto de cierto *den* que dictaba que debía abandonar la región en el plazo de diez días, y así liberar a los habitantes del condado del pago de más impuestos. Se le informó, además, de que su principal delito consistía en recaudar impuestos para mantener a los radicales en el poder. La respuesta de Huggins fue que abandonaría la región cuando lo creyera conveniente, pero no antes. Sin duda, el hombre se sentía muy indignado, pero también lo estaban los miembros del Klan, que centuplicaban en número a los dos amigos (el Klan jamás corría el peligro de ser superado en fuerza). A continuación, Huggins fue trasladado a un cuarto de milla de distancia, siguiendo la carretera principal, y allí se le aplicaron 75 latigazos con una gruesa correa de cuero. Ha de entenderse que la flagelación era un castigo que nunca había sido aplicado a los blancos, sino más bien a los convictos negros.

Algunos condados de Misisipi fueron testigos de más violencia que otros; el de Kemper figuraba entre los peores. En un periodo de dos años, desde 1869 hasta 1871, murieron asesinados 35 negros en dicho condado, y las flagelaciones eran el pan de cada día. En agosto de 1873, dos años después de la investigación congresal del Klan, se incendió una escuela, y su maestro fue atado con una estaca sobre la tierra y amenazado de muerte si no abandonaba el condado; sin ningún deseo de convertirse en un mártir, el hombre abandonó la región al cabo de dos días. El Klan, al menos en teoría, fue desbandado por orden de Bedford Forrest en enero de 1889, y la minoría demócrata de la Comisión congresal achacó estos últimos acontecimientos a operaciones de falsos klanes. Pero el principal efecto de la orden de supresión del Klan fue liberar a los *dens* incluso del ya débil control que el mitin celebrado en abril de 1867, en Maxwell House, había establecido. Técnicamente, quizá, cualquier acción del Klan tras ser dictada la orden de supresión fuese falsa, pero los *dens* individuales se consideraban a sí mismos como auténticos y actuaban siempre que las condiciones lo permitían, en la misma forma que antes, pero con mucha mayor violencia.

El testimonio de Cornelius McBride es un buen ejemplo de lo que la minoría demócrata de la Comisión congresal despreciaba como exagerado: un irlandés que había vivido durante tres años en Cincinnati antes de mudarse a Misisipi, donde pasó un año en el condado de Chickasaw y otro año en el de Aktibbeha. En este último dio clases en Sparta y en una escuela para negros, y también trabajaba como maestro en una escuela dominical para blancos. Durante seis o siete meses no ocurrió nada, pero en la última semana del mes de marzo de 1871, los estudiantes le dijeron que el Klan andaba detrás de él. El hombre no prestó la menor atención a la advertencia. Entonces, una noche se presentaron una docena de hombres enmascarados, rompieron las ventanas de su dormitorio y le encañonaron con sus revólveres. El líder gritó: "¡Maldito yanqui! ¡Fuera de aquí!". Esperando poder huir, McBride saltó hacia una de las ventanas, pero inmediatamente fue derribado a golpe de culata. Luego, los hombres del Klan le trasladaron a un campo cercano. McBride se negó a quitarse el camisón, única prenda de vestir que llevaba encima; volvieron a derribarlo violentamente y le dejaron desnudo. Su historia continúa así:

Dos de ellos me sujetaron contra el suelo y otro tomó un manojo de ramas de tupelo —una especie de arbusto que pincha y levanta llagas allí donde roza la piel—. Dijeron que iban a propinarme cien latigazos cada uno. Un hombre me golpeó las cien veces y otro setenta y cinco, y cuando yo pregunté por qué me sometían a tal tratamiento, me contestaron: "¡Maldito seas! ¿No sabes que este es un país de hombres blancos?". Yo dije que los blancos estaban satisfechos conmigo, puesto que me habían seleccionado para hacerme cargo de la escuela dominical. Y ellos dijeron: "¡Sí, granuja... precisamente eso es lo peor... que haya un maestro de negros en la escuela dominical para enseñar a blancos!". Estuve luchando contra ellos todo el tiempo, lo mejor que pude... porque la tortura era terrible. Pensé que de todas formas me matarían cuando acabaran de azotarme. Les supliqué que lo hicieran así. Uno de ellos vino hacia mí, y acercando a mi cara el revólver, me preguntó si deseaba morir. Yo le dije: "Sí; no puedo resistir más esto". Pero el líder del grupo medió para decir: "Dispararle sería demasiado bueno para él. Le ahorcaremos cuando terminen los azotes". Había un solo hombre entre el cercado de la plantación y yo. Estaba decidido a intentar la huida a toda costa. Me las arreglé para levantarme un poco apoyándome sobre una rodilla y una mano. Luego salté hacia delante empleando todas mis fuerzas y choqué violentamente con el cuerpo de aquel hombre. No sé dónde le golpeé ni a dónde fue a parar; lo único que sí sé es que desapareció y yo salté como un gamo por encima de la valla de la plantación. Al hacerlo, los hombres del Klan comenzaron a lanzar terribles imprecaciones y dispararon sobre mí. Las balas pasaron por encima de mi cabeza, haciendo caer las hojas de los árboles a mi alrededor. Cuando comencé a atravesar el campo, los del Klan siguieron disparando y me siguieron a corta distancia... Aquella era una noche muy fría...

McBride llegó a casa de un amigo, donde pasó la noche. "Al día siguiente di clase en la escuela como de costumbre". Sus amigos, bien armados, estaban a su lado; pero McBride tomó la precaución de dormir en los bosques. Más tarde viajó a la cabeza de condado, Houston, y desde allí al despacho del gobernador, en Jackson, hasta que finalmente fue a visitar al fiscal de distrito de Estados Unidos, quien le tomó declaración y luego envió a un jefe de policía a Sparta con la esperanza de efectuar algunas detenciones. Pero no fue posible descubrir a los culpables.

La terca negativa de McBride de abandonar su puesto después de haber sido "kukluxklaneado" le sitúa en una clase especial de hombres, una clase reducida y selecta. Lo más común es que una advertencia inicial fuera suficiente para abandonar el campo, como así ocurrió con cuatro estudiantes de la Universidad de Alabama. Un tal profesor Whitfield guardó las cartas que recibieron, cartas que más tarde fueron presentadas en la audiencia del Congreso, junto con la daga que había servido para clavarlas sobre una de las puertas de la universidad:

David Smith: Acabas de recibir un aviso nuestro y este será el último. Ni tú ni otro maldito hijo de un traidor radical se quedará en nuestra universidad. Has de salir de aquí en el plazo de diez días, ya que a partir de entonces visitaremos tu casa, y no te irá muy bien si te encontramos allí. El estado es nuestro, y lo mismo ocurre con la universidad. Escrito por el secretario por orden del Klan.

Seavey: Recibes este aviso nuestro para que te marches de aquí, y será la última vez que te avisemos. No será nada bueno para ti que te encontremos en este condado dentro de diez días. Algunos han sido lo suficientemente prudentes para hacer caso de nuestras advertencias. Haz tú lo mismo. El Klan.

Charles Muncel: Será mejor que regreses al lugar de donde has venido. No queremos en nuestras universidades a ningún maldito yanqui. Antes de diez días vendremos a ver si has obedecido nuestro consejo. De lo contrario irás a parar de cabeza al infierno. Te demostraremos que no podrás quedarte, ni tú ni ningún otro yanqui como tú. Este es nuestro primer aviso. Que para ti sea el último. El Klan, por el secretario.

Horton: Se dice que perteneces a una buena familia demócrata. Si es así, abandona la universidad y hazlo rápidamente. No te queremos aquí por más tiempo. Este es el segundo aviso que has recibido, y no recibirás ninguno más. Aquí *tendremos* buenos sudistas o no habrá ninguno. Por orden del K. K. K.

Después de haber sido leídas estas cartas y hechas figurar en el orden del día, tuvo lugar este breve intercambio de palabras:

Pregunta: ¿Se fueron estos estudiantes?
Respuesta: Sí, fueron lo suficientemente inteligentes como para hacerlo así.

Cornelius McBride, según este criterio de inteligencia, fue lo suficientemente estúpido como para quedarse. Por la época en que el último estado sudista recuperó su soberanía en el año 1887, los hombres del temple de McBride habían reducido ya la resistencia a educar negros, y donde no habían existido antes escuelas públicas los mismos sudistas introdujeron la novedad de pagar impuestos para educar a los jóvenes. El Klan había intentado impedir (y fracasado) la extensión de la educación pública, pues los mejores hombres del Sur comenzaron a darse cuenta de que la inferioridad regional estaba relacionada con la escasez de escuelas. Pero tales reflexiones, mucho después de que el episodio tuviera lugar, es un privilegio que nunca llegó a existir para a los maestros del Norte que tanto hicieron por promover la educación en el Sur.

La tremenda persecución de estos maestros por el Klan podría documentarse indefinidamente, pero hay dos cartas escritas por Alonzo Corliss, a finales de 1869, que acabarán de redondear nuestra visión de lo que significaba para un maestro enfrentarse con la ira del Klan. La primera de estas cartas fue escrita desde Company Shops (en la actualidad Burlington), en el condado de Alamance, Carolina del Norte, el 30 de noviembre:

Querido hermano:
    Nos encontramos en dificultades. Cinco hombres disfrazados con satánicas vestiduras, en la noche del 26, me sacaron de la cama y me trasladaron rápidamente a un bosque situado a milla y media de distancia de casa, donde me azotaron con un látigo y me dejaron allí para que muriese. Me exigieron que dejara de enseñar "a los negros" y me concedieron diez días para abandonar la región, o de lo contrario las cosas se pondrían peor para mí. Deseo tener dinero para regresar a casa o hacer lo que crea más conveniente, según marche el asunto.
    Por favor, envíame un cheque de 75 dólares para gastarlos cuando lo necesite.
    Te pedí unos libros hace un par de meses; si no los has enviado no lo hagas hasta que vuelva a escribirte. Aún no puedo levantarme de la cama. Jamás me recuperaré de mis heridas.
    Tu hermano,
    Alonzo B. Corliss

La segunda carta, del 13 de diciembre, procedía de Danville. Corliss había intentado, sin el menor éxito, que sus agresores compareciesen ante los tribunales de justicia:

Querido hermano:
    Disfrutamos de libertad para buscar y elegir un lugar para nosotros donde pasar el resto del año bajo el control de los Amigos de Filadelfia.
    Si hay algún lugar en Virginia o Maryland que tengas intención de dejar o que sepas está vacante, infórmame inmediatamente o dentro de un periodo de diez días.
    Nos encontramos bastante bien para reanudar la enseñanza. Hemos recibido el cheque, pero no creo que sea necesario usarlo por el momento. Así pues, opino que mejor está guardado en el bolsillo. Te informaremos cuando nos hayamos establecido de nuevo. Cuando abandonamos Company Shops, lo soldados derribaron una bandera que llevaba esta inscripción: "Sangre. Que se enteren los culpables. Corliss y los negros. Muerte. No tocar esto. Infierno". Sobre la bandera había dos pistolas y un ataúd. Hemos fracasado totalmente en poder encarcelar a las personas que detuvimos.
    Tuyo,
    Alonzo B. Corliss

En aquellos días había héroes en el Sur, y no eran miembros del Ku Klux Klan.

CAPÍTULO 7
ESCENAS DE GEORGIA

El general John B. Gordon, CSA, gran dragón del Ku Klux Klan en Georgia, negó todo conocimiento del Klan cuando en 1871 declaró ante la comisión investigadora del Congreso. Admitió conocer una organización sin nombre, existente en su estado, y aclaró que se había unido a ella, y que incluso se había convertido en su líder. Pero, como él mismo dijo: "Nunca la hemos llamado Ku Klux Klan y, por lo tanto, no sé nada acerca del Ku Klux Klan".

Este era un truco de evasión familiar: usar otro nombre para el Klan y así capacitar a sus miembros para poder jurar, sin cometer perjurio, que no eran miembros del mismo. Augustus Baldwin Longstreet hubiese disfrutado con este detalle si no hubiese muerto un año antes; dado que aquellas comparecencias ante la Comisión congresal ponían de manifiesto todos los trucos y farsas que él llegó a anotar en su famosa obra *Escenas de Georgia*, escrita en 1835, antes de comenzar su ilustre carrera como director de colegios en Emory, Centenary, la Universidad de Misisipi y la Universidad de Carolina del Norte, sucesivamente. Pero Longstreet había sido también ardiente partidario de la Anulación[3], así como humorista "de la frontera", y por añadidura ha de hacerse notar que la época de la Reconstrucción no era la más adecuada para exteriorizar aquel amplio sentido del humor que tan famoso le hizo.

El general Gordon no trataba de parecer un individuo divertido. No dudó en decir a los miembros del Congreso por qué pensaba que el Klan —o como se llamase tal organización— había sido necesaria:

La organización fue simplemente una hermandad de propietarios, compuesta por ciudadanos pacíficos y amantes de la ley que solamente actuaban en defensa personal. El instinto de conservación fue el que impulsó y dio vida a la organización [...] Tememos disponer de una organización pública porque también tememos que sea considerada en el acto por el

---

3. Renuncia de un estado a obedecer las leyes federales (N. de T.).

Gobierno de Washington como organismo contrario al Gobierno de Estados Unidos. Por lo tanto, fue necesario, con objeto de proteger a nuestras familias de la deshonra y asimismo proteger sus vidas, disponer de algo que pudiéramos considerar como hermandad, una combinación de los mejores hombres del país para actuar puramente en defensa propia.

Fue en marzo de 1868 cuando por primera vez se hizo pública la existencia del Klan en Georgia, poco después de que el general Bedford Forrest, el gran mago, hiciera una visita a Atlanta. Las advertencias del Klan comenzaron a aparecer en los periódicos, y los líderes radicales también comenzaron a recibir cartas hostiles. Como el general Gordon era candidato demócrata al puesto de gobernador, apenas ha de extrañar que la mayor parte de las actividades del Klan en aquella época fuesen políticas.

Georgia había seguido el mismo camino de otros estados después de la guerra. La primera nueva asamblea legislativa, reunida en Milledgeville en diciembre de 1865, promulgó once leyes que formaban un "Código Negro" para mantener a los libertos como subordinados. Luego, como reacción, el Gobierno federal dictó una estructura gubernamental que reconocía la igualdad política para los negros. Algunos líderes blancos instaron a sus compañeros a que boicotearan las elecciones como medio de protesta. Pero fueron 95.214 los blancos que se registraron para votar, en comparación con los 93.457 electores negros (en términos de población general, el número de blancos superaba al de negros en una proporción de cinco a cuatro). Menos de 10.000 georgianos estaban privados de sus derechos civiles en aquellos días, demasiado pocos para que ello tuviese influencia en las elecciones, pues Gordon perdió por un gran margen de votos ante su oponente republicano Rufus B. Bullock. Nacido en Nueva York, Bullock ha sido definido algunas veces como explotador y oportunista, pero vivió en Georgia gran parte de su vida y sirvió en el Ejército confederado, lo cual, desde luego, acrecentó el éxito de su elección.

Las elecciones también establecieron una nueva Constitución estatal bastante de acuerdo con los deseos federales como para lograr que el Congreso devolviese a Georgia la condición de estado en el mes de junio de 1868. Sin embargo, un año después, el Congreso impulsó asimismo un régimen militar, principalmente a causa de que la nueva legislatura negaba conceder escaños a los negros elegidos, tres en el Senado, y 29 en la Cámara de Representantes. Ni siquiera una decisión del Tribunal Supremo, de junio de 1869, en la que se dictaba que los negros podían ocupar cargos públicos, pudo minar la resistencia. Simplemente, el Congreso perdió la paciencia. Cuando, finalmente, los miembros negros ocuparon sus escaños, hubo dos o tres de ellos que exhibieron la misma habilidad de estadistas que se arrogaban para sí los anglosajones; y esta fue una fuente más de irritación para los supremacistas blancos.

El Klan se había mostrado muy activo durante las elecciones de 1868, intentando que los negros votaran a favor de los demócratas o no lo hicieran a favor de nadie; pero, evidentemente, lo que se había hecho en tal terreno no era suficiente. 32 negros elegidos para la legislatura, no solamente votando sobre proyectos de ley, sino también proponiendo estos últimos, constituían 32 buenas razones para que el Klan realizase aún mayores esfuerzos. Y estos esfuerzos se encontraron muy pronto con el contraataque del general A. H. Terry, al mando del distrito militar que incluía a Georgia. Este contraataque también tropezó en el acto con una gran condena por parte de la prensa, pues en Georgia, como casi en todos los demás estados del Sur, la prensa era exclusivamente demócrata. Algunos de los artículos de fondo fueron tan escandalosos que el Congreso decidió investigar las condiciones que prevalecían en el estado, especialmente lo relacionado con los informes que llegaban a Washington sobre las constantes violencias del Klan. Entonces los editores tuvieron campo suficiente para lanzar a los cuatro vientos su indignación.

El proceso fue una espiral ascendente, inevitable, previsible, ya que cada bando respondía a la acción del otro. Unos pocos editores de Georgia urgían a sus lectores para que tuviesen calma; uno de los más conciliadores fue Henry W. Grady, del *Southerner and Commercial*: "Los ojos de todo el continente se posan sobre nosotros —escribía—. Recordad, hermanos, que la fuerza y el poder de cualquier organización secreta descansa siempre en el misterio y la fuerza oculta [...] Cada vez que actuáis debilitáis vuestras fuerzas; por lo tanto, tened calma".

Los investigadores congresales celebraron sesiones en Atlanta. No llamaron a Grady, pero insistieron en interrogar severamente al editor de otro periódico rival, B. F. Sawyer, que había calificado la investigación de "sistema podrido, peor que la Inquisición española". Dio muchos problemas a los miembros del Congreso, y en cierta ocasión dijo: "Si esta Comisión de ustedes se molestara en esquilar a un cerdo, evidentemente iba a conseguir muy poca lana". En cuanto a la detallada investigación sobre el Klan llevada a cabo en Washington, es cuestión de opinión si se logró poca o mucha lana: para los miembros del Klan y sus defensores, el conjunto de testigos radicales y negros tenía muy pocas cosas de importancia que decir; nada, al menos, que los editores de periódicos no pudiesen descartar abiertamente.

Un editor de Georgia se vio implicado en un incidente del Klan: Charles Wallace, del *Warrenton Clipper*, al que se suponía gran cíclope de su *den* local. Personalmente estaba enemistado con un tal doctor G. W. Darden, quien, así lo creía Wallace, había votado en contra de él en las elecciones de una logia masónica. Publicó un artículo denunciando a Darden con lenguaje violento, por lo cual Darden cargó su rifle, se encontró con Wallace en la calle y le mató en el acto. Luego, calmadamente, se entregó al *sheriff* C. J. Norris, quien lo encerró en una celda y prudentemente abandonó la ciudad llevándose la llave consigo. Aproximadamente a las dos de la madrugada siguiente, un grupo de miembros del Klan forzaron las puertas de la cárcel y sacaron de ella a Darden. Le dieron tiempo para que escribiese unas líneas de despedida para su familia, y luego dispararon sobre él. El médico forense certificó que la muerte de Darden se había producido como consecuencia de heridas de bala y a manos de personas desconocidas para el jurado.

No mucho después regresó el *sheriff* Norris en compañía de un pelotón de soldados, y con la esperanza de embolsarse la recompensa de 5.000 dólares ofrecida por el gobernador por la detención y condena de cada miembro del Klan culpable de tomar parte en la muerte de Darden. Pero el Klan no carecía de medios para contrarrestar estas medidas. Halló la forma de hacer creer a todo el mundo que el *sheriff* aceptaba ser sobornado para arreglar el asunto. El gobernador Bullock, por su parte, se pasó de la raya al esgrimir como arma principal el tema del asesinato con objeto de atraer la atención del Norte. Sus enemigos le acusaron de exagerar los delitos para crear con ello una cortina de humo que ocultase la corrupción de su administrador. Los gobernadores radicales del Sur, tarde o temprano, fueron acusados también de corrupción; era uno de los trucos favoritos del Klan, y parte de su estrategia, lanzar sobre sus enemigos toda culpabilidad posible.

Suponiendo que Wallace "fuera" el gran cíclope local, el desembarazarse de su asesino reflejaba el impulso de autoconservación que el general Gordon consideraba síntoma y razón válida de la existencia del Klan. Sin embargo, más de la mitad de los actos de violencia acerca de los que se recibían informes desde Georgia estaban relacionados con la lucha política. La declaración de Abraham Colby es reveladora:

Después de que me azotaran durante largo rato, dijeron que yo había votado por Grant y Bullock [...] y me preguntaron: "¿Crees que alguna vez volverás a votar en favor de otra maldita candidatura radical?". Yo dije que nunca mentiría en tal sentido, y ellos dijeron: "No, no mientas". Y luego añadí que, si al día siguiente se celebrasen de nuevo elecciones, volvería a votar por la candidatura radical. Creía que me matarían de todas formas. Pero luego comenzaron de nuevo a darme de latigazos.

Es evidente que el Klan apoyó a los demócratas en contra de los republicanos, ya que las acciones contra los primeros eran raras. El honorable Augustus R. Wright, antiguo juez y miembro del Congreso, respondió a la siguiente pregunta: "¿Ha conocido usted algún caso en el que el Ku Klux Klan maltratara a un miembro del Partido Demócrata?", y él replicó: "Conozco solamente un caso. Flagelaron a un hombre blanco por 'kukluxklanear' sin permiso del jefe". Y al cabo de un momento añadió: "Y también dieron latigazos a otro hombre blanco que ayudó a un negro en una pelea. Creo que este blanco había votado por los demócratas".

El juez Wright, en otro momento de su declaración ante la Comisión investigadora del Congreso, describió el asesinato de un negro tal y como lo había oído contar de labios de un cliente suyo, un joven blanco que había tenido la desgracia de ser detenido y acusado del asesinato:

Este negro no había hecho nada malo. Simplemente habló sobre el Ku Klux Klan y de cuánto lucharía él si la organización le persiguiera. Tal "fanfarronada" no se podía tolerar en boca de un negro, y así, varios jóvenes miembros o futuros miembros del Klan le hicieron salir de su casa y luego lo asesinaron a tiros o a puñaladas, he olvidado ya el método empleado. Y más tarde, este joven cliente me confesó que había formado parte del grupo.

A continuación, Wright dijo al joven, quien solo tenía dieciocho años, que si alguna vez comparecía ante un tribunal, probablemente sería declarado culpable, y le aconsejó, por lo tanto, que abandonase la región. Con dinero entregado por la familia del muchacho, el juez le compró algo de ropa y un billete de ferrocarril y luego le dejó en el tren.

En la escala de valores de Wright, está claro que lo que más importaba no era la muerte del negro, o el problema de llevar a su asesino ante la justicia, sino más bien la seguridad del joven blanco que acababa de admitir su culpabilidad. Aquella violencia constante y prolongada parecía haber encallecido a muchos blancos sudistas. Más de un testigo de Georgia se mostró explícito sobre este punto. G. B. Burnet, que había presentado su candidatura al Congreso en 1870, dijo que la flagelación y asesinato de negros era tan común en el estado desde hacía dos años "que tendría que darse un caso especial o sumamente grave para que tales hechos llamasen la atención de alguien". Luego describió la flagelación de un negro llamado Jourdan Ware:

La razón que alegaron para golpearle fue que había hecho algunas observaciones insultantes dirigiéndose a una señora blanca. Al parecer, dijo: "¿Cómo estás, hermanita?", o algo parecido, cuando la dama pasaba de largo por la carretera. Antes de esto, el hombre había gozado siempre de reputación de negro humilde y obediente. Poseía una pequeña granja, y económicamente marchaba bien, aun cuando vivía en una vecindad en la que estaba rodeado por blancos de clase humilde y a los que no gustaba su presencia. Yo no puedo asegurar que el negro hiciese o no tal observación a la dama en cuestión, pero, a juzgar por lo que yo sé de él, creo que no lo hizo.

Luego, Burnet contó la historia de Joe Kennedy, muerto a tiros por el Klan por haberse casado con "una mujer mestiza". La acusación que obraba contra Joe se basaba en que el Klan opinaba que él no debía haberse casado con aquella mulata, ya que el color de su piel se aproximaba al blanco; y luego la golpearon a ella también por haber contraído matrimonio con un hombre tan negro. Este irónico paralelismo basado en la relativa coloración de la piel también se dio cuando la legislatura se negó a conceder escaños a los miembros negros elegidos: cuatro de ellos tenían la piel tan clara que se les permitió ocupar su escaño.

El relativo éxito de la vida de Jourdan Ware —el hombre que "económicamente marchaba bien"— era en sí una fuente de irritación para sus vecinos del Klan. Los negros solamente existían para hacer el trabajo duro de los hombres blancos; la independencia era algo que no debían buscar o lograr. Alfred Richardson era un próspero tendero negro del condado de Clarke. Un día recibió el siguiente mensaje, curiosamente redactado en tercera persona: "Dicen que estás ganando mucho dinero y no permiten que un negro viva de tal forma; que controlas todos los votos de color, y que por ello tratan de arruinarte y después eliminarte para que ellos puedan disponer de ese control". En el condado de Tattnall, otro próspero negro, Jerry Owens, había sido ya expulsado de su región por el Klan. Pero esto no satisfizo a sus miembros, quienes a continuación enviaron sendos avisos a tres de sus arrendatarios negros:

Adam Stafford: El objeto de esta nota es informarte de que debes abandonar la propiedad de Jerry Owens. A él se le expulsó de aquí y su casa fue incendiada, y ahora tú estás construyéndola de nuevo y mejorándola. Se te ha avisado una vez para que no lo hagas. Y ahora, por última vez, se te advierte para que no sigas por ese camino. Que debes abandonar ese lugar en el plazo de un mes, o de lo contrario recibirás una visita que no te tratará muy bien. Cuando te vayas, prende fuego a todas las casas y vallados. Vendremos a verte dentro de treinta días, si antes no te has ido.

Henry Frazer: Vemos que estás construyendo en la propiedad de Jerry Owens. Debes detener todo trabajo y largarte de aquí antes de treinta días. Cuando lo hagas, debes quemar todas las casas y cobertizos para ahorrarnos a nosotros este trabajo. Hazlo dentro del plazo de treinta días, o tendrás que sufrir las consecuencias.

A Thomas Allen (liberto): Te encuentras en gran peligro porque estás con los radicales y en contra de la población blanca, estás marcado, y el K. K. K. te vigila de cerca.

Todas estas notas de advertencia a menudo estaban ilustradas con una gran profusión de ataúdes, cráneos y tibias cruzadas, puñales, espadas, también cruzadas, e incluso esbozos de miembros del Klan ataviados con sus túnicas.

Tal y como explicaba la teoría blanca sudista, la propiedad era privilegio de la raza superior. Como el derecho a voto estaba históricamente limitado a los propietarios de fincas, normalmente de 50 acres o más, si los negros, en cualquier número, adquirían tierras, serían una amenaza para el escrutinio general de los votos. Pero la codicia también pareció desempeñar un gran papel en aquellos días. J. R. Halliday, de Georgia, puso mucho énfasis sobre lo siguiente, cuando prestó declaración ante la Comisión investigadora del Congreso: "Noté que justo cuando ellos [los negros] terminaban de recoger sus cosechas, entonces se presentaban los hombres del Klan, haciéndoles huir, para que ellos [los propietarios de la tierra], a continuación, se apoderasen de tales cosechas".

Y he aquí las palabras pronunciadas en su declaración por H. D. Ingersoll, de Gloucester, Massachusetts, que trabajaba desde 1865 como agente general de una compañía minera en Sandsville, Georgia: "En general, nunca emplean [los miembros del Klan] medios más duros que su propia voluntad para lograr sus deseos". Los hombres como Ingersoll nunca habían tenido tropiezos con el Klan, y por esta razón puede que no apreciasen en su debida magnitud la hostilidad sudista hacia la mayoría de los demás norteños: maestros de escuela, soldados o agentes de la Oficina de Libertos. Pero también es posible que Ingersoll, tras cinco años de residencia en la región, se hubiese contagiado de la insensibilidad general respecto a la violencia. Un antiguo gobernador de Georgia, tras haber proporcionado detalles sobre siete asesinatos del Klan, fue interrogado acerca de los castigos de flagelación: "Bien, he oído de algunos casos, pero les presté tan poca atención, ya que carecían de importancia, que no creí que debiese inmiscuirme en eso. A menos que se cometiera un asesinato, lo demás carecía de valor".

Desde el principio hasta el final de las declaraciones, se citaron los nombres de 52 hombres asesinados por el Klan en Georgia. La mayoría de las víctimas habían sido asesinadas a tiros o ahorcadas. Una de ellas había sido quemada viva. Se informó, asimismo, de otros 22 asesinatos del Klan, citando fecha y lugar, pero sin dar los nombres de las víctimas. Es imposible determinar cuántos más hombres y mujeres murieron a manos del Klan en Georgia en los cinco años siguientes a la guerra. Sin embargo, Georgia, con 74 asesinatos del Klan en su haber, citados en la investigación, parece ocupar un lugar inferior al de Alabama, con 109.

A pesar de tales cifras y de las pruebas visuales que proporcionaban muchas espaldas desnudas donde el látigo había dejado su huella, cuando el general Forrest se puso en pie para declarar, insistió en que el propósito del Klan no era más que la autoprotección: "La primera obligación de sus miembros, si no recuerdo mal, era obedecer fielmente a las leyes que regían al país: proteger a las mujeres y a los niños, y estar unos al lado de otros si se presentaba un caso de insurrección o cualquier acontecimiento parecido". Sin embargo, para que no hubiese dudas acerca de Forrest, todo el mundo sabía que había declarado oficialmente la disolución del Klan en la única orden general que dictó como gran mago: él siempre podría discutir, y siempre habría gente que creyera, que la subsecuente violencia no era realmente obra del Klan, puesto que este, técnicamente ya no existía.

Pero ya fuera falso o verdadero, el Klan era el instrumento para hacer realidad el viejo adagio del Sur de que los negros no tenían derechos que el hombre blanco hubiera de respetar. El caso de Perry Jeffers puede tomarse como ilustración de esto. Con su esposa y siete hijos, vivía en 1868 en la plantación de los Brinkley, cerca de Camac, en el condado de Warren. Tenían la impudicia de ser prósperos: los blancos de aquella parte de Georgia se quejaban de que la familia tenía demasiados hijos, demasiado dinero y que eran enteramente independientes. Evidentemente, vivían muchísimo mejor que muchos de sus vecinos blancos, aparte de gozar de un excelente crédito con los comerciantes e industriales de Augusta. El señor Brinkley, que durante la esclavitud había sido dueño de la familia en cuestión, les trataba bien y apreciaba su laboriosidad, ya que también para él como terrateniente significaba un aumento en sus ingresos. Pero Brinkley no era uno de los vecinos a quienes los Jeffers sacaban ventaja.

Avisada de que el Klan amenazaba con "visitar" su hogar en cualquier momento, la familia tomó la precaución de montar una guardia. En la noche de un jueves del mes de noviembre de 1868, el hijo que estaba de guardia vio en el exterior, a través de una pequeña fisura de los troncos que formaban los muros de la casa, a varias figuras vestidas de blanco. Rápidamente despertó al resto de la familia. Bajo tales circunstancias parecía poco prudente que los hijos de Jeffers se dejaran arrastrar por el pánico, pero uno de ellos así lo hizo: disparó sobre los fantasmales visitantes y tuvo la desgracia de matar a uno de ellos.

No existían precedentes de tal audacia: los negros defendiendo sus casas y usando armas. Cuando el general Gordon y el general Forrest, así como otros miembros del Klan, hablaban de autodefensa, pensaban en esta como uno de los privilegios de los hombres blancos. El Klan decretó que todos los miembros varones de la familia Jeffers debían morir. Durante las noches del viernes y sábado, un numeroso grupo de figuras encapuchadas merodeó alrededor de la casa sin arriesgarse en ningún momento a volver a ponerse a tiro. Pero Jeffers y sus hijos mayores habían huido, seguros de que sus vidas no valían un centavo bajo la tradición del "Código Negro".

En la noche del domingo, los miembros del Klan se habían envalentonado; irrumpieron por fin en la casa y sacaron de ella al hijo más joven y a su madre. Al pequeño le dispararon un tiro en la nuca y a la madre la ahorcaron colgándola de la rama de un árbol. Luego apilaron parte del mobiliario de la casa sobre el cuerpo del muchacho y le prendieron fuego; la cremación era uno de los mejores métodos para borrar toda prueba. El señor Brinkley, al oír el disparo, se apresuró a acudir al escenario de los hechos, e inmediatamente cortó la cuerda que sujetaba el cuerpo de la madre antes de que esta muriese; asimismo, frustró las operaciones del Klan, arrastrando el cuerpo medio quemado del muchacho hasta un claro. El doctor Darden llegó desde el cercano Warrenton para llevar a cabo una investigación, pero el Klan le hizo desistir: "Esto ha llegado demasiado lejos —le dijeron— y debe echarse tierra sobre el asunto". Cuatro meses después, el propio doctor Darden fue asesinado por el Klan, como ya se ha dicho anteriormente.

Jeffers y sus hijos habían hallado refugio en la casa del *sheriff* Norris. Pero al ir en aumento la ira del Klan, pareció más prudente que atravesaran la línea fronteriza de Carolina del Sur. El 9 de noviembre fueron subidos a un tren, bajo el cuidado especial del conductor del mismo. En Dearing, a 18 millas de Camac, los miembros del Klan subieron al tren, se apoderaron de los refugiados y los mataron a tiros; en aquellos momentos, los miembros del Klan ni siquiera se molestaron en disfrazarse, como tenían por costumbre. Uno de los hijos de Jeffers se las arregló para escapar. El Klan, como de costumbre, había realizado una sencilla operación aritmética: un negro y cinco hijos a cambio de un hombre blanco al que uno de aquellos hijos de perra había matado en defensa de su hogar.

Otro hecho que mereció el castigo del Klan fue el que alguien presenciara de manera accidental un asesinato del Klan. Joe y Mary Brown, del condado de White, eran, al igual que los Jeffers, una familia muy laboriosa y ahorradora. En la primavera de 1869 encontraron una cabaña y 40 acres de terreno que les agradaron, y luego fueron lo suficientemente imprudentes como para presentarse en la subasta de tal propiedad y pujar para su adquisición 20 dólares más que un hombre blanco. Debían haber pensado en aquellos momentos que tal detalle se recordaría y que lo esgrimirían en su contra más adelante. Sin embargo, también era posible que nada hubiese sucedido de no haber atravesado Mary un campo en el momento en que dos hombres blancos con los rostros enmascarados asesinaban a un alguacil federal llamado Cason. A pesar de sus disfraces, Mary reconoció a los dos hombres, y estaba segura de que ellos también la habían reconocido a ella. Tuvo particular cuidado en no decir a nadie una sola palabra de lo que había presenciado, pero, al parecer, los hombres del Klan no estaban muy seguros de la discreción de ella. La esposa de un terrateniente la sondeó, nombrando a los dos hombres y preguntándole si había oído hablar de ellos. Pero sus negativas no hicieron el menor efecto. Un día o dos más tarde recibieron en su casa un aviso de que tenían que abandonar la región. Pero no hicieron caso y se quedaron.

Varias noches después llegó el Klan; sus hombres irrumpieron por la fuerza en la casa y, tras desnudar a Joe y a Mary, les arrastraron alrededor del patio. Mary preguntó por qué hacían aquello con ellos, y recibió como respuesta otra pregunta: "¿Ante quién se iba a presentar en Atlanta para prestar juramento y declarar?". Mary replicó que ella no pensaba hacer semejante cosa. A continuación colgaron de su cuello una pesada cadena y le propinaron 30 latigazos, a la vez que le ordenaban que pronunciara los nombres de los hombres que había visto junto al río aquel día. Mary dio los nombres, pero insistió en que no había hablado con nadie del asunto. Los miembros del Klan no la creyeron. La derribaron mediante un golpe propinado con la culata de un revólver; volvieron a azotarla y la arrastraron tirando de la cadena que la sujetaba por el cuello hasta que perdió el conocimiento. Algunos hombres del grupo —sumaban, aproximadamente, unos 30— se opusieron a matarla. Acto seguido la hicieron volver en sí arrojando sobre ella un par de cubos de agua fría y luego le permitieron arrastrarse hasta desaparecer en algún rincón de la propiedad. Más tarde, Mary declaró: "Durante cuatro días estuve temblando como si tuviese una fiebre muy alta".

Luego le llegó el turno a Joe. Su propia madre relató los hechos:

Le golpearon con estacas, y luego colocaron sobre sus hombros una larga y pesada polea de madera, una cadena alrededor de su cuello, y así le arrastraron por el patio durante un rato. Joe dijo: "Yo no hice nada, caballeros, ¿por qué abusan así de mí?". Ellos contestaron: "Te mataremos, maldito seas. No vivirás aquí". Joe dijo después: "Compré mi tierra y tengo la escritura de venta legalizada. ¿Por qué han de abusar de mí de esta forma?". Y ellos replicaron: "Te vamos a dar diez días de plazo para que te largues de aquí, y después, que el infierno te lleve, quemaremos tu casa encima de ti si te encontramos por este lugar".

Acto seguido, el Klan aplicó su correctivo a la madre, y al resto de la familia. No fueron azotados tan severamente como Joe y Mary, pero los miembros femeninos de la casa —la anciana madre, su hija Rachel, una jovencita llamada Mary Neal, e incluso la hija más pequeña de Joe y Mary— fueron desnudadas y sistemáticamente violadas bajo la tenue luz del amanecer. De esta forma los "mejores hombres del país", los "ciudadanos amantes de la paz y el orden", llevaban a cabo el propósito del Klan de "autopreservación".

A todos estos relatos presentados ante la Comisión investigadora del Congreso la minoría demócrata respondía tercamente de dos formas: primero, que eran historias muy exageradas, suponiendo que no fuesen pura invención; y segundo, que la violencia del Klan se había precipitado debido a las medidas tomadas por los radicales para humillar a los blancos del Sur y mantener así aquella región sometida, empobrecida y sin fuerza alguna. Según rezaba una de las advertencias de cierto Klan: "Nos vemos forzados por la fuerza a usar de la fuerza". El decimotercer tomo de los *Informes sobre el Ku Klux* contiene las conclusiones tanto de la mayoría como de la minoría, tal y como es costumbre hacer constar en tales investigaciones de carácter oficial. Los lectores podían elegir cualquiera de las dos versiones. En efecto, para los hombres y mujeres que vivían por aquel entonces, llevados sinceramente por el partidismo, toda la investigación llevada a cabo era incompleta, porque ambas conclusiones chocaban fuertemente a causa de su mutua oposición. Los historiadores, en las décadas que transcurrieron desde entonces, siguieron de cerca la tendencia de los lectores, seleccionando aquellos detalles que más convenían a sus hipótesis; y es evidentemente triste que los eminentes historiadores de principios de siglo simpatizaran con el Sur y se inclinaran mucho más hacia las conclusiones de la minoría. Una generación posterior, mucho menos dispuesta a aceptar la teoría de que los negros son congénitamente incapaces de distinguir entre la verdad y la ficción, y que todos los norteños que vivían en el Sur durante la Reconstrucción intentaban llenarse los bolsillos a la vez que humillaban a los blancos sudistas, puede leer tales testimonios con espíritu mucho más objetivo.

De entre otros numerosos incidentes que tuvieron lugar en Georgia, puede citarse uno de primera mano, tan preciso en sus detalles que resulta difícil imaginar que pueda ser descartado como invención. Quien lo relata es Henry Lowther, del condado de Wilkinson, quien había suscitado la hostilidad de sus vecinos blancos de dos formas diferentes: por ocupar la jefatura del Partido Republicano local, y por tener la suficiente agudeza en los negocios como para llegar a adquirir considerables riquezas en propiedades. El Klan le amenazó muy a menudo, y en varias ocasiones sus miembros irrumpieron en su casa. Finalmente fue detenido y encarcelado bajo la acusación de conspiración. Durante una fría noche de otoño, el Klan le sacó de su celda cubierto solamente con una camisa, y a continuación le mutilaron horriblemente. Casi sin conocimiento a causa de la gran pérdida de sangre sufrida y los terribles dolores que sentía, se dirigió hacia la ciudad con paso inseguro.

La primera casa con la que me tropecé fue la del carcelero. Le llamé y le dije que fuera a mi casa para que me trajera algo de ropa. Dijo que no podía hacerlo y yo añadí: "Debe usted hacerlo. Estoy desnudo y muerto de frío". Esto sucedía, aproximadamente, a las tres de la madrugada. Había luz en la casa y un grupo de hombres estaba de pie en la puerta. Dije de nuevo al carcelero que saliera para prestarme algunos cuidados. Y él repitió que no podía hacerlo. Por entonces yo apenas podía caminar. Caminé unos diez pasos más y me encontré con el yerno del carcelero. Le pedí que me trajera ropa. El hombre me respondió: "No", y luego me dijo que fuera a tumbarme en alguna parte. Seguí andando como pude y llegué a la altura de unos almacenes. Allí delante había muchos hombres sentados. Yo conocía a algunos de ellos, pero en aquel momento no me fijé mucho en sus rostros. Me preguntaron qué quería, y dije que necesitaba un médico. Ellos también me dijeron que continuara caminando y que me tumbara en alguna parte. Entonces tuve que detenerme para buscar apoyo en el muro de una casa y evitar así caer al suelo. Estuve allí unos minutos, y luego me acerqué hasta la casa del médico, situada a un cuarto de milla de distancia, y le llamé dos veces desde fuera en voz alta. No me contestó. La próxima cosa de que tuve noción fue que estaba tumbado en la acera y que acababa de despertar de un largo sueño. Pensé para mí: "¿Acaso me eché aquí para dormir un rato?". Necesitaba un poco de agua y tuve que recorrer otro cuarto de milla para conseguirla. Apenas si podía respirar, pero el agua me alivió bastante. Luego me acerqué hasta una casa que se alzaba unas cincuenta yardas más allá; pedí a una mujer de color que se acercara a despertar a mi esposa, pero, al parecer, esta se hallaba en la ciudad. Tuve la suerte de encontrar allí a mi hijo, y enseguida fue en busca del médico. Cuando mi hijo llegó a su casa, el médico respondió a la primera llamada que le hizo. Pregunté al doctor dónde se encontraba cuando yo estuve por primera vez en su casa, y me explicó que en aquellos momentos estaría durmiendo. "Estuve en tu casa", le dije. Los hombres que estaban allí no paraban de decirme que no llegué a ir a la casa del médico, y yo les decía que sí lo hice. Después de dos o tres veces capté la indirecta y no hablé más sobre aquello. Pero a la mañana siguiente le pedí a mi hijo que fuese hasta casa del doctor y comprobara si delante de su puerta había o no un charco de sangre. No le dejaron ir, pero algunas mujeres de color vinieron a verme y me dijeron que la sangre estaba esparcida por toda la ciudad... junto a la puerta de la casa del médico y por todas partes. Recordaba haber perdido gran cantidad de sangre mientras buscaba al médico, y había temido morir desangrado sin que nadie me ayudara.

Es probable que el Klan también esperase que el hombre muriese de tal forma, y que sus miembros se desconcertaran cuando su víctima llegó hasta la ciudad. El Klan no fue siempre tan eficaz como presumía: los muertos no pudieron contar nada sobre aquellos horribles actos de tortura y mutilación, pero sí los pocos afortunados a los que se abandonó, dados por muertos, y consiguieron sobrevivir.

No hay duda de que el exdiputado Wright hablaba en nombre de la mayoría de sus paisanos blancos de Georgia cuando, en el curso de su declaración, trasladó a la Comisión lo que él pensaba sobre el hecho de conceder el voto a los libertos: "No estábamos satisfechos con esa parte de la Constitución. Me gustaría situar a cien mil electores negros en Massachusetts y permitirles exteriorizar sus sentimientos como lo hacemos nosotros". No podía determinar qué era lo que quería que sintieran los habitantes de Nueva Inglaterra; pero lo que probablemente no hubiera podido siquiera comprender era el que la gente de Massachusetts se hubiera sentido consternada ante el trasvase súbito de 100.000 georgianos de cualquier color. Massachusetts no solo contaba con la más antigua facultad de leyes del país, que se remontaba a 1657, sino que Georgia careció de cualquier tipo de escuela pública hasta diciembre de 1864, cuando el general Sherman y el secretario de Guerra Stanton se reunieron con los líderes negros en Savannah y decidieron establecer un sistema escolar subvencionado federalmente. Al final del año siguiente ya había 500 alumnos en aquella ciudad. La legislatura de la Reconstrucción promulgó la primera ley sobre enseñanza pública en 1870, y las escuelas abrieron sus puertas en el verano de 1871. Luego las cerraron por falta de fondos y no volvieron a ser abiertas hasta 1873.

Clara Barton, fundadora de la Cruz Roja Estadounidense, viajó al Sur en 1865 a petición del presidente Lincoln con el objetivo de localizar soldados desaparecidos e identificar las tumbas de los desconocidos. En 1866, en

Andersonville, Georgia, Clara Barton examinó a una joven negra de unos dieciocho años de edad:

Descubrí en su espalda las huellas de doce latigazos, parcialmente curados. Algunas de las heridas profundizaban hasta el hueso. Debió de haber sido flagelada con un látigo tan grueso como mi dedo meñique, o incluso más grueso; uno de estos latigazos había dejado una herida de ocho a diez pulgadas de longitud, y la carne había sido arrancada casi por completo. El látigo debió de ser muy elástico, ya que se había ceñido a sus brazos, cortando la cara anterior de uno de los antebrazos, en la espalda y en las nalgas... En esos momentos la muchacha no podía llevar ropa encima, a menos que se la colocara holgadamente sobre los hombros.

Su patrono blanco la había amordazado y, tras haberla hecho caer de bruces, la había azotado salvajemente. Cuando su marido la encontró, la muchacha se hallaba tendida en medio de un "charco de sangre". Su delito había consistido en que durante los últimos meses de embarazo no había sido capaz de realizar la tarea de hilar que tenía asignada.

Este injustificable acto de crueldad no había sido llevado a cabo por el Klan; los blancos de Georgia que se suscribían al dicho de que los negros no tenían derechos que el hombre blanco hubiese de respetar no esperaban a que el Klan cumpliese con su sucio trabajo: lo hacían ellos mismos. Parece razonable sospechar que el Klan fuese culpado de muchos crímenes que no cometió, particularmente de salvajadas como la que Clara Barton relataba. Si el Klan nunca estuvo organizado, podemos sospechar que tuvo que haber muchos más episodios violentos en el Sur que los que se le achacan oficialmente, debido todo ello al tradicional antagonismo entre razas, a las provocaciones de la derrota en la guerra, a la liberación de los esclavos y al esfuerzo federal de la Reconstrucción.

A juzgar por las pruebas que existen, en todo caso, la actividad del Klan en Georgia debió de ser de poca duración. Hacia 1871, la mayoría de los periódicos del estado seguían la tendencia del *Augusta Constitutionalist* en su campaña de estimular a los blancos para que abandonaran al Klan y sus métodos:

En ausencia de voces de protesta —escribía su editor—, se asume que estas organizaciones secretas contaban con la aprobación de la sociedad [...] La legislatura debe hablar alto mediante resoluciones conjuntas, condenando con el más fuerte lenguaje a las organizaciones secretas y los ataques nocturnos, así como exhortar a la gente a que ponga en juego toda influencia legal y moral para que nos sea posible gozar de paz, de orden y de dignidad en este estado.

Esta campaña editorial, y la disminución que provocó en las actividades del Klan, no significaba que todos los georgianos repudiasen al Klan o se sintieran culpables de apoyarlo o de tomar parte en su labor. John C. Reed, en 1905, resumió la carrera del Klan en Georgia en un libro titulado *The Brothers' War*, no con vergüenza, sino con orgullo:

Cuando en 1867, los libertos, ebrios por la novedad de la libertad, pusieron en peligro la vida decente, el Klan se organizó en un abrir y cerrar de ojos. No reunía a asesinos, ladrones y "cortagargantas", como se ha alegado, sino a la flor y nata de los hombres del Sur. Toda mujer decente sabía que el orden significaba entonces la única defensa de su pureza, y rogaba al Cielo para que tal orden prevaleciese.

Tanto la señora Jeffers como Mary Brown habrían tenido dificultad en reconocer al Klan tal y como lo describía Reed.

Las elecciones de 1870, continuaba diciendo Reed, fueron "una decisiva liberación del más monstruoso y horrible gobierno que se recuerda entre los anglosajones", e insistía en que era preciso agradecerle tal liberación al Klan. En cuanto a sí mismo, Reed tampoco dudó en arrogarse parte de tal crédito: "Siempre recordaré con orgullo mi servicio en el famoso 8º Regimiento de Voluntarios de Georgia. Pero estoy mucho más orgulloso de mi carrera en el Ku Klux Klan".

CAPÍTULO 8
FRICCIÓN EN FLORIDA

Los maestros de escuela norteños enviados al Sur durante la Reconstrucción quedaron terriblemente sorprendidos por la pobreza, el desorden y la suciedad que reinaba en las ciudades donde fueron a trabajar. Para ellos fue una forma de educarse en las diferencias regionales del país. La aristocrática economía agraria simplemente no era el mejor vehículo para llegar al desarrollo de urbes limpias y atractivas como las que existían en el Norte y en el Oeste, donde la riqueza no iba a parar a la construcción de fabulosas mansiones en las plantaciones de las afueras. Por otra parte, también era muy posible que los sudistas de la misma clase media, siempre que tenían ocasión de visitar el Norte, se sintieran sorprendidos por la ausencia de bellas fincas y mansiones rurales. Los maestros de escuela norteños, al ser considerados parias sociales, jamás fueron invitados a acudir a las mansiones del Sur, y, consecuentemente, no pudieron describirlas en las cartas que enviaban al hogar.

Por supuesto, en cierto modo fue cuestión de tiempo: gran parte del Sur, una vez uno salía de los cuatro estados (Virginia, Carolina del Norte, Carolina del Sur y Georgia) que comprendían la parte sur de la original cadena de trece, era de más reciente desarrollo que cualquiera de los estados del Norte y del Oeste hasta Misisipi. Las plantaciones, situadas en lo que entonces se llamaba "cinturón negro", zona principal de producción de algodón, que se extendía desde Georgia a Alabama, Misisipi, Arkansas y Texas, generalmente estaban dirigidas por inspectores o superintendentes en ausencia de los propietarios; y ni estos superintendentes ni los propietarios sentían el menor interés por las ciudades que surgían en forma de centros bancarios y comerciales, así como para convertirse en la sede del necesario gobierno del condado.

En 1865, el estado sudista más próximo a la condición de fronterizo era Florida. El príncipe Aquiles Murat, sobrino de Napoleón, y el más famoso residente en toda la historia de la capital de Florida, aconsejó en 1827 a Ralph Waldo Emerson que no fuese allí. Tallahassee, fundada hacía solamente tres años, era una ciudad peligrosa para cualquier visitante. Whitelaw Reid, un joven ayudante de editor del *New York Tribune*, inspeccionó la ciudad en 1865, poco después de la Guerra Civil, y encontró muy pocas cosas dignas de comunicar a su periódico. Al parecer, lo que más le impresionó fueron los edificios públicos sin pretensiones, los míseros y abandonados almacenes, las pobres casas particulares y las destrozadas aceras de las calles. Sin embargo, el condado de León, al que Tallahassee servía como cabeza de partido, era el segundo más poblado del estado, ya que en 1870 contaba con 15.236 residentes. Y no se podía culpar a los ejércitos de la Unión de la pobre apariencia de aquella ciudad, ya que se trataba de una capital sudista cuya ocupación los estrategas de la Unión no habían considerado esencial.

De los 39 condados de Florida que contaban con cierta población, León era uno de los ocho donde el número de negros superaba al de blancos. En Tallahassee se decía que había siete negros por cada blanco, y los desfiles de negros por el centro de la ciudad eran cosa corriente. Quizá la ventaja numérica de negros impidió el conflicto: en este sentido, León poseía unos informes mucho mejores que sus condados vecinos. El terror a los disturbios raciales impulsó la formación de un Club de Jóvenes Demócratas, tan bien armado como conocido por los libertos. Su líder, Joe Williams, negaba tozudamente que el club fuese una rama del Ku Klux Klan, pero su propósito era el mismo que el de este: mantener bajo control a los libertos. Como Tallahassee era la capital, el club tenía especial interés en intimidar a todo negro que tuviera éxito en ser elegido para ocupar un cargo oficial.

Los historiadores de Florida, hasta hace muy poco, han seguido la práctica regional de insistir en que los negros dominaron el gobierno estatal durante la Reconstrucción. Esto jamás ocurrió en ningún estado del Sur; solamente es parte del argumentario, cuidadosamente elaborado, en contra de todo el programa radical. El temor de tal eventualidad, por supuesto, fue uno de los principales motivos de la actividad del Klan. Si los negros hubieran continuado gozando del privilegio de votar, muy bien pudiera haber llegado una época, en aquellos estados donde el número de negros superaba al de blancos, en la que los negros hubiesen acaparado para sí todos los cargos oficiales; pero el Klan se cuidó de que tal momento jamás llegara.

La forma de pensar propia del Klan, en la que se incluye la sincera creencia de que los negros son incapaces de asumir ninguna responsabilidad de importancia, es insensible a la evidencia de que cualquiera de los pocos negros que ocuparon altos cargos demostraron ser hombres superiores. Pero ciertos negros que alcanzaron puestos de importancia en la política de Florida no pueden ser descartados mediante cualquier juicio racional. Lejos de descabalgar al estado, retardar su progreso o hacer de su gobierno un antro de corrupción, debe hacérseles honor, ante un objetivo estudio de las pruebas, por haber contribuido a llevar a la práctica importantes logros, a pesar de lo que el Klan deseaba que se opinara en el futuro.

Dos notables negros pueden servir de ejemplo. Uno fue el único negro de Florida que llegó al Congreso, Josiah Walls; el segundo fue Jonathan Gibbs, secretario de Estado bajo un gobernador de la Reconstrucción y superintendente de Instrucción Pública bajo su sucesor. Sería difícil encontrar dos hombres blancos que hayan hecho tanto por el estado como ellos.

Gibbs ni era un nativo ni un liberto; se le podría llamar "negro *carpetbagger*" si se hubiese usado tal término en algún momento. Había nacido en Filadelfia, alrededor de 1827, hijo de un predicador metodista que murió cuando el muchacho tenía cuatro años de edad. Algo más tarde, Jonathan fue aprendiz de carpintero y siguió con este oficio hasta cumplir los veintiuno. Por entonces se había hecho presbiteriano, e impresionó a todo el mundo de tal forma que la Asamblea Presbiteriana le proporcionó fondos para asistir al Colegio de Dartmouth. Allí estudió las materias propias de aquellos días: latín, griego, retórica, matemáticas, ética, filosofía… así como los atributos de un caballero y los de la clase de político que podía, en aquellos tiempos, impresionar a su auditorio citando autores latinos y griegos. Después de graduarse en Dartmouth, Gibbs asistió a los cursos del Seminario Teológico de Princeton durante dos años. Comenzó sus predicaciones en Troy, Nueva York; hizo su segundo pastorado en Filadelfia y, poco después del final de la Guerra Civil, fue enviado como misionero presbiteriano a Carolina del Norte, donde no solamente predicó, sino que también organizó una escuela para libertos. En 1867 fue destinado a Florida.

En la Convención constitucional reunida en enero de 1868, Gibbs fue el delegado negro más sobresaliente, y algunos observadores pensaron que era incluso superior a la mayoría de los blancos. El *Tallahassee Sentinel* le describió como "hombre activo tanto corporal como intelectualmente, bien educado, orador por naturaleza; no un escandaloso, sino un hombre convincente que sabe argumentar, y un conversador sumamente agradable: en este aspecto, el hombre con más talento de toda la convención". El *Florida Union* de Jacksonville le citó como buen ejemplo de lo que la educación podía hacer por su raza, añadiendo que era un hombre "agradabilísimo y muy cortés". Por supuesto, estaba del lado de los radicales en la Convención, pero aun así exteriorizó una considerable independencia en ciertas ocasiones en que tuvo que oponerse a otros delegados de su propio partido. Declaró que su propósito era la creación de una Constitución que protegiese tanto los derechos de los negros como los de los terratenientes.

La fuerte impresión que causó en la Convención impulsó a Harrison Reed, primer gobernador elegido bajo la nueva Constitución, a designarle para ocupar el cargo de secretario de Estado. Pero Reed había cometido un ligero error: había mencionado como nombre de pila de Gibbs el de John al buscar confirmación del

Senado, y por ello decidió retirar la designación. George Alden, un unionista blanco, fue propuesto en lugar de Gibbs. Sin embargo, antes de finalizar 1868, Alden rechazó unirse intentando denunciar a Reed, el primero de tres intentos que no tuvieron el menor éxito. Entonces, Reed nombró a Gibbs para la vacante. Inmediatamente, Gibbs demostró ser una buena elección: era capaz de trabajar armoniosamente con otros funcionarios del estado, algunos de los cuales eran oficiales exconfederados. También se elevó por encima del partidismo y a veces fue criticado por sus compañeros republicanos debido a su imparcialidad. El *Weekly Floridian*, que se publicaba en Tallahassee, periódico fuertemente demócrata, protestó amargamente por una "ley de publicidad legal" que parecía subvencionar a los periódicos republicanos y descalificar a sus rivales demócratas; pero el editor acudió a Gibbs para que suavizara un tanto los efectos de esta ley mediante la designación de un número de periódicos demócratas como "periódicos oficiales".

Pero Gibbs era negro; hecho que, ante los miembros del Klan local, eclipsaba todas sus virtudes. En una ocasión, su hermano Mifflin Gibbs, abogado en Little Rock, Arkansas, visitó Tallahassee y quedó atónito al hallar "un considerable arsenal de armas" en el ático donde dormía. Y dormía allí no porque las habitaciones de la planta baja de la casa fuesen incómodas, sino porque el ático era un lugar más fácil de defender. El Klan importunó a todos los miembros del gabinete radical, pero a Gibbs más que a ningún otro. Sea blanco o negro, todo aquel que recibe repetidas amenazas de muerte es probable que empiece a tomar ciertas precauciones.

El periodo de Reed como gobernador terminó a finales de 1872. Su sucesor, Ossian B. Hart, nombró a Gibbs superintendente de Instrucción Pública. Empezó a sugerirse, al parecer, que los negros de influencia habían amenazado con desertar del Partido Republicano si no se le concedía a alguno un puesto en el gabinete; y Gibbs era el más capacitado y experimentado candidato. Una vez más justificó lo acertado de su nombramiento. Pocos hombres que hayan desempeñado este cargo habrán hecho más que él por dar un fuerte impulso a la educación; tampoco nadie se enfrentó a mayor oposición. Los blancos de Florida compartían la oposición general sudista a cualquier tipo de educación, pero especialmente se oponían a la novedad de las escuelas para negros. Por otra parte, tener que pagar impuestos para sufragar tales escuelas era otra novedad más de la cual se resentían. Gibbs demostró ser un magnífico diplomático, al menos en el campo de la diplomacia que se necesitaba para vencer la oposición. Durante su mandato, desde 1872 hasta 1874, la matriculación de alumnos aumentó de 18.000 a 32.000, y los gastos se elevaron de 101.000 dólares a 189.000.

Gibbs también inició la tarea de unificar los libros de texto en las escuelas elementales y secundarias. Y solucionó un problema mucho más difícil, uno que nadie se atrevía a resolver en aquellos días: el hallar suficientes maestros cualificados. Pero su contribución más importante fue la labor que desarrolló en el campo de la educación superior. Como presidente *ex officio* de la junta de fideicomisarios para un proyectado colegio de agricultura, desarrolló los procedimientos para asegurar fondos bajo la Ley Morrill Land-Grant.

El 14 de agosto de 1874, Gibbs murió, muy pocas horas después de haber hablado en un mitin republicano celebrado en Tallahassee. Tenía cuarenta y siete años de edad. Su hermano, en una autobiografía escrita muchos años después, atribuyó su muerte a un ataque de apoplejía, pero por aquellos días corrieron rumores de que había sido envenenado. Los periódicos del estado lamentaron su fallecimiento, haciendo hincapié en el hecho de que se acababa de perder a uno de los mejores empleados públicos que Florida había conocido, cosa que nada tenía de exagerado. El Klan no se sumó al sentimiento general; para los verdaderos miembros del Klan, Gibbs era tanto el empleado público número uno como el enemigo público número uno. Y, naturalmente, sobrevivió la opinión del Klan.

El diputado Walls era también un "forastero", aunque por lo menos había nacido en el Sur, en Winchester, Virginia. Cuando comenzó la Guerra Civil se vio obligado a abandonar su oficio de panadero y unirse a la artillería confederada como soldado. En mayo de 1862 fue hecho prisionero en Yorktown; pero poco después fue enviado a Harrisburg para que asistiera a la escuela. Más tarde, y ya como soldado en un regimiento de negros, ascendió a sargento mayor e instructor de artillería. Dado de baja en Florida en 1865, se dedicó a la agricultura en el condado de Alachua.

Al igual que Gibbs, Walls fue delegado en la Convención constitucional del estado en 1868 y, posteriormente, elegido para la cámara legislativa, primero para la Cámara de Representantes y más tarde para el Congreso. En las elecciones de 1870 pareció ser el hombre más idóneo para llegar hasta el Congreso. Su oponente conservador, un hombre blanco llamado Niblack, denunció el escrutinio de votos, y tras una larga acción judicial finalmente ganó el pleito, pero después de que Walls llevara en Washington más de un año. En 1872, Walls fue reelegido y desempeñó su cargo durante todo el periodo de tiempo legal, pero, tras ser declarado vencedor en las elecciones de 1874, de nuevo quedó sin escaño después de haber servido la mayor parte de su periodo como diputado. Muy pocos miembros del Congreso han igualado este récord de ser elegidos tres veces seguidas y quedar como diputados sin escaño en dos ocasiones.

Durante el periodo tomó asiento en la Cámara de Representantes; como único miembro de Florida, demostró ser uno de los más grandes fomentadores de su estado, un estado con una larga y gloriosa historia de hombres de acción. La mayoría de los 50 proyectos de ley que presentó estaban íntimamente relacionados con el progreso de Florida: mejoras en los puertos, profundización y dragado de canales en ríos navegables, construcción de un ferrocarril y de edificios federales tales como Correos y Aduanas, así como leyes destinadas a proteger la nueva industria cítrica. En una ocasión emprendió acciones para transferir un millón de acres de terreno público a los fideicomisos de la escuela de agricultura estatal, pero tuvo que cerrar el trato en 90.000, unas 140 millas cuadradas.

Solamente en una ocasión habló Walls en el Congreso sobre el problema racial. Un miembro de Georgia había pronunciado un discurso en contra de las ayudas federales en el campo de la educación, y Walls hizo hincapié en que tal oposición reflejaba, no la defensa de unos derechos estatales, sino más bien el típico resentimiento sudista hacia las escuelas de los libertos. Y en aquellos mismos instantes, mientras aún tenía la palabra, Walls aprovechó la ocasión para atacar duramente la idea de que los negros eran gente incapaz de asimilar cualquier clase de educación.

Sin embargo, la mayor parte del tiempo Walls actuaba como si en Florida no existiera división racial alguna. Ayudó activamente a los exconfederados a resolver sus problemas de incapacitación política, aparte de destinar a West Point al hijo de un exgobernador que se oponía notoriamente tanto al voto de los negros como a que estos ocupasen cargos oficiales. Lo que en 1877 se llamó "restauración de soberanía local" en Florida, con mucha más lógica debía haberse denominado "restauración de la supremacía blanca". Esta supuso el fin de la carrera de Walls en el Congreso, así como las esperanzas de que un negro volviera a resultar elegido para llegar hasta aquel organismo. El evidente éxito de su carrera en el Congreso, incluyendo su ayuda a los antiguos confederados, otorga a la restauración una cierta ironía, del tipo que el Klan ya había perdido.

Otra clase de ironía emana de un libro publicado en 1888 y ampliamente conocido: *Carpetbag Rule in Florida*. Atribuido a John Wallace, un negro que desempeñó durante cierto tiempo el cargo de senador estatal del condado de León, fue casi con total seguridad escrito por otra persona, y si en verdad John Wallace fue su autor, escribió lo que él sabía que no era cierto para cierta clase de consideraciones. Tanto Gibbs como Walls podrían haber escrito este libro, pero Wallace era prácticamente analfabeto: un buen ejemplo, de hecho, del legislador negro semianalfabeto tan a menudo citado por los viejos historiadores en cuanto se referían a la ruina del Sur. En su prefacio, Wallace decía: "Carecí de educación mientras fui esclavo, y nunca disfruté de los beneficios de ninguna escuela antes o después de ser licenciado del Ejército" (al igual que Walls, había servido en un regimiento para negros). Continuaba diciendo que todos los conocimientos que poseía en el campo de las letras los había adquirido "a través de un constante estudio durante las noches"; pero incluso en esto tuvo que limitar sus esfuerzos, ya que los médicos, al parecer, le dijeron que corría peligro de quedarse ciego. No obstante, el estilo de su libro, como se dará cuenta cualquier persona que haya examinado trabajos de estudiantes durante años, delata que se trata de un individuo muy avanzado en el campo de la retórica.

El párrafo final del prefacio explica por qué el libro se hizo tan popular entre los defensores de la interpretación sudista clásica de la historia, y aunque es un tanto extenso, merece ser citado aquí:

El propósito de esta obra es corregir la impresión extendida y errónea que actualmente prima en todo el mundo, de que los antiguos esclavos, cuando fueron emancipados, no tenían el menor concepto de un buen gobierno, y que, por lo tanto, su principal ambición era la corrupción y el pillaje; evidentemente, es preciso decir que aunque estuvieron durante más de doscientos años privados de esa formación calculada para llegar a formar parte de una comunidad de ciudadanos tan próspera como lo es nuestra república, lo cierto es que su constante contacto con una raza más culta, aun cuando su posición fuese la de esclavos, les habría convertido en mejores ciudadanos y legisladores si no hubieran sido contaminados por forasteros y hombres blancos desconocidos que se presentaban ante ellos como sus salvadores; también es preciso decir que las leyes promulgadas en el año 1865 con referencia a la gente de color no se dictaron como un conjunto que debía ser cumplido por todo el mundo, sino más bien para disuadir a la gente de color de vengar los malos tratos, falsos o verdaderos, que sus crueles amos les hubieran podido infligir cuando aún eran esclavos; que estas leyes y las ligas secretas sometían a los antiguos esclavos a estos forasteros, quienes les explicaban que debían ser diez veces peores de lo que eran antes; por lo tanto, fueron los hombres blancos y no los de color los que originaron la corrupción y se enriquecieron con los ingresos del estado desde el año 1868 hasta 1877; que la pérdida del estado en favor del Partido Republicano nacional no se debió a infidelidad alguna de la gente de color al partido, sino más bien a la corrupción de estos líderes blancos forasteros llamados comúnmente *carpetbaggers*; que la gente de color obró tan bien como otras personas podrían haberlo hecho bajo las mismas circunstancias, o quizá mejor. Esta obra también tiene por objeto probar que, a pesar de las terribles equivocaciones cometidas por los exdueños de esclavos con la gente de color, que a pesar de las traiciones y engaños de los *carpetbaggers* que apoyaron a sus antiguos amos, la gente de color, al igual que el roble, desafía la tormenta que descarga toda su fuerza, y como una caravana de determinados pioneros abriéndose paso en un nuevo país, el negro está colocando los cimientos de una nueva civilización que será plenamente igual en todo respecto a la de cualquier otra raza o pueblo; y que la llegada del Partido Demócrata al gobierno del estado en 1877 demostró ser una bendición para la gente de color de Florida.

Lograr que un "Tío Tom" escribiera semejante elogio de los demócratas haciéndoles aparecer como los verdaderos amigos de los negros —si es que Wallace realmente escribió el libro— era una estrategia maestra. La inclusión de numerosos documentos, proclamas y otros informes de carácter oficial añadía un impresionante apoyo a la tesis de que el estado, durante la Reconstrucción, estaba sistemática y deliberadamente mal conducido por "estos forasteros líderes blancos denominados *carpetbaggers*". El amplio uso de lenguaje figurado también hace que el libro sea interesante. Por ejemplo, el gobernador Reed aparece iniciando un contraataque político, "por ser el primero en su gabinete en emplear el hacha. Decapitó a Alden y nombró a Gibbs, hombre de color, como secretario de Estado". En una página posterior puede continuar leyéndose: "Vigilantes secretos siguieron la pista a Gleason y Alden hasta que Reed pudo afilar su cuchillo para decapitar asimismo a Gleason (el teniente exgobernador que conspiraba para desalojar a Reed y ocupar su puesto)".

El volumen, con sus 444 páginas, constituye una elaborada relación del latrocinio del gobierno de Florida durante la Reconstrucción, relación que es todavía generalmente aceptada como acusación a los radicales y como prueba de su deliberado mal gobierno y de su explotación de los negros. Los demócratas —así se invita a que lo crea el lector— lo hubiesen hecho mejor, lo que siempre es una hipótesis dudosa sobre cualquier partido que no esté en el poder. El Klan había luchado para asegurar Florida a los demócratas, y este libro, publicado once años después de que los demócratas volvieran a tener el control en sus manos, confirma la necesidad de mantener al Partido Demócrata en el poder a menos que un nuevo régimen introduzca otra vez la corrupción de la Reconstrucción.

Sin embargo, un lector imparcial desearía conocer varias cosas. Desearía saber si las administraciones demócratas (blancas) en Florida, antes y después de la Reconstrucción, fueron en realidad menos corruptas. Desearía saber si el latrocinio en Florida bajo el gobierno radical era peor que en otros estados durante aquel periodo de reajuste de posguerra. Entonces se tropezaría con referencias al Canal Ring en Nueva York, que el gobernador Tilden quebró, y a otros memorables escándalos, como el del Crédit Mobilier, la estafa Tweed en la ciudad de Nueva York, y el desenmascaramiento de todo el gabinete de Grant, excepto Hamilton Fish, como altos traficantes de puestos públicos.

Wallace defiende a los miembros negros de la legislatura de Florida de forma muy curiosa. Admite que robaban porque los hombres blancos —radicales, por supuesto, y no demócratas— les enseñaron a hacerlo así. Cuando fueron elegidos no sabían nada sobre el "robo legal", pero los hombres blancos rápidamente les hicieron saber de qué se trataba. Por lo tanto, nunca se debería volver a exponer a los negros a tal tentación; los hombres blancos eran demasiado listos en su innata superioridad, y los negros podían ser manejados muy fácilmente por blancos sin escrúpulos. Sin embargo, las recientes investigaciones llevadas a cabo sobre el tema revelan que la clase de corrupción en que insistía el Klan para reducir o evitar que los negros desempeñaran cargos oficiales era casi inexistente en Florida durante el periodo de la Reconstrucción. La enormidad del latrocinio bajo los radicales es una tremenda exageración que fue usada por los blancos locales para justificar su guerra política contra los radicales y también para justificar la violencia del Klan para hacer del estado un lugar seguro para los demócratas. Los historiadores estatales han mantenido viva esta ficción, traicionados por su propio condicionamiento regional al desear creer que así fueran las cosas; y hoy día está tan firmemente establecida, que los revisionistas se enfrentan con una formidable barrera en sus esfuerzos por demoler tal ficción.

La violencia del Klan estaba justificada, según los conservadores blancos y sus historiadores defensores, por la extensión del latrocinio. Como en los demás lugares del Sur, la violencia era condenada por "los mejores", aunque no por todos, pero se sostenía como medio de expulsar a los granujas radicales y a sus negros incautos. Sobre lo que los historiadores no consideraron necesario informar adecuadamente fue que la violencia era endémica en Florida mucho antes de que apareciese por allí un solo radical, e incluso antes de que votase un negro u ocupase algún cargo oficial. La tendencia a los actos violentos aún persiste en los lugares más antiguos del estado, mucho tiempo después de que su condición fronteriza pueda ser citada como razón. Los negros y los unionistas eran sistemáticamente contenidos antes de la Guerra Civil. El "hábito" de Klan era cosa ya establecida en Florida antes de que se inventara el Ku Klux Klan. Los cuerpos de "reguladores", que se habían mostrado muy activos antes de la guerra, fueron lo que más tarde formó el núcleo de los *dens*. La diferencia más evidente, en cuanto concierne a un comportamiento abierto, es que, antes de la guerra, negros y blancos eran por igual víctimas de los "reguladores", mientras que después de la Guerra Civil los negros llegaron a ser las víctimas especiales de un odio organizado.

La esclavitud, con todas sus desventajas, había actuado como una suerte de protección; mientras un negro fuese propiedad de alguien, su dueño tendría interés en que siguiera viviendo y en que gozara de buena salud. Pero una vez el negro fue dueño de sí mismo, ya no pudo tener confianza en semejante consideración económica. La emancipación despejó el camino a los blancos pobres que siempre habían odiado a los negros para atacarles frecuentemente debido a la más insignificante de las provocaciones o sin la más mínima razón en absoluto. El coronel J. T. Sprague, comandante federal del distrito de Florida, informó en diciembre de 1865 sobre el hecho de que el estado, durante cierto tiempo, había carecido del poder para impedir la violencia blanca hacia los negros. Incluso con tropas federales a mano, se cometían crímenes frecuentemente; crímenes que en parte quedaban sin castigo porque los testigos temían ser objeto de duras represalias si declaraban lo que habían visto.

Los menesterosos blancos consideraban a los libertos como rivales en el trabajo, y a principios de diciembre de 1865 comenzaron a eliminar a los negros del campo laboral, algunas veces valiéndose de advertencias verbales y otras añadiendo unos cuantos latigazos para hacerles asimilar mejor las advertencias.

La primera Constitución de posguerra, como en los demás lugares del Sur, restauró las restricciones que antes de la guerra pesaban sobre los negros libres, y las extendió a todos los libertos. Pero esta Constitución fue descartada, y la de 1868, elaborada bajo supervisión federal, estableció claramente que a partir de aquel momento ya no se podía invocar la ley del estado para mantener a un negro como subordinado. Y sucedió una cosa curiosa: los negros parecieron resultar específicamente favorecidos sobre los blancos, ya que muchos de estos últimos todavía no podían votar a causa de sus actividades en la guerra. Todo favoreció el rápido desarrollo del Klan y de grupos similares al mismo; fueran cuales fueran sus nombres, operaban al margen de la ley, aunque, según sus propios puntos de vista, actuaban mucho mejor que las propias leyes.

Un miembro del Club de Jóvenes Demócratas del condado de León, en su declaración ante la Comisión investigadora del Congreso en 1871, presentó una copia de la constitución del club. Su similitud a la del Klan era notable. Este hombre manifestó que cuando ingresó en el club supuso que se trataba del Klan. Además, insistió en que los mejores hombres blancos del condado eran miembros; la plebe allí no era bien recibida.

La mayor parte de los miembros del Klan de Florida no fueron tan sinceros, aun cuando muchos de ellos "cedieron" años más tarde. Francis Fleming, gobernador entre 1889 y 1893, un poco más adelante se refirió al Klan como organización que había "ensangrentado todo un capítulo de la historia del estado"; lo que el hombre deseaba recordar en sus avanzados años era más bien todo lo que habían construido Gibbs y el diputado Walls durante la Reconstrucción.

Fleming, en unas memorias escritas a máquina, que en la actualidad figuran entre los demás documentos de la Sociedad Histórica de Florida, habló francamente acerca de la violencia del Klan. Un incidente particularmente memorable fue el método que empleó el Klan para vengar la muerte de un hombre blanco en Ocala. Desde luego, fueron condenados a muerte y ejecutados todos los negros acusados del asesinato, pero el cuerpo de uno de ellos fue cocido en un hervidor de azúcar con el objeto de eliminar toda parte carnosa, y su esqueleto, armado luego con alambre por un cirujano exconfederado, "se balanceó durante meses colgado de un alto pino en un solitario cruce de carreteras de Ocala, como advertencia del destino que esperaba a los demás malhechores". Los miembros de Klan que tomaron parte en este acto de venganza, evidentemente, no se consideraban a sí mismos como tales malhechores.

Otro miembro del Klan en Florida, W. S. Simkins, más tarde llegó a ser profesor de Derecho en la Universidad de Texas. En un artículo que publicó en 1916 alardeaba del éxito del Klan y mostraba su propia satisfacción al hablar francamente de su participación en las actividades del mismo. En una ocasión golpeó a un liberto con una duela de barril y nadie le detuvo ni castigó, simplemente porque la gente sabía que él "era" miembro del Klan. Nadie deseaba atraer la ira del Klan informando pública o privadamente sobre aquel incidente.

El Klan de Florida inició una guerra abierta contra los radicales, blancos y negros, pero asesinaban más a menudo a los últimos. Un simple voto a favor de la candidatura republicana era suficiente para merecer un severo castigo. En el condado de Columbia, aún hoy día fuerte reducto de la supremacía blanca, por lo menos siete negros republicanos fueron asesinados en 1871. El senador estatal del condado, el doctor E. G. Johnson, fue eliminado en 1875. Como en aquellos momentos los demócratas y republicanos estaban divididos a partes iguales, la muerte de Johnson proporcionó a los demócratas una mayoría de uno en el Senado. Tal y como manifestó un conservador blanco: "La muerte hace sitio a la libertad".

La prensa de algunos estados deploraba los asesinatos, a la vez que alegaba que el Klan era necesario. Pero hubo otros editores en Florida que se mostraron menos tímidos: "¡Marchad de aquí, *carpetbaggers*!" y "¡Muerte a los canallas!" fueron los dos inflamados epígrafes que aparecieron en el *New Era* de Gainesville. Por su parte, el *Monticello Advertiser* sugería en su editorial: "Suprimámosles ahora mismo, pacíficamente si podemos, o a la fuerza si es necesario".

Las medidas pacíficas debieron de ser poco satisfactorias, ya que, en proporción a la población, "un estado renacuajo" figuró como el número uno en el Sur en el capítulo de asesinatos del Klan en los tres años que transcurrieron desde 1868 hasta 1871; ocho condados arrojaron un número de 235 muertes por violencia. Es posible que haya habido más. Pero este era el cálculo hecho por Jonathan Gibbs, hombre bien conocido por su prudencia oficial. De acuerdo con su contabilidad, en el condado de Lafayette se habían dado cuatro asesinatos; nueve en Hamilton; en Alachua y Columbia 32, y 20 en Madison, aparte de los 153 de Jackson. Esta última y asombrosa cifra es el resultado de lo que se dio en llamar "guerra del Condado de Jackson". Pero más que una guerra fue una auténtica caza de radicales.

Algunos antiguos historiadores aseguraron que el Klan no estuvo realmente implicado en los sucesos de Jackson, pero las cartas contemporáneas que han podido ser examinadas recientemente demuestran que aquella "guerra" no fue más que un simple ejercicio de los procedimientos del Klan. Incluso sin estas pruebas no cabría la menor duda de que los blancos locales aceptaban los métodos del Klan. Se daban con harta frecuencia las acostumbradas visitas nocturnas, las flagelaciones, las advertencias por escrito y las muertes por ahorcamiento o a tiros de revólver o rifle. Asimismo se seguía recurriendo al viejo truco de reclutar hombres del exterior del condado para realizar el trabajo sucio, mientras los blancos de la localidad establecían así coartadas indestructibles.

Existía asimismo la vieja costumbre de culpar de tales asesinatos del Klan a unos cuantos negros, y luego matarlos salvajemente, como si su culpabilidad se hubiese establecido sin lugar a dudas. Si hubo un factor que empeoró las cosas en el condado de Jackson mucho más que en cualquier otro lugar de Florida, fue —al menos así se consideró por todo el mundo— que ciertos disparos de unos negros hirieron a un líder del Klan y mataron a la hija de este. Esto añadió una especial provocación al motivo político de reducir la influencia radical; el Klan intentó luego suprimir a todos los negros del condado.

La guerra del Condado de Jackson comenzó en 1869, pero es muy discutible la causa que pudo haberla originado. Dos agentes de la Oficina de Libertos, William Purman y Thomas Hamilton, habían llegado a Jackson en 1866. John Wallace describió a Purman como el "cerebro diabólico" y a Hamilton como su instrumento de ejecución, hombre de gran valor, que no pudo haber pensado por sí solo en tantas formas de atosigar a los blancos de la localidad (más tarde, Hamilton fue miembro del Congreso). Los dos agentes, según Wallace, hicieron todo lo posible para que aumentase el odio de los negros hacia los blancos, incluso animándoles a que incendiaran las cosechas de algodón y otras propiedades de los granjeros blancos. Ambos agentes exteriorizaban hacia estos blancos locales "la más indecorosa tiranía", en cuyos procedimientos se incluían actos tales como, por ejemplo, detener a dos muchachas que habían retirado las flores de una tumba de un soldado de la Unión, y cobrar cuotas por supervisar los contratos que se extendían entre los libertos y los patronos: 25 centavos para el liberto y medio dólar para el hombre que lo empleaba. Y también, según Wallace, toda la violencia que estalló después de semejante "tiranía y opresión" fue, sin duda, culpa de estos dos monstruos. Esta era la estrategia habitual del Klan en todos los puntos del Sur: transferir la culpabilidad de su violencia a sus víctimas.

La principal acusación que obraba en contra de Purman y Hamilton era que incitaban a los negros a votar. De votar todos los negros del condado de Jackson, y hacerlo por el Partido Republicano, ningún demócrata podría ocupar un solo escaño y se enviarían legisladores republicanos a Tallahassee, horrible perspectiva para los demócratas locales. Habiendo ya "cocinado" un caso en contra de Purman, los blancos decidieron eliminarlo. Fue herido, aunque no muy seriamente, en una emboscada; su compañero, el doctor Jobo Finlayson, actuario del tribunal de circuito, resultó muerto.

Esto ocurrió en marzo. El 28 de septiembre, y obedeciendo a una razón desconocida, los blancos atacaron a un grupo de negros cuando estos efectuaban una excursión campestre, resultando muertos un hombre y un niño de dos años de edad. Tres noches después, en Marianna, capital del condado, James McClellan se encontraba con algunos amigos en la terraza de su casa. Era un importante demócrata de la localidad, y se pensaba que era el jefe del Klan. La tranquila noche se vio repentinamente quebrada por una salva de disparos. McClellan cayó herido y su hija muerta. Se supuso que los atacantes eran negros encolerizados por los asesinatos cometidos en aquella emboscada sin sentido e incitados a la violencia por Purman, quien, por cierto, en aquellos momentos se hallaba en Tallahassee.

A la mañana siguiente y durante semanas después, las calles de Marianna aparecieron abarrotadas de jinetes blancos procedentes de los condados vecinos y de Georgia y Alabama, cuyas intenciones no dejaban lugar a dudas: tal y como se declaró ante la Comisión investigadora del Congreso, intentaban matar a todos los republicanos que no abandonaran el condado de Jackson. El actuario del tribunal del condado, John Q. Dickinson, se encargó de enviar informes periódicos de los acontecimientos al secretario de Estado Gibbs. Dickinson era nativo de Vermont y graduado en Harvard. Los asesinatos se daban casi a uno por día. Algunos negros abandonaron prudentemente la ciudad, y lo mismo hicieron unos cuantos republicanos blancos, pero quedaron muchos más para hacer que la cacería fuese buena.

El 7 de octubre, tres conocidos miembros del Klan asesinaron a toda una familia, la de Matt Nickless —compuesta por este, su esposa e hijo—, y luego arrojaron los cadáveres a una zanja. El día 11, los informes de Dickinson hablaban de siete negros muertos y dos heridos; no todos los miembros del Klan eran buenos tiradores. Pero poco antes de enviar al correo sus informes, Dickinson añadió una posdata en la que especificaba que había muerto un hombre más: un blanco llamado Fleishman, que al parecer se dedicaba a enviar armas a los negros.

En febrero de 1869, la lista de Dickinson había ascendido a 75 muertos. El noventa por ciento eran negros, y el resto blancos republicanos. Dickinson quizá esperara que la administración republicana del estado hallara la forma de detener aquella oleada de asesinatos, aunque es más probable que supiese cómo estaban las cosas en Tallahassee: el gobernador Reed casi hundido políticamente y el secretario Gibbs en constante peligro de ser asesinado. No había alguaciles o policía estatal que pudieran enviarse al condado de Jackson, y la milicia estatal era una parodia, ya que carecía de armas.

Resulta difícil comprender por qué hubo negros o republicanos blancos que se quedaron en la región bajo las circunstancias que imperaban. Purman, prudentemente, se negó a volver allí. En una ocasión, alguien le preguntó si el Klan azotaba a la gente en Marianna, y él replicó: "No, señor; en el condado de Jackson hacen un trabajo limpio. Allí lo fían todo a la pólvora".

Dickinson fue uno de los que inflexiblemente se aferró a su trabajo; pero llegó el día —en abril de 1871— en que ya no pudo enviar sus informes regulares a Gibbs. Su asesinato se atribuyó a un negro llamado Bryant; el Klan inmediatamente inventó un motivo: Dickinson mantenía relaciones amorosas con la esposa de Bryant. Por entonces, la guerra estaba terminando. Una mujer de la localidad, algunos años después, pudo decir ingenuamente, al narrar uno de sus recuerdos, que el condado no sufría "serias dificultades" con los negros desde hacía mucho tiempo. Un miembro del Klan, menos ingenuamente, alardeó muchos años después de que el número de asesinatos había ascendido a más de 170. El cálculo de 153 del secretario Gibbs parece mucho más razonable; pero en todo caso no hay la menor duda de que fue una de las purgas más limpias que el Klan llevó a cabo durante la Reconstrucción.

Quizá no llegue a saberse nunca por qué este condado fue el escenario de tal carnicería. Es probable que su situación geográfica explique en parte esta anomalía, ya que se encuentra situado en un ángulo de los límites norteños de Florida y comparte extensas fronteras con Georgia por el este y con Alabama por el norte. Los miembros del Klan de ambos estados podían cruzar fácilmente la frontera para participar en la supresión de los odiados enemigos.

Aparentemente, la predisposición antinegra del condado ha cambiado durante estos últimos 90 años, ya que en 1960 se registraron más de la mitad de los electores negros. Sin embargo, en este mismo año solo lo hicieron un puñado en el condado de Gadsden, situado un poco más al este, y no se registró ninguno en el condado de Liberty, en las cercanías de Jackson.

La mayoría de los asesinatos cometidos en otros lugares del estado fueron también de inspiración política; eran la forma más extremada de los esfuerzos del Klan para evitar que los negros votaran. Y se hace difícil no sobreestimar el valor de los negros. A pesar de la violencia del Klan, acudieron a las urnas el día de las elecciones en número suficiente para mantener a los republicanos en el poder hasta el año 1876. Hoy en día, allí donde los supremacistas blancos todavía insisten en que no se debe permitir votar a los negros, normalmente lo peor que puede suceder a un terco elector negro es que pierda su trabajo. Y aunque esto sea malo, no es nada comparado con la situación de 1870, cuando incluso el rumor de que hubiese votado un negro podía condenar a este a muerte, o quizá al menos a sufrir unos cuantos latigazos.

También los blancos republicanos necesitaban hacer acopio de valor. L. G. Dennis, de Massachusetts, era recaudador federal de impuestos y senador estatal por el condado de Alachua. Una docena de miembros del Klan celebraron un simulacro de juicio en una calle de Gainesville y le condenaron a muerte. La acusación se basaba en que era radical. Resultaba evidente para todo el mundo que sí lo era. Lo cual fue considerado como suficiente razón para que muriese. Sin embargo, el Klan no ejecutó la sentencia. Le fue enviada una advertencia a Dennis en forma casi poética:

K. K. K.
No hay ningún hombre que al sentir la cuerda en su cuello tenga buena opinión de la ley.

K. K. K.
Por dos veces se ha oído el informe secreto.
Cuando de nuevo oigas su voz
se sellará tu condena.
K. K. K.
Los muertos no cuentan historias.
K. K. K.
¡Muerte! ¡Muerte bajo las rosas!
K. K. K.
Nuestra divisa es la muerte para los radicales.
¡Cuidado!
K. K. K.

El senador del estado E. G. Johnson, de Lake City, también recibió un aviso en octubre de 1871. Se le informaba de que había en Florida 4.000 miembros del Klan; y que todas las "leyes Ku Klux Klan, todos los tribunales de justicia, todos los soldados, y todos los diablos del infierno no podrían impedir las resoluciones de la hermandad. De persistir, los destructores de nuestros derechos —es decir, los líderes sin principios como usted— caerán uno tras otro; esto ha sido jurado por boca de hombres valientes que están obligados a actuar en secreto por la fuerza de las circunstancias". Johnson publicó esta carta en el *Lake City Herald*, y durante unos años no recibió más noticias del Klan. Esto pareció seguir una cierta lógica, ya que si el Klan llevaba a la práctica sus amenazas después de haber sido hecha pública aquella nota, todo el mundo sabría que era obra del Klan. Pero en 1875 Johnson fue asesinado, lo que ciertamente parece echar por tierra esta lógica.

Sin embargo, no toda la violencia del Klan en Florida se debía a motivos de tipo político, aun cuando parece ser que en su mayor parte sí se debía a tal factor. En 1868, toda una familia negra de Jefferson City, marido, esposa y cuatro hijos, fue condenada a recibir latigazos por una razón muy sencilla. Al parecer, no se habían enterado de que los blancos no permitían que "ningún maldito negro viviera en tierras de su propiedad". La propiedad era privilegio de la raza superior. En el condado de Clay, una pareja negra, Sam y Hanna Tutson, fueron desnudados y después azotados salvajemente porque se negaron a abandonar sus tierras después de haber recibido un aviso del Klan. Uno de los miembros del Klan, ayudante del *sheriff*, amenazó a la señora Tutson con matarla si no se prestaba voluntariamente a acostarse con él. Más tarde, cuando ella le contó esto al *sheriff*, este la encerró en la cárcel durante veinticuatro horas por mentir. Pero resulta satisfactorio saber que, inmediatamente después, el *sheriff* despidió a su lascivo ayudante.

Algunos blancos también fueron castigados. R. W. Cone, del condado de Baker, se ganó unos cuantos cardenales en el cuerpo por formar parte de un jurado que escuchó las declaraciones de un negro contra un blanco. En 1871, un comerciante judío del condado de Columbia fue asesinado porque comerciaba ampliamente con los negros. En mayo de 1874, cerca de Brooksville, se ahorcó a un hombre blanco que vivía con una mujer negra. En julio de 1875, dos hombres acusados de violación, uno negro y el otro blanco, fueron sacados a la fuerza de la cárcel de Milton y se les ahorcó inmediatamente. Está claro que el Klan, en Florida, aun cuando estuviese preocupado por la política, seguía las mismas normas de los demás klanes en cuanto a protección de la moral pública.

El gobernador Reed solicitó el auxilio de tropas federales por lo menos en tres ocasiones: en julio de 1868, en octubre de 1870, y en el año 1871. Pero las tropas nunca llegaron. Por razones desconocidas, los hombres de Washington ni siquiera deseaban enviar armas a la milicia que había organizado Reed. El gobernador, finalmente, pidió un cargamento de rifles y revólveres a Nueva York, pero estas armas tampoco llegaron a su destino. En algún punto de la línea principal del ferrocarril, entre Jacksonville y Tallahassee, desaparecieron del tren. Un miembro del Klan declaró años más tarde que la mayoría de los funcionarios de Telégrafos y los empleados del tren eran miembros del Klan; era cosa sencilla recoger en cualquier estación a un pelotón del Klan y dejarle en la próxima sin que nadie les preguntase lo que hacían ni por qué viajaban.

El Klan de Florida se mostró muy activo durante el periodo de la Reconstrucción, pero después de un reinado de terror que duró tres años, desde 1868 hasta 1871, hubo relativa calma hasta las elecciones de 1876. Florida fue uno de los últimos estados que volvieron a conocer el control total del hombre blanco, y en el ambiente se percibía mucha impaciencia, junto con el sentimiento de "ahora o nunca". Si se permitía a los republicanos ganar aquellas elecciones, ello podría significar que los negros votarían durante años en el futuro, lo cual resultaba no solamente insoportable, sino hasta increíble. Esta vez el Klan evitó la violencia extrema, pero sus métodos "más suaves" surtieron el efecto deseado. Los negros que podían pensar que el Klan había muerto fueron sacados de sus cabañas por la noche y se les amenazó con colgarles de un árbol si no prometían votar por los candidatos demócratas. Más tarde se supo que también tenían que jurar que nunca contarían a nadie el haber sido víctimas de aquella coacción.

Los mítines republicanos eran rodeados por gran número de miembros del Klan montados a caballo. Se corrió el rumor de que los demócratas intentaban acudir a las urnas bien armados, y que no dudarían en disparar sobre cualquier negro que intentase ejercer su voto. Una de las más asombrosas acciones fue una amenaza, hecha personalmente al gobernador de entonces, llamado Stearns, comunicándole que se le condenaría a muerte si aquel día de elecciones moría algún hombre blanco. A continuación, pelotones armados de miembros del Klan patrullaron por caminos y carreteras para impedir que los negros se acercaran a los lugares de votación. Ambos partidos ganaron en Florida. En la disputada elección presidencial resultó ganador Rutherford Hayes, pero el nuevo gobernador fue un demócrata, George F. Drew. A partir de aquellos días, los republicanos ya no albergaron más esperanzas de volver a nombrar funcionarios estatales (aunque en años recientes han tenido éxito en unos cuantos condados del Sur muy poblados). Los que en realidad perdieron en 1876 fueron los negros; después de gozar de algunos de los derechos de los ciudadanos estadounidenses, fueron obligados a ocupar una posición de segunda clase que acababan de decretar los blancos supremacistas. Hubiese sido mucho mejor para ellos no gozar de los beneficios del derecho al voto o de la ocupación de cargos oficiales, porque perder todo esto de repente resultó muy duro. Por supuesto, se aferraron a algunos avances, tales como escuelas para sus hijos y el derecho a poseer tierras, aunque muy pocos de ellos se atrevieron a hacerlo. Lo que sorprendió terriblemente a la mayoría negra fue que los hombres blancos, arrogándose una supuesta superioridad, les habían privado de todos sus derechos civiles a la fuerza, valiéndose de la violencia del Ku Klux Klan.

CAPÍTULO 9
LA OFICINA DE LIBERTOS

De la Oficina de Libertos, los historiadores simpatizantes del Sur, así como los autores de literatura pro-Klan, han creado una imagen tan duradera como hostil. Este organismo jamás fue ni pernicioso ni vengativo, excepto en el mito sudista. Fue creado por el Congreso para ayudar a los antiguos esclavos en su difícil transición a la libertad e igualdad que la nación había decretado que debían disfrutar; pero como este mismo propósito representaba una amenaza para la supremacía blanca, era inevitable que los blancos sudistas hicieran todo lo posible por desacreditarlo. Se reunieron pruebas de real opresión para ilustrar la supuesta maldad de la Oficina; y las prácticas de corrupción de ciertos agentes, especialmente en las compras de algodón, se exageraron para que apareciesen deliberadamente a los ojos de todo el mundo como el procedimiento normal de todos los agentes de la Oficina. La Oficina era un símbolo al que la mayoría de los blancos sudistas temían, odiaban y al que se resistían. En su calidad de agencia de operaciones gubernamentales, fue el principal blanco de la violencia del Klan. Pero no nos corresponde a nosotros anteponer las apariencias a los hechos.

La insistencia blanca sudista, antes de la guerra, en que los esclavos estaban contentos con lo que les correspondía, es un buen ejemplo de la voluntad de creer que las cosas fueran así. Algunos esclavos, evidentemente, sí estaban contentos, sobre todo los que servían como mayordomos o criados en casas ricas, ya que estos negros miraban por encima del hombro a los peones del campo. Pero la existencia del llamado "ferrocarril subterráneo"[4] es buena prueba también del amplio descontento que existía entre la gente de color, al igual que el mucho menos conocido esfuerzo de muchos esclavos por hallar refugio en los fuertes federales.

---

4. Red clandestina organizada en el siglo XIX en Estados Unidos y Canadá para ayudar a los esclavos negros a que escaparan de las plantaciones del sur de Estados Unidos hacia estados libres o Canadá (N. de T.).

La guerra multiplicó el número de estos fugitivos. Los propietarios que abandonaban sus plantaciones solo podían llevarse con ellos a los esclavos de su casa; pero los numerosos peones que trabajaban en tales plantaciones, o bien se quedaban allí para vivir como les fuera posible, o se convertían en vagabundos, e incluso muchos de ellos corrían a alistarse en la unidad más cercana del Ejército de la Unión, que ellos suponían que avanzaba hacia el Sur con la intención de concederles la libertad. A medida que la guerra se prolongaba, el número de negros refugiados también se convirtió en un verdadero problema. Algunos generales de la Unión simplemente les rechazaban, o bien intentaban llevar a la práctica las disposiciones de la Ley de esclavos fugitivos, devolviéndolos a sus dueños. Otros generales que simpatizaban menos con el Sur les ponían a trabajar y rechazaban las demandas de sus dueños. Un general con mentalidad de abolicionista expresó su punto de vista sobre el problema diciendo que "los refugiados son gentes que la Providencia confía a nuestro cuidado".

Ben Butler, quien comandaba la fortaleza de Monroe, en Luisiana, inventó una fórmula que se reveló satisfactoria tanto para los dueños de esclavos como para los abolicionistas. Denominando a los refugiados "contrabando" no desafiaba ni ponía en duda su condición de propiedad, pero sí insistió en que las normas de la guerra permitían mantener a los negros bajo su vigilancia mientras sus dueños se alzaran en rebelión contra la Unión. Sus superiores de Washington aprobaron esta fórmula, y la ocurrencia llegó a ser práctica general. El Congreso, que a principios de 1861 declaró que el propósito de la guerra no era liberar a los esclavos, cambió de pensamiento, en consonancia con la mayoría de los norteños, y en julio de aquel mismo año declaró que el deber de los soldados no incluía la captura de esclavos y la devolución de estos a sus propietarios. Esto anulaba totalmente la Ley de esclavos fugitivos en cuanto concernía al Ejército, pero, evidentemente, no resolvía el problema de lo que se debía hacer con dichos fugitivos.

El trabajo que se podía encontrar para los contrabandos en fuertes y campamentos era de verdadera importancia para dejar libres a muchos soldados que así podrían dedicarse a su servicio militar, pero era un trabajo que no podía durar eternamente. Muchas plantaciones se hallaban bajo control militar y, así, pareció lógico y provechoso que los refugiados negros trabajaran en estos campos. El algodón tenía un interés principal, ya que su precio aumentaba enormemente en el mercado de Nueva York. Sin embargo, allí donde se vislumbran beneficios, siempre aparecían contratistas; y muchos de estos, no contentos con el cinco o el seis por ciento que les concedía el Ejército, hallaron medios de aumentar sus ingresos. Los blancos sudistas que no alcanzaban los beneficios de este algodón culpaban al Gobierno de estimular a los especuladores.

El secretario del Tesoro, Salmon P. Chase, en diciembre de 1861, envió a Edward L. Pierce a Port Royal Island, cerca de la costa de Carolina del Sur, para ver qué se podía hacer por los negros allí. El informe de Pierce, fechado el 3 de febrero de 1862, fue publicado en el *New York Tribune*. Lincoln y otros altos funcionarios estaban tan favorablemente impresionados que decidieron nombrar superintendentes asalariados con objeto de suprimir a los contratistas. Por desgracia, no se llegó a subvencionar económicamente el plan. Una apelación hecha a los donativos particulares, ideada por el secretario Chase y el senador Charles Summer, estimuló la formación de sociedades de ayuda a los libertos, y al cabo de un mes, 41 hombres y 12 mujeres embarcaban en el S. S. Atlantic con destino a Port Royal, muchos de ellos en calidad de maestros de escuela. Pierce habló de ellos como "lo mejor de los jóvenes de Nueva Inglaterra, recién salidos de Harvard, Yale, Brown y de los seminarios de teología de Andover y Cambridge".

No todos los pasajeros del Atlantic eran jóvenes escogidos; unos cuantos pensaban más en los beneficios económicos que en otra cosa. Dos miembros del establecimiento militar de Port Royal, el coronel Nobles y el teniente coronel Reynolds, se pusieron del lado de los que buscaban beneficios; ambos habían estado ahí antes que Pierce, y este había informado sobre ellos en el sentido de que eran magníficos superintendentes de plantación. Al menos se parecían mucho a los antiguos capataces del Sur. El consecuente choque de intereses hizo que Port Royal se convirtiese en una especie de microcosmos del Sur. Un nuevo comandante general, David Hunter, hombre fuertemente abolicionista, llegó tan lejos como para pedir permiso —que le fue concedido— para organizar regimientos formados por negros; pero ni siquiera Hunter fue capaz de eliminar a los contratistas, siendo así que el conflicto continuó sin resolverse durante toda la guerra.

A medida que el sentimiento abolicionista aumentaba en el Norte, el Congreso promulgó ley tras ley para mejorar la situación y el bienestar de los esclavos. Lincoln, perfectamente enterado de la opinión que prevalecía en los estados neutrales fronterizos, actuó cuidadosamente, pero, a principios de septiembre de 1862, tomó por fin una valiente decisión. Durante aquel mes mostró a su gabinete el borrador preliminar de una proclamación que liberaría a todos los esclavos en todas aquellas zonas que estaban en guerra con la Unión. Tras hacer algunas modificaciones sugeridas por varios miembros del Gabinete, Lincoln dictó la proclamación el 1 de enero de 1863.

La proclamación de Emancipación produjo un gran debate. Un grupo de ciudadanos abogaba por un programa de colonización, y así, unos 450 exesclavos fueron enviados a Haití, pero con tan pobres resultados que acabaron regresando muy pronto. Mejor método fue alistar a los negros en el Ejército. Al final de la guerra había 186.000 soldados de color. Una tercera solución, la que condujo a la creación de la Oficina de Libertos, se le atribuye al general Grant. Al enfrentarse con el grave problema de grandes contingentes de esclavos fugitivos, ordenó a un capellán llamado John Eaton que estableciera "campamentos para los refugiados" o "contrabando", como se les llamaba por entonces a los negros que huían. Eaton, antiguo superintendente de Escuelas en Toledo (Ohio), aceptó el destino con poco entusiasmo. Pero aun así realizó una competentísima labor. Los campos que organizó se sostenían mediante donativos particulares, así como con un porcentaje de los beneficios del algodón que se cultivaba en tales campos y que luego se vendía en el Norte.

Una comisión de estudio para el problema de los libertos americanos, compuesta por Samuel Howe, Robert Dale Owen y James McKaye, que representaba a 30 sociedades de ayuda a los libertos, presionó a Lincoln en una carta que le enviaron el 14 de diciembre de 1863: "¿Tiene el Gobierno derecho moral —preguntaban— a liberar al esclavo sin darse cuenta de que con cada cadena que se rompe se ha hecho todo lo posible para que el liberto deje de añorar el antiguo sometimiento a su dueño y de sentir que su libertad es una carga y de que su vida es una maldición?". La lógica de esta apelación no podía ser ignorada, y el Congreso respondió, en el mes de marzo siguiente, con un proyecto de ley que creaba la Oficina de Libertos. A continuación siguió la disputa sobre qué departamento se haría cargo de tal organismo, y esto demoró la promulgación definitiva de la ley hasta el 3 de marzo de 1865, fecha en que se autorizó y destinó al Departamento de Guerra la "Oficina de Refugiados, Libertos y Tierras Abandonadas".

El presidente Johnson nombró como comisionado al general Oliver O. Howard, graduado por Bowdoin y hombre de total integridad, tan religioso y rígido en sus principios que durante la guerra a menudo llegó a irritar a sus compañeros generales. Ni radical ni abolicionista cuando se hizo cargo de su puesto, gradualmente se desarrolló en él una evidente simpatía hacia los abolicionistas, aunque evitó escrupulosamente cualquier acto o manifestación que pudiera considerarse como partidista. Se negó firmemente a permitir que la Oficina fuese, como sus detractores han denunciado que era, un instrumento al servicio de los republicanos radicales. Por supuesto, no hace falta más que estar bien informado para saber que los funcionarios de la Oficina a menudo se encontraban bajo diferentes ataques porque se negaban a tomar parte en las actividades políticas de los radicales.

El Congreso no había designado fondos para la Oficina, y Howard supo muy pronto que dependía casi enteramente del Ejército y de las sociedades particulares de ayuda. Por ejemplo, el Ejército suministraba la mayoría de las raciones distribuidas por la Oficina (entre 1867 y 1868 ascendieron a un total de 2.802.478 raciones para 16.804 individuos). Las sociedades proporcionaban la mayor parte de los maestros de escuela y el dinero para pagarles (no más de unos 500 dólares anuales). La fricción era inevitable, pero Howard tenía un gran tacto y pudo asegurar una buena cooperación, en su totalidad, de los varios grupos del Norte tanto oficiales como particulares, que apadrinaban el trabajo en el Sur. Su única dificultad grave surgió cuando el presidente Johnson, en 1866, no solamente votó un proyecto de ley para extender las actividades de la Oficina, sino que devolvió muchas de las plantaciones confiscadas a sus dueños, concediéndoles además el perdón. Así, la Oficina no pudo cumplir su promesa de entregar "cuarenta acres y una mula" por cada liberto. Después de que el Congreso hubiera anulado el veto, el presidente Johnson, además, proporcionó ayuda a la Oficina a regañadientes, y fue lo suficientemente mezquino como para negar un ascenso en el Ejército al hermano del general Howard.

Howard esperaba la oposición de los blancos del Sur, pero también esperaba que estos blancos escucharan la voz de la razón. Confiaba abiertamente en la buena voluntad de los tribunales locales para que rompieran con la tradición y concediesen a los acusados negros el mismo tratamiento que a los blancos. En todo el Sur los negros nunca habían sido juzgados por un jurado; su testimonio jamás había sido aceptado contra los blancos, y siempre se les había condenado más duramente que a los blancos por las mismas acusaciones. Howard rápidamente aprendió que los blancos sudistas no tenían la menor intención de escuchar esta clase de razonamientos. La modificación en las prácticas de los tribunales de justicia sería tanto como admitir la igualdad racial, algo que los partidarios de la supremacía blanca no estaban dispuestos a consentir. La única forma de asegurar cierta equidad a los negros era establecer tribunales especiales a través de la Oficina. La creación de estos tribunales causó amargura en todo el Sur, pero la labor de Howard, tal y como él la consideraba, consistía en ayudar a los libertos, y no en preservar las tradiciones sudistas.

En la práctica, los tribunales que estableció Howard tuvieron un éxito dispar. En Virginia, cada tribunal de la Oficina tenía tres jueces: un representante de los terratenientes, un agente de la Oficina y un delegado elegido por los negros. En muchos otros lugares del Sur era norma que actuase solamente un juez elegido por la Oficina. Este tipo de tribunal formado por un solo juez fue muy criticado, ya que, en realidad, se concedían a un solo individuo las funciones de juez, *sheriff* y actuario. Donde existían tres jueces, el representante de los terratenientes generalmente se negaba a ejercer sus funciones si los negros elegían a un compañero negro, y cuando esto ocurría, los terratenientes podían acusar a los otros dos jueces de parcialidad, aun cuando muchas de las decisiones —la mayoría de ellas en Virginia— favorecerían a los blancos. Una grave desventaja era la carencia total de apoyo adecuado. Las multas y las cuotas eran la única fuente de ingresos para los tribunales; dicho en otras palabras, eran los únicos medios de que disponían para pagar a los jueces, que, como consecuencia, tendían a decretar multas y cuotas más elevadas, cosa que no habría ocurrido si sus ingresos personales fuesen totalmente independientes. La opinión sudista consideraba una verdadera abominación la implantación de estos tribunales, pero, probablemente, lo que más odiaban los blancos del Sur era ser multados por tratar a los negros como inferiores, sentimiento local absolutamente sincero.

Otra fuente ampliamente extendida de resentimiento era el sistema de contratación laboral que desarrolló y supervisó la Oficina. Los dueños de las plantaciones consideraban privilegio suyo determinar lo que habían de pagar, ya que el trabajo, bajo la esclavitud, no les había costado nada, excepto vestir a los negros, darles de comer y proporcionarles alojamiento. Evidentemente, lo que los terratenientes tenían intención de pagar ni siquiera serviría para poder proporcionar a los negros estas tres necesidades vitales. Los contratos de la Oficina aspiraban a conseguir salarios algo mejores, pero, a su vez, la Oficina podía obligar a los negros a trabajar y a no abandonar su empleo, siendo así que estas disposiciones redundaban en beneficio de los terratenientes. El principal instrumento de esta coacción era la amenaza de trasladar a los negros a lugares lejos de casa, a trabajar para desconocidos, e incluso la amenaza más seria de exponerlos al rigor de las leyes que castigaban el vagabundeo en el caso de que no trabajaran. La Oficina sabía mantenerles en su puesto, y les trataba duramente cuando mostraban indicios de pereza o insubordinación. Evidentemente, la Oficina era el único organismo capaz de hacer trabajar a los negros; este hecho concreto fue el que obligó a los terratenientes a aceptar los contratos de la Oficina, obligación que se convirtió en una fuente más de resentimiento. La acusación de que la Oficina estimulaba activamente la pereza del negro es una de las más absurdas facetas del mito sudista durante la Reconstrucción.

El general Howard obligaba a todos sus funcionarios a observar un alto nivel de conducta, a la vez que el sistema militar de mantener los informes al día, necesarios para la Oficina como rama del Departamento de Guerra, lo cual dejaba muy poco tiempo libre para poder descansar. Uno de sus resultados fue el rápido reemplazo que se hizo de los comisionados adjuntos, es decir, aquellos hombres encargados de las operaciones de la Oficina en los diferentes estados. En los siete años de existencia de la Oficina, Alabama, Florida, Maryland y Texas tuvieron cada uno de ellos cinco diferentes comisionados; Carolina del Norte tuvo seis; y Luisiana no menos de siete. La mayoría de ellos dimitían porque el trabajo era realmente agotador. Unos cuantos fueron despedidos por su ineficiencia o por mostrar un comportamiento vengativo contra los blancos de la localidad.

El peor acto de opresión fue cometido por el general Edward A. Wild, comisionado adjunto en Georgia. Al enterarse de que la familia de un tal John Chenault se hallaba en posesión del oro robado en un tren, se puso al frente de un contingente de 40 soldados, llegó hasta la granja de Chenault, registró a fondo la casa, y luego, para hacerles hablar, colgó por los pulgares a los dos varones de la familia Chenault. Al día siguiente llegó un general inspector y ordenó a Wild que abandonara sus operaciones. El incidente dio mala fama a la Oficina, no solamente entre los blancos del Sur, sino también entre las filas del ejército regular. Pero sería estúpido imaginar que todos los demás comisionados eran igualmente malévolos.

Howard podía despedir a hombres de la clase de Wild, pero no podía evitar que algunos de sus subalternos se vieran inmiscuidos en operaciones de corrupción. Unos pocos de ellos, asociados con inversionistas del Norte, se dedicaron a la tarea de emplear negros para cultivar algodón y embolsarse una parte de los beneficios, o a aceptar comisiones por contratar negros cuando las cosechas estaban preparadas para su recogida. Los agentes estaban mal pagados y las tentaciones eran difíciles de resistir. Además, nunca hubo suficientes agentes para hacer todo aquello que tenía a su cargo la Oficina; incluso en su periodo de más prosperidad, en diciembre de 1865, solo contaba con 799 empleados, y a finales de 1868 el número de estos había descendido a 158. Se daba el caso de que un agente era el único funcionario federal en dos condados; uno de ellos se quejó en cierta ocasión de que era el responsable de 2.000 millas cuadradas. Lo que resulta verdaderamente notable es que, aparte de algunos funcionarios crueles o corruptos, la mayoría de los agentes fueron individuos conscientes, trabajadores, humanos y con mucho tacto. Es comprensible que fuesen condenados por los blancos sudistas contemporáneos, pero que también hayan sido condenados por los historiadores es una de las más tristes ironías de una problemática erudición.

Sin duda alguna, la mejor labor realizada por la Oficina fue la que se llevó a cabo en el campo de la educación, en gran parte porque complementaba la labor ya iniciada y sólidamente apoyada por las iglesias y sociedades filantrópicas del Norte, y también porque los libertos estaban ansiosos por aprender y mostraban buena voluntad en contribuir modestamente al coste de la enseñanza. En 1868, la Oficina informó sobre la existencia de 4.026 escuelas de todas clases, atendidas por 2.295 maestros, y a las que asistían 241.819 alumnos, una séptima parte de todos los negros del Sur en edad escolar. Como ningún negro del Sur había sido educado nunca durante la esclavitud a costa del erario, la oposición blanca era fuerte, aunque una vez fueron establecidas las escuelas, la "idea" de educar a los negros comenzó a ser aceptada entre los mejores miembros blancos de la comunidad. Un permanente monumento a la Oficina y a los grupos privados lo constituye la impresionante lista de instituciones que fundaron y que todavía actúan en el Sur. Entre ellas figuran el Instituto Hampton de Virginia, la Universidad de Atlanta, la Universidad de Fisk en Nashville, la Universidad Lincoln en Jefferson City, capital de Misuri, y la Universidad Howard de Washington, que inmortaliza la memoria del general Howard. Las tácticas obstruccionistas del Klan fueron mucho más eficaces en las zonas rurales y pueblos; sin embargo, los experimentos "urbanos" tuvieron muchísima menos efectividad.

Nos hemos acostumbrado en este siglo a la existencia de programas de ayuda federal a muchos grupos de ciudadanos individuales, como cumplimiento de la cláusula de bienestar de la Constitución. La oposición que aún persiste es un residuo de la filosofía política que predominó durante largo tiempo y que clamaba que el Gobierno debe ayudar a las empresas comerciales e industriales, como mantuvo inflexiblemente Alexander Hamilton, mientras que los individuos deben arreglárselas por sí mismos. En una tierra de riquezas naturales ilimitadas, la pobreza era evidencia *prima facie* de depravación, según la ética puritana. La Oficina de Libertos, primero de todos los esfuerzos federales hechos para prestar ayuda a un sector de la población, fue vista con considerable aprensión; incluso el general Howard, convencido como lo estaba de que los libertos necesitaban ayuda, consideró a la Oficina como un expediente temporal que podría ser abandonado en cuanto los estados del Sur se hallaran lo suficientemente restaurados como para valerse por sí mismos.

Los programas federales de bienestar siempre han producido incomodidad porque significan intrusión federal en los asuntos locales y amenazan con alterar normas sociales y familiares muy arraigadas. Cuando esta alteración social fue en el Sur tan grande como los blancos de la región esperaban como consecuencia de conceder a los negros privilegios que tan tradicionalmente pertenecían a los blancos, se hizo evidente que la resistencia tenía que ser también grande. Cuanto más concienzudo fuese el agente de la Oficina al realizar su trabajo, mayor sería la hostilidad que podía esperar, y mucho más intensa había de ser la campaña regional y local que pretendería desacreditar todos sus esfuerzos. Desde el momento en que la "gran mentira" siempre es mucho más convincente que los argumentos aislados, los portavoces del Sur condenaron a la Oficina como institución no autorizada por la Constitución, y a sus agentes como individuos corruptos y vengativos. Los historiadores, no tan violentos en su oposición, más bien hablaron de los agentes de la Oficina como hombres vengativos y corruptos. El resultado de todo esto fue que cuando se conoce que un agente había sido un hombre honesto y generoso, se le trata como una excepción. Este es un ejemplo más del sorprendente éxito de la propaganda pro-sudista.

El general Howard tomó toda posible precaución para evitar ofender a los blancos sudistas, y despedía sin la menor contemplación a los funcionarios que les ofendían. Atendía a todas las quejas que le eran formuladas, insistiendo solamente en que estas fueran específicas. Si fue culpable de alejarse de una objetividad absoluta fue debido al hecho de conceder poca importancia a las atrocidades del Klan de las que se daba parte. Sentado en su despacho de Washington, debió de parecerle muy difícil creer las más espeluznantes historias que los agentes le contaban en sus cartas. Aun así, se dio cuenta de que los actos de violencia no podían achacarse solo a los irresponsables blancos de clase humilde;

tales gentes debían contar para ello con la aprobación de la mayoría predominante que consideraba al negro inherentemente inferior. En cierto discurso que no lleva fecha, reconoció la existencia de grupos

que se combinan secreta o abiertamente para mantener al negro en práctica esclavitud: pagarle mal y tarde; no tratarle como a un hombre con derechos de tal; romper sus contratos de trabajo para privarle de su jornal; intentar gobernar con el revólver y el látigo; boicotear la educación; destruir las escuelas, y en varios estados asesinar agentes de los libertos y mutilar a otros de por vida; asesinan y mutilan a los libertos y nada puede alcanzarles a no ser el vigoroso brazo del Gobierno, preparado para vindicar sus leyes y defender a todos sus ciudadanos.

En su informe de 1868, que forma parte del "Informe del secretario de Guerra", Howard no menciona en parte alguna por su nombre al Klan, pero cita numerosos ejemplos de sus tácticas obstruccionistas que corrían paralelamente a la general resistencia sudista a las actividades de la Oficina. En una región que jamás había aceptado previamente el principio de la educación subvencionada mediante impuestos, observaba el general, se extendió considerablemente la oposición a las escuelas creadas por la Oficina y por los grupos de ayuda del Norte. Las autoridades civiles, en lugar de cooperar para castigar a los maleantes, cerraban los ojos ante las escuelas incendiadas y otras muchas más atrocidades. Maryland, estado un poco más avanzado que los demás del Sur en tener escuelas para negros, limitaba su ayuda a los impuestos o pequeñas cuotas que pagaban los mismos negros; pero aun así existía una considerable oposición blanca a las escuelas. Esta actitud blanca en Virginia, pensaba Howard, estaba mejorando, pero, sin embargo, tenía que informar acerca de algunos casos de violencia llevados a cabo por "grupos ilegales" (su amable eufemismo para referirse al Klan); se estaba colocando una especie de soga al cuello del negro para impedir que votara. En Florida, los negros vivían relativamente bien; había tanta tierra de propiedad pública que muchos negros ya se habían establecido en terrenos propios, cuya extensión oscilaba entre los 10 y los 40 acres. En Georgia la oposición estaba prácticamente en todas partes, y las autoridades civiles no podían, o no querían, castigar a los culpables. El peor crimen que había llegado a conocimiento en el último año de Howard había sido cometido en Louisville, una ciudad de Georgia no lejos de Augusta: un negro había sido quemado vivo por el supuesto delito de haber violado a una mujer blanca.

Todo esto lo informaba Howard con su usual objetividad. Pero también incluía algunas declaraciones de funcionarios de la Oficina, así como las de otros funcionarios federales que trabajaban en varios lugares del Sur y que no dudaban en citar el nombre del Klan. El gobernador de Luisiana, Warmoth, escribiendo desde Nueva Orleans, el 1 de agosto de 1868, describía las terribles condiciones de aquella ciudad y del estado. No el Ku Klux Klan, sino los Caballeros de la Camelia Blanca, intentaban expulsar a todos los hombres de la Unión y aterrorizar a los negros para que no votasen. La organización, según el gobernador, estaba "fundada con el propósito de colocar y mantener a la gente de color en estado de inferioridad [...] Muchos ciudadanos prominentes del estado son líderes de ella". Los miembros de la organización hacían prácticas de instrucción en público en las calles de Nueva Orleans. La presencia de tropas federales impediría que los Caballeros de la Camelia Blanca perturbasen la legislatura. A menos que el Gobierno hallara los medios para instaurar el orden, Warmoth opinaba que era muy probable que estallara una rebelión.

Como nota al pie de esta declaración, el general ayudante citaba a la Constitución, artículo IV, sección IV, que garantiza el gobierno republicano en cada estado, y citaba también una ley del Congreso, aprobada el 28 de febrero de 1795, autorizando la imposición de un gobierno militar en cualquier estado que se considerase en situación de insurrección. Más adelante, el informe anual procede a describir situaciones en otros estados, análogas a la que el gobernador Warmoth comunicaba desde Luisiana, con urgentes apelaciones a la ayuda militar. Queda claro el hecho de que el Departamento de Guerra no envió tropas a aquellas zonas difíciles para estorbar o impedir las operaciones del Klan y otros grupos terroristas, sino que más bien rechazó la mayoría de las peticiones que le eran hechas en tal sentido. Hubiese sido totalmente imposible enviar todos los soldados que se necesitaban, ya que el Ejército había quedado reducido a una fuerza de 48.000 hombres, y en aquellos momentos aún se estaba reduciendo más, ya que el objetivo a alcanzar para enero de 1869 eran unos efectivos de 43.000 hombres. Solamente una porción de este número podía ser enviada al Sur. El Ku Klux Klan, en aquellos mismos días, contaba con medio millón de miembros.

El informe anual del Departamento de Guerra contiene una interesante relación de las condiciones en Tennessee, escrita por una comisión de tres legisladores. No había la menor duda, aseguraban los investigadores, de que el Klan existía. Estimaban que su fuerza en Tennessee era de unos 40.000 hombres, la misma cifra dada por el general Bedford Forrest: "En cuanto al objeto y propósito de esta organización, solo se puede deducir por sus actos y dichos. Los miembros siempre van enmascarados y cubiertos con túnicas fantasmales". Asesinaban ahorcando, disparando o azotando hasta la muerte, y justificaban sus acciones alegando que el gobierno de Tennessee era ilegal y muy deseable su caída. La opinión pública apoyaba al Klan tan firmemente que las autoridades civiles carecían de fuerza para moverse en contra de la organización, aun cuando lo hubiesen deseado. Muchos exconfederados desaprobaban la existencia del Klan; pero la mayoría, si no todas las personas implicadas en estas violaciones de la ley y que pertenecían al Klan, al menos en lo que se sabe hasta ahora, fueron enemigos de los Estados Unidos durante la última guerra civil: "Como usan máscaras y disfraces, no se sabe quiénes son las personas que respetan o no el orden establecido". Las tropas federales no podían identificar y castigar a los miembros de la organización, pero sí proteger a los electores y asegurar unas elecciones justas. El Klan había amenazado diciendo que "no se celebrarían más elecciones en los condados de Tennessee mientras 'ellos' tuviesen poder para impedirlo".

Corroborando este informe de la comisión, había una carta del comandante general George H. Thomas, del Departamento de Cumberland, en la que decía que "el estado de Tennessee estaba revuelto por las extrañas operaciones de una misteriosa organización conocida como el Ku Klux Klan". Esto, así debe recordarse, ocurría poco más de un año después de haberse celebrado el famoso mitin de la Maxwell House, en Nashville. El informe también habla de una redada llevada a cabo por la policía de Memphis en abril de 1868, que había tenido como resultado la captura de varios miembros del Klan y muchos documentos que contenían detallados planes para asesinar a todas las personas que interfiriesen en sus actividades. Otro informe más amplio describía un choque habido en Murfreesboro, donde 100 miembros del Klan habían intentado sacar a la fuerza a cuatro negros de la cárcel. El capitán Joseph Gelray, inspector de la Oficina de Libertos, decía que los negros habían dejado de informar sobre las atrocidades del Klan porque esta organización había amenazado con disparar sobre cualquier negro que se viese intentando entrar en una sucursal de la Oficina de Libertos. Gelray concluía: "En mi opinión, si no se hace algo para proporcionar protección a los enemigos de nuestro país y castigar al Ku Klux Klan en casi todas partes de Tennessee, es muy probable que estalle otra guerra, ya que en la práctica los negros todavía son esclavos, y la Confederación un triunfo evidente".

Ante tales informes llegados de diferentes partes del Sur, el general Howard parece haberse mostrado demasiado optimista acerca del futuro inmediato. Por ejemplo, disolvió los tribunales de la Oficina a finales de 1868, en la creencia de que los tribunales locales, a partir de entonces, tratarían a los negros justamente. Aparentemente, tenía demasiada fe en las legislaturas radicales y en su habilidad para mantener a raya a los funcionarios del condado, y subestimaba la oposición a los gobiernos estatales que solamente eran radicales porque el Congreso había dictado los reglamentos por los que habían de regirse y los métodos a emplear en las elecciones. Su propia integridad y su confianza en la razón pueden haberle cegado hasta el punto de no ver la probabilidad de la existencia de una mínima dosis de lógica y un máximo de emocionalidad en todos los asuntos del Sur. Y su costumbre de descartar los informes que hablaban de atrocidades sin duda también le condujo a conceder muy poca importancia a la violencia del Klan, que continuaría actuando como medio para preservar la supremacía blanca. En su optimismo, el general quizá obró apresuradamente en la disolución de la Oficina, y es probable que tuviese parte de culpa del posterior éxito del Klan.

La existencia de la Oficina de Libertos se prolongó por poco más de siete años; el Congreso votó su disolución el 10 de junio de 1872. Desde el punto de vista histórico, no es fácil comprender por qué el Klan consideraba a la Oficina como un enemigo mortal. En ningún momento la Oficina se preocupó directamente del Klan; la historia de la Oficina de Libertos más autorizada, la escrita por George Bentley y titulada *A History of the Freedmen's Bureau* (1955), ni siquiera menciona al Klan en ninguna de sus páginas. Quizá la explicación más razonable que se puede ofrecer con respecto a la virulenta actitud del Klan es que la Oficina, como agencia oficial específicamente encargada de ayudar a los antiguos esclavos, simboliza en el pensamiento sudista el compromiso del Gobierno de eliminar las diferencias raciales que el Sur, y el Klan como su agente más activo, tenían la determinación de conservar. Los hechos revelan muy pocos casos de venganza entre los agentes de la Oficina, así como muy baja corrupción. Si tenía que existir una Oficina —y resulta muy difícil suponer que el Gobierno, tras liberar a los esclavos, no hubiese contado con uno—, ningún comisionado pudo ser más escrupulosamente honrado con el Sur que el general Howard, ni más insistente en que todos sus empleados compartiesen su indudable integridad personal. El caso del Klan contra la Oficina no fue apoyado por casi nadie y, sin embargo, podemos asegurar que el Klan encontró su lugar en todos los libros de historia que desde entonces han condicionado el pensamiento de millones de estadounidenses.

CAPÍTULO 10
LA BATALLA DE LOS LIBROS

La mayor parte de los historiadores del periodo de la Reconstrucción, hasta hace muy poco, se han inclinado hacia la "clásica" posición sudista, que tanto hicieron ellos mismos por crear. Ya sea porque hubiesen nacido o sido educados en el Sur, o porque compartiesen la general simpatía estadounidense por el más débil, lo cierto es que constituyeron un impresionante cuerpo interpretativo que los "revisionistas" de hoy encuentran difícil de sustituir. Esta es la causa de la actual "batalla de los libros". Pero hubo otra batalla más antigua, en la ficción, que no fue menos interesante. En realidad, se puede decir que fue unilateral, pues la primera de las novelas publicadas sobre el Klan, *A Fool's Errand*, de Albion Tourgée, tenía un punto de vista totalmente norteño.

De esta novela se vendieron 200.000 ejemplares, cifra tan alta que podemos preguntarnos por qué otros escritores, en las siguientes décadas, no consiguieron repetir este éxito con otras obras que calificaran de villanos a todos los miembros del Klan. La misma ausencia de novelas anti-Klan después de haber sido publicada la primera concedió la victoria novelesca a las fuerzas pro-Klan, y creó la impresión de que nadie pensaba que el Klan fuera dañino en modo alguno. Quizá esa "fue" la opinión que prevaleció en la última parte del siglo XIX hasta la primera del XX; y quizá los novelistas pro-Klan confirmaron la actitud general de los que veían más atractivo que maldad en el Klan.

Por definición, Tourgée era un *"carpetbagger"*, término aplicado, como ya hemos dicho anteriormente, a todo norteño que iba al Sur con el propósito de enriquecerse a costa de los lugareños. Después de que el conjunto de estados sudistas recuperasen su soberanía en 1877, el vocablo se extendió por todas partes del país, y desde entonces ha quedado fijo en el pensamiento general. Todos los *carpetbaggers* eran individuos viles; este era el resumen. El estereotipo está tan firmemente arraigado que el último biógrafo de Tourgée, Theodore L. Gross, le describe como una excepción: en realidad, escribe Gross, Tourgée, "a diferencia de otros muchos jueces republicanos, no era un tipo corrupto".

La corrupción de los jueces *carpetbaggers* se debía en gran parte a la acalorada imaginación partidista, y formaba parte de una de las más satisfactorias campañas de propaganda llevadas a cabo en este país. Los sudistas conservadores tenían una buena razón para odiar a todos los norteños, especialmente a aquellos que se trasladaban al Sur y se convertían en funcionarios públicos. Los jueces eran particularmente odiados porque desaprobaban la tradición regional de desestimar el testimonio de un negro en cualquier acción legal que implicase a ambas razas. Puesto que estos jueces amenazaban con establecer una justicia que no tuviese en cuenta la diferencia racial, eran, por supuesto, enemigos a los que había que desacreditar recurriendo a cualquier método posible, acusaciones reiteradas de corrupción incluidas. Cabe que algunos de ellos fuesen corruptos y persiguiesen sus propios fines; en toda sociedad y en cualquier época hay jueces que lo son. El éxito de la campaña de vilipendio puede medirse por la terca persistencia de la creencia de que los *carpetbaggers* eran normalmente malvados, y que uno que fuese honrado constituía una excepción muy llamativa. Gross, sin embargo, explica por qué Tourgée fue una de tales excepciones:

De todos los autores que escribieron novelas basándose en el tema del periodo de la Reconstrucción, Tourgée fue el único que vivió en el Sur durante todo este periodo y el único también que ha ofrecido al público directamente, de fuentes originales, un relato de la Reconstrucción en términos de conflictos políticos, sociales y económicos habidos entre los sudistas y los republicanos radicales. [...] en ninguna otra parte de la historia de las letras americanas se citan tan comprensivamente las experiencias de un *carpetbagger*.

Nacido en Ohio en 1838, Tourgée estudió en la Universidad de Rochester y tuvo dos carreras distintas dentro del Ejército de la Unión. Se alistó como soldado en un regimiento de Nueva York, pero antes de que terminara el año 1861 fue dado de baja como resultado de una herida en la columna vertebral. Tras un periodo de convalecencia, y ya como teniente, trabajó en el despacho de un regimiento de Ohio hasta 1864. En octubre de 1865 se trasladó a Carolina del Norte, donde permaneció durante 14 años, la mayor parte del tiempo en Greensboro. La antigua lesión de la columna vertebral le produjo molestias durante toda su vida, pero era un hombre al que nunca aturdieron las heridas físicas ni verbales.

Tanto como cualquier otro norteño de los que obedecieron el impulso de trasladarse al Sur después de la guerra, Tourgée era un apasionado devoto de la libertad e igualdad del negro. Incluso mostró una actitud crítica respecto al gobernador de Carolina del Norte, William Rolden, por lo que él consideraba oportunismo político y contemporización. Como segundo tras Rolden en la Liga de la Unión, no podía oponerse a él abiertamente, ya que tal división habría sido fatal para la causa republicana. Pero sí sobrevivió a Rolden políticamente. Fue elegido en 1868 como juez del Tribunal Supremo, Séptimo Distrito Judicial, por un periodo de seis años. Tourgée no pudo ser destituido de su cargo cuando los demócratas "barrieron" el estado en 1870, convirtiendo a Rolden en víctima propiciatoria al denunciarle con todo éxito. Mientras sirvió como juez, Tourgée, con dos colegas más, contribuyó notablemente al enriquecimiento de la jurisprudencia redactando el Código de procedimiento civil en las apelaciones especiales. Durante sus tres años finales en el estado estuvo destinado en Raleigh, donde atendió todas las reclamaciones de pensiones federales. A finales de 1879 regresó al Norte y, al cabo de dos meses, publicó anónimamente *A Fool's Errand, by One of the Fools*.

Tanto amigos como enemigos vieron en el libro algo similar a *La cabaña del tío Tom*, especialmente al año siguiente, cuando apareció una nueva edición que incluía *The Invisible Empire*, un conjunto de documentos que apoyaban varios episodios de la novela, comparables a *La llave de la cabaña del tío Tom*. La diferencia entre estos dos suplementos consistió en que la señora Stowe reunió toda su documentación literaria después de escribir su novela, mientras que Tourgée tenía a mano sus propios informes judiciales relacionados con el Klan, y gran cantidad de otro material procedente de fuentes originales. Lo que proporcionó a *A Fool's Errand* su distinción única y duradera fue el papel de villano que desempeña el Klan en la obra. Las novelas que más tarde se escribieron sobre la organización invirtieron el reparto, haciendo de los miembros del Klan héroes, y del *carpetbagger* un villano.

En libros tales como *Red Rock*, de Thomas Nelson Page, *The Clansman*, de Thomas Dixon, y *Gabriel Tolliver*, de Joel Chandler Harris, el héroe resulta ser un auténtico campeón de la tradición del Sur, mientras que el villano es el típico *carpetbagger* que, sin escrúpulo alguno, trata de agudizar la rivalidad racial humillando a los orgullosos caballeros sureños a la vez que procura amasar una buena fortuna personal. El misterioso parecido de esta fórmula con el clásico mito del Sur alimentado por eminentes historiadores a fines de siglo probablemente no sea mera coincidencia, ya que ambos tienden a defender ampliamente al Ku Klux Klan. Por otra parte, resultaría imposible determinar en qué medida influyeron sobre los historiadores las novelas de este tipo.

Gilbert Hotchkiss en *Gabriel Tolliver* (1902) es un buen ejemplo de villano tal y como lo presentaban los escritores pro-Klan. En determinado punto de su novela, Harris se detiene a escribir críticamente como sigue:

Se encuentra el tipo por todas partes... Los Hotchkiss abundan dondequiera haya un hueco para ellos, y siempre presentan el mismo aspecto general: viven y mueren en la creencia de que están promoviendo el progreso del mundo; pero si su éxito ha de medirse por sus operaciones en el Sur durante la Reconstrucción, el mundo estaría mucho mejor sin ellos. Han logrado sumir en la miseria y en la injusticia a millones de seres humanos, y han retorcido de tal manera las mentes de los blancos, que estos creyeron llegada la hora de conseguir la paz y el orden recurriendo a varias formas de injusticia e ilegalidad.

Es significativo, señala Gross, que los autores de la mayor parte de las novelas pro-Klan escribiesen una generación después de los acontecimientos. No habían sido participantes activos en aquellos sucesos como lo fue Tourgée: Page tenía diecisiete años en 1870, y Dixon dieciséis. Y lo que aún es más importante: su trabajo cae de lleno dentro de un género literario que busca conceder atractivo al Viejo Sur, recordar una forma de vida cuya pérdida iba a ser muy sentida. Este género literario fue como un curioso remolino en la corriente de la literatura novelesca estadounidense, oponiéndose al emergente realismo de las obras de Eggleston y Howells, Crane y Norris. No fue el único remolino romántico: estaban también las populares historias de Horacio Alger y, en 1890, los episodios e imitaciones de *Trilby*, de George Du Maurier. Pero toda la producción novelesca que recordaba nostálgicamente al Viejo Sur, y especialmente las novelas pro-Klan, ha tenido unos efectos duraderos que el resto de la literatura romántica jamás consiguió alcanzar, ya que ha condicionado las mentes de varias generaciones de estadounidenses para que toleren al viejo Klan como un organismo que luchaba por conservar una hermosa civilización en su sin igual conflicto con el Norte materialista.

Algunas veces, al simplemente presenciar alguna de las numerosas producciones escénicas que se hicieron de *La cabaña del tío Tom*, hubo escritores del Sur que luego ofrecieron un punto de vista opuesto. Esto mismo se dice que ocurrió con Dixon. Pero el libro de Tourgée también era conocido entre la mayoría de escritores pro-Klan, ya que tanto abierta como sutilmente lo atacaron en sus textos. Tourgée era un buen objetivo, como activo *carpetbagger*, pero su novela también era vulnerable, ya que no le faltaba su parte de encanto sudista. El héroe (que claramente se basa en el propio Tourgée) prácticamente carece de faltas, mientras que la Liga de la Unión queda señalada como víctima inocente de las agresiones del Klan.

Tourgée llamó a su héroe Comfort Servosse, el hijo de un magnate maderero de Míchigan. Tras graduarse en Derecho en la Universidad de Míchigan, Comfort contrae matrimonio y comienza a ejercer como abogado. La derrota de la Unión en Bull Run le impulsa a alistarse en el ejército. Llega a ser capitán de la Compañía B del Regimiento de Infantería de los "Invencibles de Perú"; y cuando termina la guerra ya es coronel. Solo son necesarios tres capítulos para relatar todo esto; cuando comienza el cuarto, la guerra ha terminado y Servosse está de nuevo en su casa. Pero la vida en una pequeña ciudad de Míchigan resulta ahora aburrida y anuncia a su esposa que desea ir a vivir al Sur. Ella accede con gusto. Como en todas las novelas sobre el Klan, tampoco aquí se especifica el estado donde tienen lugar los acontecimientos narrados en la obra.

Servosse compra "la antigua propiedad de los Warrington", con sus 600 acres, por 5.000 dólares. Casi inmediatamente, su esposa se siente aislada por agasajar a los maestros y maestras del Norte. Un artículo publicado en la prensa local informa a sus lectores de que la señora Servosse "ha elegido denigrar a nuestras primeras damas, comparándolas con los maestros de negros que han venido aquí a enseñar la igualdad social". Los Servosse descubren que "N. T." es un eufemismo de *nigger teacher* (maestro de negros).

En un mitin al que acude Servosse se discute y denuncia la Tercera Enmienda. Obligado a hablar, Servosse señala que el voto y el testimonio de los negros, al igual que la nulidad del dinero confederado, son hechos que no pueden ser descartados por las buenas. Sugiere una emancipación voluntaria para todos los negros que poseen tierras; quizá 100 dólares por propiedad. Y Servosse, habiéndose posicionado así, abiertamente, en contra del pensamiento local, queda, por lo tanto, marcado. La primera señal de oposición surge cuando se encamina a su casa, momento en que sus enemigos tratan de asesinarlo. Pero en lugar de ello, es precisamente uno de los conspiradores, un hombre llamado Savage, el que cae derribado al tropezar su caballo con el tenso alambre que aquella noche habían colocado atravesando la carretera. Savage se pierde de vista y se supone que ha muerto.

Tres negros son detenidos y acusados de su asesinato. En el juicio, Servosse pregunta si aquellos hombres no tienen derecho a ser defendidos; la pregunta causa "una mirada general de inmenso asombro mezclado con honrada indignación". Servosse, a continuación, anuncia calmadamente que Savage está vivo y recuperándose en su propia casa; él mismo le llevó allí tras el accidente sufrido. Los negros quedan en libertad; y Savage, una vez termina de recuperarse, se convierte en el amigo más íntimo y fiel de Servosse.

Una mañana, Servosse encuentra clavado en su puerta un aviso para que abandone la región, firmado por "El Capitán de los Reguladores". Tras publicar la nota en el *Verdenton Gazette*, recibe una carta de un desconocido que vive en un lugar distante del estado, y en la que le cuenta que a él también le sucedió una cosa semejante. Llegan a su poder otras cartas. En una de ellas aparece esta declaración: "El hecho de la esclavitud está destruido; el derecho a esclavizar todavía se mantiene tan devotamente como siempre. Los derechos del hombre blanco a ciertos privilegios políticos se admiten; pero el derecho que tiene un negro a alcanzar tales privilegios aún tardará generaciones en llegar". El aliento que presta Servosse a los negros para que compren y cultiven tierras, y para que monten sus propios caballos, va en contra de lo que los blancos del Sur consideran privilegios exclusivamente suyos.

A medida que la acción avanza, esta decae y aumentan los comentarios. Hay un momento en el que Tourgée compara las actitudes del Norte y el Sur, antes y después de la guerra, en columnas paralelas, y aunque tal comparación es un tanto extensa, merece ser citada aquí:

ANTE BELLUM

IDEA NORTEÑA DE LA ESCLAVITUD
La esclavitud es una equivocación moral, política y económicamente. Se tolera solamente en nombre de la paz y de la tranquilidad. El negro es un hombre y, por lo tanto, posee iguales derechos que los individuos de la raza blanca.

PENSAMIENTO NORTEÑO SOBRE LA IDEA DEL SUR
Esos individuos del Sur saben que la esclavitud es un mal, e incompatible con la teoría de nuestro gobierno; pero para ellos es una buena cosa. Engordan, se enriquecen y lo pasan bien a causa de ese error, y nadie puede culparles de que no quieran abandonar su actitud.

IDEA SUDISTA DE LA ESCLAVITUD
El negro únicamente es bueno para ser esclavo. Esto está apoyado por la Biblia y, por lo tanto, es correcto, y si no lo es, al menos sí es inevitable, ahora que esa raza se encuentra entre nosotros. No podemos vivir con ellos de ninguna otra forma.

PENSAMIENTO SUDISTA SOBRE LA IDEA DEL NORTE
Esos yanquis están celosos porque hacemos que la esclavitud sea provechosa al cultivar grandes extensiones de algodón y tabaco, y quieren, por envidia, privarnos de nuestros esclavos. No creen una sola palabra de lo que ellos mismos dicen sobre lo que está bien o mal, excepto los fanáticos. El resto son todos unos hipócritas.

POST BELLUM

IDEA DEL NORTE SOBRE LA SITUACIÓN
Ahora los negros son libres y deben gozar de la oportunidad de llegar a ser algo. Lo que se dice acerca de su inferioridad puede ser cierto. No es probable que se apruebe; pero ya sea cierto o falso, tienen derecho a la igualdad ante la ley. Eso es lo que significó la guerra, y esto es lo que se les debe conceder a los negros. El resto es cosa que ellos lograrán como puedan o como ellos elijan.

IDEA DEL SUR SOBRE LA SITUACIÓN
Hemos perdido a nuestros esclavos, nuestro dinero y muchas cosas más, a causa de la guerra. Nos han derrotado y nos hemos rendido honestamente: desde luego, la esclavitud ha desaparecido. El esclavo ahora es libre, pero no es blanco. No tenemos mala voluntad contra el hombre de color, pero no es nuestro igual, ni puede serlo nunca. Por lo tanto, no podremos ser gobernados por él ni admitirle como semejante con la raza blanca en el poder. No ponemos dificultades a que vote mientras lo haga tal y como le aconseje su anti-

guo dueño o el hombre para quien trabaje; pero cuando elija votar de forma diferente, entonces tendrá que sufrir las consecuencias.

PENSAMIENTO NORTEÑO SOBRE LA IDEA DEL SUR
Ahora que el negro es votante, el pueblo del Sur tendrá que tratarle bien, porque necesitará su voto. El negro permanecerá fiel al gobierno y al partido que le concedió la libertad para poder seguir disfrutando de esta. Muchos blancos sudistas se colocarán a su lado para buscar un cargo y el poder que les capacite para retener indefinidamente el control de los estados. Los negros volverán al trabajo, y las cosas, gradualmente, se irán arreglando por sí solas. El Sur no tiene derecho a quejarse. Han tenido a los negros como esclavos, han mantenido al país en constante desorden, han causado la guerra porque quisimos frenarles, y han matado a un millón de hombres; y ahora no pueden quejarse si las mismas armas con que se mantuvieron en el poder se vuelven contra ellos y se convierten en los medios de corregir las consecuencias de los errores en que incurrieron. Puede que sea duro; pero de aquí en adelante aprenderán a comportarse mejor.

PENSAMIENTO SUDISTA SOBRE LA IDEA DEL NORTE
Se ha convertido al negro en votante simplemente para degradar a los blancos del Sur. Al Norte no le importa el negro como hombre, sino que le emancipa para humillarnos y debilitarnos. Y, por supuesto, al Norte tampoco le interesa que el negro sea elector o no. Hay allí tan pocos hombres de color que no temen que uno de ellos sea elegido para un cargo oficial, para ocupar un puesto en la legislatura o sentarse en un escaño. El único propósito de tal medida es insultar y degradar. Pero que el Norte espere a que se restauren los estados y desaparezcan de aquí los "casacas azules". Entonces les mostraremos su equivocación.

Ninguno de los novelistas del Sur se tomó tantas molestias como Tourgée en ser objetivo para presentar los puntos de vista regionales opuestos. Los hombres de ambos bandos quizá se hubiesen puesto de acuerdo sobre algunos de sus comentarios, como cuando escribió: "El espíritu de la desaparecida Confederación era más fuerte que el mandato de la nación ante la cual sucumbió en batalla". Y apenas sería polémico decir que los unionistas del Sur que se oponían a la secesión y ponían la lealtad a la nación por encima de la lealtad al estado o la región, sin embargo, compartían la opinión general del Sur acerca de las razas: "La inferioridad del hombre de color, inherente y religiosamente prescrita por la Biblia, era para los blancos sudistas un artículo de fe igual que la Sagrada Palabra". Pero se hubiera logrado menos acuerdo en sus críticas sobre los periódicos como vehículos de discurso, y sus aún más fuertes críticas contra los periódicos del Norte, que "casi sin excepción se hacían eco del clamor e invectivas de los periódicos del Sur", y que mostraban el mismo desprecio por los norteños que se iban al Sur, incluso aceptando para ellos la despectiva palabra de *carpetbaggers*. Los editores norteños debieran estar más enterados, si realmente recordaran la diferencia de significado que había en la palabra "abolicionista", tal y como Tourgée declaraba:

EN EL NORTE
Abolicionista: el que favorece la emancipación de los esclavos.

EN EL SUR
Abolicionista: el que favorece la emancipación del infiel, asesino, ladrón, secuestrador, incendiario y todos los horrores del infierno.

Los términos "en el Norte y en el Sur", aunque hoy día suenan extraños, eran de uso común en el siglo XIX. Cuando los editores del Norte adoptaron el término *carpetbagger*, tampoco parecieron darse cuenta de que la palabra poseía dos significados diferentes, ya se empleara en el Norte o en el Sur, tal y como establecía Tourgée:

EN EL NORTE
Carpetbagger: un hombre sin medios económicos ni ocupación; un oportunista, un acompañante del ejército[5], un holgazán.

EN EL SUR
Carpetbagger: hombre nacido en el Norte, abolicionista (de acuerdo con la definición sudista), encarnación del odio norteño, de la envidia, de la irritación, de la codicia, de la hipocresía y de toda la suciedad.

"Y así, el Sur maldecía a los *carpetbaggers* porque eran del Norte, y el Norte también les maldecía porque el Sur daba el ejemplo".

Cuando Tourgée presenta al Ku Klux Klan, hace hincapié en que la primera reacción del Norte ante las extravagancias sureñas para atemorizar a los negros era de enorme diversión: "Así, el patriota norteño tomaba asiento en su seguro y tranquilo hogar para reír hasta que se le saltaban las lágrimas con las noticias de los grotescos desfiles nocturnos de los fantasmales miembros del Ku Klux Klan. Y esto duró meses antes de que en la mente de este patriota norteño, o en la de los hombres prudentes que gobernaban los asuntos de la nación, cupiese idea alguna de que en todo aquello que a primera vista parecía cómico existiera incongruencia o indecoro" (ha de observarse aquí que Tourgée a menudo distinguía entre los hombres prudentes que se mantenían al margen de la Reconstrucción y los locos (*fools*) que, como él, se habían sentido impulsados a ir al

---

5. Se entiende como la persona que, sin ser militar, acompaña o sigue los pasos de un ejército (como criado, comerciante, esposa de soldado, etc.) (N. de T.).

Sur. De aquí el título de su novela *The Errand's Fool*). Pero si los hombres alejados de la escena se divertían, Servosse ciertamente no pensaba así; estaba muy al tanto de que el Klan perseguía algo más que hacer el ridículo. Llegaban sin cesar cartas de otros condados que relataban la violencia del Klan; aquí hay dos que Servosse —o Tourgée— recibió:

Parece como si las cosas nos fueran cada día peor. En la noche del miércoles, dos hombres blancos y tres de color fueron terriblemente apaleados en este condado. Y en la noche del viernes ahorcaron a dos negros. Estaban acusados de incendio premeditado, pero no se pudo demostrar en lo más mínimo su culpabilidad. Por el contrario, eran hombres de buen carácter, trabajadores y respetados por todo el mundo.

James Leroy fue ahorcado por el Ku Klux Klan en la noche del martes, pero antes le cortaron la lengua y se la metieron en un bolsillo. Estaba acusado de calumniar a una mujer blanca. Pero la verdad es que era un hombre de color independiente (aunque casi tan blanco de piel como tú o como yo), que sabía leer y escribir. Por lo tanto, era un individuo molesto en el día de las elecciones, ya que podría impedir que se engañase a sus congéneres.

La acción del Klan más significativa en *The Errand's Fool* refleja detalladamente el asesinato de John Walter Stephens, senador estatal del condado de Caswell, Carolina del Norte, cometido en la primavera de 1870 —principal incidente que condujo a la "guerra Kirk-Holden" y, dado que el gobernador no pudo probar la culpabilidad del Klan, base para la denuncia formulada contra el propio Holden—. Tourgée cambia el nombre de la víctima por el de John Walther, un disfraz muy sutil. Además, en la obra ofrece una declaración jurada que es la misma, casi al pie de la letra, que le hizo a él un criado que accidentalmente escuchó a un líder del Klan describir el asesinato de Stephens. Era la clase de documento que no se podía presentar ante un tribunal del Sur por dos razones: carecía de corroboración, y el testimonio de un negro se consideraba como inadmisible. Tourgée habría quedado atónito, de haber vivido hasta el año 1935, ante la declaración escrita por un miembro del Klan que había colaborado en el asesinato de Stephens, declaración que se hizo pública en ese mismo año; como luego quedó demostrado, tal declaración corroboraba la antigua declaración jurada del criado negro y, en efecto, convertía en real la ficción de Tourgée.

The Invisible Empire, que Tourgée añadió a *The Errand's Fool* en la edición de 1880, tenía por objeto, según manifestó él, "presentar de forma más concreta y específica algunos informes auténticos sobre los acontecimientos". Además de proporcionar una base real para los incidentes que suceden en su novela, nos ofrecen su considerada opinión acerca del Klan y sus antecedentes. Las diferencias entre el Norte y el Sur, pensaba Tourgée, eran permanentes e irreconciliables. Denominaba al Klan "el representante orgánico de las ideas, de los sentimientos y de la determinación del Sur", y expresaba la opinión de que solamente la educación podía "cambiar el espíritu que movía a llevar a cabo tales horrores". Insistía en que el Klan se había organizado y mantenido vivo con el apoyo de los mejores ciudadanos del Sur, ya que los blancos pobres carecían de poder y estaban demasiado desorganizados para lograr la disciplina de que hacía gala el Klan. Calculaba Tourgée que las dos terceras partes de las acciones del Klan obedecían a motivos políticos; el delito más comúnmente castigado por el Klan era votar por los candidatos republicanos, o estimular a otros a que así lo hicieran. Tourgée descartaba la "autoprotección" que alegaba el Klan como una de sus principales razones de existencia, o más bien, consideraba tal "autoprotección" no como protección contra cualquier tipo de violencia por parte de un negro, sino contra el castigo que la propia violencia del Klan, bajo circunstancias ordinarias, se hubiese ganado. Después de estudiar al Klan a través de otras fuentes, uno no puede leer *The Invisible Empire* sin llegar a sentir un profundo respeto por la lucidez y objetividad de Tourgée, cualidades notables para una persona que, como él, estuvo tan cerca de los acontecimientos, y tan implicado en la lucha radical-conservadora.

THORNS IN THE FLESH.

[A ROMANCE OF THE WAR AND KU-KLUX PERIODS.]

A VOICE OF VINDICATION FROM THE SOUTH

IN ANSWER TO

"A FOOL'S ERRAND" AND OTHER SLANDERS.

SYLLABUS:

SLAVERY—A THORN, grown into the very flesh and blood of the country and of society.
ABOLITIONISM—A THORN in the side of Southern love for the Union.
THE "HIGHER LAW" DOCTRINE—A THORN in the heart of the Southern hope for peace and fair play.
WAR—A CROWN OF THORNS, which conferred upon the brow of the South a regal majesty—a fathomless woe.
RECONSTRUCTION—A PATH OF THORNS over which Carpet-baggers—unfitted for such authority—led the captive South.
PARTISAN ANIMOSITY—THE HIDDEN THORNS that crippled the South in her march toward social peace, political harmony, and material restoration.
MISREPRESENTATIONS—THE LITTLE THORNS that exasperated those who honestly desired peace and unity.

"A masterly showing of historical facts threaded upon a romance of closer adherence to reality and yet of greater and more thrilling power than 'Uncle Tom's Cabin' or 'A Fool's Errand.'"—THE STATE (*Richmond, Va.*).

BY N. J. FLOYD.

MANY GRAPHIC ILLUSTRATIONS.

HUBBARD BROS., PUBLISHERS:
PHILADELPHIA, CINCINNATI, CHICAGO, NEW YORK, BOSTON,
KANSAS CITY.
1884.

El éxito de *The Errand's Fool* dio origen inmediatamente a una respuesta mediante la aparición del libro *Thorns in the Flesh*, publicado en 1884 (reproducimos aquí su portada, porque revela admirablemente la posición y motivos de su autor). En *The Errand's Fool*, una conspiración del Klan para matar a Servosse fracasa cuando su hija acude durante la noche para avisarle; un recurso que recuerda a las antiguas historias melodramáticas. También la hija se casa finalmente con un jefe enemigo, un general exconfederado. Pero las faltas de realismo de Tourgée no son nada comparadas con *Thorns in the Flesh*, de Floyd, una obra repleta de artificios románticos. El héroe, Charles A. Stewart, ha dejado la plantación de su padre en Virginia y cultiva otra de su propiedad en el norte de Alabama, cerca de Huntsville. Se trata de un hombre apuesto, muy elocuente en su defensa del Sur contra el doctor Hansel, propietario del internado que dirige la heroína, Florence Seymour. Stewart (referido como "señor Stewart" en toda la obra) tiene como compañeros más próximos a un muchacho casi blanco y su hermana, hijos de una mujer mestiza de piel clara de Nueva Orleans, a la que se había privado injustamente de su herencia y vuelto a vender como esclava. Un rico parisino de la misma familia, finalmente, les devuelve su fortuna. Fox, el chico, domina el latín perfectamente y es un hombre instruido en una gran variedad de temas.

Pero la compleja trama queda casi sepultada por largas disquisiciones sobre la historia contemporánea. El diálogo que aparece en el primer capítulo suena a discurso de desfile regional. Un hombre, tras exaltar la civilización americana, sigue diciendo:

Hay peligro de que, al calor de la pasión, que ya es muy grande en el Norte, y que necesariamente aumentará por futuros conflictos, se lleguen a desestimar los de una civilización elevada. Hay mucho más peligro de esto en el Norte que en el Sur, pues, además de las diferentes cualidades de ambas civilizaciones, lógica consecuencia de la sustitución del puritanismo por el cristianismo, estas gentes están destinadas, por supuesto, a ver sus actuales esperanzas de una victoria fácil terriblemente defraudadas; y bajo la humillante punzada de esa decepción existe el peligro de que las facciones, las comunidades y los partidos de allí arriba puedan rendirse al liderazgo descabellado y temerario de miserables fanáticos tales como Wendell Phillips, "la máquina infernal puesta al ritmo de la música"; Thad Stevens, el diablo con rostro de monje; y otros miles de hijos de Satanás que se cubren con la capa y máscara del cristianismo y la filantropía, y nos odian, por la razón que más irrita a los vanidosos: porque nos reímos de su hipocresía beata y santurrona [...]

En el tren que le lleva a casa, Stewart conoce a una señora inválida que parece saber algo de importancia sobre Fox y su hermana; pero en lugar de indagar en tal misteriosa verdad, el hombre se sumerge con ella en un debate sobre los méritos de la esclavitud. El tren descarrila y Stewart salva la vida de la mujer; y mientras esperan a que los vagones vuelvan a ser colocados en la vía, continúa diciendo:

Y aun así, el estado del esclavo más degradado en el Sur es infinitamente preferible al que disfruta su hermano en África; pues además de gozar de comodidades físicas, goza también de las esperanzas que le otorga la religión cristiana. Debido a estas dos cosas, creo firmemente que el esclavo vive mucho mejor que el campesino pobre de cualquier otra parte del mundo. El esclavo sabe que, venga lo que venga, en cuanto se refiere a sus comodidades físicas, nunca sufrirá hambre ni frío; ni tampoco carecerá de un techo bajo el cual alojar a su familia, por muy numerosa que esta sea; y que, cuando llegue a la vejez, se le cuidará en su segunda infancia como se hizo en la primera.

En su escuela, mientras tanto, Florence demuestra ser una compañera ideal para el señor Stewart en los apasionados argumentos que emplea durante su conversación con el doctor Hansel. Hay un momento en que, "con una sonrisa divertida", le dice "que en toda Nueva Inglaterra solamente se emanciparon legalmente 53 esclavos negros; los demás fueron vendidos antes de que la ley entrara en vigor". Este ha sido siempre uno de los puntos principales en la clásica teoría del Sur, usado una y otra vez para acusar al Norte de ser terriblemente hipócrita en sus urgencias de abolicionismo. Lo absurdo de esto queda patente si se echa una ojeada a las cifras del censo oficial desde 1790 a 1860. Algunos estados del Norte, como por ejemplo Nueva York, Nueva Jersey, Connecticut y Pensilvania, poseían gran número de esclavos incluso después de 1800; pero otros estados tenían tan pocos que no cabía poner en juego hipocresía alguna. Massachusetts, notable por su espíritu abolicionista, en toda su historia como estado no tuvo más que un solo esclavo, individuo que fue registrado en el censo de 1830. En este mismo censo, Massachusetts informaba de la existencia en el estado de más de 7.000 negros libres. En el año 1860, el último censo que registraba la existencia de esclavos daba los siguientes resultados: Massachusetts tenía 9.602 negros libres; Indiana, 11.428; Ohio, 36.673; Nueva York, 49.005; mientras que Pensilvania arrojaba la mayor cifra: 56.949.

Además, el número de esclavos liberados en el Norte fue menor, censo por censo, que el aumento en la población esclava total de la nación; y el gran número de negros libres que había en el Norte en los años anteriores a la Guerra Civil es una prueba contundente de que los esclavos no se vendieron al Sur anticipándose deliberadamente a la acción estatal de la abolición de la esclavitud. En *Thorns in the Flesh* Florence Seymour representa la común predisposición humana de aceptar y repetir como verdadero todo aquello que, aun siendo muy fantástico, sirva para apoyar lo que uno desea creer. ¡53 esclavos! Mala cosa fue el que los contemporáneos defensores de la esclavitud se tragaran tales absurdos; la mayor tragedia es que la gente "todavía" los acepta, junto con el resto de elaboradas invenciones que apoyan la interpretación sudista de la historia americana.

Un poco más adelante en el libro, el señor Stewart explica al doctor Hansel cómo el Sur podía acusar al Norte de haber violado la Constitución:

Debería ser evidente, doctor, para cualquiera que comprenda la teoría e historia del viejo Gobierno. Nuestras colonias, que primero se asociaron y unieron bajo los artículos de la Confederación, cuando consideraron deseable formar una Unión más perfecta, celebraron una convención para dar forma al acuerdo o convenio conocido como Constitución. Esta, como usted sabe, fue un compromiso entre intereses y sentimientos que chocaban notablemente. Uno por uno, los estados, que eran soberanos más allá de toda duda, se separaron de la vieja Confederación y se agregaron a la nueva Unión, votando para adoptar la también nueva Constitución; algunos de ellos como, por ejemplo, Nueva York, Virginia y Nueva Jersey, insinuando o declarando abiertamente su derecho a separarse de nuevo si tal acción en algún momento no se consideraba satisfactoria para los mejores intereses de sus pueblos. Massachusetts más de una vez amenazó con separarse, ya lo sabe usted, y varios estados de Nueva Inglaterra pretendieron pensar seriamente en ello; pero como no hubo objeciones, se aconsejaron bien y no llegaron a quebrar el núcleo de la Unión. La constitución adoptada no delegaba autoridad en el Gobierno central para que este interfiriese en los asuntos internos de los estados de ninguna de las maneras. Por todo ello, resulta que los abolicionistas del Norte que exigieron la abolición de la esclavitud en el Sur, e inundaron el Congreso con constantes peticiones encaminadas a tal fin, se propusieron actuar sin la sanción de la ley, y por lo tanto, se convirtieron en un partido ilegal.

Stewart también le decía al doctor Hansel que, en Massachusetts, "solamente los peores hombres de allí, como norma, se habían dedicado a la política".

El "casi blanco" Fox idea un esquema para desembarazar al condado de dos notorios radicales: "Los Espíritus del Clan Perdido de Cocletz —dice a Stewart— deben lanzarse sobre ellos allí [en la vieja taberna Cocletz] y llevarles al espacio infinito, ante los ojos de los negros [...] ¡Recuerde usted a los Caballeros del Círculo Dorado!".

* * *

"¡Kuklos!", exclamó el señor Stewart.

"Una unión en el Círculo Dorado con los misterios del Clan Perdido será una organización secreta interesante y excelente". Más tarde, cuando la conspiración tiene éxito y han desaparecido los dos radicales, Fox cuenta la historia de los indios Co-Clotz. El doctor Hansel la desprecia como una superstición, y se ofende cuando Stewart sugiere la existencia de un paralelismo entre las acciones del Klan y la persecución de las brujas de Salem en 1690. Hansel protesta argumentando que aquello ocurrió hace dos siglos, pero Stewart señala calmadamente: "Las comunidades que en el pasado condenaron a muerte a supuestas brujas, ahorcándolas y quemándolas, nunca se consideró que estuvieran formadas por gente particularmente degradada". Y Stewart continúa defendiendo las actividades del Klan, mencionando parte del mal comportamiento de las tropas de la Unión durante la Guerra Civil.

En este punto, el lector ya ha pasado de la página 400 y ha recibido una conferencia acerca de las Ligas de la Unión, las escuelas de los negros y sus maestros y maestras, y las maldades de la Oficina de Libertos; todo lo cual, según el punto de vista del autor, justifica plenamente el comportamiento del Klan. Al igual que otros escritores pro-sudistas, Floyd traza una línea divisoria entre los mejores miembros que formaban las sociedades honorables y los individuos innobles que formaban grupos espurios. Pero dejémosle hablar:

No debe negarse que los ultrajes, o más bien actos de violencia que no se justificaban por delitos cometidos, se perpetraron aquí y allá por multitud de personas que actuaban al estilo del Klan, y actuando bajo súbitos impulsos de sentimientos ultrajados; ni tampoco puede negarse por aquellos bien informados que estas personas, cuando se excedían en sus castigos, rebasando así las fronteras de una adecuada justicia por el delito cometido, eran llamadas al orden por los "Caballeros del Círculo Dorado", los "Caballeros de la Camelia Blanca", los "Ángeles de la Justicia Vengadora", los "Espíritus del Clan Perdido" o los "Centauros de la Civilización Caucásica". El lector puede elegir entre estos nombres. Ni tampoco puede negarse que "la Orden" hizo más por impedir crímenes horribles, y asimismo ayudar a la civilización de los negros a superar el terrible periodo de anarquía, que todo cuanto pudiese haber hecho la Oficina de Libertos y todas las tropas, o dos veces su número, estacionadas en el Sur, y aun cuando todos sus oficiales hubiesen sido hombres prudentes y cristianos patriotas, cosa que estaba muy lejos de la realidad, como lo pueden testificar todos los locos que vinieron aquí.

El autor ya no tiene nada más que decir acerca del llamado Ku Klux Klan, pero sí sostiene que el simple hecho de que el país, particularmente las regiones productoras de azúcar y algodón, desde Chesapeake hasta Río Grande, no se hayan visto inundadas por revueltas sangrientas y asesinatos durante el periodo de reconstrucción y rehabilitación, demuestra que los pobladores blancos del Sur poseen una civilización con cualidades de excelencia, las cuales, sea cual sea en el futuro el destino de la raza líder, nunca podrán ser superadas mientras los hombres continúen siendo frágiles y falibles. Y aquí mismo predice el escritor que llegará el día en que el historiador honesto y sin prejuicios que se haya informado adecuadamente con respecto al periodo 1859-1884, cuando mire hacia atrás, hacia los tristes errores y ultrajes del pasado, musitará suavemente al invisible espíritu guardián que está a su lado: "¡Ah, qué pueblo tan noble! Como hermanos en la política, fueron generosos, magnánimos y clementes; como enemigos militares, fueron caballerescos y brillantes; ¡pero fueron sublimes bajo las innumerables persecuciones y malas acciones que produjeron su caída!".

Pero Floyd aún tiene algo que decir acerca del Klan y su provocación. En la página 583, tras haber contraído matrimonio las varias parejas de novios, aparece Horace Greeley. Es primo de la muchacha que se ha convertido en la señora Stewart. Y escucha con la paciencia de un prominente demócrata el resumen que el señor Stewart hace sobre la posición del Sur:

Creo que el llamado Ku Klux se preocupa muy poco o nada de cosas tan inofensivas como el voto de los negros. También se preocupa poco por quién pueda ser presidente o miembro del Congreso, mientras sepa que depende de sí mismo para hacer frente a la actual emergencia y mantener bajo control la corriente de anarquía y barbarismo que amenaza con destruirnos antes de que se le permita al negro indicar hacia qué dirección le llevará su instinto natural. Con objeto de asegurar el dominio republicano sobre el negro, es necesario incendiar su corazón contra los blancos del Sur. Y hecho esto, no quedará contento con la venganza política (el negro opina que este es un sentimiento blandengue), sino que anhela saborear la venganza a través de todos sus sentidos. Las enseñanzas que ha recibido le han inspirado el deseo de herir, de mutilar, de destruir, de acaparar nuestras propiedades y de cometer actos ilegales contra nuestras personas, y delitos contra la paz de la sociedad, siendo así que la primera ley de la naturaleza exige que algún poder dé un paso al frente para detener su enloquecida carrera. Creo que los actos del llamado Ku Klux no tienen más objeto que castigar tales actos de villanía e intimidar a los malvados.

Thorns in the Flesh fue publicada en Filadelfia; la siguiente novela sobre el Klan, escrita por Thomas Jefferson Jerome y titulada *Ku Klux Klan nº 40*, se publicó en Raleigh, Carolina del Norte, 11 años después, es decir, en 1895. En su prefacio, Jerome dice que el Klan estaba ya muerto, y añade: "Como hay Dios en el cielo, yo desearía que todos los recuerdos de la existencia de tal organización se perdiesen definitivamente, y que los informes de sus hazañas se borraran para siempre de la faz de la tierra". Pero, rápidamente, Jerome se lanza a describir el largo catálogo de los delitos del Congreso durante la Reconstrucción, y luego pregunta: "¿Quién puede extrañarse de que los hombres blancos organizasen el Klan?".

En el libro de Jerome, el *den* nº 40 se reúne en Glen Echo para discutir el castigo que ha de ser aplicado a los enemigos más notorios de la tradición y caballerosidad del Sur. Peter Tinklepaugh es un maestro de Connecticut que se ha casado con una mujer negra de la localidad; pero elude el castigo, o más bien lo aplaza, insistiendo en que su padre era un negro libre. Más tarde une sus fuerzas a las de un abogado *carpetbagger* llamado Weston, para publicar un periódico radical en el que se ponen al descubierto todos los ultrajes locales del Klan, buscando así la simpatía del Norte y, más específicamente, la ayuda federal, que llega en forma de tropas. Asesinan a un anciano y culpan al Klan de este crimen. Las tropas federales detienen al jefe del Klan local, John Latham, y le torturan para arrancarle una confesión. Pero los soldados se exceden en la tortura y el hombre muere. El juez Farwell, de Massachusetts, al principio se opone al Klan en todo momento, y su conducta en los tribunales muestra su evidente antipatía, por ejemplo, sosteniendo la recusación de un jurado por prejuicios contra los negros.

A medida que los extraordinarios acontecimientos van teniendo lugar, y alcanzando su punto más álgido, se hace patente el paralelismo que existe entre el argumento de la obra y la "guerra Kirk-Holden"; hay un momento en el que el primer magistrado del estado declara que el poder judicial se ha agotado, lo que supuso un punto crucial en la lucha sostenida entre el gobernador Holden y el Klan en 1871. Pero si el juez Farwell está modelado como Tourgée, este paralelismo se quiebra al final, ya que Farwell pierde toda paciencia con los oficiales federales, especialmente con el comandante militar de la localidad, Telf el Bizco, y cambia del bando republicano al demócrata. Las elecciones traen como consecuencia una aplastante victoria demócrata, y los republicanos pierden su dominio. Todas las buenas personas —los demócratas del Sur— son recompensadas, y los malvados castigados.

El libro *Ku Klux Klan nº 40* es una obra clásica menor, que probablemente merezca ser más conocida. A diferencia de *Thorns in the Flesh*, evita la larga exposición de los puntos de vista del Sur en los diálogos, pero, sin embargo, refleja casi todas las facetas del pensamiento regional. Por ejemplo, uno de los personajes manifiesta haber oído al general Sherman dar órdenes de incendiar todos los edificios de cierta plantación, excepto la casa principal que guardaba para sí y para su Estado Mayor. Pero, aparte de introducir una notable mejora en la técnica novelística, esta novela, como su predecesora, no es más que un trabajo de principiante comparada con los tres libros más conocidos de este género: *Red Rock*, *Gabriel Tolliver* y *The Clansman*, todos ellos escritos en el periodo en que los eminentes historiadores estaban comenzando a consolidar la interpretación sudista de nuestro pasado.

Thomas Nelson Page (1853-1922) es el más famoso de los autores estadounidenses que idealizaron el Sur y contribuyeron a crear el mito nostálgico de las magnolias, la luz de la luna, los aristócratas y los esclavos fieles y encantadores, así como otros accesorios de parecido matiz romántico. Desde su primer relato breve, publicado en 1884, hasta 1913, año en el que Page fue nombrado embajador en Italia, su carrera fue la de un firme defensor —o creador— de las leyendas. Como era mucho mejor escritor que Floyd o Jerome, su novela sobre el

Klan, *Red Rock* (1898), supone un notable avance sobre *Thorns in the Flesh* y *Ku Klux Klan nº 40*. Pero emplea los mismos recursos literarios, y consistentemente refleja los mismos puntos de vista regionales acerca de la Reconstrucción.

El agente de la Oficina de Libertos Jonadab Leech es un villano absolutamente depravado, sin una sola virtud que destacar. Al final del libro se revela como un canalla que ha abandonado a su esposa e hijo; la esposa se fue al Sur para dar clases en una escuela para negros. Los oficiales del Ejército también comparten la aversión local hacia Leech. Su propio nombre es ya evidentemente simbólico[6].

Leech consigue que los negros se alisten mediante promesas de concesión de tierras, y no tiene el menor inconveniente en incitarles a provocar incendios; la ya conocida historia de dejar caer que una caja de cerillas solo vale cinco centavos. Mediante la imposición de crueles impuestos y escandalosas multas, Leech se las arregla para lograr los títulos de propiedad de las mejores y más antiguas casas de la vecindad: "Red Rock", el hogar ancestral de los Gray, y "Birdwood", la plantación Cary. Jacquelin Gray vuelve a casa para encontrarse con que Red Rock está en manos del antiguo capataz de su padre, llamado Still, quien ahora es uno de los beneficiarios y esbirros de Leech. Pero al igual que los otros aristócratas del Sur, el general Legare, el doctor Cary y Steve Allen (jefe del Klan local), Jacquelin se muestra extremadamente noble ante la adversidad. Los negros que aún eran niños cuando dejó la casa ahora están "jugando al juego de la libertad" y, estimulados por Leech, cada día se muestran más insolentes. La única contraofensiva, en forma de visitas del Klan, es posible porque los negros, tal y como los retrata Page, se dejan influenciar fácilmente.

Justo cuando las cosas parecen estar peor para los blancos locales, con sus dirigentes encarcelados y enfrentándose a una condena segura a causa de las acusaciones que les hace Leech, una carta del doctor Cary dirigida a un viejo condiscípulo suyo, el senador Rockfield, logra liberarlos. En una caldeada escena en la sala de justicia, Still queda al descubierto como timador por su adquisición de Red Rock, y Jacquelin vuelve a recuperar el viejo hogar familiar. La carta del doctor Cary recuerda al mensaje enviado por John Leland, de Carolina del Sur, en 1872, cuando él y otros 500 líderes blancos fueron detenidos y enviados a Columbia, negándoseles el derecho de *habeas corpus*. Este es el único paralelismo con los acontecimientos reales que el autor usa novelísticamente. Pero, a diferencia de sus predecesores en el género, Page es un escritor demasiado bueno como para hacer de sus diálogos arengas partidistas. *Red Rock* es una novela amena y, de hecho, la mejor de su clase.

Casi tan buena es *Gabriel Tolliver: A Story of Reconstruction* (1902), escrita por Joel Chandler Harris. Conocido sobre todo por su serie de cuentos de *Uncle*

---

6. *Leech* significa "sanguijuela" en inglés (N. de T.).

Remus, Harris escribió suficientes novelas sobre aristócratas de Georgia, blancos pobres y exesclavos como para merecer alguna atención, aunque nunca hubiese probado suerte con la literatura popular negra. El infrecuente buen humor de *Uncle Remus* está totalmente ausente en *Gabriel Tolliver*, ya que se trata de una novela esencialmente amarga.

Las noticias de la rendición de Lee son un terrible golpe para los habitantes de Halcyondale y otras comarcas del Sur rural que no estaban preparadas para enfrentarse con la posibilidad de una derrota. Los negros abandonan súbitamente su carácter alegre, y muchos de ellos se unen al "tropel migratorio de gentes inquietas" que carecen de un lugar al que llamar hogar. Gabriel trata de averiguar qué es lo que se proponen hacer las Ligas de la Unión, "establecidas en el Sur bajo el departamento político de la Oficina de Libertos". Escondido en un armario, escucha el discurso pronunciado por un típico *carpetbagger*, Gilbert Hotchkiss, en el curso del cual hay una fuerte alusión al bajo coste de las cerillas.

Harris emplea entonces algunos de los recursos literarios menos artísticos de Floyd y Jerome, incluyendo largas exposiciones acerca del mal gobierno radical. En el capítulo 18, "Los Caballeros de la Camelia Blanca", se refiere al "terrible hecho de que los primeros promotores del programa de la Reconstrucción intentaron hacer estallar una nueva revolución con la esperanza de que los negros se sintieran impulsados a saquear ciudades y pueblos y a destruir a la población blanca". Esta es la única deducción, insistía Harris, que podía hacerse de los debates congresales habidos entre 1867 a 1868.

A continuación, Harris abre fuego sobre las nuevas convenciones estatales que invalidaron los primeros esfuerzos de posguerra hechos para esbozar y dictar nuevas constituciones. Eran, asegura él, "convenciones acertadamente denominadas mestizas [...] compuestas por oportunistas políticos de Maine, Vermont y otros estados del Norte, y alardeaban de una mayoría formada por ignorantes negros y delincuentes", mientras que los blancos de la localidad eran privados de sus derechos civiles. En su opinión, se trataba de un deliberado proyecto de los radicales para "poner el gobierno de los estados del Sur en manos de negros ignorantes controlados por hombres que no tenían el menor interés en el bienestar del pueblo".

Gabriel, escondido en lo alto de un árbol, contempla la escena que ofrecen 13 miembros del Ku Klux Klan que, ataviados con túnicas y capuchones de color blanco, y montados a caballo, dan tres vueltas alrededor de una iglesia en cuyo interior se celebra una reunión de la Liga de la Unión local. Sus amigos le dicen que aquellos hombres no pertenecen al Ku Klux Klan, sino a los Caballeros de la Camelia Blanca. También se entera de que, a veces, grupos tan disciplinados acaban siendo imitados por individuos menos responsables: "Hombres violentos tomarán las riendas y se cometerán ultrajes e injusticias". Un aviso del Klan impreso y fijado en los muros de toda la ciudad tiene un efecto inmediato: los libertos muestran súbitos deseos de volver al trabajo.

Hotchkiss queda retratado como el peor tipo de radical, con la fuerte implicación de que todos los radicales son tan malvados como él. Harris dice que Hotchkiss "fue uno de los hombres que impulsaron a John Brown a hacer estallar una revolución en la que mujeres y niños inocentes fueron las principales víctimas". En un largo párrafo, Harris describe al tipo abolicionista: intolerantes de mentalidad cerrada, con gran fervor, "que creen que la filantropía, la reforma y el progreso generalmente son inútiles a menos que vayan acompañados por la rivalidad y el odio, y, si es posible, por el derramamiento de sangre. Este tipo de personas se encuentran en todas partes. Se adhiere como una sanguijuela a todo gran movimiento. Los Hotchkiss [...] son tan productores de "ismos" como una mosca lo es de gusanos".

Si la instigación de los radicales a los negros para que cometiesen incendios es un convencionalismo de estas novelas del Klan, también lo será la aparición de un simpático oficial del ejército regular. El capitán Falconer, localmente odiado y marginado por todo el mundo al principio de la historia, resulta luego ser hijo de un estimado amigo de uno de los más prominentes ciudadanos. Con respecto al capitán, Harris escribe: "Sería difícil, si no imposible, encontrar un hombre [en todo el Ejército de Estados Unidos] que no huya del sucio trabajo de los políticos".

Gabriel, detenido por un asesinato que no cometió, es trasladado a una prisión de Savannah, donde sufre horribles torturas. Pero en el capítulo más ameno del libro es rescatado mediante la puesta en práctica de un complicado ardid; y cuando poco después se restaura el gobierno civil, se reencuentra con su amada en un feliz final.

La última y quizá más influyente de esta serie de novelas pro-Klan fue la de Thomas Dixon, *The Clansman: A Historical Romance of the Ku Klux Klan*, que apareció en 1906. En una nota preliminar "Al lector", Dixon rinde homenaje al Klan "que derribó al régimen de la Reconstrucción", y explica su jerarquía: el gran mago, que gobierna todo el Klan; el gran dragón, que lo hace sobre un estado; el gran titán, que gobierna sobre cada distrito congresal; el gran gigante, que tiene mando sobre cada condado; y el gran cíclope, que dirige cada *den* local.

"En la hora más oscura de la historia del Sur —escribía Dixon—, cuando el pueblo herido yacía desamparado entre harapos y cenizas, bajo el pico y garras del buitre, súbitamente 'apareció el Klan' reencarnando las almas de los clanes de la vieja Escocia". Esto da tono al comienzo del libro, en el que se hace uso de todos los recursos que emplearon autores más antiguos, aparte de añadir algunos otros nuevos: los venerables senadores de Washington y sus encantadoras hijas, enamoradas de apuestos oficiales federales, arribistas políticos carentes de todo escrúpulo; incautos negros víctimas de los líderes radicales; el choque de los miembros encapuchados del Klan con los de la Liga de la Unión y los agentes de la Oficina de Libertos... Todo está aquí, con muchísimos más detalles que en cualquiera de los libros anteriores. Los blancos del Sur y sus simpatizantes del Norte son los buenos; los malos son los vengativos radicales y sus agentes. El argumento de la obra se basa en la lucha entre ambos bandos; el desenlace es la victoria de los buenos sobre los malos. El peor de todos estos últimos es Thaddeus Stevens, a quien el autor describe como individuo que trata de "africanizar" diez estados soberanos de la Unión. Pero a pesar de su influencia y dominio en el Senado, el hombre fracasa. El Klan resulta un hueso demasiado duro de roer.

The Clansman, una novela de la serie que comenzó con *Thorns in the Flesh*, se publicó en un momento psicológico perfecto, cuando un grupo de periodistas especialistas en descubrir trapos sucios estaban levantando sospechas sobre la corrupción gubernamental, y cuando eminentes historiadores ya estaban realizando formidables balances sobre la Guerra Civil y la Reconstrucción que ponían todo su peso en el Sur.

The Clansman no fue la única obra de Dixon; fue, en realidad, una secuela de *The Leopard's Spots*, seguida más tarde por *The Traitor*; pero cuando D. W. Griffith decidió hacer una película sobre el Klan, fue *The Clansman* la que le pidió a Dixon que adaptara como guion. El resultado fue *The Birth of a Nation* (*El nacimiento de una nación*), una película que pasó a la historia del cine, con un estreno inicial muy largo y frecuentes reposiciones que ayudaron mucho a reafirmar la interpretación del Sur en la mentalidad del ciudadano corriente, de la misma forma que ya los historiadores estaban reafirmándola en las mentes de los lectores serios. Mientras tanto, desde *Thorns in the Flesh* hasta *The Birth of a Nation*, el pensamiento contrario que Tourgée había iniciado con *A Fool's Errand* no logró ninguna nueva adición y llegó a extinguirse por completo en la mente americana. Ni se volvió a encontrar en la literatura estadounidense, aunque *Lo que el viento se llevó* demostró en 1936 que el tema de la Reconstrucción todavía era atractivo para el público. Cual "batalla de libros", el campo de la literatura, en este aspecto, muestra solamente las reprimendas formuladas por Tourgée y contestadas esporádicamente a través de los años siguientes. Es, pues, una batalla unilateral, si es que puede ser llamada batalla.

El análisis fotográfico de *The Birth of a Nation* preparado por Theodore Huff y publicado por el Museo de Arte Moderno en 1961 posee un valor particular al demostrar lo lejos que fue la película en su intento por presentar la interpretación tradicional del Sur. En aquellos días en los que aún no existía el cine sonoro, los diálogos aparecían impresos al pie de cada secuencia, al igual que los anuncios y opiniones en prensa. El título que sigue a la secuencia nº 83, por ejemplo, dice: "Se avecina la tormenta. El poder de los estados soberanos establecido cuando *lord* Cornwallis cedió ante las colonias individuales en 1781 está amenazado por la nueva administración". La secuencia nº 114 es subrayada por este comentario: "Abraham Lincoln hace uso del cargo presidencial por primera vez en la historia para pedir voluntarios con el fin de hacer cumplir las normas de la futura nación sobre los estados individuales".

Al principio se muestra a los esclavos negros como personas felices y satisfechas; pero la guerra produce un gran cambio. Los soldados negros incendian y saquean, mientras las familias confederadas sufren de todas las maneras posibles: la pérdida de sus hijos en el campo de batalla y una presión económica tan grande que les obliga a vender sus muebles y sus más queridos recuerdos familiares con el fin de ayudar a la causa. Después del sexto rollo de película hay un intermedio, y a continuación aparece el rótulo: "Segunda parte: Reconstrucción. La agonía que padeció el Sur para dar vida a una nueva nación". Se presenta la figura de Woodrow Wilson para apoyar la tesis; y se cita luego una frase de sus escritos con referencia al nacimiento del Klan: "Los hombres blancos despertaron a causa del natural instinto de conservación". Sin embargo, no son los negros los que amenazan su extinción tanto como los radicales que dominan en el Congreso. La secuencia nº 552 es comentada por este título: "Comienza la agitación. Celebración de la fiesta negra. Se induce a los negros a que abandonen el trabajo". Y después de la secuencia nº 560: "La Oficina de Libertos. Los negros consiguen suministros gratuitamente. La caridad de un generoso Norte mal empleada para engañar a los ignorantes".

Hay luego una escena clave que, por supuesto, no podría haber sido omitida, en la que se muestra a la mayoría negra, arrogante, insolente, analfabeta y vil, en la Cámara de Representantes de Carolina del Sur. Esta escena fue empleada una y otra vez, con gran efecto, en innumerables libros de historia. Pero las esperanzas no estaban totalmente perdidas mientras los valientes blancos del Sur pudieran organizarse. A continuación de la secuencia nº 755 concluye la siguiente declaración: "El Ku Klux Klan, la organización que salvó al Sur de la anarquía de un gobierno negro, pero no sin un derramamiento de sangre mayor que el de Gettysburg, según el juez Tourgée de los *carpetbaggers*".

Resulta curioso observar que el tratamiento literario de la Guerra Civil y de la Reconstrucción fuese tan unilateral. Puede que una de las razones sea la general repulsa hacia el Gobierno producida por la corrupción existente bajo el presidente Grant, cuando la confianza pública fue tan duramente traicionada. Muchas de las figuras líderes en el programa federal de Reconstrucción del Sur, en 1876, quedaron expuestas como traficantes de puestos públicos, e incluso aquellos que no fueron deshonestos fueron acusados por asociación. Otra razón puede ser el romanticismo latente del pueblo americano, que produjo una simpatía general hacia la derrotada Confederación. Mark Twain estuvo muy cerca de desinflar el mito sudista en *Huckleberry Finn*; de haberse presentado ahí el retrato satírico de un miembro del Klan, Tourgée no habría estado solo como portavoz del punto de vista "norteño".

Pero sean cuales sean las razones de la escasez de novelas que simpatizaran con la causa del Norte, seguramente es razonable relacionar al revivido Klan con la película que tanto se esforzó por hacer hincapié sobre el punto de vista sudista. *The Birth of a Nation* se estrenó en 1915, el mismo año en que se organizó el Klan moderno. Historiadores recientes ponen de relieve que los dos Klanes, el antiguo y el moderno, no tienen prácticamente nada en común. Pero esta batalla unilateral de los libros muestra claramente una continuidad. Y esta continuidad explica por qué los hombres hostiles a las presiones federales, e incómodos por el creciente poder de varios grupos minoritarios, se inspiraron en *The Birth of a Nation* para volver a crear una organización que tuvo tan evidente éxito durante la Reconstrucción en el propósito de preservar la especial superioridad de los protestantes blancos que llevaban allí muchos años. Sin la existencia de las novelas que glorificaban al Klan, y sin la película inspirada en una de ellas, es posible dudar de que hubiese nacido el Klan moderno. En ninguna otra parte mejor que en esta continuidad literaria puede verse el eslabón que une al "antiguo" Klan con los Klanes "modernos".

CAPÍTULO 11
RESURGIMIENTO DEL KLAN

El Klan del siglo XX comenzó como el sueño infantil de un muchacho larguirucho de Alabama llamado William Joseph Simmons. En diferentes épocas de su vida —nació en 1882— había sido desde aprendiz de predicador metodista a vendedor itinerante; puede que hasta hubiese enseñado historia americana brevemente, en la Universidad Lanier, pequeño centro docente de Atlanta que más tarde poseyó el Klan. La mayor pasión de su vida era el fraternalismo. "Creo en las hermandades —aseguró en cierta ocasión—, y en las asociaciones fraternales entre los hombres". Y lo demostró uniéndose a una docena de órdenes masónicas y a los "Leñadores del Mundo". Se pasaba noches enteras en las reuniones de las logias. Como jefe del equipo de instrucción de los Leñadores, tomó para sí el título de "Coronel".

En 1911, mientras convalecía en el hospital como consecuencia de unas heridas sufridas en un grave accidente de automóvil, Simmons tuvo tiempo de sobra para reflexionar sobre su vida. Como él mismo declaró mucho más tarde, fue entonces cuando volvió a pensar con fuerza en su más amado sueño de juventud: revivir el viejo Ku Klux Klan. Su padre había sido miembro del mismo, y su niñera negra siempre le había contado emocionantes historias sobre el Klan. Un nuevo Klan alzaría el fraternalismo estadounidense hasta cotas nunca antes alcanzadas.

Desgraciadamente para su reputación, hubo otro hombre que ocupaba una posición idónea para desinflar la romántica historia del Coronel: Edgar L. Fuller, un antiguo agente del Klan que dimitió y lo contó todo en *The Visible of the Invisible Empire, or The Maelstrom* (1925). Según Fuller, Jonathan Frost, el que en otro tiempo había sido jefe de los Leñadores del Mundo, al leer ciertas referencias sobre el Klan de la Reconstrucción vio la oportunidad de fundar una orden fraternal. Presentó la idea en una convención de los Leñadores y, allí mismo, Simmons se la robó: "Toda la historia contada por Simmons —insistía Fuller— de visiones de su infancia y juventud es puro mito... Si algo soñó sería otra clase de sueños que obedecían a una mente enferma", pues sus características más personales eran "la pereza física, la inercia mental y una insensibilidad moral heredada de su juventud". Las afirmaciones de Simmons al respecto de haber estudiado brevemente en la Universidad de Alabama la carrera de Medicina eran típicas de su mundo de fantasía. La verdad era que su educación había sido muy elemental. Su relación con la Iglesia metodista no era tal como él la contaba, ya que al hacer la prueba como predicador ambulante no tardó en ser rechazado por ineficiente y poco fiable. Incluso como vendedor de ligas para señora acabó con la paciencia de la compañía a causa de sus malos hábitos de aseo. Sin embargo, al parecer tuvo éxito como agente de seguros al vender pólizas de defunción a sus compañeros de los Leñadores del Mundo.

El testimonio de Fuller, evidentemente el de un testigo hostil, ha de descartarse en gran parte; pero fuera cual fuera el origen de la gran idea de Simmons, lo cierto es que se sabe perfectamente que, tras el anochecer del Día de Acción de Gracias de 1915, condujo a 15 partidarios suyos hasta la cima de Stone Mountain[7], al este de Atlanta, para celebrar la ceremonia de iniciación de lo que él llamaba la "reencarnación del Klan". No se diferenció mucho del ritual llevado a cabo en Pulaski, Tennessee, allá por 1866. Sobre un altar —un pequeño saliente de roca— colocaron una bandera americana, una Biblia abierta, una espada envainada y una cantimplora de agua (más tarde, el "agua de iniciación" tomada del río Chattahoochee, cerca de Atlanta, y vendida a 10 dólares el litro fue una de las fuentes de ingresos más lucrativas para Simmons y sus sucesores en el puesto de gran mago). La única y sorprendente innovación que tuvo lugar en Stone Mountain fue la quema de una cruz, la única fuente de luz —y de calor— para los temblorosos primeros caballeros del Klan moderno.

Una semana después, Simmons incorporó la organización al condado de Fulton (Atlanta), que hasta hoy día sigue siendo un centro de actividad del Klan. El antiguo Klan nunca había buscado el reconocimiento legal; sus jefes, que ponían toda su confianza en un secretismo total, habrían sentido horror y estupefacción ante tal idea. Pero desde el principio, Simmons concibió una organización bien protegida por un estatus legal, una organización que recibiera toda publicidad posible, y que fuese una amplia fuente de ingresos... para él.

Se trataba de un hombre alto y esbelto cuyos quevedos le proporcionaban cierto aspecto distinguido; Simmons era asimismo un eficiente orador público pero, aunque las multitudes disfrutaban con sus fascinantes arengas, reclutaba nuevos miembros a un ritmo decepcionante. La guerra en Europa constituía un formidable obstáculo para los intereses del Klan. Cuando Estados Unidos se

---

7. Stone Mountain es una montaña de tipo rocoso ubicada en el estado de Georgia, famosa por tener en su cara norte un grabado en relieve que representa a los líderes confederados de la Guerra Civil: Jefferson Davis, Robert E. Lee y Thomas J. "Stonewall" Jackson. Los miembros del Klan moderno la consideraban un lugar de culto (N. de T.).

unió a la contienda en 1917, el Klan contaba con poco menos de 12.000 miembros, en su mayor parte de Georgia y Alabama, suficientes como para publicar una denuncia sobre una huelga en los astilleros de Mobile y organizar un desfile de veteranos de la Confederación, pero no los suficientes como para llamar más que la atención local. Para empeorar las cosas, un ayudante huyó con los fondos del tesoro, y Simmons tuvo que hipotecar su casa para mantener vivo al Klan. Aquellos fueron días difíciles, pero Simmons tenía una inagotable fe en su sueño infantil.

Solo una pizca de idealismo evitó que Simmons aceptara ofertas de hombres a los que únicamente interesaba el lucro y que mostraban suma indiferencia hacia el espíritu de auténtico fraternalismo. Pero en 1920, tras más de cuatro años de desánimo, finalmente cedió: la promesa de recibir 100 dólares semanales mientras viviera era una tentación muy difícil de resistir. El día en que firmó el contrato, 7 de junio de 1920, marca el verdadero comienzo del Klan, que floreció para convertirse en motivo de oprobio nacional.

La oferta a la que Simmons no pudo resistirse fue hecha por Edward Young Clarke, experiodista que durante la guerra había ganado cierta fama al dirigir campañas patrióticas para recaudar fondos. Durante la organización del Festival de la Cosecha en Atlanta, Clarke conoció a una atractiva mujer viuda, Elizabeth Tyler, quien no solamente compartía los puntos de vista de Clarke en el sentido de que el público existía para ser desplumado, sino que ella también tenía algún dinero propio —de hecho, una buena fortuna—. Los dos fundaron la Asociación Publicitaria del Sur y recaudaron dinero para grupos tales como la YMCA, la YWCA y el Ejército de Salvación. Ávidos de cosas más grandes, vieron un potencial latente en el Klan. El Coronel Simmons tenía todas las cualidades de un hombre ideal para dar la cara; lo único que faltaba era que él les consintiera dirigir todas las operaciones del Klan.

Todo el mundo en aquella época sabía algo acerca del antiguo Klan, aunque solo fuese a través de la proyección de la película *The Birth of a Nation*, estrenada en 1915 y uno de los más grandes éxitos de toda la historia del cine. Cierto autor asegura que fue precisamente esta película la que proporcionó a Simmons la idea de revivir el Klan. Si alguna vez ha existido una película que sirviera de estímulo para la intolerancia, ciertamente ha sido esta. Su efecto sobre el público general fue el de proporcionar una especie de justificación a todo sentimiento de odio, prestar atractivo a las sociedades secretas que preservaban la distinción de razas, y resistir al Gobierno central. Una vez el Klan fuera accesible, parecía muy probable que los hombres se apresurarían a ingresar en él: el tipo de hombres, al menos, que querían una vía de escape a sus frustraciones.

Pero Simmons se mostraba muy poco dispuesto a enfatizar el lado fraternal de su Klan y a minimizar la llamada a la intolerancia. Además, el antagonismo racial por el momento era muy débil para que llegara a ser un buen gancho para el reclutamiento. Una vez Clarke y la señora Tyler se hicieron cargo del asunto, estudiaron la situación con el ojo crítico de profesionales de la publicidad, y decidieron que la creciente preocupación popular en aquellos momentos era la moral de posguerra, tema muy adecuado para que ellos lo manejaran hábilmente. Idearon una campaña de propaganda para crear una imagen del Klan como guardián de la moralidad pública. Empleando al Coronel Simmons como portavoz, desarrollaron una intensa exhibición de firme defensa de todas las causas que a los ojos del público valía la pena defender. Al comienzo de la vida del antiguo Klan hubo ciertos recursos que demostraron ser eficaces, tales como decirle a un negro sin estudios "sosténme la cabeza durante un momento" al tiempo que se le tendía una calabaza que se asemejaba a una cabeza humana. El truco del Klan moderno equivalente consistía en una columna de miembros ataviados lujosamente y desfilando por una de las naves de la iglesia mientras se celebraba el oficio religioso, depositando un donativo en la mesa de comunión y luego retirándose en perfecto silencio. ¿Quién podría oponerse a una organización tan evidentemente preocupada por llevar una vida recta y por defender todo cuanto tenía de bueno la vida americana?

Mientras tanto era muy importante identificar a los enemigos del verdadero americanismo. Y resultaba absurdamente fácil señalarlos: todos los inmigrantes recientes procedentes de extraños rincones de Europa que no daban muestras de simpatía hacia la tradición anglosajona y se resistían a una rápida asimilación, eligiendo incluso vivir en los abarrotados barrios bajos de las ciudades, y que con su sola presencia hacían que estas fueran más pecadoras y antiamericanas que nunca (nuestro histórico agrarismo jugó aquí un papel importante: en el pensamiento del Klan, la gente de los pueblos y granjas pertenecían a la mejor clase de ciudadanos). Y luego estaban las minorías fácilmente identificables, especialmente los judíos y católicos; los primeros incapaces de asimilación alguna y con desaforadas ansias de enriquecerse rápidamente, y los segundos con su lealtad al papa y trabajando "deliberadamente" por romanizar América. Uno de los recursos más eficaces del Klan fue la amplia distribución de un "juramento de los Caballeros de Colón"; no el verdadero juramento, sino más bien una falsificación que proyectaba una conspiración para subordinar la nación al papado.

Las diez preguntas que se hacían a todos los presuntos miembros del Klan ilustran el concepto de verdadero americanismo que el Klan moderno buscaba establecer:

1. ¿El motivo que te impulsa a querer formar parte del Klan es serio y desinteresado?
2. ¿Has nacido blanco, no judío, y eres ciudadano americano?

3. ¿Te opones firmemente y afirmas estar libre de alianzas de cualquier tipo con cualquier causa, gobierno, pueblo, secta o líder que sean ajenos a Estados Unidos?
4. ¿Crees en los dogmas de la religión cristiana?
5. ¿Consideras que Estados Unidos y sus instituciones están por encima de cualquier otro Gobierno, civil, político o eclesiástico que pueda haber en el mundo?
6. ¿Jurarías sin reservas mentales defender, preservar y cumplir los preceptos de la orden?
7. ¿Crees en la unión fraternal y la practicarás fielmente hacia tus hermanos de orden?
8. ¿Crees en la supremacía blanca y lucharás por preservarla eternamente?
9. ¿Obedecerás fielmente a nuestras leyes y constitución, y te someterás voluntariamente a nuestros hábitos, necesidades, requerimientos y normas?
10. ¿Se puede depender siempre de ti?

Los años que transcurrieron desde 1921 hasta 1926 produjeron un notable número de libros y panfletos que atacaban y defendían al Klan. En los libros pro-Klan puede hallarse un sistemático análisis de estas preguntas de iniciación, e incluso algunas veces un examen que se extiende capítulo tras capítulo. "What is Ku Kluxism?" (1923) (sin nombre de editor en la cubierta, pero cedido a la Biblioteca del Congreso por J. S. Fleming, de Goodwater, Alabama) es un completo ensayo de 87 páginas. El subtítulo es: "Let Americans Answer, Aliens Only Muddy the Waters", pero abarca toda la gama de fuentes de antipatía del Klan: la inmoralidad privada y pública, los católicos, los judíos, los negros y los extranjeros. En realidad, su mayor énfasis se centra en la "conspiración" católica. *Story of the Ku Klux Klan* (1921) y, más tarde, una edición resumida y titulada *Knights of Ku Klux Klan*, ambas escritas por el coronel Winfield Jones, examinan las diez preguntas una por una. La primera de estas obras apareció poco después de que Clarke y la señora Tyler se hicieran cargo de la dirección del Klan, y se trata de un libro extremadamente oportuno. Jones dijo que él no era miembro del Klan, y que el Coronel Simmons le había permitido el acceso a los archivos del Klan "con gran reticencia", pero es probable que esto haya sido una evasiva para hacer que el libro pareciese una obra objetiva escrita por alguien externo. La revisión, veinte años más tarde, fue publicada por Tocsin Press, cuyo propietario era un miembro del Klan llamado E. N. Sanctuary, compositor de canciones del Klan.

Jones concluía su "historia" con una predicción optimista:

El anglosajón es el prototipo de la historia. Y deben someterse a él el egocéntrico hebreo, el culto griego, el viril romano y el místico oriental. El salmista debió pensar en él cuando tocó su arpa y cantó: "Oh, Señor, tú le has hecho un poco más inferior que los ángeles y le coronaste con gloria y honor; tú has hecho que él tenga dominio sobre las obras salidas de tus manos; tú has puesto todas las cosas a sus pies". El Ku Klux Klan desea que todos sus miembros posean sangre de conquistadores... El Ku Klux Klan se proyectó para el americano blanco.

En resumen, el Ku Klux Klan desea ser, espera ser, y será, una orden americana fraternal, patriótica y servicial, ocupando su puesto junto a otras hermandades secretas similares, y trabajando con ellas por nuestra civilización cristiana, sumando a los dones y gracias la prosperidad y la felicidad de la humanidad, y poniéndose siempre del lado de todo lo noble, cierto y verdadero, y asimismo trabajando por el imperio de la ley, y por el progreso de la raza humana.

The Ku Klux Klan Under the Searchlight, de Leroy A. Curry, y *K.K.K.: Friend or Foe?*, de Blaine Mast, aparecieron en 1924, un año destacado para el Klan. Curry estimaba que el Klan era esencial para hacer revivir el verdadero americanismo y su base cristiana, y lo alababa por luchar contra todas las fuerzas que amenazaban con socavar los sólidos y antiguos principios estadounidenses. Su frase favorita era "esta gran organización americana". Blaine Mast describía a los judíos como astutos libertinos ricos que atraían a muchachas no judías a sus fiestas y luego a las habitaciones de los hoteles; pero añadió también que los judíos no eran los únicos pecadores de América. Uno de sus más interesantes pasajes se refiere a la conspiración católica, pero se le podría conceder diferente sentido al ser leído por un lector hostil: "El mayor enemigo de una nación nunca está fuera: ¡siempre está dentro! El peor enemigo político es el que induce a la lucha civil, como atestigua nuestra guerra civil de 1861-1865". Una guerra religiosa, añadía, haría que la Guerra Civil pareciese poca cosa; nunca es seguro seguir a líderes radicales, intolerantes y desequilibrados.

De esto se infería que el Klan ofrecía una dirección segura. Este tipo de argumento se volvió a repetir en la década de 1960, cuando el ala derecha radical ofrece lo que considera como un liderazgo mucho más fiable que el proporcionado por nuestros recientes presidentes.

Con la excepción de la octava pregunta, relacionada con la supremacía blanca, el nuevo Klan se parece menos a la "reencarnación" del antiguo del que le gustaba hablar al Coronel Simmons que a un recrudecimiento del nativismo, que ha sido una constante en la historia estadounidense. Cada gran ola de nueva inmigración siempre fue seguida de una reacción, particularmente por parte del movimiento Know-Nothing[8], poco antes de la Guerra Civil, y por la

---

8. Partido secreto opuesto a la naturalización de extranjeros (N. de T.).

Asociación Protectora Americana (APA), al final del siglo XIX. Ambos organismos se oponían particularmente a los católicos. Los miembros del Know-Nothing, alarmados por la tendencia de los católicos irlandeses a meterse en política, buscaron deliberadamente impedir que todos los extranjeros, especialmente los católicos, ocupasen puestos oficiales. Entre los protestantes más viejos hubo una revulsión general ante innovaciones tales como el Sabbath Continental, importada por los inmigrantes alemanes, y que significaba asistir a la iglesia temprano los domingos y pasar el resto del día descansando y disfrutando de los placeres, costumbre que no concebían los rígidos protestantes de Nueva Inglaterra y los demás sectarios que habitaban a todo lo largo de la costa atlántica. Milwaukee, St. Louis y Cincinnati, centros de inmigración alemana, parecían, pues, ser ciudades de perdición. En Nueva Inglaterra los trenes no circulaban el domingo, y las amas de casa no cocinaban; las alubias y el pan integral que se consumían calientes el sábado se podían tomar fríos el domingo, en los intervalos entre largos servicios religiosos. No hace falta decir que los nuevos grupos de inmigrantes suponían un desafío hacia las buenas costumbres americanas.

La APA era de formación mucho más reciente. Nació en zonas más alejadas del Medio Oeste —Iowa, Kansas y Nebraska— y fue deliberadamente estimulada mediante falsificaciones escandalosas de documentos católicos. En condados enteros, las familias protestantes guardaban sus armas bien cargadas y convertían sus casas en verdaderas fortalezas. La APA se convirtió en un grupo político de presión, pero lo que más recordaban sus diseminados miembros rurales era la amenaza de violencia abierta, específicamente la supuesta conspiración católica para asesinar a todos los protestantes. Muchos de estos protestantes eran inmigrantes recientes, gentes cuya propia experiencia en el Viejo Mundo había incluido una verdadera persecución religiosa. Los americanos que ya llevaban más tiempo en el país eran menos susceptibles; tenían mayor sentido de la seguridad y la pertenencia a la tierra.

Allí donde los grupos de población habían habitado durante mucho tiempo, el Klan sacaba partido del temor a que se perdiesen las viejas costumbres, y en aquellas áreas donde todo el mundo había llegado hacía poco, el Klan concentraba sus esfuerzos en amenazar su aceptación. Y en la misma forma, un poco más tarde, el Klan podía ser republicano en Ohio y demócrata en Misisipi, en sus esfuerzos por lograr fuerza política.

En los dos Klanes, en el antiguo y en el moderno, se pueden detectar amplias discrepancias entre los propósitos declarados y lo que resultaba ser en la práctica. Los miembros ordinarios solamente podían juzgar por medio de los elementos de juicio que los líderes les facilitaban; y como la copia estaba hábilmente preparada, la cosa siempre salía bien a la vista de todo el mundo. Ed Clarke y Bessie Tylor mantenían los ojos bien abiertos ante las noticias, en espera de aquellos acontecimientos que pudieran servir a sus propios intereses. Los detestables crímenes cometidos por los protestantes blancos podían ignorarse. Sin embargo, si esos mismos crímenes eran cometidos por un miembro de una minoría no americana, inmediatamente se procuraba que la indignación pública alcanzara su más alto nivel para atraer nuevos miembros al Klan, miembros que nunca dejaban de declarar a los cuatro vientos su incondicional apoyo a la ley y al orden.

La historia de Leo Frank es anterior al Klan moderno, pero proporciona un buen ejemplo de cómo podía ser avivada la indignación pública y convertirla en movimiento de masas. El 27 de abril de 1913, una muchacha de catorce años de edad, Mary Phagan, fue hallada muerta en la factoría de Atlanta donde trabajaba; había sido brutalmente asaltada. Se sospechaba de un obrero negro, pero el hombre al que se acusó, juzgó y condenó a muerte fue un judío, supervisor de la fábrica, llamado Leo Frank. Tom Watson, el demagógico editor de *The Jeffersonian* (y más tarde uno de los senadores de Estados Unidos por Georgia) fue quien proporcionó al público todos los espeluznantes detalles del asesinato. Cuando el gobernador Slaton conmutó la sentencia de muerte por la de cadena perpetua el día antes de abandonar su cargo, Watson se propasó en sus críticas; la esperada respuesta se tradujo en una multitud de 5.000 personas que se apiñaron vociferando ante la casa de Slaton. El 12 de agosto de 1915, Watson escribía en su periódico: "El próximo caso Leo Frank en Georgia nunca llegará a los tribunales de justicia. El próximo judío que haga lo que hizo Leo Frank recibirá la misma clase de castigo que aplicamos a los violadores negros". Cuatro días después, 25 hombres, solo dos de ellos enmascarados, sacaron a Frank de la cárcel de Georgia a la fuerza y le ahorcaron en Marietta, lugar situado al norte de Atlanta, donde había vivido Mary Phagan.

El Klan, está claro, siempre hizo gran hincapié en asociar a negros y judíos. Se repartían octavillas que rezaban en letras bien visibles: "¡Negro, también tú puedes ser judío!", y frecuentemente se leían consignas de odio que identificaban a los judíos como población no blanca.

Sin embargo, no fue un sórdido crimen lo que proporcionó al Klan su primera publicidad, sino más bien una serie de artículos sensacionalistas publicados en el *New York World* en septiembre de 1921. Los periódicos de otros 18 estados reeditaron los mismos artículos, y durante cierto tiempo fueron noticia de primera página. Pero de lo que no se daban cuenta los editores era de que tal demostración periodística, que incluso resultaba ridícula, aceleraba la entrada de más hombres en el Klan. Los miembros del Congreso, judíos o católicos ellos mismos o que representaban distritos de población fuertemente judía, católica o negra, exigieron que se llevara a cabo una investigación. El representante de Georgia, William D. Upshaw, uno de los primeros candidatos del Klan para el Congreso, trató de desviar la atención exigiendo una investigación de *todas* las sociedades secretas; los miembros del Klan a veces se quejaban de que la suya era la única organización secreta que era objeto de oposición.

En las audiencias congresales, el primero en declarar fue Roland Thomas, miembro de la redacción del *New York World* que había dirigido la investigación. Manifestó que le había dedicado unos tres meses de tiempo, pero que tenía que admitir que gran parte de lo publicado en el periódico se basaba solamente en rumores; los periodistas carecían de autoridad para dictar un auto de comparecencia. El testigo más importante fue C. Anderson Wright, un exmiembro del Klan, que declaró presentando pruebas muy dañinas en contra de las manipulaciones financieras del Klan. La mayor parte de los 10 dólares del *klecktoken* (cuota de iniciación) iba a parar a los bolsillos de los organizadores locales, estatales y nacionales (llamados *kleagles*); como antiguo *kleagle* para Nueva York, Wright sabía perfectamente lo que estaba diciendo. Sus declaraciones fueron corroboradas por un inspector de Correos, quien informó de que Clarke y Tyler habían recibido más de 850.000 dólares en el periodo que iba desde el 1 de junio de 1920 hasta el 24 de septiembre de 1921. Refutando estas declaraciones, el abogado del Klan, Paul Etheridge, y el representante Upshaw defendieron el propósito del Klan y rindieron un sentido homenaje al Coronel Simmons. Luego, el propio Simmons ocupó el estrado durante varias sesiones y demostró ser un perfecto testigo, tranquilo, educado y encantador. Acusó al *New York World* en el sentido de que aquella serie de historias que había publicado el periódico no se debían más que al ansia de aumentar su tirada. Winfield Jones, que estaba presente, aseguró a continuación que el Klan "se estaba beneficiando enormemente de los ataques de la prensa, y mucho más con las investigaciones congresales".

Las series sobre el Klan publicadas por el *New York World* y la investigación llevada a cabo por el Congreso pueden ser consideradas causa principal del debate público que tuvo lugar por escrito a continuación. Jones logró publicar su libro antes de que terminara el año. Para tratarse de un hombre que se había mostrado reticente a enseñar los archivos del Klan a Jones, Simmons parece haberse mostrado muy liberal en sus testimonios, pues Jones citaba así sus propias palabras:

Nosotros no nos oponemos a las creencias religiosas de nadie. Solamente tuve noticia de un caso donde un *kleagle* hizo circular propaganda anticatólica e inmediatamente se le expulsó de la organización.

Nosotros no somos antijudíos; cualquier judío que pueda suscribirse a los dogmas de la religión cristiana puede ingresar en nuestra organización.

No somos antinegros. Hay muchas otras organizaciones o hermandades que no admiten negros entre sus filas. No estamos en contra de aquellas personas que hayan nacido en el extranjero; simplemente requerimos que nuestros miembros hayan nacido en los Estados Unidos.

Todo lo que antecede no hace más que parafrasear otra declaración anteriormente hecha por Simmons, aunque esta es positiva en lugar de negativa:

Los "Caballeros del Ku Klux Klan" es una organización puramente fraternal y patriótica, cuyo objeto es conmemorar al Klan de la Reconstrucción y perpetuar los principios que entonces defendió... El Klan representa la conservación de los ideales e instituciones americanas, la protección del hogar, la castidad del sexo femenino, el mantenimiento de los derechos de linaje y las libertades de la raza anglosajona... El Ku Klux Klan defiende firmemente y sin reservas la supremacía blanca en América.

Jones describió al Coronel como "un hombre prudente y considerado [...] la pasión y el odio jamás forman parte de sus sentimientos [...] un verdadero cristiano". Clarke y la señora Tyler habían tenido mucha más suerte de lo que en un principio ellos mismos habían supuesto, ya que Simmons proyectaba una magnífica imagen; su comportamiento puesto en tela de juicio por los diputados del Congreso parecía hacerle merecer todo el extravagante encomio de Jones. Podría, quizá, ser solamente la cabeza visible, pero lo cierto es que el Klan no podría haber tenido una mejor. Con el dinero que estaba entrando en caja, Clarke pudo subirle el sueldo al mago hasta los 1.000 dólares mensuales, le entregó otra suma de 25.000 dólares para compensar los cinco difíciles años que había vivido, y le instaló en una magnífica mansión de Peachtree Street, "Klan Krest", que costó 33.000 dólares. Además, Simmons recibía dólar y medio por cada *klecktoken* y *royalties* por los atuendos que supuestamente había inventado. Un crítico ha calculado que los ingresos que obtuvo del Klan alcanzaron los 300.000 dólares, pero es probable que esta cifra fuese mayor.

Ed Clarke, el hombre que había estudiado todos los puntos de vista, vivía un poco mejor. Recibía tres dólares por cada nuevo miembro que ingresaba en la organización, dos veces más que Simmons, y era el principal propietario de la Gate City Manufacturing Company, que se encargaba de fabricar toda la parafernalia del Klan. Se ha calculado que obtenía un beneficio de unos 40.000 dólares al mes, pero parte de este dinero iba a parar a manos de Bessie Tyler, además de atender a gastos tales como sobornos a medios hostiles y subvenciones a periódicos amigos. No era oro todo lo que relucía, como han declarado algunos detractores del Klan.

Clarke tampoco podía permitirse el lujo de sentarse en un cómodo sillón y dedicarse a desarrollar un gusto por el licor que en última instancia supuso la caída del Coronel. La organización nacional requería una enorme atención, ya que era difícil hallar un buen *kleagle*, y mucho más difícil aún mantenerle satisfecho. Los cíclopes de los *dens* individuales recibían 50 centavos por cada *klecktoken*, mientras que el *kleagle* local, que llevaba a cabo el verdadero reclutamiento, recibía 4 dólares, y el *kleagle* estatal, algunas veces llamado "representante imperial", normalmente recibía un dólar. Clarke se dio a sí mismo el título de *kleage* imperial; después de todo, él era la cima de la pirámide de captación. Cuando las cosas iban bien, todo el mundo ganaba dinero. Pero más de una vez un *kleage* estatal hizo tanto dinero que trató de quedárselo todo para sí; y entonces Clarke se veía obligado a enviar a uno de sus consejeros legales para conseguir recuperar el dinero. Y aún fue mucho más problemática la lucha que terminó por dividir el poder en uno de los sectores, como ocurrió en Pensilvania.

En aquel estado, como en todos los demás, las denuncias de la prensa no hicieron más que estimular el reclutamiento. F. W. Atkins, de Filadelfia, recibió la concesión de la parte oriental del estado, y Sam Rich, de Pittsburgh, la parte occidental; el río Susquehanna era la línea divisoria. Rich contrató los servicios de un tal A. L. Cotton como *kleage* local y le envió a Erie, donde inmediatamente fue detenido; de esta manera se convirtió en un mártir y la publicidad estimuló allí el desarrollo del Klan. Atkins se metió en graves dificultades cuando se unió a una conspiración con otros líderes cercanos con el objeto de alejarse de Atlanta; quizá les habría sonreído el éxito si hubieran proyectado mejor el asunto, pero echaron a perder el trabajo y Atkins fue expulsado inmediatamente. Rich, al permanecer fiel a Atlanta, recibió la recompensa de dirigir a todo el estado. Atkins tuvo que conformarse con una miseria, 25.000 o 30.000 dólares, ya que sus colectas estaban en un punto muy bajo en el momento en que la conspiración fracasó.

Antes de irse, Atkins al menos tuvo la decencia de quemar todos sus registros, ya que de no haberlo hecho así hubiera perjudicado terriblemente a todo el Klan nacional. Pero sin tales registros a mano, fue necesario disponer de largo tiempo y paciencia para reconstruir el Klan en la parte oriental de Pensilvania. Rich nombró a Mortis E. Freeman para que dirigiese los antiguos territorios de Atkins; pero esto fue un error, ya que Freeman no era el hombre idóneo para las finanzas, e hizo de su trabajo un verdadero galimatías. Entonces, Rich envió a Cotton, el mártir de Erie, para que se hiciera cargo del trabajo y así recuperar el control total. Tuvieron mala suerte solamente con un grupo, los Holandeses de Pensilvania, que aun cuando se sentían complacidos por los esfuerzos anticatólicos del Klan se negaban tercamente a rendir la obediencia ciega que este exigía. A finales del verano de 1923, la fuerza del Klan en Pensilvania ascendía a unos 260.000 hombres, el 10% de la población adulta masculina del estado.

D. C. Stephenson, representante imperial de Indiana y Ohio, fue uno de los organizadores de más éxito. Sus informes para el periodo comprendido entre el 17 de marzo al 15 de julio de 1923 incluían un pago de 641.475 dólares. Se le envió un cheque personal como muestra de aprecio, que ascendía a la cantidad de 5.000 dólares; pero Stephenson lo devolvió. Después de todo estaba cobrando una comisión de un dólar con 25 centavos por cada nuevo recluta. Si Indiana era terreno particularmente fértil para la expansión del Klan o si las habilidades de Stephenson fueron allí muy fructíferas, es cosa más difícil de determinar. Pero, ciertamente, Indiana fue uno de los más fuertes reductos del Klan, y Ohio tampoco se quedó atrás.

Los registros del Klan muestran depósitos hechos en muchos bancos, algunas veces en forma de cuentas de ahorro, otras en forma de depósitos en cajas de seguridad y, algunas veces, aun cuando con ello se violaban las leyes que determinan el gobierno y uso de los fondos de una asociación o monopolio, en las cuentas personales de los individuos. Se ha calculado que, en 1925, seis millones de americanos formaban parte del Klan y habían pagado sus correspondientes 10 dólares de *klecktoken*. Contabilizando las ventas de parafernalia y "agua de iniciación", los miembros habrían pagado a la orden unos 75 millones de dólares. El Klan era un gran negocio. Solamente los gastos de sus litigios alcanzaban la suma de 10 millones de dólares. Y no debe resultar asombroso el hecho de que Ed Clarke, siempre astuto, forzara a los abogados a que repartieran con él las minutas que cobraban por la defensa de los miembros del Klan que tenían problemas con la ley.

Fue realmente embarazoso para Simmons el hecho de que en 1922 uno de sus más antiguos amigos del Klan, el *kligrapp* imperial (secretario) Wade declarase durante un pleito que Simmons estaba borracho muy frecuentemente, y que el verdadero jefe del Klan era Clarke. Esto pudo llevar a Simmons a pedirle a Clarke que le buscase un ayudante personal. El hombre que eligió fue un dentista de Dallas llamado Hiram Wesley Evans, que se había hecho un nombre en los círculos del Klan en Texas. Se le concedió inmediatamente el título de gran dragón. Entonces Simmons cometió la equivocación de tomarse seis meses de vacaciones, durante los cuales Evans consiguió hacerse con el poder.

Cuando regresó, Simmons convocó una reunión del Klan para el 27 de noviembre de 1922. Suponía que sería reelegido gran mago, y propuso conceder a Evans el título de emperador. Pero no era un rival a la altura para los hombres perspicaces que le rodeaban. A las cuatro de una madrugada fue despertado por el gran dragón Stephenson, de Indiana, y por Fred Savage, jefe de los 50 hombres que formaban la policía secreta del Klan. Le aconsejaron que, si dejaba que su nombre saliese en la reelección, su reputación sería fuertemente atacada cuando tomara la palabra, cosa que el Klan no podía permitir que sucediera. Stephenson y Savage, al parecer, representaban a un grupo de agentes del Klan, en su mayor parte grandes dragones que estaban hartos del control que ejercían Simmons, Clarke y Bessie Tyler. Aconsejaron a Simmons, pues, que nombrase a Evans como sucesor suyo, lo cual hizo este en la convención. Lo único que pudo retener para sí mismo fue el título de emperador que había sugerido para Evans.

Desde el punto de vista del Klan, el nombramiento de Evans suponía una notable mejora sobre Clarke y Simmons. Graduado por Vanderbilt, como dentista había logrado un razonable éxito y carecía de los conocidos vicios de Simmons. Vestía bien y era un buen orador público. Además, tenía una mucho mejor percepción de los grupos estadounidenses con intereses paralelos a los del Klan, especialmente las grandes corporaciones. Y reconocía que Clarke no era un auténtico miembro del Klan. Evans, al menos, compartía con Simmons su dedicación al fraternalismo.

En el otoño de 1919, mucho antes de haber concebido la idea de aproximarse a Simmons, Clarke y la señora Tyler habían sido detenidos por la policía de Atlanta en una casa que poseía esta última. Ambos estaban borrachos y medio desnudos, y fueron multados por desorden público. Simmons, de naturaleza afable, pasó por alto el desliz, si es que alguna vez tuvo noticia del mismo. Pero Evans estaba hecho de una pasta mucho más dura. Aunque la pareja había dado nombres falsos, Evans pudo averiguar todos los detalles sórdidos, y aunque jamás los hizo públicos, decidió que tanto Ed Clarke como Bessie Tyler debían ser expulsados. Más conocido fue el hecho de que Clarke había abandonado a su esposa, quien le había pedido el divorcio. Por otra parte, se hizo un auténtico desprecio a los principios del Klan cuando, en 1922, Clarke se reunió con el gran visionario negro Marcus Garvey para discutir el proyecto de este último de reubicar a los afroamericanos en países extranjeros.

La señora Tyler volvió a contraer matrimonio en 1923 y murió en 1924. Clarke fue detenido en Houston a últimos de 1923 por transportar *whisky*, y en 1924 multado con 500 dólares por violar la Ley de esclavitud blanca. Acabó en el olvido más absoluto después de un frustrado intento de fundar su propia orden al estilo del Klan. Pero todo cuanto pueda decirse y probarse en contra de Clarke y la señora Tyler carece ya de importancia, pues lo cierto es que fueron los creadores del Klan moderno en los dos años que lo controlaron. Simplemente, el Klan había alcanzado una etapa en la que ambos personajes eran claramente prescindibles y perjudicaban al Klan en lugar de beneficiarle. De Simmons era muy difícil deshacerse. Todavía tenía sus "derechos de autor" del Klan, y podía ser útil de muchas formas, ya que la gente aún recordaba también su excelente comportamiento durante las investigaciones congresales. Y, por supuesto, aparte de todas estas consideraciones, estaba el hecho indiscutible de que era el auténtico fundador del Klan. Al igual que los seis fundadores del Klan original en Pulaski en 1885, Simmons estaba envuelto en ese halo de inmortalidad que los estadounidenses comúnmente conceden a los padres fundadores de las instituciones célebres.

Evans realizó numerosos cambios. Con respecto a la organización, el más importante consistió en conceder un salario a todos sus agentes. Pero fue de mayor importancia su intensa campaña para hacer que los miembros del Klan recuperasen el valor de su dinero convirtiendo al Klan en una fuerza política. Al parecer, esperaba que salieran elegidos suficientes miembros del Klan para controlar el Congreso e incluso la Casa Blanca. Con el objetivo de preparar el terreno para sus ambiciosos planes, buscó ganarse el favor de los clérigos protestantes de la nación y desarrollar una red nacional de periodismo afín a su causa.

El dinero no era un problema. Se trataba simplemente de enviar un cheque de 50.000 dólares para apoyar a un candidato pro-Klan en alguna campaña electoral, o llevar consigo 25.000 en billetes para distribuirlos personalmente durante el viaje, si esto se hacía necesario. El dinero se derrochaba con la prensa. El *Chicago Dawn*, el *Searchlight* de Georgia, *The Fiery Cross* y *The One Hundred Percent American* figuraban entre los periódicos más conocidos del Klan, aunque algunos de ellos se tomaban sus correspondientes molestias para ocultar el apoyo del mismo. Por su parte, Tocsin Press, de E. N. Santuary, en Nueva York, era en la práctica la editorial oficial del Klan.

Campeón del protestantismo, tal y como se definía, era esencial que el Klan buscara el apoyo de los clérigos protestantes, o que al menos minimizara la crítica clerical. Simplemente con no protestar cuando los miembros del Klan desfilaban ataviados con sus túnicas por el interior de las iglesias para depositar su donativo, los clérigos concedían tácitamente su aprobación; hubiera sido muy difícil ordenar a la fila de encapuchados que abandonaran el recinto. Además, el dinero siempre es dinero, sea cual sea su origen.

Sin embargo, algunos líderes protestantes sí se manifestaron contra el Klan. Por lo menos tres de ellos (y no hay duda de que hubo más) se mostraron tan firmes en su denuncia que el Klan adoptó medidas con la esperanza de desacreditarles. El doctor C. B. Wilmer, de la Iglesia Episcopal Protestante de Atlanta, fue investigado por agentes de policía en dos estados en un intento de arruinar su carrera. El doctor Plato Durham, pastor metodista y profesor de la Universidad Emory de Atlanta, fue calificado de negrófilo por el Klan. Ashby Jones, baptista, fue calumniado públicamente por su oposición a las medidas antinegras del Klan; el hecho de que se tratara precisamente del hijo de J. William Jones, y capellán de Robert E. Lee y su eventual biógrafo, no le hizo inmune a los ataques del Klan.

El método usado contra estos críticos clérigos fue relativamente simple: consistía en enviar una petición de información a un aliado de confianza de la comunidad donde vivía o había vivido el clérigo. En el caso del doctor Wilmer, la investigación no condujo a nada, tal y como revela la siguiente comunicación:

TELEGRAMA DE LA WESTERN UNION
Atlanta, Georgia, 23 de marzo de 1921
G. L. Williams
910 East Main Street
Richmond, Virginia

Deseo obtener inmediatamente información acerca del carácter y posición en Lynchburg del reverendo C. B. Wilmer, actual rector episcopal en Atlanta, que anteriormente vivía en Lynchburg. Se me ha informado de que dio clases en una escuela para negros cuando vivía en Lynchburg y de que su posición social entonces no era de las mejores. Consígame pronto esta información, personalmente; los gastos corren de mi cuenta. Proporcióneme el historial completo de Wilmer en Lynchburg si es posible. Esta es una oportunidad para usted de realizar un buen servicio. Wilmer está dirigiendo un ataque contra esta organización desde Atlanta, donde es el jefe de la Comisión Interracial, rama de una asociación negra de Nueva York. Envíeme un mensaje en cuanto sepa algo de importancia, y luego envíeme también un informe completo mediante correo especial. Firme el aviso de recibo de este telegrama.
    E. Y. CLARKE
    CONFIDENCIAL

    Greensboro, Carolina del Norte
    7 de abril de 1921
    C. L. Rogers, agente de Policía
    Lynchburg, Virginia

Estimado señor:
    El reverendo C. B. Wilmer, blanco, de Atlanta, se supone que ha sido maestro en una escuela para negros durante dos años, y que presuntamente maltrató y abandonó a su hermana en Lynchburg, hasta que finalmente tuvo que dejar la ciudad.
    Deseo que realice usted una discreta investigación acerca de este hombre y que me comunique cuanto antes todos los detalles que haya podido averiguar acerca de él.
    Sinceramente suyo,
    J. F. WILLIAMSON
    Capitán de Policía

SOUTHERN RAILWAY COMPANY
Lynchburg, Virginia
9 de abril de 1921

Señor J. F. Williamson
Capitán de Policía
Greensboro, Carolina del Norte

Estimado señor:
Con referencia al reverendo C. B. Wilmer, blanco, de Atlanta, Georgia, que se supone fue maestro en una escuela para negros durante dos años en Lynchburg, Virginia, y del que se dice tuvo dificultades con su hermana mientras vivía en Lynchburg, abandonando más tarde la ciudad; tengo el honor de comunicarle lo que sigue:
Hice las investigaciones que usted me ordenó, hablando del caso, confidencialmente, con el señor E. E. Glass, que es superintendente de escuelas en esta ciudad desde hace cuarenta y tres años. El señor Glass declara que ha conocido muy bien al reverendo C. B. Wilmer, el cual nunca dio clases en Lynchburg, sino que fue pastor episcopal, y que se interesó por una escuela de negros situada en las afueras de la ciudad, hace de esto veinticinco años. Que dicha escuela se alzaba en el mismo lugar que hoy ocupa el orfanato I.O.O.F., y que la estación llamada Wilmer, del Ferrocarril del Sur, situada justo al sur de Durmid, Virginia, se llamó así en agradecimiento a los servicios prestados por el reverendo. El señor Glass dice que, efectivamente, el reverendo tuvo dificultades con su hermana, pero que cuando abandonó Lynchburg no había nada en contra de él, ya que era un caballero de reputación irreprochable. El señor Glass me dio, como más amplias referencias, el nombre del coronel William King, uno de nuestros mejores ciudadanos.
El coronel King me dijo que conocía muy bien al reverendo Wilmer, y me comunicó las mismas cosas sobre su vida que ya me había citado el señor Glass. Declara, además, que la hermana del reverendo Wilmer contrajo matrimonio con un judío reformado llamado Yeager, que por entonces se asoció con el reverendo en su trabajo de la escuela para negros, y que, efectivamente, hace veinticinco años tuvo algunas dificultades con su hermana.
Sinceramente suyo,
G. L. ROGERS
Agente de Policía

El mismo agente de policía, G. L. Rogers, entrevistó a Plato Durham, quien resultó no ser simpatizante de los negros. Los negros, dijo, eran seres inferiores, y ciertamente su progreso era muy lento. Luego ofreció su opinión de que los negros, sin duda alguna, preferían la separación de razas. Pero reiteró su acusación de que el Klan era una fuerza maligna, un pequeño grupo que intentaba hacer cumplir en secreto las leyes, empleando métodos ilegales. Como

Evans ya conocía la oposición de Durham, esta entrevista no resultó ser mucho más satisfactoria que la investigación llevada a cabo sobre el doctor Wilmer.

Un proyecto que la jerarquía del Klan consideraba seriamente era la unificación de todos los credos protestantes. Los católicos y los judíos eran ambos unitarios; la multiplicidad de iglesias protestantes era una grave desventaja. Cierto, algunas veces era posible y beneficioso explotar sus rivalidades; pero siempre existía el riesgo de alejar a los miembros del Klan unos de otros. Resulta irónico que los movimientos para unir a los protestantes sean hoy día comúnmente condenados por los "americanos cien por cien", que siempre sospechan sobre la existencia de alguna conspiración comunista, y que en sus esfuerzos por desacreditar a los hombres de iglesia que trabajan por la unificación, emplean los mismos métodos que empleaba el Klan en 1920 para desacreditar a quienes se oponían a la unidad.

Otro proyecto que fue debatido como posibilidad fue la creación de una Iglesia del Klan. Si las Iglesias protestantes no estaban dispuestas a unirse, una nueva Iglesia basada en los principios del Klan podría afiliar a millones de ciudadanos que pondrían el verdadero americanismo y la verdadera religión por encima de cualquier otra cosa.

El Klan compartía su restrictividad protestante con los masones, y más de una vez buscó sacar provecho de dicho paralelismo. Los *keagles*, por lo común, decían como de pasada a los futuros miembros que "el Klan, en realidad, es un movimiento masónico". Muchos miembros prominentes del Klan, tanto del antiguo como del moderno, eran masones. El mismo Evans había alcanzado el grado 32. Pero los jefes de la masonería se oponían a esta artimaña con tanta o más fuerza que los protestantes. Un ejemplo de las numerosas declaraciones públicas en que rechazaban los lazos de hermandad del Klan es el siguiente párrafo tomado de un artículo escrito por el juez Arthur S. Tompkins, gran maestre de la Orden Masónica de Nueva York:

Nuestra democracia no puede durar mucho tiempo a menos que todas las clases, credos y razas vivan o se les permita vivir y profesar sus cultos libremente y pacíficamente bajo la protección de la ley. Cualquier movimiento cuyo objeto sea intensificar la fuerza de la intolerancia religiosa, los antagonismos de clase, o los prejuicios raciales, siempre será rechazado y hasta maldecido por los hombres que aman su país y que quieren que esta sea una nación noble con un maravilloso futuro. Hay organismos pacíficos y legales para la sanción del delito, para proteger al individuo y los derechos de propiedad, para combatir el mal, así como para la vindicación y conservación de las instituciones y de todas las cosas que nosotros los masones estimamos.

El gran maestre de los masones en Texas, Andrew L. Randall, no se mostró menos enfático, declarando que el Klan al "dejar de lado y despreciar los organismos legales del Estado" y llegar a ser una "corte criminal e irresponsable, así como ejecutor nocturno de sus propios decretos, se opone de forma subversiva y criminal al sistema americano, bajo el cual todo hombre tiene un derecho constitucional a ser juzgado justamente ante un jurado". Harold J. Richardson, otro prominente masón de Rochester, Nueva York, dudaba de que muchos masones perteneciesen al Klan; pero si había alguno, "no debía haber dudas en denunciar al hombre que no solamente traicionaba su fraternidad, sino también su juramento a la bandera". Y aún mucho más fuerte es una declaración hecha por Richard H. Hanna, asimismo destacado masón, el 25 de octubre de 1921: "La verdadera masonería insiste siempre en que se cumplan rigurosamente las leyes, y está dispuesta en todo momento a ayudar a las autoridades constituidas para que así sea, pero jamás *violará las leyes en su proceso de cumplimiento*. Este Ku Klux Klan es algo que hay que evitar como si se tratase de una peste".

Tal lenguaje debió haber confundido a muchos miembros del Klan, que creían sinceramente que ellos amaban a su país con un fervor especial y que el Klan estaba trabajando por el progreso de toda la nación.

Parece lógico, pues, suponer que el promedio de inteligencia de los miembros del Klan era bajo; ¿qué otra cosa podría explicar el hecho de que contribuyesen con considerables sumas de dinero al desarrollo de una organización que nada les daba a cambio excepto la posibilidad de odiar abiertamente a otras personas? El gran mago Evans prácticamente llegó a admitir en un artículo que sus seguidores eran personas relativamente sencillas, a las que impulsaba más el corazón que el cerebro; el siguiente párrafo ilustra una repetida desconfianza hacia los intelectuales, aunque, en aquellos días, Evans no disponía todavía del término *egg-head*[9]:

Nosotros somos un movimiento de gente sencilla, poco expertos en materia de cultura, apoyo intelectual y liderazgo entrenado. Pedimos y esperamos lograr que el poder vuelva a manos del pueblo sencillo, de los ciudadanos no muy cultos, no excesivamente intelectuales, sino a manos del ciudadano auténticamente americano de la vieja cepa. Nuestros miembros y líderes son todos de esta clase, mientras que los intelectuales y liberales que llevan las riendas del poder —las cuales esperamos arrebatarles— es casi automática.

Esto, indudablemente, es un punto de flaqueza. Nos deja en evidencia como "patanes", "campesinos" y "conductores de Ford de segunda mano". Lo admitimos. Y lo que aún es peor: todo ello hace que para nosotros sea difícil presentar nuestro caso y abogar por él de forma eficaz, ya que la mayoría de nosotros también carecemos de dotes oratorias...

Todo movimiento popular ha sufrido de esta misma desventaja...

---

9. Literalmente "cabeza de huevo". Término peyorativo utilizado en Estados Unidos, especialmente durante la década de 1950, para referirse a los intelectuales (N. de T.).

El Klan no cree que todo aquello que sea producto de los instintos o de las emociones sea una debilidad. Toda acción es hija de la emoción antes que del raciocinio. Nuestras emociones y los instintos en que se basan nos han sido inculcados desde hace miles de años, mucho antes de que la razón ocupara un lugar en la mente humana. [...] Son los cimientos de nuestra civilización americana, mucho más que todos nuestros grandes documentos históricos; y se puede confiar en tales instintos y emociones más que en lo que puedan hacer los desnaturalizados intelectuales con todo su refinado bagaje de razonamientos.

El artículo que contenía estas cándidas declaraciones apareció en *The North American Review* en la primavera de 1926, momento en que el Klan había empezado a perder su impulso.

Cuando el Klan alcanzó su nivel más alto bajo el mando de Evans fue, indudablemente, en 1924, momento en que se hizo más violenta la campaña para ganar poder político. Primero se había vuelto hacia Texas, donde contaba con numerosos amigos con influencia, y la imagen política resultaría más familiar. Una carta, dos circulares y una orden ejecutiva muestran cómo eran los métodos que empleó:

PALACIO IMPERIAL
IMPERIO INVISIBLE
CABALLEROS DEL KU KLUX KLAN
Atlanta, Georgia
10 de junio de 1922

Brown Harwood, gran dragón
Reino de Texas
Fort Worth, Texas

Estimado miembro del Klan:
Con respecto a la orden ejecutiva nº 391, relacionada con los fondos especiales para la campaña educativa de Texas, es extremadamente importante que todo miembro del Klan de Texas comprenda la vital importancia que tiene la organización de la elección del miembro Earle B. Mayfield al Senado de los Estados Unidos. Ha de evitarse a toda costa la división de los votos del Klan, y si los fondos acumulados bajo la autoridad de la mencionada orden ejecutiva no son suficientes podemos enviarles a ustedes todos los que necesite.

A partir de este momento me mantendrá usted informado acerca de la situación; y si opina que es necesaria mi presencia en Texas en cualquier momento, no dude en notificármelo así.

Suyo en el Sagrado Lazo,
(Firmado) H. W. Evans
Dragón imperial

Atlanta, Georgia
21 de abril de 1922
A N. M. Furney, tesorero del dragón imperial

Incluyo la nota de gastos del gran dragón del reino de Texas. Puede parecer excesiva, pero la situación en Texas garantiza perfectamente dichos gastos.
(Firmado) H. W. Evans

Atlanta, Georgia
21 de junio de 1922

A K LV
A N. M. Furney
Del dragón imperial

He acordado con el gran dragón del reino de Texas nombrar a no más de diez hombres como oradores, conferenciantes e investigadores especiales para trabajar esta vez en Texas, y el gran dragón le notificará a usted sus nombres, que usted hará figurar en la nómina de pagos cuando él lo solicite. Los salarios serán los que el gran dragón también señale. Estos hombres le informarán a él directamente y a mí por medio de él, pero sus cuentas de gastos le llegarán a usted directamente de manos de dichos hombres, para ahorrarnos demoras. Usted abonará dichas notas de gastos sin que pasen por la comisión de finanzas, a menos que le parezcan excesivas.

Se ha hecho necesaria esta acción, ya que las condiciones políticas que prevalecen en Texas en este momento son muy turbulentas, aparte de que se hace preciso sostener sólidamente el voto del Klan en las próximas elecciones senatoriales en aquel reino. Los mencionados gastos se contabilizarán en la cuenta de gastos generales.
(Firmado) H. W. Evans

ORDEN EJECUTIVA Nº 391
Al gran dragón del reino de Texas, y sus hidras, grandes titanes, furias, y para que sea respetada por todos los cíclopes y ciudadanos del Imperio invisible del reino de Texas.
Del dragón imperial

Saludos:
Mediante la presente, el gran dragón queda autorizado para crear un fondo especial para fines educativos en la actual campaña política de Texas. Y al hacerlo así, queda también autorizado para retener durante el próximo trimestre todos los fondos debidos al Palacio Imperial, incluyendo los impuestos imperiales y la parte proporcional de *klecktokens*, y

asimismo todos los fondos que en la actualidad se deban al Palacio, de aquellos Klanes cuyas cuotas estén vencidas y sin liquidar. El fondo así creado será distribuido por el gran dragón y a su entera discreción con relación a las emergencias que puedan surgir. El Departamento de Contabilidad calcula que dicho fondo ascenderá, aproximadamente, a unos 50.000 o 60.000 dólares, pero si esta cantidad no fuera suficiente, se tomarán medidas urgentes para disponer de otros fondos si ello fuese necesario.

Extendida en el Palacio Imperial y en la Ciudad Imperial de Atlanta en este Triste Día de la Semana de Lamentación del Lúgubre Mes del Klan LV, y en el año de nuestro Señor, 1922.

(Firmado) H. W. Evans
Dragón imperial

Debido a acontecimientos recientes, Texas tenía amplias razones para conocer al Klan. El 7 de mayo de 1922, el *den* nº 7 de Beaumont embadurnó con alquitrán y plumas[10] a J. S. Paul y R. S. Scott por supuesto comportamiento inmoral, y más tarde el Klan envió a la prensa su propia versión sobre el incidente. Tal acción se había considerado necesaria, ya que la ley era muy lenta en su aplicación. Luego, en Austin, el 16 de diciembre, Peeler Clayton fue asesinado a tiros en la esquina de las calles Six y Brazos. Su delito había sido irrumpir accidentalmente en una reunión del Klan. Y en Teneha, una tal Beulah Johnson fue desnudada y a continuación salvajemente azotada; se le cortó el pelo y más tarde se derramó una espesa capa de alquitrán y plumas por todo su cuerpo. La acusación era de bigamia, aunque jamás se había presentado cargo alguno contra ella ante los tribunales de justicia.

El Coronel Simmons siempre había insistido en que el Klan jamás se rebajaría hasta el punto de cometer tales actos de violencia, pero los miembros del Klan, que habían jurado defender la moralidad, y convencidos de que la acción de la ley era excesivamente lenta, no tenían el menor inconveniente ni se sentían avergonzados por emplear semejante violencia en Texas; y es discutible si tales incidentes ayudaron o perjudicaron la incursión del Klan en la política de aquel estado —su primer gran intento de alcanzar el poder nacional—. Un oponente del Klan, John J. Gordon, en un panfleto titulado "Unmasked" (1924), insistía en que el senador Mayfield no solamente era un portavoz del Klan, sino también un secuaz servil de William A. Hanger, de Fort Worth, el hombre que se suponía que había maniobrado hábilmente para elevar a Evans al cargo de dragón imperial. Hanger representaba a varias grandes corporaciones —compañías petrolíferas, almacenes de embalaje, compañías de tranvías

---

10. Se trataba de una forma de tortura pública habitual en la Europa feudal, así como en el Viejo Oeste de Estados Unidos, que consistía en desnudar a la víctima y derramar alquitrán sobre ella. Después se le cubría con plumas, de modo que se quedasen pegadas al alquitrán. Este método era frecuentemente utilizado a modo de venganza o por individuos que querían tomarse la justicia por su mano (N. de T.).

interurbanos—, todas ellas muy interesadas en reducir los sueldos de sus empleados. Gordon señaló que una contribución de 2.500 dólares a la campaña de Mayfield se había hecho en secreto, pero lo que más quería destacar era que se estaba utilizando al Klan en las elecciones como herramienta de los grandes negocios. Parece más probable que el Klan estuviese muy de acuerdo con los "grandes negocios", aunque su oposición al trabajo organizado podía representar algo más que una simple coincidencia.

Quizá la lucha política más emocionante se dio en Oklahoma, donde el gobernador Walton se puso a la cabeza de una auténtica guerra contra el Ku Klux Klan. Nacido en Indiana en 1882, Walton se había ido a vivir con toda su familia a Nebraska, y más tarde a Arkansas, antes de encontrar un empleo de ferroviario en la Oklahoma oriental. Se dedicó a la ingeniería y en 1917 fue elegido comisionado de Obras Públicas en Oklahoma City. Se opuso a un proyecto de construcción de un depósito y fue inmediatamente denunciado por todos los periódicos de la localidad, excepto uno. El trabajo organizado le apoyó; durante una huelga se colocó del lado de los sindicatos, con el resultado de ser luego nombrado miembro honorario del Sindicato Obrero del Espectáculo. Cuando fue elegido alcalde, derrotando a un candidato del Klan, Walton presentó una denuncia contra uno de los periódicos que se le habían opuesto. Parecía que le gustaba la controversia y que sacaba provecho de ella. Atacó al Klan abiertamente. Notificó al departamento de policía que a partir de aquellos momentos ningún miembro del Klan podría figurar en la nómina de pagos de la ciudad. La Cámara de Comercio luchó contra él duramente; entre sus miembros figuraban propietarios de almacenes de embalaje que venían oponiéndose desde hacía tiempo al sindicalismo de sus empleados.

Después de haber sido elegido gobernador de Oklahoma, los miembros del Klan del condado de Okmulgee azotaron salvajemente a varias chicas y chicos a los que habían sorprendido juntos en sus automóviles; inmediatamente, Walton declaró la ley marcial en todo el condado. A continuación, en Tulsa, el Klan flageló a un judío llamado Nathan Hantaman, quien más tarde dijo al gobernador: "Hubiese preferido que me mataran antes de que me golpearan como lo hicieron. Me ataron a un árbol sujetándome por las manos, y cada hombre, por turnos, fue dándome de latigazos. Quise luchar con ellos, pero fue inútil. Siempre que estaba a punto de perder el conocimiento me despertaban asestándome un golpe en la cabeza. Cuando se cansaron de golpearme me tiraron desde un coche en la carretera de Sand Springs". Después de oír este relato, Walton también declaró la ley marcial en Tulsa. Asimismo fue el primer hombre en toda la nación en dictar un fallo condenatorio en contra de miembros del Klan.

A continuación, se dio otro incidente en el pueblo de Broken Arrow. Cuatro miembros del Klan fueron detenidos por azotar a una mujer, Myrtle Spain; los cuatro se declararon culpables. Por otra parte, un antiguo alguacil confesó ser miembro de un grupo del Klan formado por 10 hombres que habían flagelado a un individuo llamado Goolsby y a la esposa de este, a los que el jefe de policía del pueblo había detenido para entregarlos luego al Klan.

Entonces el gobernador Walton decidió que había llegado el momento de ordenar al Klan que se quitara las máscaras. N. C. Jewett, gran dragón de Oklahoma, desafió la orden; pero los funcionarios de la localidad apoyaron al gobernador, deteniendo a miembros del Klan que desfilaban enmascarados. Varias cámaras de comercio atacaron a Walton, pero cuando se le dio la oportunidad de presentar pruebas, como en Tulsa, las autoridades locales admitieron la necesidad de la ley marcial. Un tribunal militar reunió una cantidad impresionante de pruebas: 76 casos de flagelación, muchos de ellos por la mera sospecha de conductas fraudulentas. El Klan estimuló a los legisladores estatales para que denunciaran a Walton, pero este se negó rotundamente a convocar una sesión especial de la legislatura a tal propósito; en su lugar, convocó una reunión legislativa para promulgar leyes anti-Klan.

Aldrich Blake, antiguo consejero de Walton, nombrado en 1924 presidente de la Liga del Gobierno Visible, amalgama de todas las fuerzas anti-Klan de Oklahoma, describió la situación en *The KuKlux Kraze*. En su opinión, los miembros del Klan debían ser considerados con lástima como incautos seguidores de la orden, perdidos entre una espesa niebla de propaganda e inconscientes de todo el mal que estaban haciendo. Su persecución de contrabandistas de bebidas alcohólicas y prostitutas tenía el irónico efecto de enviar a estos personajes que vivían en Tulsa a Oklahoma City y viceversa. Lo que más escocía al Klan era el valor demostrado por algunas de sus víctimas. J. L. Barnes, de Coalgate, cruelmente azotado por 12 miembros del Klan ataviados con su habitual atuendo, abandonó el estado tal y como se le ordenó, pero cuando fue declarada la ley marcial, regresó, y aún pudo citar los nombres de seis de sus agresores. Dos semanas después murió como consecuencia de los latigazos que le fueron propinados. Algo muy parecido le sucedió a E. R. Merriman, cuyo relato ante el tribunal militar es explícito:

El 7 de marzo de 1922, mientras yo estaba cenando en el restaurante de Fourth Street y Olie, entraron en el local dos hombres con el rostro descubierto, que se presentaron ante mí como representantes de la ley, manifestando que tenían una orden de detención contra mí por el delito de portar armas ocultas. No concedí al asunto la menor importancia y les pedí que me permitiesen terminar de cenar. Contestaron negativamente y me conminaron a que les acompañara en el acto. Me esposaron y me llevaron al exterior...

Le cubrieron la cabeza y le preguntaron por su conducta relacionada con cierta muchacha. Merriman lo negó todo, pero inútilmente. Le desnudaron hasta la cintura y le propinaron 77 latigazos. Luego se le ordenó que abandonase la ciudad y así lo hizo. Más tarde, cuando regresó y nombró a 18 hombres, la policía no hizo nada. Su jefe le exigió que retirase la denuncia bajo pena de perder su empleo.

El *Oklahoma Leader* publicó un artículo editorial en el que se decía: "El Klan es el peor verdugo que jamás haya existido. Es una orden fraternal para la promoción de las desavenencias y disputas; es un imperio para la promoción de la democracia, una conspiración criminal para defender la ley; es una cruzada de paz que emplea la violencia, y una nueva clase de cristianismo que flagelaría a Cristo por ser judío y extranjero". En aquel mismo año de 1924, Blaine Mast publicó *K.K.K.: Friend or Foe?* En este libro insistía en que el Klan sostenía firmemente la deidad de Cristo y concluía: "La ética del Ku Klux Klan es la del 'Sermón de la Montaña'". Luego se publicó un panfleto del Klan que llevaba el sorprendente título de "Cristo y otros miembros del Klan", en el que se decían, entre otros disparates, que "Cristo y los miembros del Klan son constructores, y Dios es el autor del 'Klanismo'".

Leroy A. Curry entró a formar parte de la batalla Klan-Walton en 1924, con su libro *The Ku Klux Klan Under the Searchlight*. Su esposa, Beulah, escribía el prefacio; describía asimismo a su esposo como autodidacta a pesar de sus tres títulos universitarios. Curry dividía a los estadounidenses en tres clases: los ignorantes y analfabetos, los cosmopolitas que rechazaban adaptarse a los ideales anglosajones, y los verdaderos americanos. Se oponía fuertemente a la enseñanza de la evolución en las escuelas, y en su lugar recomendaba el estudio de la Biblia. Al igual que otros defensores del Klan, parecía opinar que las grandes ciudades eran antiamericanas. Aseguraba que los *verdaderos* americanos eran las gentes que vivían en las ciudades pequeñas y en zonas rurales, y los *más* americanos de todos eran los granjeros. Los partidarios de Walton, decía, eran hombres que anteponían la afiliación política a los ideales americanos. Apelaba a todas las madres para que se opusieran a Walton, principalmente porque Walton se oponía a la Prohibición[11]. El Klan y la Prohibición eran sinónimos en el vocabulario de Curry; los enemigos de la Prohibición eran los enemigos más mortales de América.

Al preparar su proyecto para hacerse con el poder de la nación en el verano de 1922, el Klan organizó un grupo especial llamado Klan Imperial. A nivel local, la estrategia exigía la elección de *sheriffs* que fuesen miembros del Klan o simpatizaran con este. Pero el mayor esfuerzo se dedicó a derribar gobernadores enemigos del Klan, como Walton, en Oklahoma, y elegir miembros del Klan para el Congreso. El gobernador de Oregón, Ben W. Olcott, también se opuso abiertamente al Klan; luego fue derrotado en su candidatura para la reelección. Y lo mismo ocurrió con el gobernador Hardwick, de Georgia, que había atacado

---

[11]. Nombre con el que se conocía habitualmente a la ley seca (N. de T.).

públicamente al Klan. En su lugar fue elegido Clifford Walker, y desde entonces el Klan disfrutó de una existencia más fácil en el estado. El congresista W. D. Upshaw, íntimo amigo de la señora Tyler, era uno de los portavoces campeones del Klan en todo el país. Ed Jackson fue propuesto para gobernador en la candidatura republicana; se presentó como candidato del Klan abiertamente en contra del alcalde de Indianápolis, Lew Shank, y ganó con un amplio margen. En Misuri, un hombre de la localidad, James A. Reed, perdió las elecciones ante William Gibbs McAdoo en las primarias a la presidencia. De todos los candidatos, McAdoo parecía ser para el Klan el más sujeto a sus principios. Se dijo que el gran mago Evans se reunió con él en French Lick Springs, en mayo de 1923. Underwood, de Alabama, atribuyó su derrota por McAdoo a la estrategia del Klan. Se mostró muy activo en estas maniobras de alto nivel el escultor Gutzon Borglum, quien en cierta ocasión presentó a Evans al presidente Harding; el resultado más inmediato fue el establecimiento de un gran despacho del Klan en Washington.

En Colorado, las elecciones de 1924 estuvieron tan reñidas como en Oklahoma. En aquel estado el Klan no había sido tomado muy en serio cuando apareció por primera vez en 1921, pero sus métodos de apelación a la verdad —especialmente a la auténtica religión y al puro americanismo— rápidamente le reportaron al Klan nuevos miembros e influencia. El juez Ben Lindsey, afamado por su defensa de los tribunales de menores, era un enemigo confeso del Klan, que hizo todo lo posible por desacreditarle. En cierta ocasión, el juez manifestó con relación a los miembros ordinarios del Klan: "Pagan 10 dólares para odiar a alguien, y están decididos a amortizar ese dinero". El método más popular del Klan era interrumpir con preguntas irrisorias y sátiras a los oradores de campañas políticas. En un gran mitin celebrado en el auditorio de la ciudad de Denver, las fuerzas del Klan insultaron al coronel Philip Van Hise, fiscal de distrito, y prorrumpieron en una verdadera tormenta de silbidos y gritos mientras la policía escuchaba y presenciaba la escena con indiferencia. En 1924, la mayor parte de la legislatura estatal estaba formada por miembros del Klan. Todos aquellos que no pertenecían a la orden fueron despedidos de sus empleos donde fue posible. El gran dragón John G. Locke eligió a un activo miembro del Klan llamado William J. Candlish para que fuese jefe de la policía de Denver, e hizo que el alcalde le otorgase dicho cargo. Esto dio lugar a que se llevara a cabo una investigación sobre Locke, que tuvo como resultado la interesante información de que no había pagado impuestos federales desde 1913. Un juez ordenó a Locke que mostrara sus libros de cuentas, pero estos habían desaparecido. Locke fue condenado a pasar 10 días en la cárcel y al abono de 1.500 dólares de multa. El gobernador Morley, quizá por amistad, extendió un cheque de 1.599 dólares a nombre de Locke y le nombró inmediatamente su ayudante de campo, coronel del cuerpo médico del Estado, y director de reclutamiento y publicidad de la Guardia Nacional de Colorado. Pero ninguno de estos nombramientos se hicieron efectivos. Una noticia publicada en el *Rocky Mountain News* (Denver) el 7 de marzo de 1925 informaba de que el gobernador había sido visto cenando en el Club Congresista de Washington en compañía de Hiram Evans, Locke, H. C. McCall y otros altos jefes del Klan.

Lo que finalmente arruinó al Klan en Colorado fue que los hombres que más tenían que ganar con el poder de la orden en el estado comenzaron a pelearse entre sí dividiéndose en facciones. Una de estas facciones se retiró, adoptó el nombre de "Minute Men" y se apoderó de las propiedades inmuebles del Klan; los hombres leales a Evans lucharon por recuperarlas. Con una firme disciplina interna en Colorado y en otros lugares, el Klan podría haber asegurado muy bien el control permanente de la política estatal y posiblemente el control del Gobierno nacional con que soñaba Evans, sueño que iba mucho más allá de todo cuanto había ambicionado el Coronel Simmons.

Aquella división ya había tenido lugar antes y volvería a repetirse. En Indiana, D. C. Stephenson, el hombre que una vez había enviado al cuartel general de Atlanta un pago trimestral de más de 600.000 dólares, no se hallaba en muy buenas relaciones con Evans a finales de 1923, como demuestra el siguiente telegrama:

67CZ
G552
F A Columbus, Ohio
1117
A 12 octubre, 1923
Dr. H. W. Evans
Habitación 1528, Hotel Washington
Indianápolis, Indiana

He sentido un gran pesar y decepción al enterarme de que estuvo usted en Indianápolis dirigiendo una campaña para desacreditarme, así como al saber que este es su método para desembarazarse de cualquiera que se coloque en el camino de sus compinches Comer y Christy. Comer hizo circular muy recientemente por Illinois los rumores de que yo había sido expulsado de la organización. Christy contó esto en todo Texas, y hubo algunos hombres aquí para corroborar la declaración de que yo había sido depuesto de todos mis cargos. La noche pasada supe en Indianápolis que usted operaba personalmente en tal campaña de difamación tratando de destruir la fuerte confianza que mis amigos han depositado en mí. Y de verdad que siento tener que verme obligado a recurrir a la primera ley de la tierra, a la autodefensa. Si usted insiste en ir más lejos en sus ataques a mi integridad, me veré obligado a escribir una página de la historia reciente, que será una respuesta final a los embustes vulgarmente cobardes que se me dirigen y que hará que

todos los hombres nobles se molesten con una decisión que hará temblar las sucias letrinas de odio y envidia que ahora inundan los cerebros de los avaros en Atlanta. Creo, por otra parte, que muchos de nosotros nos sentiríamos inclinados a sentir más respeto por la opinión suya en el caso de que usted me reembolsara todos los fondos que he gastado en apoyar sus repugnantes doctrinas. De todas formas, es mi deseo que se preocupe de que me sea devuelto este dinero, o que publique usted una declaración manifestando que no piensa hacerlo. Por otra parte, también espero que deje usted de exhibir mis telegramas y las respuestas a los mismos que según usted me ha enviado pero que, en realidad, jamás me ha enviado ni ha tenido siquiera intención de enviarme, sino que fueron escritas por compinches suyos como Comer y demás artistas de la estafa. Si pretende hacer una escena con mis amigos en Indiana, ¿por qué no desempeña el papel de hombre y me permite tomar asiento en la mesa de conferencias para cuando usted presente sus alegatos? Le desafío a usted o a cualquiera de sus "socios" a reunirse conmigo ante cualquier organización del estado de Indiana y a defender públicamente las mentiras que Comer, Christy y otros han hecho circular durante las últimas veinticuatro horas. Supongo que sabe muy bien que controlo todos los periódicos de Indiana y Ohio, y hasta me inclino a pensar que usted no desconoce mi valor para emplear dos de tales documentos al objeto de vindicarme a mí mismo. Todos los hombres nobles de la nación exigen que usted responda a todas estas cosas, que despida a todos esos buitres que le acompañan, o que presente alguna razón que explique por qué esos individuos han de proceder arruinando la reputación de estos hombres que son moral, intelectual y económicamente sus superiores. En cuanto a la respuesta de este telegrama, le exijo que envíe sus intrucciones al doctor McDowell.
(Firmado) D. C. Stephenson
12:40 PM

Sin embargo, el Klan no se destruyó a sí mismo mediante las disensiones internas. La relativa ausencia de una condena llevada a cabo abiertamente por gente de influencia y categoría social sugiere que existía la esperanza general de que el Klan simplemente pudiera desmoronarse si se le ignoraba. Pero se necesitaba mucho valor para que, en muchos lugares del país, en 1924, se pudiera condenar al Klan; de los candidatos a cargos oficiales que hablaban más de la cuenta o se negaban a prestarle su apoyo, un gran número de ellos fueron derrotados.

Uno de los hombres que salieron derrotados en aquel año como candidato a gobernador fue William Allen White, distinguido editor del *Emporia Gazette*. Se presentó a las elecciones sin la menor esperanza de ganarlas; como independiente, se oponía a los dos principales partidos. Lo que en realidad le impulsó a presentar su candidatura fue que el Klan apoyaba al candidato republicano Ben Paulen y al demócrata Jonathan Davis. Ninguno de los dos negaba su asociación con el Klan. Paulen, como miembro del comité republicano de resoluciones, se las ingenió para suprimir una declaración anti-Klan, y en la reunión de la convención impidió un debate sobre el Klan. Preguntado si era miembro del mismo, respondió que no "en este momento". White, al anunciar su propia candidatura, declaró abiertamente que le interesaba más "expulsar al Klan de Texas" que el puesto de gobernador. Recorrió todo el estado en automóvil, pronunció 104 discursos ante un público que se estimó en 100.000, y en las elecciones logró 150.000 votos, aproximadamente la cuarta parte del censo.

White, como él mismo admite en su honesta autobiografía, en su juventud era un complaciente defensor del *statu quo*, tan intolerante como cualquier miembro del Klan. Se hizo liberal y emprendió una cruzada por evolución gradual. En 1920 conocía bien al Klan, y comenzó a publicar sus editoriales anti-Klan en 1921, antes de que la serie se publicase en el *New York World*. Emporia eligió como alcalde a un miembro del Klan declarado; ni White ni sus reporteros pudieron arrancar a la policía ninguna clase de noticias, aunque un alto funcionario de la misma proporcionó a White información sobre algunos casos tras haber llegado estos a los tribunales. Varios de los periodistas del *Emporia Gazette* recibieron en sus casas notas de amenaza, lo que fue suficiente para que White aún se pusiera más en guardia.

El primer artículo de White sobre el Klan se publicó el 28 de julio de 1921; informaba sobre la presencia de un organizador del Klan y del escaso éxito que había logrado en su cometido: "Es un orgullo para Emporia que este organizador no haya encontrado aquí a ningún tonto con 10 dólares que despilfarrar en esta ciudad". Los tribunales estadounidenses, los legisladores y los funcionarios ejecutivos, insistía White, eran lo suficientemente fuertes como para mantener la paz y el orden, "pues la existencia de un cuerpo autoconstituido de idiotas morales que sustituyen las averiguaciones del Ku Klux Klan por los procesos de la ley, para mejorar las condiciones, sería cometer un ultraje antiamericano que ningún buen ciudadano debería consentir".

Una semana después tuvo que admitir su equivocación: los organizadores habían encontrado a algunos tontos. White denominó al Klan "una organización de cobardes y traidores" y "una amenaza para la paz y para la convivencia decente". Tenía esperanzas de averiguar quién era el cíclope local, y añadía: "Con toda seguridad es una broma, y una broma de muy mal gusto".

Herbert Bayard Swope, editor del *New York World*, pidió a White que le enviara un telegrama con su opinión sobre el Klan, y este último así lo hizo el 17 de septiembre. Resumía la situación local y concluía: "La mezquina cobardía de un hombre que desea sustituir las leyes, en cuya defensa murieron nuestros padres por las normas del Klan y gobierno de la plebe, demuestra lo bajo y repugnante que es el Klan". Aproximadamente una cuarta parte de la población de Kansas estaba compuesta por judíos, católicos y negros; no los suficientes, colectivamente, para luchar contra el Klan, pero sí para ser buenos objetivos de ataque para este último. Para satisfacción de White, la asociación ministerial de Emporia denunció la campaña del Klan contra estas minorías. En un artículo publicado el 22 de mayo de 1922, White citaba tal denuncia como prueba de que "Emporia no tiene tiempo ni espacio para ese organizador que está vendiendo cuotas de ingreso a precios de saldo". Ridiculizaba el intento del Klan para sobornar a un predicador mediante la promesa de "desfilar pomposamente por la nave principal de su iglesia ataviados con sus ridículos camisones y entregarle luego 25 dólares, un poco menos que 25 centavos por cada miembro del Klan". En lugar de rechazar el dinero como lo habían hecho algunos clérigos de Kansas City, White opinaba que debía ser aceptado para donarlo después a una iglesia negra o a los "Caballeros de Colón". Eso demostraría al Klan lo que pensaba la gente decente de aquel cobarde programa.

El lenguaje de White alcanzó su punto más álgido durante la campaña política. Al anunciar su candidatura el 20 de septiembre de 1924, dijo:

Deseo ofrecer a los habitantes de Kansas que temen al Klan y que se avergüenzan de que les haya caído encima tal desgracia un candidato que también comparte su temor y su vergüenza.

Resulta que la noticia de este año en Kansas es la presencia del Ku Klux Klan por encima de todo lo demás. Se encuentra presente en casi todos los condados. Representa a una minoría muy pequeña de nuestra comunidad ciudadana y dicha asociación está organizada con propósitos terroristas que irán dirigidos contra los ciudadanos amantes de la paz y del orden: negros, judíos y católicos. Estos últimos grupos [...] no amenazan a nadie. Sin embargo, a causa del color de la piel, de su raza, o de su credo, el Ku Klux Klan les está sometiendo al boicot económico, al ostracismo social, a toda forma de hostigamiento, molestias, terror y todos los males que puede causar una minoría fanática [...]

Estoy orgulloso de mi estado. Y el pensamiento de que Kansas haya de tener un gobierno sujeto a esta banda de canallas enmascarados, ignorantes y tiránicos en su despiadada oposición es lo que en realidad me ha impulsado a abandonar mi vida tranquila para dedicarme a esta desgraciada pero necesaria tarea [...] Este Klan es una amenaza nacional. No reconoce partidos. No reconoce ni patriotismo ni nacionalidad. Sus únicos objetivos son la malicia y el terror... Este Klan pregona y practica el terror y la violencia. Su prototipo es el Sóviet de Rusia.

En un determinado momento de la campaña, White dijo lo siguiente en el *Kansas City Times*, con respecto a su oponente republicano:

La ley de la mordaza se impuso por vez primera en el Partido Republicano durante el último mes de mayo. Un rebaño de dragones, *kleages*, cíclopes y furias llegó a Wichita desde Oklahoma, y celebraron una reunión con algunos terrores de Kansas, genios y demás gentuza [...] Unas semanas después, los cíclopes, *kleages*, magos, etcétera, etcétera, comenzaron a desfilar por los pastos de ganado de Kansas comunicando a los vigilantes y guardabosques que debían acudir a las primarias de Kansas y proponer el nombre de Ben Paulen.

La campaña de White fue objeto de la atención nacional. Algunos editores se mostraron críticos: el *Christian Science Monitor* opinaba que White podía haber hallado alegato o tema mucho más importante que el Klan para llevar adelante su campaña, y el *Evening Post* de Nueva York opinaba que el Klan ya estaba moribundo en Kansas; podemos preguntarnos cómo el editor sabía tal cosa. Pero los editores del resto de la nación americana animaban y halagaban a White por quebrar aquel muro de silencio que favorecía tanto al desarrollo del Klan. Un editor católico observaba que White había perseguido al Klan desde los campos de pasto hasta las urnas electorales, y que, por lo tanto, era muy probable que tuviese éxito.

Fue la única aventura acometida por White en el campo de la política. La encontró emocionante, y creyó, cuando terminaron las elecciones, que evidentemente había contribuido en gran parte a la expulsión del Klan. En una breve declaración personal manifestó que la semilla había sido sembrada y que la lucha continuaría. En 1926, cuando se estaba celebrando la siguiente campaña política, White expresó una exuberante satisfacción:

El Ku Klux Klan en Kansas es una comunidad arruinada. Acudió a las recientes primarias de Kansas con ansias de lucha. Trató de controlar al Tribunal Supremo; pero en su lugar el Klan fue abrumadoramente derrotado por los votantes […] dos candidatos que abiertamente denunciaron al Klan fueron elegidos por amplia mayoría.

Dos años atrás, el Klan estaba sentado en la luna apoyando los pies en las estrellas. Ahora su apoyo es un riesgo, y su amistad es objeto de meditación por parte de aquellos políticos de Kansas que poseen sentido común y una buena dosis de patriotismo. Este es el resultado de la lucha de dos años que se sostiene en Kansas contra el Klan. Y es una lucha que puede llevarse a cabo en cualquier estado donde los elementos decentes del mismo den muestras de valor y de querer trabajar duramente.

Para reforzar el cambio de la mala fortuna del Klan en Kansas, Hiram Evans visitó el estado en la primavera de 1926; el saludo de White estuvo muy inspirado:

El doctor Hiram Evans, mago imperial de los *kluxers*, trae a Kansas en esta primavera sus consagrados faldones, y pronunciará cinco discursos. Le damos la bienvenida. Que aparezca en escena el mago; que suenen las trompas y los tantanes.

Verá en lo que ha quedado convertida lo que otrora fue beneficiosa fábrica de odios, ahora comunidad derrumbada, donde el extravagante dragón gime por su primogénito, y donde la una vez salutífera ostentación se doblega ante las brisas de la primavera, cayendo a tierra de rodillas.

Los *kluxers* de Kansas están tan tristes y abandonados como los nidos de los pájaros del año pasado; les aflige una debilidad general, ceguera en seguir hacia arriba y aversión general hacia el elemento femenino.

En 1928, White descubrió que su nombre figuraba en la lista negra de las Hijas de la Revolución Americana. Manifestó que la nómina de socios de las HRA se había convertido en una lista "pelele" confeccionada para organizaciones superpatrióticas, y añadió que tal lista negra estaba cuajada de nombres judíos, católicos y negros, e individuos que defendían a estos grupos: "Sospecho que cuando fue confeccionada esta lista, ante ella estaba sentado un miembro del Ku Klux Klan". Y luego añadía: "Las Hijas de la Revolución Americana han arrancado al Klan de sus terrenos de pasto y le han sentado en el comedor de la respetabilidad... La presidenta es una encantadora dama, pero en su entusiasmo ha permitido que asomen unos cuantos palmos de túnica del Ku Klux bajo su atavío rojo, blanco y azul".

Es viejo truco de satíricos, desde Jonathan Swift a Benjamin Franklin, anunciar la muerte de un odiado rival y después ignorar blandamente sus protestas de que aún vive. William Allen White fue sin duda excesivamente confiado; el monstruo al que él había atravesado con su envenenada pluma se negaba a morir. Para ser eficaz, la sátira precisa de un auditorio con una mínima capacidad para el razonamiento, algo que era generalmente escaso entre la clase de hombres que se unían al Klan. Sin embargo, será necesario conceder a White el mérito, como así lo sugiere uno de sus biógrafos, de haber sido el primero en luchar contra el Klan para levantar el velo de clandestinidad que le hacía aparecer mucho más peligroso de lo que en realidad era. Ningún otro enemigo del Klan, tanto en los tiempos de la Reconstrucción como en el siglo XX, escogió como lo hizo White el ridículo como arma. Fue un golpe de genio, que prestó ánimo a todos aquellos que en su mayoría guardaban silencio y que entonces pudieron reír a costa del Klan en lugar de echarse a temblar ante sus amenazas. Si a esto añadimos el tremendo valor de White al presentar su candidatura para el cargo de gobernador, paso que ningún otro liberal se atrevió a dar, entonces tendremos que concederle un enorme mérito como al más eficaz oponente que jamás haya tenido el Klan.

CAPÍTULO 12
UN KLAN PARA CADA ÉPOCA

Los jefes del Klan original, alarmados por una creciente violencia que no podían controlar, tomaron en 1869 la desesperada determinación de desbandar la organización. La orden que anunciaba tal medida fue la única de carácter general que dictó el gran mago Bedford Forrest. 75 años después, en 1944, el Klan moderno también se deshizo, como única alternativa para evitar abonar grandes atrasos en el pago de impuestos. Pero en ninguna de las dos ocasiones el Klan desapareció del todo; continuó operando sin unidad nacional, algunas veces formando pequeñas reagrupaciones y otras casi sobre un sistema de guerrillas.

Toda alarma que hayan sentido los jefes del Klan moderno ha sido causada no por la violencia reportada, sino más bien por una caída en sus ingresos personales como resultado de la escasez de miembros. Este espíritu comercialista que se da en los jefes de hoy día es lo que quizá marca la diferencia principal entre el Klan antiguo y el moderno. Pero la cínica explotación de los miembros es solamente uno de los males atribuidos a los hombres que dirigen al Klan en este siglo; los informes sobre el tema muestran una alta incidencia de inmoralidad personal.

Como la reputación de una conducta inmoral sería difícil de conjugar con las frases altisonantes inventadas para ganar nuevos reclutas, se pensó entonces en la conveniencia de mantener en secreto los vicios privados. Sin embargo, este secreto no siempre fue fácil de guardar. Hiram Evans pudo expulsar del Klan silenciosamente a Ed Clarke y a Bessie Tyler porque estos mostraban una mala conducta personal que iba en descrédito de la organización, pero aun así no pudo silenciar el escándalo que en 1925 envolvió al gran dragón de Indiana, D. C. Stephenson, el hombre que en 1923 envió a Evans el arrogante telegrama mencionado anteriormente. No fue un escándalo corriente, pero sí muy adecuado al hombre, y, evidentemente, aceleró el descenso en el número de miembros del Klan que ya había comenzado el año anterior.

Stephenson, conocido por sus amigos como Steve, era un vendedor más que excelente en una época en la que se hacía difícil vender hasta una caja de cerillas. Pero en lugar de vender coches Ford, artículos de lujo o fincas en Florida, vendió la oportunidad de odiar. Al igual que Hiram Evans, pasó sus años de formación en Texas, pero no se encontró realmente a sí mismo hasta que se fue a Indianápolis, tras haber servido en el Ejército durante la Primera Guerra Mundial. No contento con dirigir al Klan en Indiana, usó su papel de gran dragón para meterse en política. Tampoco era la clase de hombre capaz de prescindir por un solo día de sus beneficios económicos. Agasajaba lujosamente a numerosos invitados en su mansión situada a las afueras de Indianápolis, y también poseía un yate de 75.000 dólares, el Reo Mar, que el fuego destruyó en Toledo (Ohio) en junio de 1924.

Steve era un hombre aficionado a las mujeres, y se decía que muchas damas conocían perfectamente los recovecos de su mansión. Cierta señorita llamada Madge Oberholzer, empleada en el Departamento de Educación del Estado, fue finalmente objeto del lascivo deseo de Steve. Pero aun cuando ella se mostraba dispuesta a acudir a todas las fiestas que él daba en su mansión, por otra parte trazó una línea que impedía a Steve avanzar hacia una mayor intimidad. Cuanto más le rechazaba la muchacha, más la deseaba Steve. Para él llegó a convertirse en una verdadera obsesión.

En la noche del 15 de marzo de 1925, y tras haber bebido abundantemente, Steve llamó a Madge para que acudiese a su mansión y allí le informó de que ella lo acompañaría hasta Chicago en el próximo tren. La muchacha declinó la invitación; pero no pudo luchar contra los dos guardaespaldas que ayudaron a Steve a arrastrarla hasta el tren. Ya de camino, y de acuerdo con las posteriores declaraciones de Madge, fue brutalmente asaltada por Steve.

En Hammond, justamente en la línea fronteriza del estado, los tres hombres sacaron a la muchacha del tren. Los relatos sobre este punto difieren un poco, al menos en cuanto a lo que tuvo lugar en Hammond. Madge tomó o fue obligada a tomar veneno, y Steve, o bien buscó inútilmente un hospital que admitiese a la chica, o le fue negada ayuda médica. Al día siguiente regresaron en coche a Indianápolis. El 4 de abril un gran jurado acusó a Steve y a sus compinches de varios cargos, entre los que figuraban asalto y agresión, violación, mutilación y secuestro. Luego, el 14 del mismo mes, Madge murió tras haber permanecido inconsciente durante dos semanas. Los epígrafes de prensa del día 18 decían: "Ex-Dragón del Klan detenido por asesinato". A continuación seguía una serie de desagradables detalles sobre el caso, y la opinión general ignoró las protestas de Steve, quien decía que había sido pillado en una trampa bien montada para arruinar su reputación. Pero ya fuese que Madge había muerto a consecuencia del veneno, o por el brutal ataque sufrido, la cuestión era que había fallecido y que Steve estaba terriblemente implicado en el asunto.

La tremenda revulsión producida en toda la nación por los relatos periodísticos que detallaban este sórdido crimen habría bastado para producir considerable daño al Klan. Pero aún hubo más. El gran mago Evans, quien debía su posición en gran parte a Steve, se apresuró a repudiar a este último como agente del Klan; y los ambientes políticos de Indiana también le denunciaron. Amargado, Steve amenazó con ponerse a contar todo cuanto sabía; intentó usar su amenaza como arma para asegurar su libertad. Pero no tuvo el menor éxito. Fue juzgado y condenado por asesinato en segundo grado. Luego, temiendo que se fuera de la lengua, las autoridades le mantuvieron rígidamente incomunicado.

Es probable que Steve sospechara este final, ya que mientras esperaba la vista de su causa, ordenó cuidadosamente todos sus informes y registros y los empaquetó, guardándolos en varias cajas negras. Los reporteros de prensa emplearon todos los procedimientos imaginables para atravesar la barrera de silencio oficial, y finalmente uno de ellos logró que Steve pudiera decirle dónde se hallaban tales cajas. Una vez los periódicos comenzaron a publicar extractos, ya no fue posible seguir impidiendo que Steve hablase. A continuación empezó a relatar hechos concretos sobre todas las operaciones del Klan en Indiana y suficientes detalles sobre la conexión del Klan con el ámbito político como para acusar a un miembro del Congreso, al alcalde de Indianápolis, al *sheriff* del condado de Marion y a otras varias figuras de menor categoría. El gobernador, Ed Jackson, fue acusado de falsificación, pero evitó un juicio invocando al estatuto de limitaciones. Steve fue condenado a cadena perpetua.

William Allen White se había mostrado eficaz en su lucha contra el Klan de Kansas, aun cuando nunca llegó a averiguar el nombre del gran dragón. Los miembros del Klan de Indiana, por contraste, aparecieron día a día en los periódicos, con detalles exactos de cómo había operado su gran dragón… con nombres, fechas, condiciones de los convenios y sumas de dinero implicadas. Aun suponiendo a todos aquellos miembros un mínimo de inteligencia, se hace difícil admitir que no se hubiesen dado cuenta de la enorme laguna existente entre el Klan que ellos suponían que existía y el Klan auténtico que acababa de ser puesto en evidencia. Por casualidad, una comisión del Senado en Washington estaba investigando las fuentes de contribución económica a las campañas políticas, y un subproducto de tal investigación resultó ser la revelación de las grandes sumas de dinero que el Klan gastaba para desequilibrar las elecciones.

Los miembros del Klan desertaron de este a millares. En 1926 su lista de socios descendió de cinco a dos millones, y en 1927 quedaban aproximadamente un tercio de millón de miembros. Los pocos que aún quedaban en la organización eran personas a las que no les importaba en absoluto la clase de delitos que cometieran sus jefes; personas que querían sacar provecho al dinero que habían pagado; que necesitaban al Klan como válvula de escape para su odio; o que se habían encariñado excesivamente con el fraternalismo del Klan como para abandonarlo de repente. En cualquier caso, y desde 1927, el Klan solamente ha tenido atractivo para aquellos hombres del escalón socioeconómico más bajo, o lo que es lo mismo, gentes que no son bien recibidas en otras órdenes fraternales. Los hombres que contaban con alguna clase de educación o respetabilidad social consideraban ya que ser miembro del Klan significaba someterse a una desventaja notable en todos los sentidos. Hoy día, los antiguos miembros del Klan muestran sumo cuidado en ocultar esta parte de su historia personal, con el increíble resultado de que hay ciudades enteras que alardean de no haber contado jamás con miembros del Klan. Una afiliación al Klan conocida, sin que importe lo remota o breve que haya podido ser en el pasado, representa hoy día un perjuicio tremendo en el campo de la política, aun cuando sea una ayuda positiva expresar principios del Klan en algunas comunidades, que incluso llega a ser a veces una necesidad, para hombres que buscan ser elegidos para desempeñar ciertos cargos públicos.

Mientras tanto, el terrible descenso en el número de miembros del Klan representaba un grave peligro para Hiram Evans. En la campaña presidencial de 1928 aún pudo presentar una fuerte oposición a Al Smith, un indeseable para el Klan por cuatro motivos: era católico, antiprohibicionista, liberal y producto de una gran ciudad. En 1934, Evans lanzó un ataque del Klan a gran escala contra el "New Deal", programa político que, como todo el mundo sabe, simpatizaba con la organización del trabajo. Pero cuando temas como este saltaban a las primeras páginas de la prensa, lo único que se lograba era despertar nuevas emociones en los electores, en lugar de ganar más miembros para el Klan. Quizá había llegado el momento de seguir el ejemplo dado por Bedford Forrest y disolver el Klan; la creciente y hostil presión de los organismos federales prestó atractivo a esta idea. Pero Evans era un hombre demasiado astuto como para abandonar los tangibles beneficios que, de acuerdo con los estatutos originales, le pertenecían, y por lo tanto podía hacer con ellos lo que mejor le pareciese.

El Klan se había convertido en una organización tan poco provechosa que en la mente de Evans ya ocupaba un lugar secundario. Había organizado en Washington una firma comercial que vendía asfalto y otros materiales para la construcción de calles y carreteras. Y lo cierto era que le iba muy bien. Decidió entonces que el Palacio Imperial de Atlanta, que en realidad ya de poco servía, era más una carga costosa que un valor positivo, e inmediatamente lo vendió (no a la Iglesia católica para que se convirtiera en rectoría, como algunos miembros del Klan denunciaron indignados, sino que fue el primer comprador, una firma comercial, el que lo volvió a vender a la Iglesia. Pero Evans aceptó una invitación para asistir el 11 de enero de 1939 a la consagración de la catedral que se alzaba al lado del antiguo Palacio Imperial. Un periodista con gusto por los detalles coloridos señaló en su artículo que, durante la ceremonia, un rayo de sol se posó sobre la silenciosa figura del antiguo dentista de Dallas).

Sin embargo, en 1939 Evans ya no era mago imperial, pues poco antes había vendido todos los derechos y estatutos del Klan al doctor James H. Colescott, veterinario de Terre Haute, y a Samuel Green, también "doctor". Los nuevos propietarios observaron que el programa de Hitler atraía a la misma clase de americanos que formaban la nómina de socios del Klan. En lugar de competir con organizaciones advenedizas tales como los "American Rangers", la "National Gentile League", y con los resurgidos "Caballeros de la Camelia Blanca", Colescott dirigió al Klan hacia una especie de "flirteo" con los grupos nazi-fascistas. La maniobra no requería realizar ningún grave ajuste en los ideales del Klan.

Este coqueteo casi llegó a convertirse en matrimonio. En el German-American Bund's Camp Nordland, en la Nueva Jersey rural, en la noche del 18 de agosto de 1940, los miembros del Klan se reunieron con los del Bund (asociación política germano-estadounidense) para reforzar el auténtico americanismo —al menos así lo declararon—. Quemaron una cruz de 12 metros de altura, entonaron canciones militares alemanas, y llamaron poderosamente la atención. La legislatura estatal, tras oír los informes de una investigación policial, ordenó la clausura de Camp Nordland. Pero la publicidad tuvo el mismo efecto que en épocas pasadas, y la lista de socios del Klan comenzó a aumentar considerablemente. El paso del tiempo había hecho que se desvaneciera el recuerdo del ridículo de William Allen White y del escándalo de Stephenson.

Colescott, siempre a la expectativa de un recurso efectivo, creyó haber encontrado uno en el USO. Su delito, a ojos del Klan, consistía en la dirección conjunta de los protestantes, católicos y judíos; tal cooperación era evidentemente antiamericana. Pero los japoneses atacaron Pearl Harbor y la nación se unió de la noche a la mañana. Apenas se volvió a oír algo sobre el Klan hasta que terminó la guerra.

Al finalizar la Segunda Guerra Mundial, el Klan ya no existía como organización nacional. Pero en la primavera de 1944, el recaudador de Rentas Interiores presentó al Klan una cuenta de impuestos atrasados que ascendía a 685.305 dólares. Importa muy poco cómo los interventores del Gobierno llegaron a calcular con más o menos exactitud esta cifra; lo importante era que ya no se consideraba oficialmente al Klan como organización exenta de impuestos. Colescott y Green no pudieron pensar en otra cosa más que en convocar apresuradamente una reunión final del Klan en Atlanta, el 23 de abril de 1944, para disolver la organización. Se abandonaron todos los títulos, los estatutos quedaron sin valor, y todos los miembros quedaron exentos de obligación alguna. El Gobierno no cobró los impuestos, pero probablemente jamás esperó hacerlo. Lo que en realidad representaba aquella factura era el punto álgido de una larga campaña federal para derrumbar al Klan.

Nadie pareció prever que una vez se disolviese el Klan sería más difícil que nunca mantenerlo bajo control. Simplemente, el Klan volvió a convertirse en una organización secreta, pareciéndose cada vez más al Klan original. Desde entonces, ha venido apareciendo muy a menudo en forma estatal, algunas veces legalmente constituido y otras sin beneficios o estatutos. Todo lo que parece ser necesario es una provocación suficiente, aunque quizá eso tampoco exista. Pero en momentos de gran tensión, los diversos Klanes, con los nombres que hayan adoptado, han actuado siempre con la misma fuerza concentrada que tuvo el Klan durante los 29 años en los que funcionó como grupo unificado nacional.

El Klan de la Reconstrucción halló eficaz el hecho de atravesar una ciudad a caballo y silenciosamente, de noche, y ataviados sus miembros con sus vestiduras de gala. Era un espectáculo sorprendente que los negros analfabetos en particular jamás olvidarían. Los desfiles de coches de la actualidad son mucho más prosaicos; nadie puede confundir un automóvil con un fantasma. Y como la mayoría de los estados han seguido las normas de Alabama con respecto a prohibir el uso de máscaras, resulta que la mayor parte de misterio de tales desfiles ha desaparecido por completo. Sin embargo, el Klan todavía inspira cierto terror mediante sus cruces flamígeras, aquella gran invención del Coronel Simmons que ha llegado a convertirse en el principal símbolo del Klan en este siglo.

En la mañana de Pascua de 1933, unos 1.000 miembros del Klan, algunos de ellos cubiertos con túnicas, tomaron parte en un servicio al amanecer en las afueras de Somerville, Nueva Jersey; no consideraron nada incongruente quemar una cruz para anunciar la resurrección de Cristo. Poco después, el Klan celebró una convención de tres días de duración cerca de Peekskill, Nueva York, con competiciones de atletismo, un aluvión de arengas, una ceremonia de iniciación en masa, y la exhibición de una cruz incendiada de 6 metros de altura. Pero la mayoría de tales reuniones eran solamente una especie de demostración de fuerza. Una excusa mucho más concreta para manifestarse surgió cuando el presidente Roosevelt nombró a Hugo Black para el Tribunal Supremo a finales de 1937. Acusado de pertenecer al Klan, Black respondió en una corta declaración radiada el 1 de octubre, admitiendo que había sido miembro del Klan en otra época, pero que repudiaba todo cuanto el Klan defendía, declaración que desde entonces corroboró firmemente con su comportamiento.

Pero el Klan dio su propia interpretación a tal nombramiento. Se informó de la presencia de cruces incendiadas en muchos lugares del Norte (en Marlboro y Worcester, Massachusetts; en Hyde Park, Nueva York, cerca de la finca de Roosevelt; en Mountain Lakes, Nueva Jersey; y en muchos lugares más). Tal es el poder simbólico de la cruz en llamas, que la gente, en muchas partes del país, todavía habla en voz baja sobre la cruz que hace años ardió en el campo que hay al otro lado de la carretera o en la cima de la colina más cercana al pueblo. La realidad es que entre los vecinos con los que uno trata a diario siempre hay miembros del Klan, y que aquellos miembros a los que se supone desaparecidos solamente están ocultos y dispuestos a reagruparse para la acción cuando el

Klan lo considere necesario. La cruz en llamas proyecta una especie de sombra sobre más de una comunidad, avisando a esta de que alberga en su seno a un elemento potencialmente hostil que en cualquier momento puede quebrar la ilusión de paz y tranquilidad.

En el Sur, con su legado de violencia, los miembros del Klan no se han contentado con quemar simplemente unas cuantas cruces. Muchos de los "incidentes" sobre los que más de una vez informó la prensa no tuvieron más objeto que señalar un resurgimiento de la propia imagen del Klan como guardián de la moralidad pública. En San Petersburgo, Florida, en marzo de 1937, cinco miembros del Klan, entre los que figuraba el *kleage* local, secuestraron a Robert Cargell, gerente de un hotel, le llevaron al campo, y allí le mutilaron a punta de cuchillo; no se dio ninguna razón a tan salvaje comportamiento. En noviembre del mismo año, unos 200 miembros del Klan, cubiertos con túnicas y capuchas, asaltaron el club nocturno La Paloma, de Miami, destrozando el mobiliario, expulsando a todos los clientes y ordenando el cierre del local. A las afueras de Atlanta en el verano de 1939 los miembros del Klan raptaron a otros dos hombres, los condujeron hasta un vertedero y allí les propinaron una terrible paliza por el supuesto delito de comportamiento inmoral; pocos meses después, el operador blanco de un cine para negros fue salvajemente flagelado. El 2 de marzo de 1940 fue encontrada una pareja medio muerta a latigazos en una carretera de Atlanta. Y pocos días después apareció el cadáver de un barbero de la localidad llamado Ike Gaston; junto a él se encontró un ancho cinturón de cuero con el que le habían administrado la terrible paliza, y este cinturón era de los que fabricaban los miembros del Klan.

Sin abandonar nunca su papel de guardián de la moralidad pública, el Klan en el Sur ha dirigido cada vez más su atención a mantener la supremacía blanca intimidando a los negros para que no voten. En Starke, una ciudad rural situada al norte de Florida, miembros del Klan ataviados con túnicas y capuchas visitaron el barrio negro el 12 de septiembre de 1938, quemando cruces y dejando notas en las que aconsejaban a los negros que no votasen en las elecciones del día siguiente. Tales advertencias hacen mucho más efecto en las pequeñas poblaciones, donde todo el mundo se conoce entre sí, que en las grandes ciudades, donde un hombre cualquiera puede fundirse entre la masa y ser un perfecto desconocido. Una manifestación parecida, compuesta por un desfile de 50 automóviles con caballeros ataviados con sus habituales ropajes que atravesaron las calles de la sección negra de Miami el 1 de mayo de 1939, fracasó estrepitosamente. A la votación del día siguiente acudieron a las urnas infinidad de negros. Pero incluso hoy día, en dos condados de Florida en los que hay considerable población negra, no se registra ni un solo negro para votar, mientras que en otros condados rurales, principalmente en la zona llamada "Pork Chop", cerca de Georgia, solamente hay unos cuantos negros que son lo suficientemente valientes como para votar el día de las elecciones. Allí donde el pensamiento del Klan está apoyado prácticamente por todos los blancos, no hay necesidad alguna de que el Klan se preocupe por desanimar o intimidar a los negros: el temor a perder el empleo por tan terrible ofensa es un factor lo suficientemente disuasorio para que ni un solo negro se acerque a las urnas.

La decisión de integración racial tomada por el Tribunal Supremo el 17 de mayo de 1954 provocó otra nueva oleada de manifestaciones antinegras, que aún continúan teniendo lugar. Desde el punto de vista del supremacista blanco, cada orden judicial de admitir a niños negros en escuelas que anteriormente eran para blancos, cada informe de una comisión de derechos civiles, y cada visita de un "benefactor" norteño son una amenaza al gobierno blanco ordenado por Dios y restaurado por el Klan de la Reconstrucción. Funcionarios estatales responsables prestan ayuda al Klan y lo incentivan denunciando los esfuerzos federales y privados como violaciones de la soberanía estatal, como si la Guerra Civil no hubiese aclarado tal asunto para siempre. Y todos estos funcionarios pregonan la santidad de la propiedad privada, como si tal principio se invocase alguna vez excepto contra los negros.

Tales funcionarios deben su elección, y su permanencia en el cargo, a la aprobación de la mayoría de electores, quienes simplemente pueden no darse cuenta de lo mucho que ha hecho el Klan a través de los años para mantener viva la tradición de la inferioridad negra. Las "cartas al editor" publicadas en los periódicos de 1964 se parecen enormemente a la defensa del Klan hecha por el mismo sistema en 1870 y 1920; la influencia del Klan sigue siendo fuerte y constante.

Sin embargo, desde el derrumbamiento del Klan en 1944, esta continuidad no ha sido en todo momento evidente. Durante 1954 y a principios de 1955 se organizaron varios nuevos grupos parecidos al Klan, con nombres tan diferentes a este como para llegar a engañar a muchísima gente: Asociación de Derechos de los Estados Americanos, Asociación Nacional para el Progreso de la Población Blanca, Asociación Nacional para la Conservación de la Raza Blanca, Cruzada de la Herencia, Los Caballeros del Sur, y el más conocido de todos los grupos, los Consejos de Ciudadanos Blancos.

Los Consejos de Ciudadanos Blancos (a veces sin la palabra "blancos") han tenido un gran éxito. El primer Consejo, como también se denomina, se formó en Indianola, Misisipi, el 11 de julio de 1954. Para el siguiente mes de octubre se habían formado otros 30, y muy pronto llegaron a existir en casi todos los lugares del Sur. Los organizadores habían evitado toda relación con antiguos jefes del Klan, principalmente para huir de la evidente mala reputación que el Klan se había ganado con su violencia. Pero como el programa de los Consejos es prácticamente idéntico al del Klan —antisemita y también segregacionista— no fue posible, por lo tanto, engañar a todo el mundo. Hodding Carter, uno de los periodistas más distinguidos del Sur, ha denominado a estos Consejos la "aristocracia del Klan", y así parecen ser para muchos observadores. Atraen mucho más a los hombres de negocios que a los miembros de la clase rural, los cuales, si se unen a las Juntas, muy pronto las abandonan porque no queman cruces ni desfilan pomposamente. El beneficiario, realmente, es el más próximo Klan. Los nuevos grupos de prominentes ciudadanos proporcionan un estímulo que el Klan aprecia mucho. El Klan y las Juntas puede que no se lleven bien, pero desde luego son hermanos de sangre.

Al unirse a otros grupos en la lucha contra el gran monstruo, el comunismo interno, el Klan, en el Sur, centra toda su atención sobre el problema racial. De acuerdo con el pensamiento del Klan, es la influencia comunista la que hace que el negro siga haciendo presión para lograr la igualdad de derechos; y de acuerdo también con el mito sudista tan cuidadosamente desarrollado en el siglo XIX, y tan firmemente sostenido por el Klan moderno, los negros son por naturaleza demasiado indolentes para actuar por sí solos o para tener opiniones propias.

Pero el comunismo también trabaja, como así lo ven los miembros del Klan, para unificar y organizar el trabajo y a los obreros, que con toda seguridad se contentarían con sus salarios si les dejaran tranquilos. La medida en que los grandes negocios han dado la bienvenida al Klan o han estimulado su apoyo mediante contribuciones de tipo financiero es un tema que podría dar lugar a un interesante estudio. Pero una cosa sí es evidente: que el dinero para financiar al Klan siempre ha sido abundante en sus frecuentes campañas contra los sindicatos. Razonando con cierta lógica, parecería ser que el miembro medio del Klan, que hoy día pertenece al escalón más inferior del ámbito económico, daría la bienvenida a cualquier proposición que redundase en más altos ingresos para él. Pero la propaganda del Klan constantemente le recuerda que los sindicatos normalmente exigen los mismos salarios para todos los trabajadores del mismo ramo, y que el mejor salario que él pudiese lograr como miembro de un sindicato no sería mayor sino igual al que recibiría un negro trabajando en su misma profesión y que perteneciese al mismo sindicato. Cualquier validez que pueda haber en las leyes estatales de "derecho al trabajo" en el Sur reflejan siempre el viejo argumento del Klan de que el hombre blanco merece ganar más que los negros porque el hombre blanco es superior.

La diferencia en los salarios es uno de los principales medios de mantener la ilusión de la superioridad blanca. Otro es la práctica, apenas ya relegada al Sur, de destinar a los negros las tareas más bajas. Cuando se le preguntó a una camarera blanca de San Petersburgo, Florida, que por qué se oponía a una ley federal de salario mínimo, lo cual inmediatamente elevaría sus ingresos por hora, no dudó en repetir la opinión extendida entre las personas de su nivel social al replicar que, para ella, una paga superior tenía mucha menos importancia que librarse de trabajar "al lado de algún maldito negro o judío".

Otro punto importante de la propaganda del Klan es que la institución de normas o códigos de "empleo justo" que obligaba a los patronos a contratar los servicios de algunos negros, expulsaría a muchos blancos de sus empleos. Pero al Klan no se le ocurrió decir que en una competición laboral realmente justa, basada no en el color de la piel, sino en la inteligencia natural, el expediente educativo y en la voluntad de trabajar, muchos blancos tendrían que ceder su puesto a los negros. De sospechar esto el Klan, podría explicarse el "modelo blanco" que favorece al blanco más mezquino, más ambicioso y más ignorante sobre el candidato negro mejor preparado. Lo que el Klan repite una y otra vez en toda su abundante "literatura" es solamente lo que la mayoría de los blancos del Sur pobremente educados —y también muchos sureños bien educados— han estado condicionados para creer desde su más tierna infancia.

Stetson Kennedy, en su libro *Southern Exposure* (1946), dice lo siguiente: "Cuando algunos miembros modernos del Klan se equivocan conscientemente bajo la ilusión de que están protegiendo a las mujeres en el Sur, o que son también los campeones de la moralidad pública, etc., lo que hacen en realidad es servir de soldados de la plutocracia que les roba a ellos y a sus vecinos (así como a los negros) el mejor fruto de sus labores". De los varios ejemplos que Kennedy cita sobre miembros del Klan que sirven como incautos a poco escrupulosos hombres de negocios, uno que sobresale con claridad es la paliza propinada a un hombre integrante de un sindicato en Anderson, Carolina del Sur, porque, como le dijeron los miembros del Klan, entregaba muy poco dinero a su esposa para que dirigiera con eficiencia su hogar, y asimismo por pegar a su hijo de cinco años. Pero la víctima no tenía hijo; de hecho, ni siquiera estaba casado.

En la guerra Klan-Walton que tuvo lugar en Oklahoma en 1924, el Klan estuvo sólidamente alineado con las cámaras de comercio que se oponían al gobernador. La queja principal se basaba en la simpatía que demostraba Walton hacia el trabajo organizado. Aún antes, cuando el Klan se hallaba bajo el control del Coronel Simmons, publicó la denuncia de una huelga en los astilleros de Mobile, Alabama. La oposición a los sindicatos nunca se estipuló en los estatutos del Klan o en otros pronunciamientos públicos, pero ha sido claramente constante en el programa del moderno Klan. La hipótesis de que el movimiento del trabajo en el Sur se ha retrasado por voluntad de los trabajadores blancos de aceptar la línea de conducta señalada por el Klan parece ser enteramente válida. Tales hombres pueden ser incapaces de sospechar los grandes beneficios que obtienen con el éxito del Klan aquellos patronos más codiciosos. Los grupos más derechistas, por supuesto, son pro-negocios y antisindicalistas; pero el Klan sobresale como el único grupo derechista que puede ser "comprado" para convertir el sentimiento antisindicalista en acción física.

Si los miembros del Klan algunas veces llegan a ser acusados del delito de supuesta inmoralidad sin saber que realmente estaban ayudando a que los salarios locales se mantuviesen bajos, otras veces entendían claramente que el verdadero crimen era la actividad unificadora. Los cinco hombres que se detuvieron ante la casa de Frank Norman una noche de 1935 y se lo llevaron a "dar un paseo" sabían de qué le acusaban: tanto él como su esposa habían ayudado a los temporeros del sector de los cítricos de Lakeland, Florida, a organizarse para establecer un acuerdo colectivo entre patronos y obreros. La esposa reconoció a uno de los cinco hombres, ayudante del *sheriff* de un vecino condado, pero esto no tuvo importancia; Norman jamás volvió a ser visto desde aquella noche, y hoy día su destino aún sigue siendo un verdadero misterio.

Al año siguiente el Klan eligió para aplicar su tratamiento a un hombre mucho más importante, Joseph Shoemaker, de Tampa, director estatal de la Alianza de Trabajadores. Había organizado un partido independiente llamado

Demócratas Modernos para promover los intereses del trabajo. En la víspera de las elecciones de 1935, él y varios más que pertenecían al nuevo partido político fueron detenidos sin orden judicial en el interior de una casa particular y luego se les trasladó a una comisaría para hacerles unas cuantas preguntas rutinarias sobre supuestos lazos con los comunistas. Cuando terminó el interrogatorio salieron de la comisaría para meterse entre una masa de hombres enmascarados que les sacaron de la ciudad, los desnudaron y les flagelaron. Después de untarles alquitrán y plumas por todo el cuerpo, les ordenaron que abandonaran la ciudad. Shoemaker, como infractor principal, fue castrado. Nueve días después murió en un hospital de Tampa tras una larga y dolorosa agonía. A continuación, las autoridades detuvieron a 11 hombres, algunos de los cuales fueron identificados como miembros del Klan, pero tras dos años de acción judicial, todos quedaron en libertad.

Es realmente triste que no se puedan evitar atrocidades como estas. La técnica del ridículo empleada por William Allen White tiene limitaciones muy severas. Los miembros del Klan que son lo suficientemente sádicos como para mutilar a sus víctimas, y que poseen influencia suficiente como para quedar en libertad cuando son detenidos por las autoridades, no dudarían en repetir sus malvadas acciones la próxima vez que surja otra provocación. Ni siquiera se detendrían a averiguar las razones por las que su cíclope, al que han jurado obediencia ciega, les envía a perseguir a una determinada persona. Para tales hombres, la oportunidad de llevar a cabo violencia física supone una satisfacción suficiente; el principio del Klan ni siquiera tiene que ver. Los linchamientos han dejado de llevarse a cabo, y se puede acabar con la violencia, también, si se consigue poner a la opinión pública en contra de ella. Pero esto puede llevar mucho tiempo. La resistencia patronal al sindicalismo no se detiene ni desaparece cuando todos sus obreros y empleados se han unido, ni tampoco cesa la tendencia de los funcionarios públicos de pequeñas comunidades a colocarse del lado de la parte económica.

Sin embargo, no se puede culpar a los funcionarios encargados de hacer cumplir las leyes de que ejecuten sus deberes de una forma tácitamente aprobada por la mayoría de sus electores; siendo así que dondequiera que la mayoría de votantes se adhiere a la supremacía blanca y se opone a los sindicatos, la policía y los magistrados serán siempre más severos con los negros que con los blancos, y particularmente duros hacia los organizadores sindicales. El agente de policía medio se reiría en la cara de cualquier vecino si este le creyese intelectual o liberal. Casi siempre se puede contar con él para que obedezca órdenes. Los policías no emplearían gases lacrimógenos, perros o picanas eléctricas si los grupos de ciudadanos prominentes desaprobaban tales medidas de represión.

Una prensa libre, no sujeta a los intereses de la localidad, podría hacer mucho por despertar la conciencia pública en contra de la violencia, así como para dejar al descubierto la propaganda del Klan y a sus hermanos de sangre. Sin embargo, hay muy pocos periódicos provincianos que disfruten de semejante libertad o independencia. El periodista que no está mediatizado, el que no tiene empleo regular y sirve a cualquiera que solicita sus servicios ocupa siempre una magnífica posición como auténtico instrumento de comunicación. En años recientes, el más famoso de los periodistas independientes que se opuso al Klan fue Stetson Kennedy.

Nacido en Jacksonville en 1916, Kennedy asistió a la Universidad de Florida, y a la Nueva Escuela de Investigación Social, antes de dedicarse a escribir. En *Palmetto Country* (1942) revela los motivos que le convirtieron en el enemigo número uno del Klan. La obra *Southern Exposure* citada anteriormente ampliaba aún más tales motivos. Pero su obra maestra anti-Klan es *Passage to Violence* (1954). Este es el título estadounidense; el británico revela mucho mejor su contenido: *I Rode with the Klan* (*Yo he cabalgado con el Klan*).

Este libro empieza como si fuese un *thriller* de espionaje. Cuando el lector descubre que lo que al principio tomó por extravagante invención está basado en la realidad, inmediatamente siente un peculiar horror, porque Kennedy es un hombre marcado, uno al que ningún verdadero miembro del Klan podría perdonar. Durante el resto de su vida correrá un enorme riesgo de ser asesinado. Hasta entonces tuvo mucha suerte, aun cuando la casa en que vivía, situada en las orillas del río St. Johns, al sur de Jacksonville, fue incendiada hasta los cimientos. Pero él no estaba en casa. En la actualidad vive en el extranjero.

Lo que es probable que jamás olviden los miembros del Klan es que Kennedy, usando nombre falso, ingresó en un Klavern de Atlanta, asistió regularmente a todas las reuniones y tomó parte activa en las "diligencias" del Klan mientras enviaba abundante y detallada información a un confederado de la Oficina de Investigación de Georgia. Incluso tuvo el valor de publicar artículos en los que describía algunas de las diligencias en las que tomó parte, de forma que todo el Klavern sabía que entre ellos había un espía. Se tomó grandes molestias para ganarse la confianza de varios miembros del Klan, que habrían dado fe de su lealtad sin lugar a dudas. Aun así, hubo muchos momentos de tensión en el Klavern, cuando los cíclopes maldijeron su nombre y describieron el castigo que le esperaba a aquel Stetson Kennedy si alguna vez era identificado. El Klavern era grande, y por ello confería cierta seguridad a Stetson. Los cíclopes no hubiesen podido tener la menor idea de quién era el culpable entre los más de 200 miembros que componían el Klavern. Pero sería difícil imaginar una situación más peligrosa, aparte de lo que se ha escrito en las novelas de guerra y espionaje.

Pronto se hizo evidente para Kennedy que era preciso dar algo que hacer a la mayoría de miembros, ya que, de lo contrario, su apetito de violencia podría disminuir y entonces caer todos en un cómodo fraternalismo. Y por ello, en una u otra reunión de los cíclopes, se describiría el mal comportamiento de algún individuo y gradualmente se estimularía a los miembros del Klavern para que se dejaran arrastrar por sus instintos violentos. La víctima seleccionada era alguien que normalmente no tenía importancia; alguien sin influencia política, con toda seguridad, pero sí culpable de algún terrible delito, como, por ejemplo, conceder crédito a los negros, dar a un judío o a un negro un empleo que un "hombre blanco" podía desempeñar, o hacer esperar a los clientes blancos mientras se servía a los negros, o quizá permitir a un organizador sindical usar su propiedad para celebrar una reunión, o presentar algún tipo de queja contra un miembro del Klan. En el momento adecuado, los cíclopes solicitarían voluntarios, y de entre todos aquellos que se mostrasen dispuestos, el cíclope elegiría a un grupo de hombres suficientes para llenar uno o dos coches y les daría instrucciones específicas en cuanto a lo que debían hacer. Como echarse atrás hubiera llamado la atención hacia su persona, Kennedy también se presentaba como voluntario para ayudar a ejecutar la particular justicia del Klan. Siempre que era posible, avisaba con antelación a su amigo de la Oficina de Investigación, pero cuando no podía hacerlo por una u otra razón, siempre daba más tarde detalles precisos de todo cuanto había sucedido. La evidente inutilidad de algunos de aquellos encargos los convertía en verdaderas tragedias sin sentido; se hacía muy duro creer que los hombres se dejaran arrastrar por semejante sadismo.

El peligroso juego acabó cuando Kennedy tuvo que declarar ante un tribunal en contra de sus compañeros miembros del Klan, manifestándose así como el chivato que desde hacía tiempo convivía con ellos. Pero había jugado tiempo suficiente como para recoger material para varios volúmenes. Algún día, un laborioso erudito compondrá la historia completa de la guerra Klan-Kennedy consultando los archivos e informes que Kennedy depositó en la Schomburg Collection of Negro History de la Biblioteca Pública de Nueva York.

Tras haber declarado aquel día ante el tribunal, Kennedy ya no pudo quedarse en Atlanta, pero el Klan también mostraba actividad en otros lugares, y él no tuvo dificultad en aprender muchas más cosas sobre la variedad de procedimientos de la organización. El 7 de septiembre de 1944, informa Kennedy, el estado de Florida envió una carta constitucional al "Ku Klux Klan de Florida, Inc.", como orden fraternal que quedaba exenta del pago de impuestos. Menos de cinco años después, durante la administración de Fuller Warren, el estado autorizó a los "Original Southern Klan, Inc." a que estableciesen Klaverns en toda Florida; el gran dragón era Bill Hendrix, de Tallahassee, capital del estado. En 1952, Hendrix se unió a los grandes dragones de Alabama y Carolina del Sur para formar un nuevo Klan llamado "Caballeros del Norte y del Sur del K. K. K.", con su cuartel general instalado en Jacksonville.

En Florida, cualquiera que pueda permitirse el lujo de desprenderse del 5% de su salario anual puede presentar su candidatura para gobernador en las elecciones primarias del partido. En 1952, Hendrix pagó esta cuota y obtuvo 11.200 votos. Este pobre resultado creó la impresión de que tanto él como el Klan eran inofensivos. Kennedy pensaba todo lo contrario. Investigando el número de matrícula del coche que encabezaba el desfile del Klan en Jacksonville, Kennedy dedujo, correctamente o no, que el gran mago del Nuevo Klan, que se hacía llamar Nathan II, no era otro que el presidente del Partido Demócrata del condado de Duval. Kennedy llegó a convencerse más adelante de que se debía a la influencia de este hombre —y, como consecuencia, a la influencia del Klan— el hecho de que la demócrata Florida concediese al general Eisenhower una asombrosa mayoría en las elecciones de 1952. Los líderes estatales del grupo Demócratas por Eisenhower sin duda rechazarían indignados tal sugerencia, pero es fácil imaginar a Bill Hendrix riendo entre dientes ante el resultado.

* * *

La multiplicación de pequeños Klanes, a veces incluso rivales, que se ha dado en años recientes, ha tendido a confirmar la creencia de que se puede desestimar al Klan por su falta de fuerza. Un editor manifestó recientemente en un artículo que existían ahora tantos grandes magos, dragones y *kleages* que era imposible distinguirlos sin tener a mano un programa detallado. Durante 1949, además del equipo de Hendrix en Florida, el Original Southern Klan Inc., existían por lo menos estos otros:

- Asociación de Klanes de Atlanta, Georgia. Mago imperial: doctor Samuel Green
- Klan Original del Sur, Inc., en Columbus, Georgia. Mago imperial: Alton Pate
- Ku Klux Klan Federado, Inc., en Birmingham, Alabama. Gran dragón: William Hugh Morris
- Caballeros del Ku Klux Klan de América, en Montgomery, Alabama. Emperador: doctor Lycurgus Spinks

Sería imposible determinar si el primero de estos reemplazó a un temprano "*den* nº 2" en Atlanta, dirigido por el mago Sam Roper, o si se desarrolló como su rival para el control de Georgia. Toda la estructura del Klan ha llegado a ser tan confusa que resultaría inútil señalar un determinado camino a seguir, ya que este en cualquier momento puede variar súbitamente. Sin embargo, habría aún mucha más confusión si numerosos estados del Norte y el Oeste no hubiesen ilegalizado permanentemente al Klan, sea cual sea el nombre que adoptase. En Nueva York, por ejemplo, cualquier persona acusada de organizar un Klan ha de enfrentarse a una multa de 10.000 dólares.

Una acción estatal menos severa, pero sí más efectiva contra el Klan, ha sido la promulgación de leyes exigiendo al Klan que se deshiciese de las máscaras. Anteriormente, ocultar sus rostros había sido una gran ayuda para los miembros del Klan, ya que así podían llevar a cabo sus actos ilícitos con más comodidad y seguridad, hasta el punto de que su detección y castigo se hacía imposible. En 1949 los funcionarios de un condado occidental de Alabama informaron al gobernador Jim Folsom de que la situación era ya muy difícil de controlar. Inmediatamente, el gobernador convocó a la legislatura para que actuase. Y así lo hizo, ilegalizando el uso de máscaras en espacios públicos, con 84 votos a favor y cuatro en contra. En 1952 habían adoptado las mismas leyes 13 estados más.

Sin embargo, la prohibición de las máscaras no ha acabado con el Klan; siguen formándose nuevos Klanes allí donde todavía hay agujeros legales. Algunos de ellos son más conocidos que otros, quizá porque los funcionarios estatales se han preocupado seriamente por eliminarlos. Por ejemplo, durante 1950, el mago imperial de los Klanes de Carolina, Thomas L. Hamilton, realizó un audaz movimiento para extender el Klan desde Carolina del Sur a Carolina del Norte. El 22 de julio, una caravana de coches organizada por él recorrió los condados de Horry, Carolina del Sur, y el de Columbus, Carolina del Norte. Fue más bien la señal del comienzo de un reinado de terror. Casi todas las noches tenían lugar latigazos tanto a blancos como a negros por acusaciones de inmoralidad. Dos editores de periódicos semanales, Horace Carter y Willard Cole, se opusieron abiertamente al Klan, y más tarde compartieron un Premio Pulitzer por sus valientes artículos y editoriales. Malcolm Seawell, procurador del 9º Distrito Judicial de Carolina del Norte (y después fiscal general bajo el gobernador Luther Hodges), también tomó sus precauciones. Pero la línea fronteriza estatal demostró entonces sus grandes ventajas. El Klan operaba en un estado y luego cruzaba la frontera con toda tranquilidad.

Pero fue precisamente esta frontera estatal la que deshizo finalmente toda la campaña de Hamilton. Los miembros del Klan secuestraron a un hombre blanco y a una mujer, y les hicieron cruzar la frontera para flagelarles por no haber acudido a la iglesia. El FBI, empleando la Ley Lindbergh, muy pronto intervino en el caso. Los primeros 10 hombres que fueron detenidos acusaron a otros, hasta que finalmente se atrapó al propio Hamilton. Se condenó a penas de cárcel a 23 miembros del Klan, y otros 58 pagaron multas que alcanzaron un total de 20.000 dólares. Todo este episodio fue rápido gracias a la denuncia de dos editores y a la cooperación de los organismos encargados de hacer cumplir las leyes. Las víctimas del Klan llevarán durante toda su vida las marcas de los latigazos.

El Klan no volvió a operar en Carolina del Norte desde el "caso Hamilton", pero siete años después, el 25 de noviembre de 1957, la Asociación de Klanes de

Carolina del Sur comenzó de nuevo sus actividades. En esta fecha adoptó una serie de resoluciones que ocupan diez folios mecanografiados. Si la acción representa la reorganización de un Klan ya existente o la creación de otro nuevo, la estructura del mismo no revela grandes cambios del original diseñado por el Coronel Simmons. "El Sublime Cíclope y sus Doce Terrores" figuran como los cargos de cualquier Klan local de la forma siguiente:

SUBLIME CÍCLOPE, presidente
KLALIFF, vicepresidente
KLOKARD, conferenciante
KLUDD, capellán
KLIGRAPP, secretario
KLABEE, tesorero
KLADD, conductor
KLORAGO, guardián interior
KLEXTER, guardián exterior
HALCÓN NOCTURNO, a cargo de los candidatos (el único título originario del Klan en la Reconstrucción)
KLOKANN, Junta compuesta por tres miembros investigadores, auditores y consejeros; cada uno de ellos se llama KLOKAN

El periodo de duración de cada uno de estos cargos era de doce meses, celebrándose elecciones en el Klonklave en diciembre, y tomando posesión los nuevos jefes en el Klonklave del siguiente mes de enero. Se ponía gran énfasis sobre la exactitud en el pago de las cuotas, bajo pena de suspensión, y sobre la obligación de devolver todas las galas e insignias y ejemplares del Kloran (la "Biblia" del Klan) al abandonar la orden.

Prácticamente todas las normas y reglamentos eran iguales a los del Klan que habían dirigido Simmons y Evans. Una interesante sección de las diez páginas de resoluciones es la señalada con el epígrafe "Delitos y castigos". Los delitos se dividían en mayores y menores. Los delitos mayores comprendían la traición contra Estados Unidos, las violaciones del juramento del Klan, falta de respeto a las mujeres decentes, conspiración contra el Klan, alcoholismo excesivo o habitual, la blasfemia, y "ser responsable del envenenamiento de la sangre caucásica mediante el cruce de razas o por medio de algún acto indigno de un miembro del Klan". Los delitos menores eran idénticos a los mayores, pero cometidos en un grado inferior. En los procedimientos para juzgar a los culpables y para apelar las sentencias se hacía uso de una considerable verborrea.

La sección final incluía la norma de pagos. Cada Klavern debía remitir al gran tesorero del estado 2 dólares por cada miembro que ingresara en el Klan, hasta sumar los 100, y solamente un dólar cuando la lista de socios sobrepasara el centenar. No se mencionaban las cuotas de la localidad; al parecer, se dejaba la resolución de este capítulo al libre albedrío del Klan individual o Klavern. Si Carolina del Sur es un símbolo, el Klan ya no es una máquina para transferir grandes sumas de dinero desde los iniciados hasta los grandes magos y emperadores; quizá los organizadores estatales han descubierto que ya no se puede engañar a los candidatos tan fácilmente como en otros tiempos.

Si se pregunta cómo es que los nuevos Klanes continúan tomando forma, a pesar de la general hostilidad que despierta la palabra "Klan", y cuando existen otros grupos con diferentes nombres pero con el mismo programa, la respuesta evidente siempre será el atractivo que despierta la naturaleza fraternal del Klan. Desde la Nochebuena de 1865 hasta el presente, el Klan siempre ha hecho hincapié en su fraternalismo. Sean cuales sean las actividades a que se pueda dedicar, y por muy fáciles de sobornar que puedan ser sus jefes, el Klan es y siempre ha sido una hermandad en la que los hombres pueden hallar una afinidad de sentimientos, una escala de puestos por la que trepar si es a eso a lo que aspiran. Este carácter fraternal proporciona al Klan una continuidad que no es temporal y una cohesión interna tal que no llegan a poseer grupos tales como, por ejemplo, los Consejos de Ciudadanos Blancos. Si fuese necesario, el Klan sobreviviría solamente por su fraternalismo, entre una clase de hombres que serían rechazados en la mayoría de las logias masónicas. En sus buenos tiempos, muchos masones ingresaron en el Klan, pero eso fue mucho antes de que dejara de contar con la estima general del público.

Si el Klan continuara siendo lo que sus fundadores en Pulaski quisieron que fuese, es decir, un club puramente social, hoy día sería probablemente una más de las numerosas órdenes fraternales en las que los estadounidenses gustan tanto de ingresar, y entonces no se escribirían libros como este. Vista la situación de una sola manera, los miembros del Klan han sido siempre incautos grupos e individuos que tenían que hacer algún trabajo sucio, voluntariamente o no, fuesen ignorantes o conocedores de ello. Hoy podría parecer que el Klan es empleado principalmente por la extrema derecha reaccionaria. En octubre de 1955 se organizó en Georgia un nuevo Klan bajo el nombre de "Caballeros Arios del Ku Klux Klan", aunque su principal propagandista es un texano, Horace Sherman Miller, de Waco, que parece poseer medios para producir grandes cantidades de literatura. Uno de los panfletos que ha distribuido se titula "History Repeating"; se trata de la reimpresión de un artículo de Thomas Dixon Jr. (autor de *The Clansman*) que apareció por primera vez en la *Metropolitan Magazine* en septiembre de 1905: "El Ku Klux Klan que salvó al Sur". Al final del panfleto se anuncia a los lectores que pueden comprar por un dólar dos ejemplares del artículo de Dixon junto con "The Saddest Story Ever Told", escrito por el honorable Oliver Allstrom, de Chicago, ensayo relacionado con los matrimonios interraciales. Si se solicitan ejemplares en gran cantidad el coste es menor, e incluso existe la promesa de devolución del dinero si no gusta lo que se envía.

En otro panfleto, Miller cita algunas observaciones hechas por William Jenner, cuando era senador por Indiana, acerca del "gobierno oculto" de Estados Unidos, como preámbulo a un ataque contra el supuesto control judío de la prensa, radio y televisión, teatro, fundaciones caritativas y muchas escuelas y asociaciones docentes. Los lectores que deseen suprimir esta "amenaza judía" quedan invitados a enviar sus donativos a "The Aryan Views, Box 5.062, Waco, Texas".

Otra obra maestra de Miller es la fotocopia de una carta de un marino recluta de Davenport, Iowa, enviada al entonces secretario de Defensa Charles Wilson, con copias para el presidente Eisenhower, Herbert Hoover y editores de *Life*, insistiendo en que nunca deben enviarse armas a Israel: "De ahora en adelante —decía el joven marino— lucharemos contra nuestro verdadero enemigo… ¡LOS JUDÍOS! Suplico al Gobierno americano que arme a los árabes y que les ayude a arrojar al mar a todos los judíos y a sus parásitos".

En otro documento del Klan publicado por Miller se estimula a los lectores a boicotear a la Ford Motor Company y a los fabricantes de cigarrillos Philip Morris y Marlboro porque algunos de los beneficios de estas compañías se estaban empleando en ayudar a la Liga Urbana. También se aconseja a los lectores que no apoyen a los United Funds, Red Feather y Community Chests, porque estos organismos no son lo suficientemente discriminatorios en el reparto de sus fondos; algún dinero va a parar a instituciones que Miller considera que son frentes comunistas. Y específicamente se anima a los empleados a que se opongan a los descuentos en sus nóminas para apoyar tales campañas.

Miller posee una gran ventaja sobre todos los demás propagandistas: un poeta llamado June Hendricks capaz de escribir poesías anticomunistas en un abrir y cerrar de ojos. A continuación siguen dos ejemplos, suponemos que muy pertinentes para animar a unirse a los Caballeros Arios:

The Rattlesnake and his Brother
June K. Hendricks

You cannot spank a Rattlesnake,
Then put him off to bed
And trust him not to bite again
Until he is really dead.
Just like his brother, Commie
Who does not own his name—
Called NAACP and Urban League
And other titles tame.
But when he sinks his poison fang

In a vital, healthy sopt,
The body is then paralyzed
And the soul begins to rot.
His serpent coils will grip us tight
And squeeze away our hopes
Reducing us to servitude
And isolated dopes.
Arouse your sleeping soldiers
And rally to the call—
The Commie is among us
Determined we must fall.
They're rooted in our politics
From the grassroots to the top,
To destroy our Aryan people
And they do not mean to stop.
Let us rally to our children—
Won't you lend a helping hand,
To preserve the white child's future
In a free and happy land.
Now, we fols can ban [sic] together—
At least, we've found a way,
For the Aryan Knights are marching
And thank God, they're here to stay[12].

Segregation - Our Salvation - Aryan Survival
June K. Hendricks

I want my grandson to look like me—
Be intelligent, Loyal, Happy and Free.
No tell-tale marks upon his face
To brand him with a Mongrel Race.
Be loyal to the Nation and the South

---

12. "La serpiente de cascabel y su hermano". No puedes pegar a una serpiente de cascabel / ponerla a dormir / y esperar que no vuelva a morder / hasta que esté realmente muerta. / Justo como su hermano, el comunista / a quien no le pertenece su propio nombre / llamado NAACP y Liga Urbana / y otros. / Pero cuando hunde su colmillo envenenado / en un punto sano y vital, / entonces el cuerpo se paraliza / y el alma comienza a pudrirse. / Se enrolla como una serpiente y nos aprieta con fuerza / y apretando nos hace perder la esperanza / reduciéndonos a soledad / y a tontos aislados. / Despertad a vuestros solados dormidos / y acudid a la llamada, / el comunista está entre nosotros / determinado a que caigamos. / Están enraizados en nuestras políticas / desde las raíces a la cumbre, / para destruir a nuestro pueblo ario / y no piensan parar. / Reunámonos con nuestros hijos, / ¿no prestarás tu ayuda / para preservar el futuro del niño blanco / en una tierra libre y feliz? / Ahora, todos podemos proscribir juntos / al menos, hemos encontrado un modo / pues los Caballeros Arios marchan / y, gracias a Dios, están aquí para quedarse.

With active deeds and word of mouth,
Perserve the Aryan Race—the Whites
And ready to battle for their rights.
The negro should also want his grandson
To always be and look like one
Of his own Race, and in color and shade,
Be like the negro the good Lord made.
He should not want a spot of white
To deny his grandson his inborn right
To be as Black as the Lord decreed—
Like his old Ancestor when he was Freed.
The Mulatto is the Mark of Death,
Should cause both Races to hold their Breath.
He defies what the good Lord has in mind
When He said—"EVERYTHING AFTER ITS KIND".
He's an open challenge to WHAT GOD HATH WROUGHT
And brings both Races down to Naught.
Neither Race can be free again
After they fall to the Mulatto plane[13].

Dichos poemas eran enviados por correo con la siguiente nota:

Usted puede ayudarme a que esto llegue a un millón de personas
HOARCE SHERMAN MILLER. CABALLEROS ARIOS DEL KU KLUX KLAN
Box 5.062, Waco, Texas

Puede que Miller fuese un tanto oscuro en su lógica, pero de lo que no cabe la menor duda es de que golpeaba con gran consistencia y acierto en aquellos puntos que más le interesaban. Muy a menudo, en sus "Aryan Views" insertaba una casilla impresa con gruesos trazos:

---

13. "Segregación – nuestra salvación – supervivencia aria". Quiero que mi nieto se me parezca, / que sea inteligente, fiel, feliz y libre. / Sin marcas reveladoras en su rostro / que le etiqueten como mestizo. / Que sea leal a la nación y al Sur / con hechos ciertos y de palabra, / que preserve la raza aria —los blancos— / y esté preparado para luchar por sus derechos. / El negro también debería querer que su nieto / siempre sea y parezca uno / de su propia raza, y que en tono y color / sea como el negro que hizo el Señor. / No debería querer que una mota de blanco / negase a su nieto su derecho de cuna / a ser tan negro como el Señor ha decretado, / como su antiguo ancestro cuando fue liberado. / El mulato es la marca de la muerte, / y debería hacer que ambas razas contuviesen su aliento. / Desafía lo que el Señor tenía en mente / cuando dijo "cada cosa según su especie". / Es un desafío directo a lo que Él había diseñado / y lleva a ambas razas a la nada. / Ninguna raza puede volver a ser libre / cuando cae en el plano del mulato.

> Los comunistas judíos
> dicen
> integrar
> robo-violación-rebelión-asesinato

Y también usa otra pequeña casilla con letras blancas sobre fondo negro en la que se lee este eslogan: "En nombre del aislamiento racial, para ahora y para siempre, ingresad en el Ku Klux Klan ahora mismo. Escribir a 'Box 5.062, Waco, Texas'". Junto a estas palabras aparece un dibujo de un miembro del Klan montado a caballo, ataviado con sus típicas vestiduras y sosteniendo una antorcha en la mano derecha.

Los distintos Klanes de hoy día siguen todos los mismos principios, pero gozan de libertad para seguir cursos de acción particulares. En el verano de 1960, los periódicos liberales de Florida expusieron al público un punto de vista sobre cierto movimiento organizado en el que se estimulaba a todo el mundo a no pagar ninguna clase de impuestos como medio para "arrancar las cadenas que la burocracia ha ceñido a nuestros cuellos". El movimiento fue iniciado por los Caballeros de la Camelia Blanca, cuya dirección era Box 47 en Oldsmar, no lejos de Tampa. Esta resultó ser la dirección que usaba también Bill Hendrix. En 1960, Bill Hendrix hizo otro intento electoral para llegar al cargo de gobernador, aunque sin lograr más éxito que el obtenido ocho años antes. Pero el simple hecho de anunciarse a sí mismo como candidato ya es un medio de llamar la atención del público.

Un panfleto de cuatro páginas, que llevaba por título "Choose Sides", fue distribuido por entonces ampliamente. Aseguraba que los impuestos federales son "un truco comunista para controlar a los americanos", y seguía diciendo más adelante: "Acabemos con los vampiros de impuestos. Así es como debe hacerse. Acogerse a la quinta enmienda. No responder a ninguna pregunta. No enviar ningún dinero... Cortarles el suministro de dinero a esos lobos y que lloren". A continuación seguían unos cuantos ataques personales contra Drew Pearson, Eleanor Roosevelt y Nelson Poynter, editor del *St. Petersburg Times*. En dicho panfleto se omitía el hecho de que el propio Bill Hendrix se enfrentaba en aquellos momentos a la justicia por no haber declarado sus ingresos personales.

Un periodista enviado para entrevistarse con Hendrix fue informado de que el boicot propuesto era enteramente legal. Un impuesto sobre la renta progresivo había sido señalado por Karl Marx como el segundo de sus diez puntos en el *Manifiesto comunista*; por lo tanto, era de inspiración comunista. Hendrix continuaba expresando su satisfacción ante el hecho de que cuatro legislaturas estatales habían votado para abolir los impuestos federales sobre la renta: 30 estados más y aquello sería el final, la victoria total.

La propaganda de odio es distribuida profusamente en todos los estados. He aquí un ejemplo: "¡Negro! ¡También tú puedes ser judío!". En Florida, gran parte de este tipo de cosas procede de Hendrix, al que se considera la persona más importante de cualquier Klan que exista momentáneamente. En un panfleto se denomina a Leroy Collins "el gobernador sin prejuicios raciales de Florida que ha comerciado con los jefes del Sur para lograr los votos de los negros". El bombardeo de las sinagogas se atribuye simple y llanamente a los propios judíos, quienes quedan repetidamente identificados como los líderes del comunismo mundial. "Intentamos combatir al fuego con el fuego, a la calumnia con la calumnia. Esperamos que no sea necesaria la violencia para arrebatar a nuestro país de las manos del Tribunal Supremo de Estados Unidos". Luego se promete más amplia información sobre el tema a todo aquel que envíe un dólar a Box 47 en Oldsmar.

Los ciudadanos, en general, no tienen forma de darse cuenta de con qué constancia mantiene el Klan su esfuerzo para engañarles e influenciar sobre su pensamiento. La mayor parte de los conservadores sin duda negarían incluso la posibilidad de tal influencia, pero ahí están los hechos. No se puede decir que el Klan haya inventado todos los medios de propaganda que usa, pero ciertamente sí ha utilizado todo medio a su alcance para introducir y mantener esa propaganda en la conciencia pública. Hendrix ha identificado como programas comunistas la fluorización del agua potable, la llamada autonomía para las grandes ciudades, todos los impuestos centrales, las Naciones Unidas, la oposición judicial a prácticas religiosas en las escuelas públicas y las clínicas para enfermos mentales. Y dice a la gente cómo combatir a los comunistas:

Uníos a vuestras Juntas de Ciudadanos [...] a los Comités de Gobierno Libre; a los Grupos de Derechos Estatales; al K. K. K., o también al más progresivo de todos ellos; a la Iglesia Nacional Cristiana, cuyo eslogan es: "Por Dios, por el País, por la Raza". Cualquier cristiano blanco puede unirse a nosotros, pero nos reservamos el derecho de rechazar a muchos que se llaman cristianos blancos que temen luchar por las verdaderas doctrinas de Cristo. Es muy fácil ingresar en esta Iglesia. Basta con enviar cinco dólares a Box 47 en Oldsmar.

La Iglesia Nacional Cristiana suena parecida a la Iglesia unitaria protestante que el Coronel Simmons soñó como contrapartida de los "gobiernos religiosos" católicos, mormones y judíos. En una época en la que el nacionalismo y la forma de vida americana parecen estar reemplazando a las razones estrictamente religiosas para acudir a la iglesia, tal y como sugiere Will Herberg en su libro *Protestant, Catholic, Jew*, tal Iglesia es probable tenga oportunidades de éxito. Sus miembros puede que no tengan la menor idea de que Evans fue el primero que la propuso, del mismo modo que los supremacistas blancos tampoco tienen mucha idea de que fue el Klan el que siempre se encargó de mantener vivas las tensiones raciales.

El Klan, por supuesto, dice todo lo contrario: que las tensiones raciales nunca habrían existido si no hubieran sido fomentadas por "benefactores" externos, y que, en realidad, son en gran parte ficción originada por la imaginación deformada de los forasteros. Incluso hay funcionarios responsables que desaprueban los informes sobre tales tensiones. El gobernador de Florida, en un despacho de la Associated Press, fechado en Londres, donde se hallaba haciendo propaganda para atraer turistas a su estado, fue citado el 16 de agosto de 1963 diciendo que "nosotros no sufrimos un solo acto de violencia", y que "nosotros en Florida no tenemos ningún problema de integración, porque las leyes de nuestro estado prohíben la discriminación". Unos cuantos días después, y ya de regreso de su viaje, se informó al público que el gobernador había dicho que podía o no leer el informe sometido a la Comisión de Derechos Civiles de Estados Unidos, informe extendido por su propia comisión de Florida, indicando que, para él, dicho informe carecía de significado, puesto que aunque la comisión estaba enteramente formada por habitantes de Florida, se trataba de un procedimiento establecido y apadrinado por el Gobierno federal. En aquellos momentos todas las salas de cine de la ciudad estaban siendo rodeadas por piquetes de estudiantes negros (y algunos blancos), como protesta contra la política discriminatoria. Unas semanas antes, las piscinas de la ciudad, en Tallahassee, construidas en su mayor parte con fondos federales, se cerraron cuando los negros trataron de ser admitidos en ellas; y, por consejo del fiscal de la ciudad, se suspendió una reunión municipal cuando una muchacha negra intentó exponer sus puntos de vista.

La conclusión general de la Comisión Asesora de Derechos Civiles —de que Florida en 1936 seguía siendo un "estado de blancos"— ofendió a los funcionarios de todos los niveles, porque es una paráfrasis que menosprecia la definición de la supremacía blanca de una comunidad pacífica: una comunidad en la que los negros aceptan dócilmente el lugar inferior que les han señalado los blancos. La rápida acción de los tribunales y de la policía para suprimir toda expresión abierta de la inquietud negra se considera oficialmente como medio de mantener la paz; el antiguo Klan empleaba el mismo argumento para suprimir todo intento de los negros para lograr sus derechos después de la Guerra Civil. Hoy día hay relativamente pocos miembros de la policía local y del departamento del *sheriff* que sean miembros del Klan, como lo eran en su mayor parte en los días de la Reconstrucción. Pero algunos sí lo son en algunas comunidades del Sur, y no siempre en secreto. El Klan moderno depende de algo más que avivar el fuego del racismo a través de la propaganda, y sin duda continuará dirigiendo y ejerciendo su sutil influencia sobre aquellos que le sigan, resistiendo tenazmente a la legislación sobre derechos civiles promulgada por la mayoría de estadounidenses a través de sus representantes en el Congreso.

El antiguo Klan rara vez hacía públicos sus principios. Tampoco lo necesitaba, ya que la mayoría de los editores de prensa del Sur estaban siempre dispuestos a defender tanto sus principios como su programa de acción. Los editores modernos, evidentemente más precavidos, prefieren dejar tal defensa a los que escriben "cartas al editor": "Convertirse en ciudadano de primera clase no es un derecho —escribía un residente de Quincy, Florida, el 9 de septiembre de 1963— sino un privilegio obtenido por la voluntad de uno mismo de aceptar las responsabilidades de la ciudadanía de primera clase". Este hombre puede que no se haya dado cuenta de la ironía que encerraban sus palabras, ya que el condado de Gadsden, cuyo centro es Quincy, posee uno de los peores antecedentes de Florida en cuanto se refiere a la resistencia oficial contra el registro de votantes negros. Durante un siglo, continuaba diciendo el comunicante, los negros han tenido la oportunidad de lograr esa clase de ciudadanía, pero no han sabido aprovecharla; así pues, ellos han de culparse a sí mismos de ocupar ese segundo puesto en la sociedad.

Tal argumento habría hecho que se removieran en sus tumbas los miembros del antiguo Klan, ya que siempre alardeaban de haber frustrado todo esfuerzo de los libertos para alcanzar la ciudadanía de primera clase. Y también deberían protestar los defensores de la supremacía blanca, ya que, bajo su punto de vista, los negros eran incapaces de lograr la igualdad. No podían servir de nada los esfuerzos de los negros, por muy grandes que fueran, ni tampoco la ayuda de mal informados consejeros del exterior podía alterar, posiblemente, la inherente inferioridad que se cita para justificar la discriminación continuada.

Mientras tanto, el viejo y ya trasnochado argumento de la santidad de la propiedad privada se está sacando a relucir de forma actualizada. En una economía agraria, las cosechas son la principal fuente de ingresos, y de aquí la base de la propiedad: negar a los trabajadores su labor esencial era lo mismo que destruir esa propiedad. Los hombres blancos, condicionados durante generaciones a su incapacidad para trabajar aquellas cosechas, necesitaban a los negros tanto como el sol, la tierra, la lluvia y las semillas. Desde la misma época en que tuvo lugar el primer desfile del Klan durante la noche en las calles de Pulaski, se hizo evidente que el misterio del Klan, con o sin violencia, podía ser empleado para persuadir a los negros de volver a hacerse cargo del trabajo que Dios les había encomendado, y al mismo tiempo que evitaran destruir la propiedad mediante su clásica pereza.

Como trabajadores empleados por los blancos, los libertos no podían esperar disfrutar de una igualdad social con sus patronos en ninguna medida superior a la que disfrutaban cuando eran esclavos. Los hombres negros existían para producir la propiedad, no para gozar de sus beneficios, tales como viajar, comer en restaurantes, hospedarse en hoteles o asistir a acontecimientos deportivos, teatros o cines. El Klan, al conceder al blanco del Sur el exclusivo privilegio de disfrutar de la propiedad, redujo prácticamente a cero toda ocasión de que el negro "aceptara las responsabilidades de la ciudadanía de primera clase".

Los blancos del Sur también se adhirieron a otra forma de la propiedad: los bienes inmuebles. Muchísimos menos negros que blancos han podido ser dueños de sus propias tierras y de las casas que habitan. Algunos negros que fueron lo suficientemente trabajadores como para comprar sus casas aprendieron muy pronto, por medio de las visitas nocturnas del Klan, que estaban equivocados en su forma de actuar; la mayoría de los negros ya están muy familiarizados con las visitas matinales que los domingos les hacen los terratenientes blancos para cobrarles la renta semanal. En el pensamiento de los auténticos supremacistas blancos, la adquisición de la propiedad por parte de los negros es una amenaza tan terrible para la tradición racial como pueden serlo el voto de los negros o las escuelas mixtas.

El Klan razona de forma parecida a esta: los blancos son superiores a los negros en todos los ámbitos. Extender a los negros todos los privilegios disfrutados por los blancos es comprometer dicha superioridad. La propiedad de la tierra es el más evidente de los privilegios de los blancos, ya sea tierra en propiedad exclusiva o compartida. La mayoría de los blancos probablemente aún no son conscientes de adoptar esta línea de razonamiento cuando dicen con gran seriedad: "Creo que el dueño de la propiedad tiene el derecho garantizado por la Constitución de usar su propiedad como más le apetezca, e impedir que disfrute de ella quien él quiera, ya sea una persona de color azul, verde o negro". Como no hay personas con la piel azul o verde, es evidente que este principio ha de aplicarse solamente a las pieles de color negro, y no cabe duda de que esto es una deformación o tergiversación del principio de los derechos de propiedad que todos los estadounidenses tanto respetan. Otra deformación es suscribirse a "los inalienables derechos de la vida, la libertad y el logro de la felicidad", y luego añadir, como lo hace el Klan, "solamente para los blancos".

Una declaración leída por un gobernador del Sur a la Comisión del Senado de los Estados Unidos, en 1964, expresaba muy claramente la posición blanca sudista:

El verdadero problema que ustedes deben resolver se halla situado entre contradictorias demandas de libertad.

Por una parte, el viajero exige libertad para comprar lo que desea en un hotel, en un teatro o dondequiera que haya cosas para vender.

Creo que debe disfrutar de esa libertad, con tal de que, por supuesto, no viole la libertad de otras personas.

Este es el punto de partida de todo el asunto.

Y desde luego que este es el punto de partida, pues la libertad a la que se refería este gobernador, defendida por cientos de argumentos parecidos en el Sur, es la libertad que han de disfrutar los propietarios blancos para negarse a servir a negros. El Ku Klux Klan se puso a la cabeza de la lucha, después de la Guerra Civil, para preservar esta libertad de discriminación, esta libertad de la raza dominante para declarar a otra raza inelegible para la plena ciudadanía americana. En nuestro siglo, el Klan ha vuelto a comenzar la lucha ampliando su base para explotar temores vernáculos de los católicos, judíos e inmigrantes recientes. El objetivo principal del Klan es preservar el derecho de una minoría a declararse superior al resto de la población y definir al verdadero americanismo en términos de sus propias tradiciones, intereses y rasgos especiales. Todos los americanos deben ser libres, insiste el Klan, mientras no violen la libertad de esta minoría para mantener sus especiales privilegios.

El antiguo Klan ganó su batalla. El Klan moderno no se detiene ante los obstáculos que le esperan, como tampoco lo hizo el antiguo, siendo así que está completamente decidido a ganar también su batalla. ¿Quién puede decir, con absoluta confianza, que no lo conseguirá nunca?

CAPÍTULO 13
PRONÓSTICO: UNA AGITACIÓN CONSTANTE

Desde un principio, el pueblo estadounidense siempre se tuvo a sí mismo en la más alta consideración. Dios, tal y como creían de forma explícita los más devotos entre los Padres Fundadores, se tomaba un enorme interés personal por las colonias inglesas, y se proponía que floreciesen... tal como ocurrió. Su éxito y el continuo progreso del país han confirmado el complaciente sentimiento de haber sido elegidos entre toda la humanidad para servir como agentes o socios del Señor en tan gloriosa ventura. La prosperidad material fue siempre el argumento más blandido: Dios no hubiese recompensando tan abundantemente a cualquier grupo si Él no aprobara la forma en que sus protegidos estaban haciendo las cosas: en una palabra, si los estadounidenses no fuesen el pueblo elegido.

La gente se dirige a sus historiadores para que interpreten su pasado, y lo cierto es que la mayor parte de nuestros historiadores patrios han proporcionado y proporcionan una base sólida para el mantenimiento de este mito del divino favor. Ninguno de ellos ha confiado tanto en el futuro como William Bradford, primer gobernador de Plymouth, o John Winthrop, su equivalente en Massachusetts Bay; o tan seguro de que el plan divino estaba desarrollándose adecuadamente como Cotton Mather en 1700 o George Bancroft a principios del siglo XIX. Mather consideraba ciertos fenómenos naturales como mensajes de Dios, y Bancroft creía que "Dios es visible en la historia". Pero aun cuando algunos de nuestros historiadores han sido más prudentes y cautos, es evidente que, tal y como se ha interpretado la historia, esta ofrece amplio campo para que el pueblo americano se felicite a sí mismo.

Los primeros inmigrantes están considerados como hombres y mujeres lo suficientemente valientes como para arriesgarse a cruzar el Atlántico y ser lo suficientemente sabios como para prever un gran futuro para América, y lo suficientemente devotos como para recordar que Dios es el que da forma a los destinos de los individuos y de las naciones. Los nacidos posteriormente no han hallado ningún inconveniente en considerarse no menos virtuosos y dignos de continuar la ejecución del plan divino.

Una de las preocupaciones más importantes que han surgido a lo largo de todo el proceso fue la de definir la palabra "americanos". No todo el mundo podía denominarse así. Los holgazanes hombres de Jamestown, evidentemente, no podían pertenecer a la misma clase que los ambiciosos trabajadores. Ni tampoco Thomas Morton y sus seguidores, quienes, con sus juergas paganas en Merrymount, se burlaban de los sensatos constructores del cercano Plymouth. Como no es posible hacer producir a un yermo en un solo día, la virtud que entonces se requería por encima de cualquier otra era la voluntad de compartir el duro trabajo de transformar aquella primitiva naturaleza para que los humanos pudieran sacar provecho de ella. Más tarde, cuando desapareció la original y urgente necesidad de mano de obra, el éxito material que una sostenida ocupación produce pudo ser sustituido por el mismo trabajo como criterio central. En una tierra donde Dios vertía copiosas recompensas sobre todos aquellos que se ayudaban a sí mismos, como el pobre Richard[14] recordaba a sus paisanos, la pobreza llegó a ser considerada como evidencia *prima facie* de insuficiente religiosidad. Recíprocamente, los bienes materiales, ya fuesen ganados con el propio esfuerzo de uno o mediante el trabajo de otros, llegaron a ser los medios para identificar a "los verdaderos americanos".

Durante los dos primeros siglos, incluso algo más, la gran mayoría de los estadounidenses eran protestantes de origen inglés... aun cuando preferían denominarse a sí mismos anglosajones. Por lo tanto, fue bastante natural que la definición de "verdaderos americanos" quedase de esta forma: "Protestantes anglosajones, cuya fe en Dios queda demostrada por su bienestar material". En el caso de que algunos protestantes anglosajones fueran tan poco piadosos, como, por ejemplo, hasta el punto de seguir siendo pobres, sus hijos siempre podrían volver al seno de la religión, expiar los pecados de sus padres, trabajando duro, y volver a ganar su derecho de nacimiento privilegiado. Los "blancos pobres" en Appalachia siempre han sido objeto de auténtico reproche, ya que parecieron preferir sostenerse en el mismo nivel económico de grupos que no se consideraban elegibles para un futuro estatus de "verdaderos americanos".

Los dos principales grupos de inelegibles eran fáciles de identificar debido a sus características raciales. Hacia el final del siglo XVII, los historiadores que informaban sobre las guerras sostenidas contra los indios reflejaron un profundo cambio de actitud: al principio, los indios fueron considerados como seres paganos bien maduros para la conversión, para la mayor gloria de Dios; pero

---

14. Extraído de un almanaque del siglo XVIII, cuyo verdadero autor es Benjamin Franklin. Contenía el calendario con el santoral, tiempo, poemas, e información astronómica y astrológica típica de un almanaque de la época, pero también aforismos y refranes que luego se harían muy conocidos (N. de T.).

después de medio siglo de contacto con los blancos, ya se habían convertido en salvajes infrahumanos sin alma que salvar, adecuados solamente para su total exterminación. Y esta forma de pensar perduró. Su forma más clásica se atribuye a un famoso general del siglo XIX[15], quien declaró: "El único indio bueno es el indio muerto". El otro grupo no blanco y, por supuesto, más numeroso que el indio, importado de África como mano de obra esclava, quedó asimismo nominado como infrahumano. Su misma presencia entre la población blanca, relevando a esta de las más duras tareas, ayudó a conformar el mito de la superioridad anglosajona. Los grupos europeos tales como los holandeses y franceses no mostraban serio peligro en tal concepto de superioridad, ya que, además de ser pocos en número, se encontraban muy esparcidos y dispuestos a ser asimilados con el tiempo por la mayoría anglosajona.

La Guerra Revolucionaria demostró dos cosas: que el divino plan para América incluía asimismo la independencia, y que la variedad americana anglosajona era superior a la variedad inglesa, o a sus tropas mercenarias, que procedían de los mismos lugares del norte de Alemania de los que en otro tiempo salieran los anglos y sajones originales. Los *tories*, que comprendían una tercera parte de la población colonial, difícilmente estaban de acuerdo con los patriotas; y a otra tercera parte, indiferente a la guerra y a su final, también les tenía muy sin cuidado este asunto. El "tercio" patriótico podía acaparar todo el crédito de la independencia; era un factor más que añadir a su creencia de ser "verdaderos" americanos y de ganar la gratitud de ciudadanos aún no nacidos, de todos nosotros, ciertamente, que preferimos estar libres del gobierno de los europeos. Nunca preocupó o molestó a los patrióticos y "verdaderos" americanos el hecho de que, por casualidad, fuesen una minoría de la población.

Envanecidos con la victoria, los patriotas se lanzaron a un auténtico atracón de orgulloso nacionalismo. Trataron de endiosar al general Washington siguiendo la tradición romana *pater patriae*, pero tuvieron que decidirse por su unánime elección como presidente. Exigieron obras a artistas y autores que fueran iguales o superiores a las mejores de Europa para probar que la nación era independiente tanto cultural como políticamente; lo que lograron fue el poema épico de Joel Barlow, *The Vision of Columbus*, que en todo recordaba a la *Eneida* excepto en su durabilidad. Al parecer, la cultura era algo que no se podía adquirir mediante una simple orden. Pero la pregunta "¿qué ha forjado Dios?" fue fácil de responder: en menos de dos siglos había forjado una civilización diferente a todo cuanto el mundo había conocido hasta entonces, y mucho mejor que cualquier otra civilización pasada o presente. Si algunos europeos (y algunos americanos) no vieron esto, solamente quedó puesta de relieve su

---

15. Se trata del general Philip O. Sheridan, aunque tradicionalmente siempre se piensa en Custer, de forma errónea (N. de T.).

miopía; todos los "verdaderos" americanos estaban seguros de ello, y orgullosos de no haber defraudado a Dios... pues Él no habría podido acometer aquella labor sino dependiendo del genio de sus súbditos anglosajones, de la mejor variedad americana, para llegar así a ejecutar su voluntad.

Incluso Henry Thoreau, el supercrítico del materialismo estadounidense, opinaba altamente acerca del pueblo americano. En *Desobediencia civil* insistía en que era el pueblo, más que el Gobierno, el que había hecho toda la labor; y añadía que se podrían haber logrado más cosas si en algunas ocasiones el Gobierno no se hubiese metido por medio. En esto, Thoreau estaba haciéndose eco de otra constante actitud americana: desconfianza hacia el poder centralizado. El autoritarismo europeo había sido, para algunos inmigrantes, si no para todos, una de las razones que les había hecho cruzar el Atlántico; y los límites puestos al nuevo Gobierno mediante el cuerpo de la Constitución, especialmente con las primeras diez enmiendas, reflejaban un vívido temor a que algún día aquella libertad personal pudiese ser sacrificada en el altar del poder federal. Como en el plan de Dios para América se incluía la máxima libertad individual, era deber de los "verdaderos" americanos resistir al Gobierno nacional cuando quiera que este se excediera en sus poderes pisándole los dedos de los pies a los "verdaderos" americanos.

Dada esta actitud largo tiempo establecida y bien asimilada, ¿cómo podían percibir los "verdaderos" americanos la súbita ola de nueva inmigración que después de 1835 llevó a América a miles de personas que no estaban cualificadas para alcanzar una verdadera ciudadanía, de acuerdo con la especial definición de esta última palabra? ¿Y cómo se podía esperar que considerasen los blancos del Sur los esfuerzos federales de posguerra por intentar llevar a la práctica la igualdad racial, arrojando así por la ventana tal definición? El movimiento Know Nothing y sus sucesores se mostraban claramente como una profecía, y asimismo se mostraba el blanco del Sur en su negativa a aceptar al negro como igual. El "verdadero" americano hubiese sido un bicho raro si no protestase; esto constituía una manifiesta traición al contrato que habían firmado los hombres libres, y justificaba los recelos que les habían hecho dudar en 1787. El Gobierno federal, al no detener la corriente de inmigración, y por añadidura, al tratar de igualar las razas, estaba echando a pique el plan divino de la existencia de una nación gobernada por los "verdaderos" americanos, que habían sido sus constructores. Cuando los historiadores, antes y después de 1900, justificaron al Klan de la Reconstrucción como un mal necesario, no hacían otra cosa que no fuera reflejar la noción histórica de que Dios intentaba que aquel fuese "un país para hombres blancos", y por ende, anglosajón.

A pesar de la evidencia estadística de que los protestantes blancos de origen inglés ya han dejado de ser una mayoría en la población estadounidense, aún persiste la noción de que estos, y solamente estos, son los auténticos americanos, y que todos los demás son unos impostores. Americanos por tolerancia, quizá, pero situados en un distinto e inferior nivel. Las gentes de reciente inmigración han contribuido a esta noción por su disposición a aceptar al angloamericano como modelo a emular. Algunos de los nuevos grupos rápidamente han borrado toda huella de diferencia, aunque haya habido otros que han tardado más tiempo. El cambio legal de un nombre que es evidentemente extranjero para adoptar uno típicamente inglés simboliza el deliberado esfuerzo por acomodarse a una nueva forma de vida; el motivo es fuerte. Otros grupos, incapaces de abandonar su verdadera identidad, o no desear hacerlo, se mantienen apartados en varios lugares del país... Por ejemplo, los francocanadienses católicos, en el norte de Nueva Inglaterra; los mexicanos, en el sudoeste; o los negros en infinidad de lugares. Aun cuando tales grupos han logrado alcanzar la plenitud de sus derechos civiles, y no se enfrentan a una descarada discriminación, nunca podrán ser aceptados como "verdaderos" americanos por aquellos que aún se adhieren a esa antigua y restringida definición.

Estos "genuinos" americanos son, sin duda, sinceros. Son gentes que vieron con alarma la rápida separación de los ideales y actitudes sostenidas por sus antepasados, que plantaron la civilización y dieron a la nación sus mejores instituciones. Para tales gentes, el cambio social representa una sutil e insidiosa revolución. Sostienen la firme creencia de que es su deber ante Dios y el país resistir a esta revolución hasta agotar sus últimas fuerzas. En su malestar, sospechan una deliberada conspiración para la subversión; son incapaces de darse cuenta de que tal cambio es principalmente el resultado de la presión de un amplio grupo del exterior que lucha por ganar una categoría comparable a la suya. Los "verdaderos" americanos se han ganado tal categoría por su nacimiento, nunca han tenido que luchar por él; y la lucha por ganarlo parece indigna y no pertinente. El estímulo que a estos luchadores prestan otros americanos tan "verdaderos" como ellos es cosa que no llegan a comprender. Incluso los moderados, aquellos que no hacen nada en absoluto por defender o cambiar el cuadro social, aparecen como culpables de aliarse con el enemigo por su simple inacción.

El Klan original se organizó para defender al americanismo tal y como los miembros del Klan y los blancos del Sur en general lo definían y concebían. El programa federal de la Reconstrucción fue honestamente considerado como un vengativo esfuerzo para destruir la definición de "auténticos americanos" que prevalecía en la región. La resistencia del Klan continuó hasta que fue abandonado el programa federal, lo que significaba que el control era devuelto a los blancos protestantes y anglosajones, quienes históricamente siempre habían retenido tal poder en sus manos y creían que así debía ser para siempre.

El Klan moderno se formó para defender al americanismo contra la creciente presión de grupos que muchos americanos más antiguos consideraban inelegibles. Los modernos miembros del Klan (excluyendo a sus cínicos líderes) son sinceros al suponer que tales grupos de presión tratan de derrocar todo lo que hay de bueno en América; y han justificado sus tácticas como medios de preservar la gran tradición de continuar la ordenada ejecución del plan divino para el país.

El Klan de la Reconstrucción, en la cima de todo su poder, contaba aproximadamente con medio millón de miembros; una pequeña fracción de los americanos blancos, pero muy capaz de tener éxito, porque la mayoría de los blancos del Sur apoyaban todos los principios del Klan, e incluso ayudaban a los miembros de la organización a evitar la detención y el castigo. El Klan moderno, cuando llegó a disfrutar de su más alto grado de desarrollo, contaba con cinco millones de miembros; fracción un poco por encima del total de la población, pero con menos éxito, porque la mayoría de los blancos de la nación ni aceptaban sus principios ni tendían sobre sus miembros un escudo protector. El éxito del Klan de la Reconstrucción ha sido un constante reto para los modernos miembros del actual Klan; si un movimiento minoritario pudo resistir con éxito, en 1870, a un programa federal que trataba de destruir la definición tradicional de "verdaderos" americanos —minoría hoy día—, mediante una tenaz persistencia, el Klan espera repetir su éxito una vez más. Mientras algunos estadounidenses sigan creyendo que el verdadero americanismo está siendo derrocado por los funcionarios gubernamentales y por aquellos grupos no elegibles para gozar del estatus como americanos, el Klan sobrevivirá. Como en la época de la Reconstrucción, puede cambiar su nombre e incluso algunas de sus tácticas, pero no variará su carácter esencial. El único y razonable pronóstico es que la agitación continuará.

Existe la muy extendida opinión de que la educación puede desvanecer el prejuicio y erróneo comportamiento de los miembros del Klan y sus imitadores. En el pensamiento del Klan no hay tal prejuicio ni comportamiento erróneo, sino americanismo ideal y un comportamiento que redunda en beneficio de la voluntad divina. Hoy día, los jóvenes, especialmente los huérfanos, pueden educarse en una forma que la mayoría considere democrática, pero ¿persuadir a un miembro del Klan de que abandone su compromiso hacia la supremacía blanca? ¡Imposible! Cualquier abandono de la supremacía blanca a la que uno se ha comprometido defender sería tanto como ir a parar de cabeza a la mezcla de razas, exponerse a pertenecer a una raza indefinida, la peor eventualidad que el pensamiento del Klan puede concebir. Si la igualdad democrática es un ideal para la mayoría, una raza americana pura no es un ideal menos fuerte para el supremacista blanco. Y suponer que un ideal es necesariamente superior a otro es cosa que no conduce a ninguna parte, ya que el supremacista blanco es tan devoto de su ideal como lo puede ser hacia el suyo el igualitario demócrata. También resulta inútil apalear a la gente por no vivir con arreglo a los ideales forjados por otros; los ideales no son universalmente reconocidos, o permanentemente agradables a todo el mundo, aun cuando los oradores crean que sí lo son.

Lo que sí "es" posible es un programa de educación cuidadosamente elaborado, que demuestre que el mito de la diferencia racial —los blancos innatamente superiores, y los negros viceversa— fue deliberadamente creado durante los años anteriores a la Guerra Civil para justificar la esclavitud, y que se debía principalmente a las relativas ventajas que de ellos lograban los dueños de esclavos. Si los negros eran evidentemente inferiores, se debía a que sus dueños consideraban ventajoso mantenerles en tal estado de inferioridad. Y en cuanto a la tan cacareada superioridad de los anglosajones sobre todas las demás variedades de seres humanos también puede demostrarse por qué la gente ha llegado a pensar así; y en el proceso podría ser explorada la pureza como "raza" de los anglosajones. Tal programa de educación no haría el menor efecto en los endurecidos miembros del Klan, pero sí podría reducir las posibilidades de que otros ciudadanos se dejaran seducir por su propaganda.

Otra posibilidad es el empleo de la fuerza. Y aunque esta es posible y probablemente pueda ser la única alternativa, su empleo siempre será factor debatible. Que el Gobierno federal quiera o deba recurrir a la fuerza incluso para llevar a la práctica un deseo de la mayoría, no cabe duda de que sería un hecho discutible con respecto al campo de los derechos civiles. Si la fuerza es la decisión, reflejará cierta impaciencia ante las teorías y prácticas del Klan, y una especie de acuerdo general nunca antes alcanzado por aquellos grupos a los que ataca el Klan. También reflejará un desarrollo de intolerancia desusado en los anales americanos... la intolerancia ante un comportamiento intolerante. Como nación, nos inclinamos a pensar que la intolerancia se marchitará en su propio jardín, y nos encogemos de hombros como si eso careciera de importancia.

Antes de que lleguemos a esgrimir la intolerancia contra la intolerancia que nos induciría a adoptar la fuerza contra la fuerza del Klan, tendríamos que familiarizarnos más de lo que estamos con el programa del Klan y sus principios. No hay carencia de material explicativo publicado por el Klan para educar al público estadounidense, y en lugar de suprimirlo sería mucho más provechoso multiplicar ejemplares y enviarlos a todos los electores para que lo leyesen. Uno de los mejores ejemplos no es cosa nueva: fue publicado en 1922 por J. S. Fleming, de Goodwater, Alabama: "What is Ku Kluxism? Let Americans Answer, Aliens Only Muddy the Waters". Ningún enemigo del Klan ni cualquier erudito que tratase de presentarlo objetivamente podría producir una descripción más reveladora.

Fleming veía a la Iglesia católica como un movimiento religioso para "romanizar" a los Estados Unidos. Cada católico elegido para cargos de importancia, o empleado para enseñar en una escuela pública, era un auténtico agente de la Iglesia para derrocar los ideales americanos y reemplazarlos por nociones extranjeras y peligrosas. Se animaba a los jóvenes católicos a que contrajesen matrimonio fuera de la Iglesia, para que la esposa o el marido y los niños que pudieran tener llegaran a ser católicos. La oposición católica a la Prohibición formaba parte de la conspiración como medio particularmente malévolo de destruir la fibra moral de los verdaderos americanos. Y la oposición católica al Klan era otro truco odioso, puesto que ningún verdadero americano podía oponerse o enfrentarse a una organización que, como el Klan, trataba de mantener en pie todo lo bueno que había en América. Los católicos temían al Klan, escribía Fleming, porque sabían que era su mayor enemigo en la lucha por gobernar al país. Los católicos sabían, añadía Fleming, que "una vez los antiguos miembros del Klan retaron al mundo a intentar destruir a la raza anglosajona mediante el diabólico proceso de la mezcla de razas, y ganaron la batalla".

Solamente los hombres blancos degenerados, o aquellos que eran partidarios de las doctrinas extranjeras, eran capaces de trabajar por la igualdad racial, continuaba diciendo Fleming. El Klan original se merecía, pues, "la eterna gratitud de todos los amantes del puro principio americano". Los miembros del Klan eran "verdaderos hombres blancos, con un orgullo racial basado en el irrevocable decreto del Altísimo". Los católicos sin prejuicios raciales no podían ser "auténticos hombres blancos", tal y como se definían a sí mismos. La Iglesia católica era evidentemente culpable, insistía Fleming, por explotar la credulidad de los negros al concederles esperanzas de igualdad.

Pero la Iglesia católica romana no era el único "gobierno" religioso que intentaba derrocar al verdadero americanismo, advertía Fleming a continuación. Otros dos "gobiernos" que Fleming mencionaba eran la jerarquía mormona, que simplemente estaba esperando el momento oportuno para unirse a la Iglesia católica con el objeto de "suprimir nuestros ideales americanos", y los judíos: "Todos estos extranjeros saben que no pueden hacer progresos en América hasta que el americanismo sea destruido". Compete, pues, "a las varias sectas religiosas leales, a nuestros puros ideales americanos" oponerse a estos gobiernos religiosos, especialmente cuando el Gobierno federal descuida tan perezosamente el peligro. Todo esto no es más que una forma ortodoxa del pensamiento del Klan.

Identificar a la Iglesia mormona como extranjera es cosa que sin duda hizo temblar la mano de Fleming, especialmente cuando se refiere a su origen en el estado de Nueva York. Con dicha denominación, Fleming se refiere a todo grupo, extranjero o nativo en su origen que se aparte considerablemente de los "ideales americanos", tal y como el Klan los concibe. En los 40 años transcurridos desde que fue publicado este panfleto, la doctrina del Klan ha cambiado muy poco, aun cuando la palabra "extranjero" haya cedido el paso a "subversivo", que está mucho más cerca de donde quería ir a parar Fleming. Los católicos, hoy día, han dejado de ser objetivo principal para el Klan, así como los mormones, que ya no son tenidos como sospechosos. Se sigue poniendo énfasis en la laxitud del Gobierno federal, aunque la acusación del Klan de filtración subversiva siga siendo una continuación de los viejos argumentos ya expuestos en el año 1867. En el pensamiento del Klan, tanto el del pasado como el del presente, todo es "blanco o negro". Una vez establecidas sus básicas presunciones, todo cuanto se desvíe de ellas es atacado como falso y peligroso, aunque tal desviación sea solamente muy ligera. Para un miembro del Klan no hay medias tintas.

Si el Klan moderno no hubiera seguido al antiguo en sus procedimientos violentos, si durante el periodo formativo todos sus jefes se hubiesen mostrado como individuos de buen carácter, que no explotaban a sus socios ni eran culpables de vicios individuales, es probable que el público en general no hubiese repudiado a la organización como lo hace en la actualidad. El Klan dio expresión a grandes mitos populares muy queridos por el público, y apelaban a la preocupación de todos por la perpetuación de la nación en la forma que todos deseamos. Henry Grady tenía razón, en 1870, cuando estimuló al Klan para que refrenara toda acción hostil y se mantuviese como una fuerza moral. Pero antes y después, el temor a la subversión y el impulso de castigar a supuestos enemigos del americanismo fueron demasiado fuertes para poder controlarse. Cuanto más perceptivo es el observador individual, más grande es el abismo que se abre entre los principios del Klan y su comportamiento público. La mayor equivocación del Klan moderno, razonando de esta forma, fue suponer que podría alcanzar sus fines adoptando las tácticas ilegales que proporcionaron al viejo Klan su abrumadora victoria en el Sur.

A pesar de la desacreditada imagen que ofrece el Klan hoy día, su programa aún posee el suficiente atractivo para garantizar a los idealistas y "verdaderos" americanos que la organización aún perdurará entre nosotros muchos años. No todos los estadounidenses pertenecientes al Klan, y que son "auténticos", pasan por su programa, hecho que hace que el sector del Klan sea una fracción mucho más pequeña de la población de lo que suponen sus jefes. Cuando los "verdaderos" americanos que se oponen al Klan se suman a los grupos que el propio Klan ataca, resulta esta una abrumadora mayoría de la población. Pero como el angloamericano sigue siendo el modelo que emulan los nuevos grupos que se establecen en el país, esa mayoría carece de unidad cohesiva. Cada americano de nueva cepa que logra la plena aceptación, y luego procede a discriminar a individuos y grupos enteros que todavía luchan por su condición social, es un factor más que contribuye a la atmósfera favorable que apoya la acción del Klan. Los privilegios especiales son tan atractivos que muchísima gente, una vez los alcanza, goza de exhibirlos y despreciar a los que aún no los han logrado. El Klan se aprovecha de estas tendencias.

No cabe duda de que el tiempo está de parte de las "minorías" que colectivamente forman la gran mayoría, pero la constante presión ejercida sobre los individuos para que se desembaracen de su identificación minoritaria coloca a estas minorías en posición desventajosa. Los miles de negros con piel ligeramente clara que "pasan" cada año, y que, por lo tanto, disfrutan de los privilegios limitados a los blancos, pueden ser fácilmente perdonados por abstenerse de luchar en favor de la igualdad racial; ellos han ganado la batalla sobre una base individual y no desean volver a iniciarla. Sin embargo, su abstención debilita la campaña que los líderes negros montan sin descanso. Y casi de la misma manera, los nietos de los inmigrantes judíos que cambiaron su nombre legalmente y se unieron a las Iglesias protestantes también pueden ser perdonados por mostrar muy poca inclinación a avivar las agonizantes brasas de la pelea. Incluso hasta pueden ignorar lo que hicieron sus abuelos. Los negros que "pasan" aún poseen mejores razones que los judíos para ocultar su pasado a sus hijos y nietos; con el irónico resultado, irónico más que amargo, de que estos muchachos de ahora pueden mostrarse tan activos o más que sus compañeros de clase en hacer la vida imposible a los negros que acuden a las escuelas integradas por el Gobierno federal. Una medida extremadamente protectora podría ser la presencia de los antiguos negros, en la actualidad considerados como blancos, en el Klan. Aunque esto parece cosa improbable, ¿cómo puede estar seguro el actual miembro del Klan, especialmente en el Sur, con su sistema de concubinato anterior a la guerra, cómo puede estar seguro de que por sus venas no corra sangre negra?

Nadie nace perfectamente enterado de su carácter genético. Los "verdaderos" americanos que se enorgullecen de ser anglosajones no pueden "sentir" la mezcla racial que se dio en Inglaterra antes de que los emigrantes cruzaran el Atlántico. Harry Golden destruyó totalmente el mito de la superioridad anglosajona, y mucho antes de la época de Golden, ya Daniel Defoe demolió también el mito de su pureza en The True-Born Englishman. Pero los mitos se desarrollan con muy ligeras referencias a los hechos, y sobreviven a pesar de las pruebas lógicas y de evidencia científica que pacientemente pueden ser reunidas. Los hombres que se enorgullecen de su pureza racial y luchan por conservarla y alejarla de toda contaminación son inmunes a los argumentos porque "desean" profundamente que tal pureza sea una realidad. Y, ciertamente, no habría razón alguna para desilusionarles si se limitaran a confinar sus creencias a un pensamiento abstracto y no lo emplearan jamás para justificar una hostil discriminación contra otros seres humanos a quienes ellos, honradamente, consideran inferiores.

¿Quién se hubiese atrevido a predecir en el año 1100 que al cabo de dos siglos los anglosajones en Inglaterra llegarían a absorber a sus indudablemente superiores conquistadores normandos, y que más tarde procederían, en siglos sucesivos, a producir un Chaucer, un Milton y un Keats? Es probable que en alguna parte de Inglaterra aún sobreviva el mito de la inferioridad anglosajona entre los descendientes de los antiguos normandos, mito indudablemente basado en la tremenda ignorancia y primitivo nivel cultural de edades pretéritas. El mismo proceso mental capacita a los modernos miembros del Klan a ignorar el logro cultural de cualquier elemento de la población americana que no sea anglosajón, aun cuando una comparación objetiva mostraría que hay elementos superiores en terrenos específicos: en las Bellas Artes, por ejemplo, o en el mundo del espectáculo. Clamar por el reconocimiento mundial de los Estados Unidos basándose únicamente en las contribuciones prestadas solamente por ciudadanos de origen inglés sería absurdo y ridículo. El programa educativo anteriormente sugerido bien podría incluir un resumen de las contribuciones prestadas a la cultura estadounidense por los elementos a los cuales el Klan ataca como antiamericanos. Posiblemente no convencería al *klansman* duro de mollera, pero al menos sí limitaría mucho la eficacia de su apelación a los prejuicios. Los mitos se sostienen tenazmente, pero no pueden hacerlo por siempre al enfrentarse con las pruebas de lo contrario. Los prejuicios arden durante largo tiempo. Cierto, pero acaban por consumirse.

El Ku Klux Klan, en cada una de sus etapas, ha sido la activa expresión de los grandes mitos americanos, especialmente los que se relacionan con el "plan divino" y con el "pueblo escogido", específicamente los anglosajones protestantes. Los actuales miembros del Klan y todos aquellos que aprueban sus principios son generalmente sinceros en su deseo de mantener estos mitos; es un ilusorio "contramito", y perdón por la expresión, suponer que sean falsarios, porque lo hayan sido algunos de sus jefes. Los miembros del Klan pueden ser catalogados como hombres de personalidad autoritaria, parecida a los nazis de Hitler, pero lo que ellos pretenden conseguir es lo que "todos" los americanos deberían también buscar... hacer de los Estados Unidos una gran nación, la gran nación que todos deseamos que sea y mantenerla grande para siempre. Sin embargo, sus métodos poseen una estructura ineficaz, van en contra de todo grupo y programa que ellos consideran ajeno a la tradición americana, y esta denegación de alternativas demuestra, examinada de cerca, que va haciéndose anticuada en términos de la dirección que está tomando el país. Una de sus grandes debilidades es su incapacidad, o tenaz negativa, a reconocer que se está haciendo anticuada. Pero mientras el pueblo americano siga adhiriéndose a los mitos que el Klan ha explotado y explota, y mientras la gente se niegue a reconocer su decreciente importancia en el mundo moderno, el Klan aún podrá esperar a tener cierto éxito. Quizá algo más que "cierto", pues está claro que otros grupos aceptan la lógica del Klan, conscientemente o no, en los actuales ataques derechistas contra una supuesta subversión.

En el discurso de apertura de la Convención Nacional Republicana, celebrada en junio de 1964, el gobernador Hatfield, de Oregón, repudió la lógica del

Klan: "Hay personas intolerantes en esta nación que vomitan el veneno del odio. Deben ser derrotadas, y esto va por el Ku Klux Klan, la Sociedad John Birch, el Partido Comunista, y cientos de otros grupos parecidos". Pero la misma convención no decidió apoyar tal declaración haciéndola formar parte de su programa, y el discurso de aceptación del elegido para la presidencia incluyó una declaración que contrastaba enormemente con el pensamiento expresado en el discurso inaugural: "El extremismo en defensa de la libertad no es un mal. La moderación en la persecución de la justicia no es una virtud".

Al día siguiente, uno de los candidatos derrotados se mostró crítico con las siguientes palabras: "Ensalzar al extremismo, ya sea en "defensa de la libertad" o en "persecución de la justicia", es peligroso, irresponsable y atemorizador [...] El extremismo de los comunistas, el del Ku Klux Klan, y el de la Sociedad John Birch, como el de la mayoría de los tiranos que, según tales grupos, luchan en nombre de la libertad". Los demócratas, en su propia convención, celebrada a finales del mes de agosto, anotaron en su programa una fuerte declaración sobre el tema: "Condenamos al extremismo, tanto del ala izquierda como de la derecha, incluyendo las extremadas tácticas del Partido Comunista, del Ku Klux Klan y de la Sociedad John Birch".

Durante la primavera y verano de 1964, el Sur se había visto abrumado por infinidad de quema de cruces, hogares y moteles bombardeados, iglesias incendiadas, e incluso asesinatos: el Klan se había puesto a trabajar. A pesar de estas exhibiciones de extremismo, el candidato a la vicepresidencia republicana, durante una entrevista celebrada ante las cámaras de televisión, el 2 de agosto, se negó a rechazar la ayuda de la Sociedad John Birch y la del Ku Klux Klan. Luego, después de la llamada Conferencia de Líderes Republicanos celebrada en Hershey, Pensilvania, el 21 de agosto, el senador Barry Goldwater invirtió la declaración de su compañero electoral acordando "repudiar a todos los asesinos, comunistas y los miembros de otros grupos, como el Ku Klux Klan, que busca imponer sus puntos de vista mediante el terror de las amenazas o violencias". Así pues, ciertamente se mendigaron los votos del Klan. Pero nadie los deseaba, ni oficialmente ni como partido.

De forma muy seria, se ha sugerido que el conflicto ofrece el mejor clima para que se produzca un cambio provechoso. El desafío del Klan a otros grupos que componen la población, tarde o temprano, debe hacer un concienzudo examen sobre lo que la mayoría de nosotros pensamos que es el verdadero americanismo y lo que debería ser. Un ambiente sin alteraciones, razonando de esta forma, es tan peligroso como la invitación a la apatía. Pero existen ligeras posibilidades de que se quiebre la calma. Puede contarse con el Klan para que proporcione la clase de clima idóneo: uno de agitación constante.

NOTAS BIBLIOGRÁFICAS

CAPÍTULO 1. EL NACIMIENTO DEL KLAN

El antiguo despacho de un solo piso del juez Jones, situado a una distancia de media manzana de casas de la esquina sudoeste de la plaza de la Audiencia de Pulaski, es hoy día un taller de reparación de televisores. La placa del Klan aún figura a la izquierda de la puerta principal. Un cuarto de milla hacia el oeste, y en la cima de una pequeña colina, se alza la mansión Martin, orientada hacia los terrenos escasamente sombreados del Colegio Martin, llamado así en honor a la familia del mismo nombre. La mansión Spofford, de nuevo residencia particular, se encuentra situada a una distancia de tres manzanas de casas al sur de la plaza.

Susan Lawrence Davis, autora de *Authentic History: Ku Klux Klan, 1865-1877* (Nueva York, 1924), era hija del coronel Davis, organizador del segundo *den* en Athens, Alabama; los Romine, como residentes de Pulaski, parecen ser más exactos en cuanto se refiere a los acontecimientos locales citados en su panfleto titulado: "A History of the Original Ku Klux Klan", que también apareció en 1924, año en que el Klan moderno gozó de mayor número de miembros y de influencia. El *Pulaski Citizen*, donde se imprimió el panfleto de Romine, todavía ocupa el mismo lugar, frente a la sala de justicia, local donde se fundó el periódico unos cuantos años antes de la Guerra Civil.

Los esfuerzos realizados por descubrir cualquier afiliación gremial de John Kennedy con el Centre College han sido totalmente inútiles.

"A Note on the Origin of the Ku Klux Klan", por Ward Allen, en el *Tennessee Historical Quarterly*, XXIII (junio, 1964), sugiere que la palabra *kuklos* procede de un pasaje de la *Descripción de Grecia*, de Pausanias. Los focenses, cuando la luna estaba llena, se teñían hábilmente la piel con un polvillo blanco y, después de ataviarse con armaduras también blancas, atacaban a los habitantes de Tesalia, quienes suponían que eran los mismos dioses quienes los atacaban. Allen cita la frase: *"ton kuklon tes selenes"* (el círculo de la luna). En una época en la que el idioma griego formaba parte del programa de estudios de cualquier universidad, no es de extrañar que Kennedy hubiera leído los diez libros de Pausanias. Pulaski todavía conserva cierta tradición clásica. En abril de 1964, en el Giles County High School Latin Club, fue interpretada una obra de teatro en latín.

El libro más autorizado sobre el Klan de la Reconstrucción es *Invisible Empire, the Story of the Ku Klux Klan, 1866-1877*, escrito por Stanley F. Horn (Boston, 1939), pero, desgraciadamente, fue escrito sin gozar de la historiografía moderna de la Reconstrucción.

Las primeras vestiduras del Klan confeccionadas con unas sábanas fueron copiadas por los nuevos *dens*, además de las altas capuchas, que no tenían más objeto que proporcionar más estatura a los miembros del Klan. Como el uniforme era de confección casera, variaban tanto su estilo como su color. En algunos lugares, el rojo era el color más popular para las túnicas, que normalmente se ribeteaban de blanco. El gorro o tocado a veces llegaba a ser grotesco. Algunos *dens* favorecían el uso de cuernos, mientras que otros apoyaban el uso de largas barbas. Había máscaras de las que colgaba una larga lengua, y en la que asimismo se veían unos enormes dientes. Había otros *dens* que preferían usar túnicas de color negro. El Klan estimulaba la venta de percal blanco, rojo o negro. James Melville, en *K. K. K. Sketches, Humorous and Didactic* (Filadelfia, 1877), páginas 34-36, describe a un grupo de jinetes del Klan. Los cabellos estaban cubiertos por un paño negro y máscaras con plumas blancas de adorno, y las letras K. K. K. sobre dicho paño. Cada jinete vestía

una larga túnica negra, que se extendía desde la cabeza a las pies, decorada con innumerables botones de latón de pulgada y media de diámetro que, bajo la luz de las estrellas, brillaban como pequeñas lunas. Estas túnicas estaban abiertas por delante y por detrás [...] y se aseguraban a la cintura mediante anchas fajas de seda roja. Sus rostros estaban cubiertos por una máscara confeccionada con material duro y blanco, con orificios para los ojos, boca y nariz [...] ribeteados con paño rojo. El tocado consistía en unos altos gorros negros, en forma de casco [...] decorados con botones de latón, y cuando eran usados por miembros de alto rango llevaban plumas blancas, rojas o azules, de acuerdo con la jerarquía de cada cual. Cada individuo usaba [...] un cinturón que sostenía dos grandes pistolas del Ejército en sus correspondientes fundas. En el cuero de estas últimas aparecían bordadas en caracteres blancos las letras K. K. K. Los estandartes, que siempre eran tres [...] estaban hechos en seda negra. En su centro aparecían dos leones rampantes a cada lado del cráneo y las tibias. En los cuatro lados del estandarte se veía una "K".

Sir Walter Scott sin duda fue muy popular en el Sur, pero también lo fueron otros escritores británicos, entre los que figuraban Dickens, Thackeray, G. P. R

James y Disraeli. Scott fue igualmente popular en el Norte, sin llegar a crear allí la noción de una idealizada sociedad feudal. Concederle a Scott el crédito de haber ejercido influencia dominante en la formación del viejo pensamiento del Sur parece cosa no garantizada, según James Driskell en su *Reading Interests in the Lower South, 1842-1860* (tesis inédita de maestría, Universidad del Estado de Florida, 1959).

La Ley de Reconstrucción fue promulgada el 2 de marzo de 1867. Otra legislación considerada como provocación a la resistencia del Klan fue: la Enmienda 13 de 1865, que garantizaba la emancipación de los negros; la Ley de la Oficina de Libertos; la Ley de Derechos Civiles del 1866; la enmienda 14 de 1868, que prohibía a cualquier estado "privar a cualquier persona de la vida, libertad o propiedad, sin el debido proceso de la ley" y confirmada por el Tribunal Supremo como árbitro final de los actos del estado; y la Enmienda 15 de 1870, que prohibía las restricciones al derecho de voto a causa de "raza, color o anterior condición de servidumbre". Todavía se discute por algunos estados sudistas que las tres enmiendas, la 13, 14 y 15, no son válidas porque fueron adoptadas cuando los estados del Sur se hallaban políticamente en desventaja y no podían presentar sus propios puntos de vista. En la legislación específicamente designada para "doblegar" al Klan, se incluían tres "proyectos de ley forzosos", generalmente conocidos después como "Leyes Ku Klux Klan", promulgadas el 31 de mayo de 1870, el 28 de febrero de 1871 y el 20 de abril de 1871. La última de estas leyes establecía que la actividad del Klan quedaba equiparada al delito de rebelión, y facultaba al presidente para suspender el decreto judicial o mandamiento de *habeas corpus* cuando, en su opinión, las circunstancias así lo aconsejaran.

De los varios libros escritos acerca de Bedford Forrest (1821-1877), el mejor es el de Andrew Nelson Lytle, *Bedford Forrest and His Critter Company* (Nueva York, 1931); aunque contiene muy pocos datos sobre las relaciones de Forrest con el Klan.

La Regla del Klan (1867), en unión de una Regla Enmendada y Revisada (1868), la propuesta Constitución de una Orden Local, y otros varios documentos oficiales, fueron incluidos en el libro de John C. Lester y D. C. Wilson, *Ku Klux Klan: Its Origin, Growth and Disbandment*, editado por Walter L. Fleming (Nueva York, 1905), con notas y apéndices. Es más bien una ampliación del libro publicado originalmente por Lester y Wilson en 1884. La señorita Davis lo tachó de apócrifo, y formuló la acusación de que Wilson usaba hechos que le había comunicado Lester, uno de los fundadores del Klan, quien había proyectado de antemano escribir una historia del mismo. El libro de Walter Lynwood Fleming, *Documentary History of Reconstruction* (dos volúmenes; Cleveland, 1906-1907), es un buen material para estudiar los antecedentes del Klan, como asimismo lo es la obra de James P. Shenstone, *The Reconstruction. A Documentary History of the South after the War: 1865-1877* (Nueva York, 1963).

CAPÍTULO 2. SUPREMACÍA BLANCA

El libro del director Leland es *A Voice from South Carolina* (Charleston, S. C., 1879). Las observaciones del senador Beveridge están tomadas del libro de Claude G. Bowers, *Beveridge and the Progressive Era* (Nueva York, 1932). Las declaraciones de Ruth Benedict (*Race: Science and Politics*, pp. 153-154), John Stuart Mill (*Political Economy*, vol. 1, p. 390) y Jacques Barzun están tomadas del libro de Barzun, *Race: A Study in Modern Superstition* (Nueva York, 1937), p. 299. Un volumen publicado más recientemente y que trata del mismo tema es el de Thomas F. Gossett, *Race: The History of an Idea in America* (Dallas, Texas, 1963).

El giro del estatus anglosajón desde la mayoría a la minoría queda puesto de relieve por los censos oficiales de los Estados Unidos. La frase de Kipling pertenece a su poema "Recessional", donde recomendaba al pueblo de Gran Bretaña que siguiera siendo humilde a pesar del enorme poder que había amasado al levantar el Imperio británico.

La observación de Oscar Handlin es de su libro *Race and Nationality in American Life* (Boston, 1957), p. 98. El libro de Benjamin P. Thomas, *Theodore Weld: Crusader for Freedom*, fue publicado en New Brunswick, N. J., en 1950. El misisipiano blanco juzgado por asesinato fue Byron De La Beckwith. La perorata de Pap en *Huckleberry Finn* (1884) figura en el capítulo IV. El fantástico discurso pronunciado en una reunión del Klan en las afueras de St. Augustine, en septiembre de 1963, fue publicado en el boletín de la Junta de Florida sobre Relaciones Humanas, en octubre de 1963.

La referencia a la "intención nacional relacionada con los libertos" debe referirse, quizá, a "la intención del Norte". Pero como Jack B. Scroggs ha señalado en "Southern Reconstruction. A Radical View", *Journal of Southern History*, XXIV (noviembre de 1959), pp. 407-429, la lucha por el control del Sur no se libraba exclusivamente entre los blancos del Sur y los republicanos radicales del Norte. Los unionistas del Sur acusaban amargamente a los antiguos rebeldes de traición a la Unión, mientras que los radicales sudistas no se ponían de acuerdo entre sí, ni tampoco con los creadores de la política nacional republicana. El fracaso eventual del programa congresal para reconstruir el Sur fue principalmente el resultado de una creciente falta de entusiasmo en el Norte, pero también se debió en parte a las fatales disensiones habidas entre los partidarios sudistas del programa federal.

Los cinco historiadores y sus libros clave son los siguientes:

- James Ford Rhodes, *History of the United States from the Compromise of 1850* (7 volúmenes, Nueva York, 1892-1906).
- John W. Burgess, *Reconstruction and the Constitution* (Nueva York, 1902).

- Woodrow Wilson, *A History of the American People* (5 volúmenes, Nueva York, 1902; edición documental, 10 volúmenes, Nueva York, 1911- 1918).
- Walter Lynwood Fleming, *Civil War and Reconstruction in Alabama* (Nueva York, 1905) y *Documentary History of Reconstruction* (2 volúmenes, Cleveland, 1906-1907).
- William A. Dunning, *Essays on the Civil War and Reconstruction and Related Topics* (Nueva York, 1898); y *Reconstruction, Political and Economic, 1865-1877* (Nueva York, 1907).

De estos cinco historiadores, probablemente el que mayor influencia ejerció fue Dunning, ya que los miembros de la Facultad de Columbia publicaron historias de la Reconstrucción de casi todos los estados del Sur, así como tesis del doctorado de Filosofía y Letras.

Los "revisionistas" se han abierto indudable paso en las publicaciones académicas, no así en los libros de texto utilizados en nuestras escuelas públicas. El *Journal of Southern History*, quizá, lógicamente, ha sido el principal vehículo para los escritos revisionistas. El libro de Francis B. Simkins, *New Viewpoints ot Southern Reconstruction* (febrero de 1939), pp. 49-61, fue reimpreso recientemente en la obra de Simkins *The Everlasting South* (Louisiana State University Press, 1963). El libro de T. Harry Williams, *An Analysis ot Some Reconstruction Attitudes* (noviembre de 1946), pp. 469-86, muestra algunas de las formas en que los revisionistas han forzado ciertas modificaciones en la historia de la Reconstrucción. Pero la declaración más fuerte es la que hace Bernard Weisberger en *The Dark and Bloody Ground of Reconstruction Historiography* (noviembre de 1955), pp. 425-447. Una de las primeras memorias o relatos revisionistas apareció en la *American Historical Review*, escrita por Howard K. Beale y titulado: "On Rewriting Reconstruction History" (julio de 1940). Una de las mejores y más selectas bibliografías de la Reconstrucción aparece en la obra de John Hope Franklin, *Reconstrucción after the Civil War* (Chicago, 1961), pp. 232-242, bajo el título de "Suggested Reading". La propia memoria revisionista de Franklin está en "Whither Reconstruction Historiography?", *Journal of Negro Education* (invierno de 1948), pp. 446-461.

Unos cuantos textos escolares recientes citan o aplican el saber revisionista, pero la mayoría perpetúan los viejos clichés: legisladores analfabetos negros explotados por los *carpetbaggers* y *scalawags*, que solamente intentaban hacerse ricos. *The Making of Modern America*, de Canfield y Wilder (1950, con revisiones bienales a partir de entonces), en una sección titulada "The South Suffers from Misrule", echa la culpa de las miserias del Sur "al intento de forzar el gobierno de los negros sobre el Sur". *Wests' Story of Our Country*, revisada por Gardner (1961), llama corruptos a los *carpetbaggers*, y añade: "También había sudistas poco honrados llamados *scalawags*" (p. 336). *Goals of Democracy*, de

McCutchen, Fersh y Clark (1962), asegura que bajo la jefatura *carpetbagger*, los gobiernos de los estados del Sur se volvieron "licenciosamente corruptos" (p. 133). La obra *Our United States*, escrita por Eibling, King y Harlow (1962), califica a estos gobiernos como "vergonzosamente ineficaces", después de que los *carpetbaggers* se apresuraran a llegar desde el Norte para enriquecerse con la política del Sur (p. 389).

Exploring American History, obra escrita por Schwartz y O'Connor (1963), se refiere a los *carpetbaggers* y *scalawags* como "grupos de codiciosos hombres blancos" (p. 287). El libro *Our Country's History*, de Muzzey y Link (1964), a pesar del esfuerzo que en él se hace por incorporar investigaciones más modernas, por implicación atribuye la "flagrante corrupción" de los gobiernos del Sur a *carpetbaggers* y negros que "carecían de competencia para gobernarse prudentemente" (p. 326). Muzzey, en la larga serie de historias escolares que le hicieron ser el más popular de los autores de libros de texto, desdeña la deducción al describir lo que él consideraba una orgía de extravagancia, fraude e incompetencia, que convertía al Gobierno en una parodia burlesca. Uno se pregunta cuántos miles de estadounidenses adultos deben a los libros de Muzzey su estima hacia los derechos civiles.

Claude G. Bowers, con su obra *The Tragic Era* (1929), se convirtió en uno de los autores más leídos. En este libro empleó todos los tradicionales puntos de vista de los viejos historiadores, y popularizó todos estos pensamientos para uso de una nueva generación.

Un colega del autor de este libro sugirió que Woodrow Wilson, fiel presbiteriano, y por ello firme creyente en la predestinación, probablemente habría considerado también la inferioridad del negro como inspirada divinamente. Kathleen Long Wolgemuth, en "Woodrow Wilson's Appointment Policy and the Negro", *Journal of Southern History*, XXIV (noviembre de 1958), pp. 457-471, nos muestra que, a pesar de su promesa preelectoral de tratar a los negros justamente, Wilson no nombró en la práctica a ningún negro para ocupar puestos federales; retuvo solamente unos pocos de la Administración Taft y permitió un aumento en la segregación dentro de varios departamentos federales.

El desarrollo de la legislación Jim Crow aparece admirablemente tratado en el libro de C. Vann Woodward, *The Strange Career of Jim Crow* (Nueva York, 1955). Se alude al historial de discriminación del Norte en otra obra de Woodward, *The Antislavery Myth* y en *The American Scholar*. Un buen estudio del mito y prácticas del Norte se halla en el libro de Leon F. Litwack, *North of Slavery: the Negro in tre Free States, 1770-1860* (Chicago, 1961). Ni el negro libre del Norte ni el esclavo del Sur, según Litwack, eran tan pasivos, humildes y serviles como el tipo estereotipado que se presentaba a todo el mundo.

Gustavus Myers habla del Klan, tanto del antiguo como del moderno, en su *History of Bigotry in the United States* (Nueva York, 1943).

CAPÍTULO 3. EL KLAN DESTITUYE A UN GOBERNADOR

La primera fuente de detalles y atrocidades cometidas por el Klan antes de 1871 es el informe de trece volúmenes comúnmente llamado *The Ku Klux Klan Conspiracy*, pero oficialmente titulado *The Testimony Taken by the Joint Sect Commitee to Inquire into the Condition of Affairs in the Late Insurrectionary States* (inf. 22, partes 1-13 de los Informes de las Comisiones de la Cámara de Representantes para la 2ª Sesión del 42º Congreso, 1871-1872), publicado en 1872. El mismo informe enviado al Senado es el nº 41. Sus trece partes o volúmenes son los siguientes:

I. Informe de la Comisión y puntos de vista de la minoría
II. Carolina del Norte
III-IV-V. Carolina del Sur
VI-VII. Georgia
VIII-IX-X. Alabama
XI-XII. Misisipi
XIII. Florida

Como cabía esperar, los puntos de vista de la minoría expresados en el primer volumen atacan fuertemente a los descubrimientos de la mayoría (por ejemplo, p. 289): "Las atroces medidas por las que millones de hombres blancos han quedado a merced de los semibárbaros negros del Sur y de los más indeseables hombres blancos, tanto del Norte como del Sur, y que se han constituido en jefes de esta horda negra, se pretende ahora justificar y defender difamando a la gente sobre la que cayó este tremendo ultraje". En todas partes, la opinión de la minoría desprecia los informes del Klan y asegura que nunca existió una conspiración armada en más que una décima parte del área del Sur. En fuerte oposición a las aserciones de muchos defensores del Klan hechas en el sentido de que los miembros del Klan eran la crema de los hombres blancos del Sur, el informe de la minoría insiste (p. 292) en que "los hombres y los grupos que han perpetrado tales ultrajes son considerados, casi universalmente y por las personas inteligentes, como los peores enemigos del Sur". Pero más adelante insiste en que la acción federal fue el principal estímulo a todos aquellos ultrajes, y asegura que "la ley Ku Klux Klan y los procedimientos judiciales que esta implica son la mayor ofensa y la más grande calumnia que haya caído jamás sobre un pueblo totalmente desamparado y al que atacan con ello sus propios gobernantes... y que debían, por esta razón, ya que no por otra, ser sus amigos en lugar de convertirse en sus más furibundos enemigos y calumniadores". Más adelante, y en el mismo informe, la minoría calificaba al gobierno radical en Carolina del Sur como la más tremenda desgracia que podía afligir a una comunidad, y añadía (p. 515) que "el mal gobierno producirá malos hombres entre la mejor gente que haya en la tierra; y esta ha sido la causa principal del Ku-kluxismo en Carolina del Sur". Parecidas circunstancias produjeron el nacimiento de los Carbonaríos en Italia, los Compañeros Libres en Francia, los Moss Troopers en Inglaterra e incluso Robin Hood.

La destitución de Holden no fue la primera que se intentó durante la Reconstrucción del Sur: el gobernador Reed, de Florida, fue denunciado tres veces... en 1868, 1870 y 1871, aunque sin el menor éxito.

Hay un buen acopio de material informativo sobre Carolina del Norte en el libro de Hugh Lefler y Albert Newsome, *North Carolina: The History of a Southern State* (Chapel Hill, 1955). Más detalles específicos aparecen en la obra de Cortez A. M. Ewing, "Two Reconstruction Impeachements", *North Carolina Historical Review*, XV (julio de 1938); en la de Otto H. Olsen, *The Ku Klux Klan: A Study of Reconstruction Politics and Propaganda* (julio de 1962); en la de J. R. Davis, titulado "Reconstruction in Cleveland County", *Trinity College Historical Society Papers*, Series X (Durham, N. C., 1914), y en la de W. K. Boyd, "William W. Holden", Series III (1899), pp. 39-78 y pp. 90-130.

Los primeros seis capítulos de *Reconstruction in North Carolina*, de Hamilton, fueron impresos privadamente en 1906 como tesis doctoral en la Universidad de Columbia; estos constituyeron el inicio de una larga serie de volúmenes producidos bajo la dirección del profesor William A. Dunning, que abarcan individualmente a todos los estados del Sur y que ayudan a confirmar la vetusta interpretación de la historia de la Reconstrucción.

Bedford Forrest no fue el único en considerar que la insolencia de la Liga de la Unión había apresurado la formación del Klan como organización defensiva; esta acusación es básica para todas las defensas que han sido hechas y hacen del Klan. No se ha escrito nada completo sobre la Liga de la Unión. Su ritual es descrito en la obra de Simkins y Woody, *South Carolina during Reconstruction* (Chapel Hill, 1932).

Los disturbios de los condados de Alamance y Caswell son descritos de muchas maneras en las historias del estado, en el libro *Ku Klux Conspiracy*, y en el de Horn, *The Invisible Empire*, pp. 190-213. El capítulo décimo de la presente obra, titulado "La batalla de los libros", muestra la atracción que han sentido todos los novelistas del Klan por la "guerra Kirk-Holden".

La milicia negra ha sido detenidamente estudiada por Otis A. Singletary, en *Negro Militia and Reconstruction* (Austin, Texas, 1957). Un detalle normalmente olvidado (y, quizá, voluntariamente, por los escritores pro-Klan) es que los negros nunca fueron los únicos miembros que formaban tales milicias; ni siquiera fueron mayoría en la milicias durante el periodo de la Reconstrucción.

La declaración jurada de Patsie Barton fue entregada a Albion W. Tourgée cuando este era juez federal en Greensboro; fue uno de los muchos documentos que más tarde citó en su novela antiKlan *A Fool's Errand*, de la que se habla en el capítulo 10. El mismo autor posee una fotocopia de la declaración de Lea; el permiso para poder citar párrafos fue obtenido del Departamento de Archivos e Historia del Estado de Carolina del Norte. Quizá lo más notable de esta declaración sea que se trata de una de las muy escasas prestadas por antiguos miembros del Klan, y que revela y aclara uno de los incidentes más conocidos de toda la organización.

CAPÍTULO 4. CAROLINA DEL SUR: UN TEMPERAMENTO SIN LEY

El término "temperamento sin ley" está tomado de una carta escrita el 22 de noviembre de 1871 por el fiscal general de los Estados Unidos, Amos Tappan Akerman. Extractos de dicha misiva y de una segunda del mismo, ambas existentes en los archivos de correspondencia de Akerman en la Biblioteca de la Universidad de Virginia, se incluyen en este capítulo con el oportuno permiso.

La Reconstrucción en Carolina del Sur, al igual que en otros estados sudistas, ha sido relatada en diferentes épocas por escritores de también diferentes gustos y tendencias. La "clásica" interpretación sudista queda bien reflejada en el libro *The Prostrate State*, de James S. Pike (Nueva York, 1874; reimpresa en Nueva York con una introducción de Henry Steele Commager en 1935). Una reciente repetición de la tesis de Pike se encuentra en la obra de Henry T. Thompson titulada *Ousting the Carpetbagger from South Carolina* (Columbia, S. C., 1926). Asimismo, el libro de Robert Durden *James Shepherd Pike: Republicanism and the American Negro* (Durham, N. C., 1957) muestra hasta qué punto el libro de Pike sirvió de fantástica propaganda para relatar la "clásica" historia de Carolina del Sur; James Ford Rhodes, por ejemplo, cita a Pike 17 veces en un solo capítulo del cuarto volumen de su *History of the United States*. La obra de B. F. Simkins y R. H. Woody, *South Carolina during Reconstruction*, es un libro pionero de la moderna interpretación "revisionista". La evolución en el punto de vista histórico se estudia y revisa en el trabajo de Neill W. Macaulay (hijo), "South Carolina Reconstruction Historiography", *South Carolina Historical Magazine*, LXV (enero de 1964), pp. 20-30. Otro artículo, el de Herbert Shapiro, "The Ku Klux Klan during Reconstruction: The South Carolina Episode", *Journal of Negro History*, XLIV (enero de 1964), pp. 34-55, vuelve a examinar la turbulencia política en el estado y sugiere que el Klan reforzó la moral de los conservadores del Sur.

El testimonio del antiguo gobernador James L. Orr durante las sesiones congresales de investigación sobre el Ku Klux Klan, celebradas en 1871, quedan puestas de relieve en *The Ku Klux Conspiracy*. El libro de John L. Leland, *A View from South Carolina* (Columbia, Carolina del Sur, 1879), ofrece un interesante contraste con el testimonio de Orr. La suspensión del *habeas corpus* en Carolina del Sur en 1872 fue probablemente la más significativa aplicación de esta medida punitiva autorizada por las "Leyes Ku Klux Klan" de 1871. En los juicios del Klan celebrados en Columbia, la acusación del gran jurado firmada por su presidente, Benjamin F. Jackson, expresaba gran asombro ante lo que había llegado a saberse, especialmente el hecho de que entre los miembros del Klan se incluyeran "principales hombres de estos condados... gran cantidad de prominentes ciudadanos", y añadía que "muchos de estos hombres que han hablado públicamente contra el Klan, pretendiendo deplorar la labor de esta criminal conspiración, eran miembros influyentes de la orden y que dirigían sus operaciones al detalle".

El silogismo de Joe Crews podría haber sido planteado como sigue: "Joe Crews es un radical. Todos los radicales son hombres indeseables y malvados. Joe Crews, por lo tanto, es un indeseable y un malvado". Tan apasionada era la antipatía de los conservadores sudistas hacia los radicales, que la denuncia de cualquier radical incita, al menos, a no tener muy en cuenta parte de su razonamiento. El director Leland, por ejemplo, puede que nunca sospechara cuántos radicales eran acusados de incitar a los libertos a incendiar edificios haciendo mención del bajo coste de una caja de cerillas; la simple repetición de esta acusación hace que llegue a sonar, con el paso del tiempo, a pura leyenda. Esto no es dicho con la intención de disculpar a todos los radicales que operaban en el Sur, ni para sugerir que alguno de ellos no fuera indeseable o malvado; sin duda lo eran unos pocos de ellos, como también lo fueron unos cuantos miembros del Klan.

Este capítulo trata de los condados de Carolina del Sur. Anteriormente a 1868, las únicas divisiones del estado eran los distritos judiciales. De las numerosas reformas que produjo la Convención Constitucional celebrada en Charleston en enero de 1868, una de las más importantes fue la conversión de los distritos judiciales en condados y la estipulación de que todos los funcionarios del condado debían ser elegidos por votación popular.

La obra más sobresaliente sobre la Oficina de Libertos es la de George R. Bentley, titulada *A History of the Freedmen's Bureau* (Filadelfia, 1955); la de McNeilly, *Religion and Slavery. A Vindication of the Southern Churches*, fue publicada en 1911, 11 años después de ser leída como ensayo.

Alfred T. Williams, en *Hampton and His Red Shirts* (Charleston, S. C., 1935), informa que el Klan fue relativamente aquiescente en la época de las cruciales elecciones de 1876. Pero durante esa campaña, uno de los candidatos demócratas fue el primero en anunciar que se les había acusado de haber pertenecido al Klan, desafiando luego a los acusadores para que diesen un paso hacia delante y presentaran pruebas. El general conocimiento de la actividad del Klan o de oposición a este último, indica Williams, afectó sin duda a la votación de 1876; pero también tuvo gran influencia una división habida en las filas radicales. Esta división, según Williams, privó a la Liga de la Unión "del poder absoluto que había poseído desde que el Ku Klux Klan, única fuerza eficaz, había sido destruido por desmoralización y traición dentro de sus filas, y como consecuencia de los ataques tiránicos e ilegales por parte de las autoridades de Estados Unidos". La costumbre de llamar ilegal a la acción de las autoridades federales constituidas parece estar firmemente arraigada en el pensamiento de algunos sudistas.

CAPÍTULO 5. LA SENDA DE LOS OPORTUNISTAS

El informe de la minoría, en el volumen 1 de *The Ku Klux Conspiracy*, ofrece (p. 297) una interesante definición de un *scalawag* hecha por el general James H. Clanton, de Alabama: "Sudistas a los que llamamos *scalawags*". El nombre se originó partiendo del siguiente hecho: un individuo que fue pateado por un rebaño de ganado resultó gravemente herido. Dijo que no le importaba morir, pero que odiaba la idea de haber sido pisoteado por el animal más mezquino del rebaño... el vil carnero. Nosotros llamamos *scalawag*[16] al hombre que aún es más mezquino que el *carpetbagger*.

Allen W. Trelease, en "¿Quiénes eran los *scalawags*?", *Journal of Southern History*, XXIX (noviembre de 1963), pp. 445-468, muestra que la caricatura del *scalawag* como traidor a su raza y región ganó consistencia con el paso del tiempo. En la obra *The Scalawag in Mississippi Reconstruction*, de David H. Donald (noviembre de 1944), el autor nos presenta con verdadera simpatía los apuros de los centralistas-unionistas, y especialmente los insuperables problemas con que tuvo que enfrentarse el gobernador Alcorn.

La Reconstrucción en Misisipi ha sido estudiada poniendo énfasis en el estado de los negros en volúmenes fechados a 20 años de distancia uno del otro: *A History of the Negroes of Mississippi from 1865 to 1890* (Clinton, Miss., 1927, escrito como tesis doctoral en Columbia); y el libro de Vernon Lane Wharton *The Negro in Mississippi, 1865 to 1890* (Chapel Hill, 1947, vigesimoctavo volumen en las Publicaciones de la Universidad de Carolina del Norte, de James Sprunt). El volumen de Wallace posee cierto carácter malicioso e insincero, como de haber sido producido en la institución donde la influencia de Dunning prevaleció durante tanto tiempo sobre la interpretación clásica de la Reconstrucción. El volumen de Wharton ha sido descrito como "la historia ideal de la Reconstrucción", y el hecho de que se haya producido en una institución del Sur es cosa que no ha de asombrar a nadie que esté al tanto de las sólidas investigaciones históricas que hoy día se efectúan allí.

---

16. Aquí hay un juego de palabras entre *scalawag* ("res raquítica") y *scaly sheep*, aun cuando *scalawag* ha de traducirse por despreciable o ruin, ya que era el calificativo que se aplicaba a los republicanos del Sur después de la Guerra Civil (N. de T.).

La obra de James M. Wells, *The Chisolm Massacre: A Picture of "Home Rule" in Mississippi*, fue publicada en Washington en 1877 por la Chisolm Monument Association; hubo una segunda edición en 1878. El título de esta respuesta de James D. Lynch es "Kemper County Vindicated and a Pee at Radical Rute in Mississippi" (Nueva York, 1879). Lynch también escribió *Redpath; or the Ku Klux Tribunal. A Poem* (Columbus, Miss., 1877). La fe del juez Chisolm en la autoridad federal que debía protegerlo parece, al menos mirando hacia atrás, un tanto ingenua; el Ejército de Estados Unidos contaba con muy pocos soldados para proporcionar una idónea protección a todos los agentes y empleados de la Oficina de Libertos. El gobernador Sterns, de Florida (ver capítulo 8), solicitó varias veces la ayuda de las tropas federales, pero sin lograr éxito alguno. Los radicales de la localidad bajo los ataques del Klan carecían de toda defensa.

CAPÍTULO 6. EL KLAN Y EL MAESTRO DE ESCUELA NORTEÑO

Los archivos de la American Missionary Association, instalados en una sala especial del último piso de la Biblioteca de la Universidad de Fisk, en Nashville, poseen una colección única de material relacionado con los norteños que enseñaban en las escuelas del Sur durante la Reconstrucción. Estoy enormemente agradecido a la Universidad de Fisk por haberme permitido tomar varias notas de este material. Casi todo él se halla en forma de cartas, en su mayor parte de individuos del Norte que contribuyeron al sostén de las escuelas que organizó la AMA para los libertos. La mayoría de los donativos eran pequeños, casi nunca más de 10 dólares; y la mayor parte de los donantes vivían en pequeñas ciudades esparcidas por todos los estados del Norte. Los maestros de escuela procedían de familias más prósperas, en general, como las de aquellos que enviaban su contribución económica; muchas de las cartas reflejan una educación muy limitada. Se puede dudar si alguna vez tantos pequeños y humildes donantes han conseguido colectivamente producir tales resultados; las escuelas y colegios para negros que han sobrevivido hasta nuestros días, pobres quizá en su fundación, pero ricos en sus principios y dedicación, escuelas y colegios que han proporcionado los principales medios con los que los libertos y sus descendientes han vencido la abrumadora barrera de la ignorancia.

Como no todo el dinero de los donativos que se recibían para sostener a un maestro de escuela en el Sur iba a parar a su salario, puesto que había más gastos, es de suponer que ninguno de estos maestros haya recibido nunca más allá de unos 400 dólares al año. Y es probable también que la mayoría de ellos recibieran subvenciones y ayuda económica y material de sus propias familias. Gran parte de la información ofrecida en este capítulo se debe al libro de Henry L. Swint, *The Northern Teacher in the South, 1862-1870* (Nashville, 1941), y a la obra de Ralph E. Morrow, *Northern Methodism and Reconstruction* (East Lansing, Mich., 1956). Algunos de los detalles sobre el desprecio sudista hacia los maestros de escuela del Norte proceden de testimonios facilitados por los mismos maestros en las sesiones del Congreso celebradas en 1871; este testimonio corrobora los comentarios de Albion Tourgée en *A Fool's Errand*. Los hombres del Sur se mostraban mucho menos hostiles que las mujeres hacia los maestros y maestras de escuela, quizá a causa de una inculcada caballerosidad masculina, pero también, sin duda, porque como hombres de armas habían aprendido en sus contactos con los soldados de la Unión que no todos los norteños eran ogros o las viles criaturas de las que hablaba la propaganda sudista. En toda guerra, "los que se quedan en casa" a menudo son mucho más beligerantes que los que se encuentran en las trincheras. Una de las razones de la creciente y anual degeneración del Klan es que atrajo a jóvenes que jamás habían vestido uniforme, pero que, en cambio, habían sido nutridos con el odio de sus madres y vecinos.

La mayoría de los mensajes y advertencias del Klan fueron presentados como prueba en las sesiones congresales de 1871. La carta del Klan a Schneider aparece en el libro de James Wilford Garner, *Reconstruction in Mississippi* (Nueva York, 1901). Las dos cartas de los Corlis se encuentran en los archivos de Fisk.

No todos los maestros de escuela norteños fueron tratados mal, y tampoco todos criticaron amargamente a los sudistas blancos. A. A. Safford, escribiendo el 4 de mayo de 1871 desde Talladega, Alabama, a E. M. Cravath, de Nueva York, dice lo siguiente:

Y no me equivoco si afirmo que, ciertamente, no hay lugar en todo este estado donde los "profesores de negros" sean mejor tratados y con tanto respeto como aquí. Creo que muchos de los maestros del Sur han actuado sobre el principio de que un hombre "de color" vale por "diez hombres blancos". Creo personalmente que tanto vale uno como otro, con tal que cada uno de ellos se comporte bien, concediendo, por supuesto, mi preferencia al que se porte mejor, ya sea blanco o negro.

J. T. Trowbridge fue uno de los numerosos norteños que visitaron el Sur inmediatamente después de la Guerra Civil e informaron sobre sus impresiones a sus familiares y amigos. Edward Eggleston, por ejemplo, hizo un rápido viaje a Virginia, recogiendo suficientes detalles como para publicar un libro de lectura popular; no había límite a la curiosidad norteña por conocer al derrotado Sur. Trowbridge escribió dos libros, ambos publicados en Hartford: *The South: A Tour of Its Battlefields and Ruined Cities* (1866) y la obra citada en este capítulo, *A Picture of the Desolated States and the Work of Restoration* (1868). Sus comentarios acerca del "blanqueamiento" se relacionan con una de las más grandes ironías de la historia: la insistencia del Klan en preservar la integridad racial en una región con larga historia de matrimonios entre diferentes razas.

Con cierta extensión es el tema central de las novelas de Faulkner, y otros observadores convienen en que el consecuente sentido de culpabilidad usualmente subconsciente juega un gran papel en la continuada oleada de violencia y discriminación sudistas.

CAPÍTULO 7. ESCENAS DE GEORGIA

La mayor parte de los detalles de este capítulo están tomados de *The Ku Klux Klan Conspiracy*, pero algunos también pertenecen al libro de W. E. Burghardt Dubois, *Black Reconstruction. An Essay toward a History of the Part which Black Folk Played in the Attempt to Reconstruct Democracy in America, 1860-1880* (Filadelfia, 1935).

Cuando un hombre de letras o humanista blanco escribe historia, ningún crítico se refiere a su "vieja conciencia de raza" como influencia sobre su interpretación. Cuando un hombre de letras negro escribe historia —especialmente si se trata de un humanista negro que ayudó a fundar la NAACP—, los críticos, quizá inconscientemente, escudriñarían el trabajo con ojo atento a la omisión, falsedad, amargura o partidismo. *Black Reconstruction*, a excepción de su capítulo final, "The Propaganda of History", que más bien debía haber sido un apéndice o epílogo, es un libro mucho menos amargo y parcial que algunos de los volúmenes publicados anteriormente en este siglo; libros que confirman el clásico punto de vista del Sur y que ejercen una gran influencia sobre la enseñanza de la historia en nuestras escuelas públicas. Los ensayos críticos contemporáneos que han sido publicados en el *Book Review Digest* sobre el citado libro sería lectura ciertamente edificante para todas aquellas personas muy poco familiarizadas con la evolución de la Reconstrucción.

De todos los negros que tomaron parte en la Convención de la Constitución de Georgia en diciembre de 1867, el más prominente fue Henry McNeal Turner. También fue el líder negro más cordialmente odiado por los blancos. Sin embargo, él encabezó el esfuerzo emprendido para lograr el perdón de Jefferson Davis, y apoyó activamente las provisiones para proteger a los blancos e impedir la venta de la propiedad con impuestos draconianos y abusivos. Otros negros muy capaces que asistieron a esta Convención fueron Aaaron Bradley, Tunis Campbell y J. B. Costin. Cuando, finalmente, los negros que fueron elegidos para la legislatura estatal ocuparon su escaño, Turner de nuevo dio pruebas de su inteligente jefatura... aunque se mostró radical en un punto: proponer una urgente enmienda para extender el voto a un grupo que siempre había estado excluido de las urnas en el pasado: las mujeres.

Henry W. Grady se hizo famoso más tarde, cuando era editor del *Constitution*, 1879-1889, por su oratoria abogando por el progreso social y económico.

Su más famoso discurso fue "The New South", pronunciado en la ciudad de Nueva York en 1886 y a continuación publicado en su libro *The New South and Other Addresses* (1904).

El testimonio de Clara Barton se incluye en "Report of the Joint Commission on Reconstruction at the First Session of the Thirty-Ninth Congress" (1866).

La ausencia de remordimiento que hay en el libro de John C. Reed, *The Brothers' War* (1905), corre paralelo con la actitud que se exterioriza en la declaración jurada del capitán Lea relacionada con el asesinato de John Stephens en 1870, tal y como se relata en el capítulo 3. Dicha actitud ha sido inmortalizada en la balada "O I'm a Good Old Rebel".

CAPÍTULO 8. FRICCIÓN EN FLORIDA

Swint, en el libro *The Northern Teacher in the South*, nos proporciona extractos de cartas en las que los maestros expresaban su asombro ante las condiciones de vida que encontraron en el Sur.

La opinión del príncipe Murat sobre Tallahassee en 1827 se refleja asimismo en los *Journals* de Emerson, editados por Edward Waldo Emerson y Waldo Emerson Forbes (Boston, 1909), vol. 11, p. 161. La anotación es del *Pocket Note-Book*, de Emerson: "Tallahassee, lugar verdaderamente ridículo, seleccionado desde hacía tres años como lugar conveniente para ser la capital del territorio, y que desde entonces ha sido habitado rápidamente por funcionarios públicos, especuladores de terrenos y malhechores. Mucha ley del más fuerte y poco más. Las llamadas damas del lugar suman solamente ocho".

La descripción de Tallahassee hecha por Reid apareció en su libro *After the War: A Southern Tour May 1 1865 to May 1 1866* (Cincinnati, 1866).

El estado de cosas y acontecimientos en Florida durante la Reconstrucción ha sido eficazmente recreado en el libro de Joe E. Richardson *The Negro in the Reconstruction of Florida* (tesis doctoral inédita archivada en la Universidad del Estado de Florida, 1963). Entre los volúmenes más antiguos, y también menos seguros, que nos hablan de aquel periodo, figuran el de John Wallace, *Carpetbag Rule in Florida: the Inside Workings of the Reconstruction of Civil Govemment in Florida after the clase of the Civil War* (Jacksonville, 1888), y el de William Watson Davis, titulado *The Civil War and Reconstruction in Florida* (Nueva York, 1913). Davis cita frecuentemente el libro de Wallace y es la fuente del interesante detalle de que el exgobernador Bloxham ayudó a Wallace a escribir el libro: "El exgobernador Bloxham me dijo que había ayudado a Wallace en la composición de este trabajo" (p. 265). Ruby Leach Carson, en "William Dunnington Bloxham", *Florida Historical Quaterly*, XXVII (enero de 1949), p. 218, relata que Bloxham estableció una escuela para negros en su plantación situada cerca de Tallahassee y que contrató los servicios de un negro educado llamado John Wallace para que desempeñara el puesto de maestro. El libro de Wallace volvió a ser publicado por la University Florida Press en 1964, con una introducción de Allan Nevins.

Las carreras del diputado Walls y del secretario de Estado Gibbs son relatadas por Richardson en el capítulo XIV de su libro *Negro Politicians*. Asimismo hay referencias a Gibbs en los periódicos contemporáneos siguientes: *Sentinel*, de Tallahassee, 20 de febrero de 1868; *Weekly Floridian*, de Jacksonville, 4 de marzo de 1873. Richardson también escribió un artículo titulado "Jonathan C. Gibbs: Florida's Only Negro Cabinet Member", *Florida Historical Quaterly*, LXII (abril de 1964), pp. 363-368.

El artículo de Simkins se titula "Por qué el Ku Klux", publicado en *The Alcalde*, LV (junio de 1916). La correspondencia que proporciona pruebas acerca de la participación del Klan en la "guerra del condado de Jackson" incluye cartas de C. M. Hamilton a A. H. Jackson, 31 de diciembre de 1867, y de W. J. Purman a Jackson, 30 de junio de 1868, que en la actualidad se encuentran en los archivos de la Oficina de Libertos de Florida. La obra ya citada aquí muchas veces y titulada *Ku Klux Conspiracy* contiene la declaración de Dennis, Dickinson, Gibbs, Purman y Johnson, junto a otra información acerca de los acontecimientos y violencias habidas en el condado de Jackson.

El papel que desempeñó el Klan en las disputadas elecciones de 1876 no es fácil de dilucidar con detalles específicos. Paul L. Haworth, en *The Hayes-Tilden Disputed Election* (Cleveland, 1906), nos muestra solamente un aspecto general de todo el oscuro asunto; quizá uno de los relatos más detallados es el de Jerrel H. Shofner, en "Fraud and Intimidation in the Florida Election of 1876", *Florida Historical Quaterly*, LXII (abril de 1964), pp. 321-330.

CAPÍTULO 9. LA OFICINA DE LIBERTOS

Los novelistas del Sur, tal y como se informa en el capítulo 10, titulado "La batalla de los libros", normalmente asignan al agente o funcionario de la Oficina el papel del villano. El informe de la minoría en el volumen *The Ku Klux Conspiracy* es muy probable que haya servido de inspiración a los novelistas, ya que nos muestra aquella parrafada en la que declara: "Los más viles de entre la gente blanca, tanto del Norte como del Sur, que se han constituido en jefes de esta horda negra...".

El único estudio académico que se ha hecho sobre la Oficina es el de George R. Bentley, *A History of the Freedmen's Bureau* (Filadelfia, 1955), que, aunque no fue escrito con el objeto de rechazar esta noción, sin embargo lo hace de forma realmente eficaz. El general Howard aparece como uno de los administradores más honrados y de más amplio criterio que el Gobierno federal haya empleado a su servicio; y la mayoría de los agentes, al igual que la mayoría de los maestros de escuela norteños, sentían sinceros deseos de ayudar a los libertos, y aunque menos directamente, al mismo Sur en su lucha por recuperarse de la guerra. Un revelador cuadro de la personalidad de Howard nos lo proporciona John y LaWanda Cox en *General O. O. Howard* y en *Misrepresented Bureau*. El propio punto de vista contemporáneo de Howard sobre la Oficina, punto de vista totalmente objetivo, puede leerse en "Report of Major General, General O. O. Howard, Commissioner of Bureau of Refugees, Freedmen, and Deserted Lands", perteneciente al informe del secretario de Guerra para 1868 (documentación de la Cámara nº 1, 40º Congreso, 3ª sección). La promesa de "cuarenta acres de tierra" que la Oficina apenas si pudo cumplir es discutida en el libro de LaWanda Cox, "The Promise of Land for the Freedmen", *Mississippi Valley Historical Review*, XLV (diciembre de 1958), pp. 413-440.

El alegato de que los blancos del Sur durante la Reconstrucción estaban a merced de los semibárbaros negros y de los blancos más indeseables es uno de los puntos fuertes de la clásica interpretación de la historia del Sur. Las recientes investigaciones llevadas a cabo sobre el tema, lejos de proporcionar consuelo a la gente que desea continuar creyendo en tal clásica interpretación, la han socavado mediante la demostración de que los "pocos" negros que se elevaron a puestos de importancia en los gobiernos del Sur fueron generalmente hombres de extraordinario carácter y capacidad, y que la mayoría de los *carpetbaggers* eran hombres de integridad, educación y liberalidad. Pero este no es un fenómeno exclusivamente moderno en cuanto se refiere a lo que podríamos llamar su "descubrimiento", ya que, en 1901, James W. Garner, en su *Reconstruction in Mississippi*, alabó objetivamente a la Oficina de Libertos y derribó mitos tales como la indolencia y pereza de los negros.

Los lectores que estén familiarizados con los informes congresales sobre temas de controversia deben saber que las conclusiones de la mayoría y la minoría, basadas sobre los mismos hechos concretos, usualmente reflejan las normales "líneas de partido"; en las conclusiones de *The Ku Klux Conspiracy*, el punto de vista de la mayoría estaba de acuerdo con la opinión republicana contemporánea, y el de la minoría con la de la posición demócrata reinante. El lector moderno y objetivo ignora perfectamente ambas conclusiones y forma su propio criterio acerca de los hechos que le son presentados.

Por este procedimiento de juicio independiente, seríamos probablemente incapaces de aceptar el término de la minoría: los más viles de entre los blancos, aplicable a aquellos hombres que todo lo hicieron menos ser indeseables o malvados. John William De Forest, por ejemplo, desempeñó durante 15 meses, en 1866-1867, el cargo de funcionario de la Oficina de Libertos en y cerca de Greenville, Carolina del Sur; así pues, fue un perfecto y auténtico *carpetbagger*.

Pero hoy día su recuerdo se respeta en cierto número de novelas, especialmente en *Miss Ravenel's Conversion from Secession to Loyalty* (1867, y vuelta a publicar en 1939), novela considerada como la pionera del realismo americano. La obra debe mucho, indudablemente, a las propias experiencias como capitán durante la guerra en el 12º Regimiento de Voluntarios de Connecticut del propio De Forest. En 1948 fueron publicados sus recuerdos de la Oficina de Libertos por la Yale University Press con el título *A Union Officer in the Reconstruction*, obra editada por James H. Croushore y David Mortis Potter. La mayoría de los capítulos habían aparecido originalmente en varias revistas a lo largo de 1868: *Harper's Monthly*, *The Atlantic* y *Putnam's Magazine*. Los capítulos finales describen cuatro tipos distintos de blancos del Sur tal y como De Forest los conoció, de acuerdo con sus propias palabras: "gente baja", refiriéndose a los blancos pobres; "semihidalgos", refiriéndose a los pequeños granjeros que en su mayor parte vivían en el campo; e "hidalgos del Sur" y "aristócratas". Como ejemplo del estilo de buen humor de De Forest, así como de su condición de buen observador, consideramos el comienzo de su capítulo sobre los hidalgos sudistas:

Estos hidalgos del Sur, ciertamente, son muy diferentes a nosotros, los norteños; son, quizá, tan diferentes a nosotros como los espartanos lo eran de los atenienses, o los polacos a los alemanes; son más sencillos que nosotros, más provincianos, más pintorescos y más chapados a la antigua; poseen muy pocas virtudes que adornan a la sociedad moderna, aun cuando si son depositarios de las virtudes más naturales y primitivas; se preocupan menos que nosotros de la riqueza, el arte, la cultura y demás delicadezas de una civilización urbana; se preocupan mucho más por el carácter individual y por la reputación del honor.

Acobardados como lo estamos por la Señora Democracia, moldeados en doméstica similitud por una educación general, notablemente uniforme en grado y naturaleza, haremos bien en estudiar a este peculiar pueblo que muy pronto perderá sus peculiaridades; y haríamos bien si emulásemos sus más nobles cualidades.

J. T. Trowbridge, en *A Picture of the Desolated States* (1868), es probable que pensara en el grupo que De Forest denominaba "gente baja" cuando escribió (pp. 664-665):

La causa principal de la necesidad que sufre el Sur es la pereza de los blancos. El clima de la región es notoriamente enervante, y de él se hace excusa para que las "clases privilegiadas" no trabajen. En todo garito de cruces de carreteras y caminos, en cada tienda, y en todos los almacenes de las ciudades y pueblos no se encuentran más que individuos de largos cabellos perezosamente tumbados, mascando tabaco, y maldiciendo a los negros... tres cosas que hacen maravillosamente bien. Sin un solo dólar, excepto los que hagan o estafen aquí y allá, se pasan el tiempo, semana tras semana, sumidos en plena vagancia, lamentando "los viejos tiempos" en lugar de ponerse a trabajar y así recuperar sus perdidas fortunas. Poseen tierra libre en abundancia [...]

Trowbridge tenía muy poco que decir acerca de la Oficina de Libertos, y lo poco que dijo no podía por menos de ofender a la mayor parte de los lectores del Sur. Los dueños de esclavos que habían establecido convenientes concubinatos con las mujeres negras para vender más tarde la prole resultante, así informaba Trowbridge, tenían ahora que sostener a dichas mujeres y a sus hijos... obligados por la Oficina de Libertos. La Oficina también medió en otro aspecto: obligó a ejecutar miles de testamentos, mediante los cuales muchísimos esclavos heredaban tierras; testamentos que hasta entonces habían sido invalidados por los herederos blancos de acuerdo con el viejo dicho de que: "Los negros no poseen derechos que haya de respetar el hombre blanco". En Richmond, Trowbridge supo que los hombres blancos excedían a los negros en diez a uno retirando raciones de la Oficina; oyó decir a una mujer blanca (p. 163) que "los hombres que frecuentaban los mostradores de los bares y tabernas eran todos de piel blanca. Emborracharse parecía ser especial prerrogativa de la caballerosidad". Hay otra cita en el libro que Trowbridge atribuye al general Fisk (p. 287) y donde se dice que "los negros son mucho más trabajadores que los blancos. Se puede ver a hombres jóvenes de pie en las esquinas de las calles con los cigarros pendientes de sus labios y las manos metidas en los bolsillos, jurando y perjurando que los negros no quieren trabajar...".

Al parecer, fue una época en la que los hombres de diferentes regiones consideraban adecuado y deseable traficar en insultos, dejándonos a nosotros el trabajo de juzgar quiénes tenían o no razón. Los observadores norteños tuvieron la ventaja inicial de disponer de un mercado para sus libros y artículos; pero esta ventaja se perdió para los del Sur cuando, aproximadamente en 1900, los historiadores se adhirieron firmemente a los epítetos de la conclusión de la minoría para marcar a la Oficina con un permanente mal nombre.

CAPÍTULO 10. LA BATALLA DE LOS LIBROS

La más reciente y mejor documentada biografía de Tourgée, la de Theodore L. Gross, *Albion W. Tourgée* (Nueva York, 1963, perteneciente a la Twayne United States Authors Series), queda un tanto comprometida por la aceptación, por parte del autor, de la interpretación clásica de la historia de la Reconstrucción.

A Fool's Errand, by One of the Fools fue publicado de forma anónima en Nueva York y en 1879. El título completo de la reimpresión de 1880 es *A Fool's Errand, by One of the Fools. The Famous Romance of American History. New, Enlarged, and Illustrated Edition. To which is added, by the same author, Part II, The Invisible*

Empire: a concise review of the epoch in which the tale is based (Nueva York, 1880). *La cabaña del tío Tom* se publicó por episodios en *The National Era* (1851-1852), y luego, en forma de volumen, en 1852. *A Key to Uncle Tom's Cabin* fue publicado en 1853. La primera puesta en escena de la obra (sin el consentimiento de la señora Stowe) se llevó a cabo en 1852.

Tourgée se llamó a sí mismo "uno de los locos", porque opinaba que solamente los locos eran capaces de ir al Sur inmediatamente después de la guerra con objeto de ayudar a aquella región. Su empleo del término "hombres prudentes" refiriéndose a los más precavidos que no se movían del Norte, sugiere que Tourgée realmente se acordó del dicho: "Los locos pisan aquellos lugares que temen hollar los prudentes". Al mismo tiempo hay en el libro cierta velada acusación a estos hombres prudentes. La historia, que siempre acaba por alcanzar un equilibrado juicio acerca de todos los asuntos dudosos, puede decidir muy bien que, después de todo, Tourgée no fue tan loco como él supuso en 1879. Otto H. Olsen, en su biografía *Albion W. Tourgée*, examina las diferentes opiniones de Tourgée, que van desde la abusiva denuncia hasta la admiración y el elogio. Es opinión de Olsen que la mano de Tourgée se dejó sentir en la decisión tomada por el Tribunal Supremo en 1954.

Las novelas pro-Klan que se citan en este capítulo son las siguientes: *Thorns in the Flesh*, de N. J. Floyd; *A Voice of Vindication from the South in Answer to "A Fool's Errand" and other Slanders*, también de Floyd; *Ku Klux Klan nº 40*, de Thomas J. Jerome (Raleigh, N. C., 1895); *Red Rock*, de Thomas Nelson Page (Nueva York, 1898); *Gabriel Tolliver*, de Joel Chandler Harris (Nueva York, 1902); y *The Clansman: A Historical Romance of the Ku Klux Klan* (Nueva York, 1906).

Jonathan Daniels escribió *Prince of Carpetbaggers* (Filadelfia, 1958), simpática biografía de un verdadero *carpetbagger*. En el prefacio, Daniels sugiere que el *carpetbagger* llegó a convertirse en cabeza de turco, tanto en el Norte como en el Sur, pagando las consecuencias de todo lo malo que se dio durante la Reconstrucción.

El Klan Perdido de Cocletz, en *Thorns in the Flesh*, recuerda la sugerencia, citada en el capítulo 1, de un hipotético visitante de Georgia cuando el Klan votaba para elegir un nombre.

Birth of a Nation, análisis de Theodore Huff sobre D. W. Griffith, fue preparado por el Museo de Arte Moderno (Nueva York), Film Library, en 1961.

CAPÍTULO 11. RESURGIMIENTO DEL KLAN

De los numerosos libros y panfletos publicados sobre el Klan en 1920 y años sucesivos, los títulos no siempre indican el contenido de los mismos o los puntos de vista de sus autores. Aquí, divididas en dos grupos, unos a favor y otros en contra, y guardando orden cronológico, se reseñan las obras empleadas para la redacción de este capítulo:

OBRAS QUE DEFIENDEN AL KLAN

- *Story of the Ku Klux Klan*, de Winfield Jones (Washington, 1921)
- *What is Ku Kluxism?*, de J. S. Fleming (Goodwater, Alabama, 1923)
- *The Ku Klux Klan under the Searchlight*, de Leroy A. Curry (Kansas City, 1924)
- *K.K.K.: Friend or Foe?*, de Blaine Mast (sin lugar determinado, 1924)
- *Knights of the Ku Klux Klan*, de Winfield Jones (Nueva York, 1941)

OBRAS QUE ATACAN AL KLAN

- *The Unveiling of the Ku Klux Klan*, de W. C. Witcher (Fort Worth, Texas, 1922)
- *Ku Klux Klan Secrets Exposed*, publicado por Ezra A. Cook (Chicago, 1922)
- *History of Governor Walton's War*, de Howard Tucker (Oklahoma City, 1923)
- *The Reign of Terror in Oklahoma*, de W. C. Witcher (Fort Worth, 1923)
- *The Ku Klux Kraze: A Trip through the Klavern*, de Aldrich Blake (Oklahoma City, 1924)
- *Unmasked*, de John J. Gordon (Brooklyn, 1924)
- *The Klan Inside Out*, de Marion Monteval (Chicago, 1924). Este libro anuncia sus derechos de autor a nombre de F. N. Littlejohn, quizá seudónimo de Monteval, aunque un posterior autor del Klan cree que puede ser un seudónimo de Edgar I. Fuller.
- *The Ku Klux Klan: A Study of the American Mind*, de John Mofflat Mecklin (Nueva York, 1924)
- *The Visible of the Invisible Empire*, de Edgar I. Fuller, y *The Maelstrom*, revisado y editado por George L. LaDura (Denver, 1925)
- *The Ku Klux Klan in Pensylvania*, de Emerson Hunsberger Louks (Harrisburg, 1936)

El Klan original pudo haber utilizado una cruz en llamas en alguna ocasión, pero es dudoso que tuviera la importancia que tuvo para el Klan moderno. Winfield Jones, en *Knights of the Ku Klux Klan*, descarta la idea de que los fundadores de Pulaski tuvieran a los clanes escoceses en mente. Cuando esos clanes planeaban encuentros, los mensajeros eran enviados con una antorcha en llamas, pero, decía Jones, es un error creer que la cruz en llamas del Klan se originase a partir de este mecanismo de alerta usado en Escocia. La sección inicial del

Kloran describe en detalle las ceremonias de apertura, como el coronel Simmons las ideó; aparece entonces el siguiente pasaje:

Cuando él se aleja del s. a. [sagrado altar], el halcón nocturno (en su ausencia, el *kladd*) se acerca al s. a. con la f. c. [cruz en llamas] y la coloca en el centro del s. a., en el lado que mira hacia el puesto del e. c., la enciende, y se retira a su puesto, el número 4, mirando hacia el s. a.

El *klokard* [...] se dirige al e. c. [exaltado cíclope] como sigue:

Klokard: "Su excelencia, el s. a. del klan está listo, la f. c. ilumina la *klaverna*".

E. C.: "Fiel *klokard*, ¿por qué la f. c.?"

Klokard: "Señor, es el emblema de esa sincera y desinteresada lealtad que tienen todos los miembros del Klan hacia el propósito y principios que han asumido".

E. C.: "Mis terrores y miembros del Klan, ¿qué significa la f. c.?"

Todos: "Que servimos y nos sacrificamos por el bien".

El uniforme del Klan ya no lo elaboraban las mujeres e hijas de los miembros, como hacían durante la Reconstrucción, sino que se podía alquilar por 5 dólares en la sede del Klan, y tenía que ser devuelto cuando el miembro dejaba la organización. Consistía en una túnica blanca con un parche en el hombro izquierdo, una cruz blanca sobre un fondo rojo. En la cabeza llevaban una máscara blanca, puntiaguda en la parte superior, y con una borla roja. Los cargos más altos llevaban trajes más elaborados de seda y bordados.

La APA es descrita en *The A. P. A. Movement: A Sketch*, de J. Desmond Humphrey (Washington, 1912). Un completo informe sobre el nativismo se halla en la obra de Roy Allen Billington *The Protestant Crusade: A Study of the Origins of American Nativism* (Nueva York, 1938).

C. Vano Woodward, en su libro *Tom Watson, Agrarian Rebel* (Nueva York, 1938), p. 450, dice que no hay pruebas de que Watson ayudara a lanzar al Klan moderno: "Sin embargo, si hay algún mortal al que pueda serle concedido el crédito de liberar las fuerzas de la malicia humana, ignorancia y prejuicios que el Klan movilizó, ese hombre fue Thomas E. Watson". En el funeral de Watson, celebrado en 1922, la ofrenda floral más grande colocada sobre su tumba fue la del Klan.

El libro *The Visible of the Invisible Empire*, de Fuller, contiene copias de las notas y órdenes de Hiram Evans, el telegrama de Clarke hablando del reverendo Wilmer y las correspondientes respuestas, el telegrama de Stephenson a Evans, y el material acerca de los masones de Nueva York.

Un buen estudio del compromiso político del Klan en 1920 se encuentra en el libro de Arnold S. Rice *The Ku Klux Klan in American Politics* (Washington, 1926). En 1922-1926, el Klan tuvo gran influencia en Texas, Indiana, Colorado, Oregón y Maine, pero la lista de sus miembros alcanzaba a todo el territorio nacional.

Dos recientes estudios sobre las actividades del Klan durante 1920 se hallan en la obra de David Chalmers *The Ku Klux Klan in the Sunshine State* y en la obra de Charles C. Alexander, "Cecrecy Bids for Powers The Ku Klux Klan in Texas Politics in the 1920's", *Mid-America*, LXVI (enero de 1964), pp. 3-28.

CAPÍTULO 12. UN KLAN PARA CADA ÉPOCA

La historia del escándalo Stephenson ha sido frecuentemente relatada, pero nunca mejor que en el libro de Robert Coughlan *Klonklave in Kokomo*, editado por Isabel Leighton (Nueva York, 1949).

El Coronel Simmons, hombre de "logia" como era, exteriorizó sus propios gustos al crear el vocabulario del Klan moderno. Al *den* local lo denominó Klavern. De los títulos originales que ostentaban los funcionarios de los *dens*, solamente retuvo dos: cíclope (que él amplió a "glorificado cíclope") y halcón nocturno. A los antiguos títulos estatales y regionales tales como gran dragón y gran titán añadió los de gran duende y gran *kleage* (para un reclutador). Al cuerpo legislativo le denominó Klonvocation y a la comisión judicial Kloncilium. La cuota de iniciación, tan vital para el Klan como él y sus sucesores la concibieron, recibió el nombre de *klectoken*.

Además de inventar nuevos títulos, el Coronel Simmons inventó también un lenguaje secreto. Las primeras letras de las palabras de una oración se convertían en una palabra que podía ser pronunciada, por ejemplo: *"Ayak?"* significaba: *"Are you a Klansman?"* (¿Eres un *klansman*?), cuya respuesta era: *"Akia"* (*A Klansman I am*). *"Itsub"* significaba: *"In the sacred unfailing bond"*, y *"Kigy"* significaba: *"Klansman, I greet you"* (Klansman, yo te saludo). La suprema invención se reflejó en una divisa: *Non silba sed anthar*. La primera y tercera palabras eran latinas, pero Simmons tuvo que explicar que *"silba"* significaba "uno mismo", mientras que *"anthar"* era la palabra sajona que traducía "otros". Así: *"Not for self but for others"* (no para uno mismo, sino para los demás).

La Biblioteca del Congreso posee un ejemplar de diez páginas de las *Reglas y Normas aplicables a la Asociación de Klanes de Carolina del Sur*, cuyos derechos de autor pertenecen a Robert E. Hodges, 1957. Muestras del material producido por Horace Sherman Miller, de Waco, Texas, se hallan en la Biblioteca Alder de la Universidad de Virginia. Ejemplares del material producido y repartido por Bill Hendrix, de Oldsmar, Florida, fueron entregadas al autor de este libro en forma de fotocopias por un autorizado funcionario del estado de Florida.

El autor de este libro no es de aquellos que creen con absoluta confianza que el Klan no volverá a vencer más. La enorme cantidad de cartas dirigidas a los editores y directores de periódicos de Florida es indicio de que el Klan aún cuenta con un gran apoyo. Y muchísimas de tales cartas están escritas por individuos altamente respetables. Puede ser tremenda coincidencia el que estas personas, incluyendo a algunas que orgullosamente se reconocen como miembros al Klan, o se precian de pertenecer a grupos extremadamente derechistas, compartan las ideas del Klan sobre determinados temas tales como la oposición a la fluorización de los suministros de agua y a los programas de salud mental, denuncia de Earl Warren, ciega condena de las facultades universitarias como reductos de subversión comunista, y rechazo de la enmienda de impuestos sobre la renta. Puede que no se den cuenta de que tales principios ya formaban parte del programa del Klan mucho antes de que los derechistas comenzaran a abrazarlos. Muchas de las "mejores personas" durante la Reconstrucción, o bien pertenecían al Klan o apoyaban sus actividades, haciendo así posible su éxito. Puede ocurrir de nuevo.

CAPÍTULO 13. PRONÓSTICO: UNA AGITACIÓN CONSTANTE

"La historia es un espectáculo, no una filosofía", de acuerdo con Augustine Birrell. Otros le llaman arte. Los historiadores con formación germana trataron de hacer de ella una ciencia poco después de la Guerra Civil. El conocimiento de los conceptos evolutivos de la historiografía y de la cambiante variedad de particulares énfasis y aproximaciones puede que conmueva un tanto los cimientos de la fe del lector en todos los historiadores... pero una poca de esa conmoción, al menos de la clase que trata de provocar este libro, puede que sea beneficiosa.

La historia nunca ha sido interpretada únicamente en términos de mitos, es decir, las grandes creencias populares a las que nos asimos tan tenazmente, en proporción inversa a su susceptibilidad de aprobar o desaprobar. Tan fogosamente defiende la gente a sus mitos, que incluso el intento de examinarlos críticamente puede llegar a ser causa de resentimiento. Según Michael Argyle en *Religious Behaviour* (Glencoe, III, 1959), el 96% de todos los estadounidenses creen en Dios (aunque solamente un 35% puedan nombrar los cuatro Evangelios). Por lo tanto, hablar de "favor divino" y de "pueblo elegido" puede resultar peligroso. Si un autor pone en tela de juicio tales mitos como el de los "verdaderos americanos", y apunta que muchos blancos de la población —se calcula en un 21%— tienen alguna gota de sangre negra, corre el grave peligro de alejarse de los mismos lectores a los que desea llegar.

Pero han de correrse tales riesgos. Como nación, debemos reconocer honradamente, y aunque no nos agrade, la base mítica de gran parte de nuestro comportamiento. A muchos de nosotros nos gustaría olvidar el pasado y enfrentarnos a nuevos hechos con lógica moderna; pero nuestros mitos nos inmovilizan. Mientras toleramos libros de texto escolares que claman por la restauración del poder blanco en el Sur como triunfo sobre el mal gobierno negro-*scalawag-carpetbagger*, exteriorizaremos una desventaja que el Klan muy gustosamente explotará. ¿Cómo pueden existir esperanzas de quebrar la oposición a la igualdad de derechos civiles, cuando la mayoría de nuestros libros de historia siguen cacareando la casi universal convicción del siglo XIX sobre la innata inferioridad del negro? ¿Y cómo puede esperar cualquier minoría lograr plena aceptación mientras prevalezca el mito de que una minoría, una sola minoría, es la que comprende a los "verdaderos americanos"?

La inclusión, por el Klan, de la Iglesia mormona entre los grupos que Fleming atacó como "estos extranjeros", puede ser una especie de rémora de la hostilidad general del siglo XIX hacia los mormones, debida a sus prácticas poligámicas.

Hodding Carter, en el prefacio de su magnífico libro *The Angry Sean* (Nueva York, 1959), observa que "ha sido hecho tan desgraciado para nuestra nación que el Norte haya recordado tan pocas cosas de la Reconstrucción como que el Sur haya recordado demasiadas". Y sus palabras finales (p. 409) tienen un sentido paralelo al título de este capítulo, aunque sin nombrar para nada al Klan:

¿Por cuánto tiempo seguirá afectando al Sur y a toda la nación el recuerdo del periodo de la Reconstrucción?

No puede haber respuesta segura. El Sur reacciona de forma previsible a las presiones raciales antiguas y nuevas. La doctrina de renuncia de un estado a obedecer las leyes federales avanza tan fervientemente como ha sido propuesto por John C. Calhoun. Hoy día, el moderado del Sur es tan sospechoso como lo fueron sus prototipos del periodo de la Reconstrucción. Hoy día, el decidido negro se enfrenta con los blancos sudistas unidos y no menos decididos que en el año 1868 a derrocar los intentos del Gobierno federal. Hoy día, el entonar "Dixie", el ondear una bandera confederada y la apelación apasionada de un orador que siente nostalgia del pasado son cosas que pueden provocar un incendio con tanta facilidad como en 1870.

Y el final aún no está a la vista.

Si los autores de dos libros publicados en 1963 tienen razón, también subrayan la predicción de este capítulo. John P. Roche, en *The Quest for the Dream: The Development of Civil Rights and Human Relations in Modern America*, asegura en su prefacio que "la libertad civil tiene un significado en la vida de la América contemporánea que nunca existió en el pasado", y añade que nunca como ahora hubo tanta preocupación por los principios básicos de la decencia y la civilidad. Ben Haas, en un libro titulado simplemente *K. K. K.*, describe al Klan como "engordando con los odios generados en la actual lucha por la integración, creciendo y reforzándose y convirtiéndose en formidable fuerza una vez más". Si ambos autores tienen razón, si el Klan se está preparando para una nueva acción en el preciso momento en que progresa la preocupación por las libertades civiles, entonces quizá nuestra predicción no haya de ser calificada de "constante", sino de "agitación considerablemente en aumento".

EPÍLOGO
EL KU KLUX KLAN ENTRE 1963 Y 2021

I. El fundamental libro del historiador William Peirce Randel (1909-1996)[17] sobre el Ku Klux Klan es ya un clásico. Su trabajo es tanto un libro de historia de la organización criminal, ampliamente apoyada en distintos momentos por una parte importante de la población estadounidense, en el que se señalan las condiciones políticas y sociales bajo las que el Klan nació, emergió y sucumbió una y otra vez; como un análisis riguroso de sus diferentes formas de organización jerarquizadas y secretas, simbologías, mitografías e ideologías.

En numerosas partes de su libro podemos leer las palabras del Klan, sus ideas sobre el supremacismo blanco con argumentos que suponen la confirmación de que el nazismo no fue ningún legado de Nietzsche, ni ninguna lectura indigesta del autor de *El nacimiento de la tragedia*, sino más bien el resultado de una amalgama de conceptos nacionalistas, coloniales (derivados de varios siglos de esclavitud), imperialistas (el proceso civilizador occidental como el único posible) y sectariamente religiosos. El nazismo, podríamos decir, no nació en Alemania. Esas palabras del Klan llegarán hasta nuestros días y conformarán todo un discurso racista que jerarquiza y segrega a los seres humanos no en función de rasgos biológicos, como se suele decir, sino —en realidad— de su lugar en el pequeño mundo de Occidente.

También conocemos su "evolución", en realidad, sucesivas incorporaciones y acumulaciones de chivos expiatorios con los que ocultar los desastres de un modelo social impulsado por el capitalismo que agravó en numerosas ocasiones la situación económica y social del país, y que ayudó a desarrollar nuevas formas de represión contra poblaciones previamente discriminadas y deshumanizadas[18].

---

17. Randel escribió otros libros de historia: *Edward Eggleston* (1963), *Centennial. American Life in 1876* (1969), *The American Revolution: Mirror of the People* (1973) o *The Evolutions of American Taste* (1978).
18. Si uno traza la línea de los ascensos y caídas del poder e influencia del Klan se da cuenta de inmediato que coincide generalmente con la conquista de derechos sociales o de luchas sociales impulsadas

A toda esta amalgama de ideas, a veces superpuestas, otras solamente un pastiche, contribuyó uno de los más conocidos empresarios estadounidenses, Henry Ford, significado por desarrollar la explotación mediante la aplicación técnica de Taylor en las cadenas de montaje de sus fábricas. Él firmó en 1920 un libro de gran éxito, traducido a varios idiomas, titulado *El judío internacional*, otro legado fundamental para comprender no solamente la ideología nazi sino las formas de acumulación salvaje que se consiguieron en Alemania bajo el dominio absoluto del trabajo y la producción por parte del capital. Se podía ser del Klan o contribuir a él (en este caso con un nuevo chivo expiatorio, el judío) de muchas maneras, y también diversas formas de radicalismo ultraderechista podían sustituir al Klan. El antisemitismo se incorporó como parte de las ideologías del Klan.

Es precisamente en los años veinte cuando el Klan cuenta con el mayor número de miembros de toda su historia, alrededor de cuatro millones. En 1935 el novelista Sinclair Lewis escribió la novela preventiva *It Can't Happen Here* (*Eso no puede pasar aquí*) sobre el ascenso de un dictador al Gobierno de los Estados Unidos. En 1937, en medio de un clima de conflicto social radicalizado, se estrenaba la ópera proletaria *The Cradle Will Rock* en la que su autor, el compositor comunista Marc Blitzstein, ponía en boca de un militante sindical: "Escuchad, vosotros, Legiones Negras; vosotros, miembros del Ku Klux Klan, tiítas vigilantes que se esconden ahí arriba en la Cuna del Comité de la Libertad. Cuando estalle la tormenta, la cuna del poder caerá", mientras que una escalofriante canción, "Strange Fruits", escrita dos años después por el comunista judío Abel Meeropol y cantada por Billie Holiday, enlazaba el gran momento del Klan con el día a día de la represión silenciosa contra las ascendencias segregadas que llevaría hasta la situación de los sesenta con que acaba este libro. Aquellos "cuerpos negros balanceándose con la brisa del sur", aquella "cosecha extraña y amarga" reconocía toda la violencia y crímenes, los miles de muertos, heridos, expulsados, destruidos por el Klan durante casi un siglo de existencia.

II. La publicación del libro de Randel coincide con dos momentos clave en la historia occidental: el primero, la apertura, entre 1963 y 1965, en Fráncfort, de diferentes procesos judiciales contra miembros y colaboradores del Partido Nazi que avivaron los análisis sobre la naturaleza de las tendencias psicológicas de las masas hacia la destrucción humana, lo que había dado lugar a estudios e investigaciones sobre el "caso alemán", como los de Eric Fromm, Wilhelm Reich o Sigfried Kracauer. Y, segundo, la aprobación de la Ley de Derechos

---

por las clases subalternas y populares. Desde sus inicios en contra de la abolición de la esclavitud, hasta la reacción ante la influencia del movimiento obrero en los años veinte, la conquista de los derechos civiles en los cincuenta, los movimientos multiculturales de los setenta, o las demandas por el valor de la vida de los afroamericanos procedentes de Black Lives Matter en la actualidad.

Civiles en Estados Unidos, en 1964, que constituyó el primer paso para acabar legalmente con la discriminación y segregación racial, un momento fundamental en la transformación de la democracia liberal norteamericana. Gestos como el de Rosa Parks (1955); palabras como las de Martin Luther King en un mitin en Montgomery a finales de los años cincuenta en el que anunciaba: "Hemos conocido humillaciones, hemos conocido un lenguaje abusivo, hemos sido lanzados a los abismos de la opresión"; actos de integración racial como los primeros Freedom Riders (Viajeros de la Libertad), autobuses que recorrían Nueva Orleans mostrando con normalidad la convivencia de blancos y negros; o luchas como la de los Panteras Negras (1966) constituyen características de un periodo histórico significativo que explican el cambio de estrategia terrorista que llevará a cabo el Ku Klux Klan a partir de estos años, además de la incorporación de otro chivo expiatorio más: los comunistas. Estos dos momentos hacen que el libro intente una lectura psicohistórica del pueblo norteamericano: "Si revisamos someramente la historia de Estados Unidos, llegaremos a la inevitable conclusión de que el espíritu de Klan es una constante en nuestro comportamiento nacional. A veces permanece estático, calmado, pero no está muerto, sino simplemente latente entre erupción y erupción" (p. 9). En sus conclusiones afirma que "existe la muy extendida opinión de que la educación puede desvanecer el prejuicio y erróneo comportamiento de los miembros del Klan y sus imitadores. En el pensamiento del Klan no hay tal prejuicio ni comportamiento erróneo, sino americanismo ideal y un comportamiento que redunda en beneficio de la voluntad divina" (p. 230). La educación, parece ser, no sería suficiente para acabar con el Klan[19].

III. El libro de Randel termina en 1963, aunque haga referencia a algunos hechos inmediatamente posteriores. Desde esta fecha hasta comienzos de los ochenta, los numerosos grupos organizados del Klan incrementaron sus acciones conforme se iban poniendo en práctica los derechos civiles de las ascendencias segregadas. Ni en décadas anteriores ni en los cincuenta disminuyeron los asesinatos directos contra miembros de organizaciones civiles y la población negra, ni las quemas de casas, pero todas estas acciones eran, de alguna manera, arbitrarias. A partir de los sesenta, sus crímenes se reorientan a la eliminación de los militantes y líderes de la National Association for the Advancement of Colored People (Asociación Nacional para el Progreso de las Personas de Color), así como servir de medio para tratar de impedir el ejercicio de esos derechos entre la población negra. En 1963 moría en Misisipi Medgar Evers y tres años después Vernon Dahmer. El primero, Evers, fue asesinado por Byron

---

19. En este sentido, es interesante ver la entrevista que realizó Ilia Calderón a un grupo del Ku Klux Klan en 2017 para el programa *Aquí y ahora: en la boca del lobo*, de la cadena Univisión.

De La Beckwith, miembro del Citizens' Council (Consejo de Ciudadanos Blancos), un grupo formado en 1954 que pretendía evitar la integración en las escuelas y las actividades en favor de los derechos civiles. De La Beckwith fue absuelto en dos juicios contra él en 1964, pasó por el Comité de Actividades Antiamericanas junto con otros miembros del Klan, y no fue condenado a cadena perpetua hasta 1994[20]. El segundo, Dahmer, dedicado a concienciar sobre la necesidad de que la población negra votara, fue asesinado por Sam Bowers, miembro de los White Knights (Caballeros Blancos) del Ku Klux Klan, uno de los grupos más numerosos y mejor organizados de Misisipi, aún activo en la actualidad. En 1989 este grupo trató de convertirse en una organización nacional. Bowers y otros miembros del Klan fueron los responsables del asesinato de los tres activistas pro-derechos civiles muertos en 1964. Tras Bowers, el nuevo mago imperial fue Johnny Lee Clary, "Johnny Angel", popular en las televisiones estadounidenses y entrevistado en programas como el de Oprah Winfrey, en los que trató de proyectar una imagen patriota del Klan, ahora orientado hacia la lucha por los valores del "hombre blanco", del que decía que estaba siendo perseguido y limitado en sus derechos y libertades, y desligado de la violencia, según afirmaba.

Otra de las grandes organizaciones de la época, cuyo primer líder fue Robert Shelton, fue United Klans of America (Klanes Unidos de América), responsable de los asesinatos de cuatro niñas negras: Denise McNair (once años), Carole Robertson (catorce años), Cynthia Wesley (catorce años) y Addie Mae Collins (catorce años) en el atentado con bomba contra la iglesia baptista de la calle 16 en Alabama[21], en 1963; además de un historial criminal que llega hasta 1981, año en el que lincharon a un joven negro en Alabama, Michael Donald, al más puro y siniestro estilo del Klan de los primeros años. La organización se enfrentó a numerosas demandas civiles en los años siguientes y no fue hasta 2001 y 2002 que dos de sus miembros más destacados, Thomas Blanton y Bonny Frank Cherry, fueron condenados a cadena perpetua por el atentado de la iglesia. La organización, aún activa, perdió a la mayoría de sus miembros en beneficio de otros grupos. Esto, precisamente, es lo que sostuvo en buena medida la capacidad operativa del Klan: los cambios de nombre, ciudad, la multiplicación de grupos... El mismo Shelton salió de una organización del Klan y formó los Alabama Knights del KKK, que en 1961 se había convertido en United Knights of America.

---

20. Su condena se produjo, además, por la aparición de nuevas pruebas, por el testimonio de su participación en un mitin del Klan donde se enorgullecía de haber cometido el asesinato. Esto es solamente un ejemplo de la impunidad que generalmente tenían estos crímenes raciales, amparados por jurados compuestos por blancos. Solamente años después, con los cambios legislativos y por el desarrollo —la mayor parte de las veces— de pleitos y demandas de familiares y organizaciones civiles, se pudo condenar a los culpables.

21. El director de cine Spike Lee rodó un documental sobre el mismo en 1997 titulado *4 Little Girls*.

Hasta el asesinato de los tres activistas pro-derechos humanos James Chaney, Andrew Goodman y Michael Schwerner (dos de ellos blancos, según se destacó en la prensa como razón por la que ahora actuaban las autoridades más altas del Gobierno federal), el FBI no adoptó la decisión de investigar al Klan y poner en marcha un programa de contrainteligencia (Cointelpro), secreto y con actividades ilegales, para infiltrarse en sus organizaciones, desacreditar a sus líderes y miembros más destacados, y favorecer su disolución. El programa se aplicó de la misma manera a las organizaciones de izquierdas y grupos de oposición a la guerra de Vietnam, grupos del Poder Negro y asociaciones feministas. Se trataba, en todo caso, de frenar, de nuevo, el conflicto generado por un sistema social en el que formalmente se extendían los derechos y la participación democrática y se cuestionaba el orden dominante hasta entonces. Un informe del Senado estadounidense de 1976 señalaba buena parte de los límites que se habían traspasado y las técnicas usadas en este programa. El caso de los tres activistas asesinados por el Klan fue denominado "Mississippi Burning" (o MIBURN)[22]. El FBI no solo invirtió numerosos recursos de diversas administraciones sino que pudo llegar a desentrañar la estructura de ese grupo, los ya citados White Knights, y las implicaciones en la policía local, los tribunales, las empresas y un buen número de ciudadanos. De 1964 a 1971 el FBI, tras realizar una cuidadosa disección de las organizaciones, estudiar sus finanzas y su modo de actuar, realizó un total de 287 operaciones contra el Klan, según escribe Farid Ameur en su *Le Ku Klux Klan* (2016).

Entre 1979 y 1980, el exlíder de los Caballeros del Ku Klux Klan, David Duke, asumió la dirección de la National Association for the Advancement of White People (Asociación Nacional para el Avance del Pueblo Blanco)[23]. El Klan entraba en una nueva época de acciones cuyo horizonte era la lucha contra la migración y lo que se denominaba el "genocidio blanco", una teoría que consideraba que la migración, el mestizaje y el aborto eran en realidad formas con las que se trataba de convertir en minoría a los blancos, una suerte de asimilación forzada. Estas tesis fueron elaboradas por David Lane, uno de los fundadores en 1983 de The Order (La Orden), un movimiento paramilitar supremacista de "resistencia aria". Pero esta organización tenía un objetivo más ambicioso: se trataba de subvertir el orden político en Estados Unidos mediante un levantamiento armado. La imaginería y su ideología proceden de la novela

---

22. El director de cine Alan Parker tituló igual su película sobre este caso, dirigida en 1988, el mismo año que Constantin Costa-Gavras estrenaba *Betrayed* (*El sendero de la traición*), sobre el resurgir del Ku Klux Klan en esos años.
23. Al parecer, se trata de una organización fundada en Delaware en 1953 y refundada en 1980. Sigue activa en redes sociales como Facebook con una imagen de perfil en la que escriben: "¿Salvas a mi gente del reemplazo ético a través de la inmigración masiva?". Como algunas organizaciones fascistas en España, también crean campañas de recogida de alimentos, material escolar, etc., pero solamente para niños y familias de blancos.

supremacista *Los diarios de Turner* del físico William Luther Pierce, publicada con el seudónimo Andrew MacDonald. Pierce había fundado en Oklahoma la organización Nazi National Alliance (Alianza Nacional) en 1974, que se disolvió en 2013. Los miembros de The Order seguirán un modo de funcionamiento basado en el supervivencialismo cuyo ideal es la preparación psicológica y física para sobrevivir a una catástrofe como la que, creían, amenazaba a la población blanca. Por su parte, Duke era el responsable del periódico negacionista *The Crusader* (*El Cruzado*) y convirtió el término "Poder blanco" en lema de sus intervenciones, algo común ya en las manifestaciones de los grupos ultraderechistas. Con una amplia experiencia como candidato a gobernador de Luisiana y dos veces a la presidencia de los Estados Unidos, Duke escribió una autobiografía, *My Awakening. A Path to Racial Understanding* (*Mi despertar. Un camino hacia la comprensión racial*) en 1998, descrito por el periodista Abraham Foxman como un *Mein Kampf* menor.

A partir de finales de los setenta y comienzos de los ochenta, las vinculaciones entre los grupos del Klan y las organizaciones neonazis son evidentes: no solamente los discursos se homologan sino que muchos de sus miembros participan en acciones y actividades llevadas a cabo por grupos de ambas orientaciones. También en los ochenta, una buena parte de la población rechazó activamente al Klan y realizó contramanifestaciones que limitaron su ya mermado poder. Es lo que sucedió en Greensboro, una pequeña ciudad textil de Carolina del Norte, cuando durante una manifestación organizada por el Communist Workers' Party (Partido Comunista de los Trabajadores) contra el Klan, miembros del KKK y del American Nazi Party (Partido Nazi Norteamericano), que ya participaban juntos en el United Racist Front (Frente Racista Unido), dispararon contra los manifestantes causando la muerte a cinco de ellos (Sandi Smith, James Waller, Bill Sampson, Cesar Cause y Michael Nathan). La llamada "masacre de Greensboro" confirmó que la policía, en determinadas zonas del país, dejaba hacer al Klan y obstruía las investigaciones. Como era habitual, los juicios que se realizaban contra los miembros del Klan (y en este caso contra nazis) acababan en absolución. Los seis juzgados por estos hechos también salieron libres, aunque una demanda civil posterior les hizo responsables de la violación de los derechos civiles y obligados a pagar fuertes indemnizaciones.

Las ideas del Klan llegan hasta nuestros días: "Norteamérica para los norteamericanos", "Debemos asegurar la existencia de nuestro pueblo y el futuro de nuestros niños blancos", hasta llegar a declarar la guerra al Gobierno federal considerado "gobierno de ocupación sionista". Lo que hizo Donald Trump durante su presidencia es, en buena medida, realizar los deseos del Klan y de toda la extrema derecha estadounidense, sobre todo en lo relativo a la migración y al orgullo nacionalista y supremacista.

A pesar de que los más numerosos grupos del Klan no llegaron a pasar de 8.000 miembros en este periodo, su diseminación por otros grupúsculos paramilitares, ultraderechistas y defensores de la identidad aria le devolvieron su característica de Imperio invisible hasta el extremo de que muchos de los atentados, asesinatos y represiones realizados a título individual por miembros del Klan (los llamados "lobos solitarios", incluyendo policías) podrían considerarse una nueva articulación que deja como un simple testimonio "histórico" las manifestaciones en las calles con las túnicas y los capirotes y los actos de afirmación con la quema de cruces. Ahora aparecen con uniformes paramilitares azul celeste y la famosa cruz originaria del Klan cosida en el pecho o en la manga.

En las primeras décadas del siglo XXI el Ku Klux Klan vio ampliada su base a partir delas posibilidades de distribución y representación de sus ideas en las redes sociales. El esfuerzo era mínimo y los resultados amplios. Una de las primeras páginas creadas fue Stormfront.org, creada en 1996 por Don Black. Muchos de sus miembros se infiltraron en las Fuerzas Armadas y en las Policías (especialmente de pequeñas ciudades), así como en empresas de seguridad. Esto fue evidente en el asalto al Capitolio en enero de 2021, por el que están siendo investigadas la organización Proud Boys (Chicos orgullosos), fundada en 2016, y la misteriosa QAnon, que opera mediante redes y cuentas de correo electrónico desde hace pocos años. En todo caso, no es extraño que el final del Gobierno de Trump se haya cerrado con un asalto, en buena medida imaginario, al Capitolio como símbolo de ese gobierno judío que estaba en el horizonte de los grupos del Klan.

Con la aparición de Black Lives Matter (Las vidas negras importan), el movimiento fundado en 2013 contra la violencia institucional ejercida contra la comunidad afroamericana por, entre otras, Alicia Garza, se denunciaron las actuaciones policiales orientadas a reprimir a la población negra, también contra determinados actos de la justicia, y se demandó la necesidad de una reorganización de las fuerzas policiales. Buena parte de sus formas de protesta se llevan a cabo a través de medios digitales (*hashtags*, plataformas como YouTube, etc.). BLM se constituyó casi desde el primer momento como fundación internacional. En su página web señalan que "estamos trabajando por un mundo en el que las vidas de los negros ya no sean llevadas hacia la eliminación. Afirmamos nuestra humanidad, nuestras contribuciones a esta sociedad y nuestra resistencia frente a la opresión mortal". No es extraño que una de sus demandas sea la de "desmilitarizar los barrios". Toda una declaración contra el Ku Klux Klan, sea este un Imperio visible o invisible, más de 150 años después de su fundación.

IV. A lo largo de estos años se han desclasificado y hecho públicos numerosos documentos sobre el Klan, una organización que ningún Gobierno de los

Estados Unidos ha declarado "terrorista". Los documentos accesibles en internet están llenos de líneas borradas. Puede que hoy pueda escribirse una nueva historia de la organización. Randel acertó a identificar el Klan como algo más que un grupo de poder, pero hace falta una historia social del Ku Klux Klan para dejar de insistir en la naturaleza inmoral del mismo y comprender la naturaleza social y política que sustenta su presencia hoy aún. Basta, tal vez, con escuchar el relato personal que un agente del FBI hace a su compañero en la película de Alan Parker *Arde Misisipi*: "Los de por aquí creen que hay cosas por las que vale la pena matar", y respondiendo a la pregunta: "¿De dónde sale todo ese odio?", cuenta:

Cuando yo era un chiquillo, había un viejo labrador negro vecino nuestro llamado Monroe. Tuvo un poco más de suerte que mi padre. Logró comprarse una mula y eso fue un acontecimiento en el pueblo. Mi padre odiaba aquella mula. Porque sus amigos no paraban de tomarle el pelo, que si habían visto a Monroe arando con su nueva mula, que si Monroe iba a alquilar más terreno ahora que tenía mula… Un día la mula amaneció muerta. Le envenenaron el agua. Después de eso nunca se mencionaba la mula en presencia de mi padre. Era un tema prohibido. Un día íbamos en coche, pasamos por delante de la casa de Monroe y vimos que estaba vacía. Decidió marcharse. Supongo que se iría al norte o algo así. Entonces miré la cara de mi padre y comprendí que lo había hecho él. Él notó que yo lo sabía y se avergonzó. Supongo que se avergonzó. Entonces me miró y me dijo: "Si no eres mejor que un negro, hijo, no eres mejor que nadie". Era un pobre viejo carcomido por el odio y que no sabía que lo que le estaba matando era la miseria.

Y más adelante, la mujer del policía implicado en los asesinatos le confiesa: "Nadie nace odiando, se te enseña. En la escuela decían que la segregación estaba en la Biblia. Génesis 9, versículo 27. A los siete años si te dicen algo tantas veces llegas a creerlo. Crees en ese odio, lo vives, lo respiras, te casas con él". El arte, a veces, va abriendo caminos.

César de Vicente Hernando